U0465434

THINKI
新思

新一代人的思想

奥斯曼之影

God's Shadow

Sultan Selim,
His Ottoman Empire,
and the Making of
the Modern World

塞利姆的土耳其帝国与现代世界的形成

［美］阿兰·米哈伊尔 著
——Alan Mikhail——
栾力夫 译

中信出版集团｜北京

图书在版编目（CIP）数据

奥斯曼之影：塞利姆的土耳其帝国与现代世界的形成 /（美）阿兰·米哈伊尔（Alan Mikhail）著；栾力夫译 . -- 北京：中信出版社，2021.11
书名原文：God's Shadow: Sultan Selim, His Ottoman Empire, and the Making of the Modern World
ISBN 978-7-5217-3576-5

Ⅰ.①奥… Ⅱ.①阿… ②栾… Ⅲ.①奥斯曼帝国－历史－研究－1467-1520 Ⅳ.① K374.3

中国版本图书馆 CIP 数据核字（2021）194988 号

God's Shadow by Alan Mikhail
Copyright © 2020 by Alan Mikhail
Simplified Chinese translation copyright © 2021 by CITIC Press Corporation
Published by arrangement with The Strothman Agency, LLC through Bardon-Chinese Media Agency
ALL RIGHTS RESERVED
本书仅限中国大陆地区发行销售

奥斯曼之影：塞利姆的土耳其帝国与现代世界的形成

著　　者：[美] 阿兰·米哈伊尔
译　　者：栾力夫
出版发行：中信出版集团股份有限公司
　　　　　（北京市朝阳区惠新东街甲 4 号富盛大厦 2 座　邮编　100029）
承　印　者：北京楠萍印刷有限公司

开本：880mm×1230mm　1/32　　　印张：19
插页：8　　　　　　　　　　　　　字数：450 千字
版次：2021 年 11 月第 1 版　　　　印次：2021 年 11 月第 1 次印刷
京权图字：01-2020-1119　　　　　审图号：GS（2021）5874 号
书号：ISBN 978-7-5217-3576-5

定价：118.00 元

版权所有·侵权必究
如有印刷、装订问题，本公司负责调换。
服务热线：400-600-8099
投稿邮箱：author@citicpub.com

God's Shadow

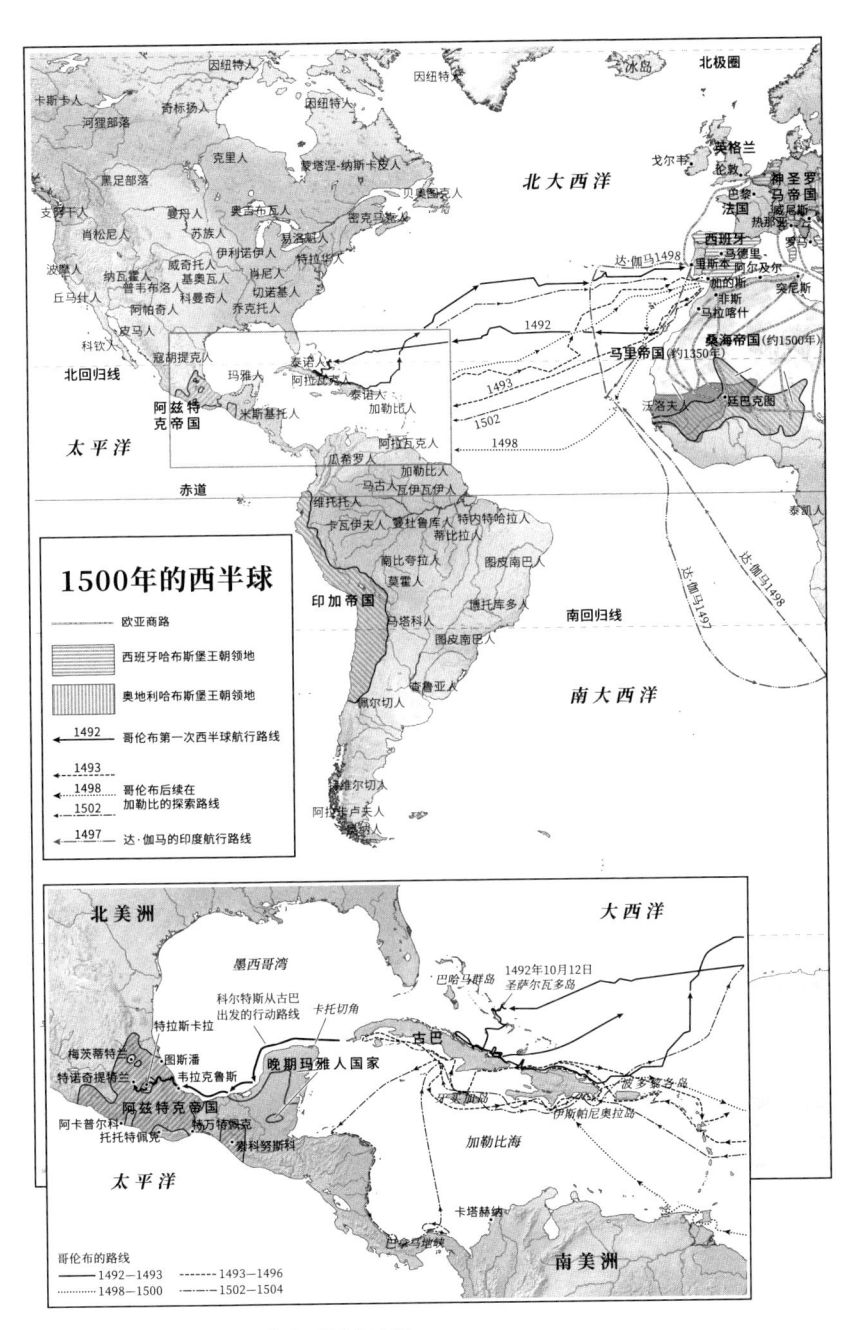

说明：本书引用地图均为英文原版书地图

N
W
E
S
挪威
苏格兰
北 海
爱丁堡
爱尔兰
都柏林
戈尔韦
赫尔
切斯特
威尔士
波士顿
英格兰
布里斯托尔
伦敦
布鲁日
安特卫普
南安普敦
布鲁塞尔
普利茅斯
科隆
大西洋
巴黎
布雷斯特
斯特拉斯堡
法 国
南特
拉罗谢尔
萨伏伊
里昂
巴约讷
艾格莫尔特
马赛
科西嘉岛(热那亚)
西班牙
巴塞罗那
马德里
葡萄牙
撒丁岛
巴伦西亚
帕尔马
巴利阿里群岛
里斯本
穆尔西亚
塞维利亚
马拉加
阿尔梅里亚
加的斯
提奈斯
阿尔及尔
波尼
直布罗陀
丹吉尔
奥兰
菲斯
塞拉

1500年的欧洲

图例	
▦	西班牙哈布斯堡王朝领地
▨	奥地利哈布斯堡王朝领地
▥	教会领地
------	商路

0　　　英里　　　200
0　　　千米　　　200

瑞典
哥德堡
丹麦
哥本哈根
波罗的海
条顿骑士团
库尔兰
条顿骑士团
但泽
普鲁士
维尔纽斯
立陶宛帝国
明斯克
波美拉尼亚
梅克伦堡
勒兰登堡
华沙
波兰
萨克森
波希米亚
布拉格
纽伦堡
克拉科夫
利沃夫
维也纳
奥地利
布达
匈牙利
摩尔达维亚
莫哈奇
威尼斯
萨格勒布
贝尔格莱德
瓦拉几亚
斯梅代雷沃
康斯坦察
斯波莱托
(杜布罗夫尼克)
卡塔罗
阿赫约卢
教皇国
罗马
拉古佐
斯科普里
普罗夫迪夫
埃迪尔内
迪梅托卡
伊斯坦布尔
那不勒斯
奥特朗托
萨洛尼卡
布尔萨
那不勒斯王国
马尼萨
巴勒莫
西西里岛
雅典
奥斯曼帝国
地中海
马赫迪耶
克里特岛(威尼斯)

1500年的奥斯曼帝国

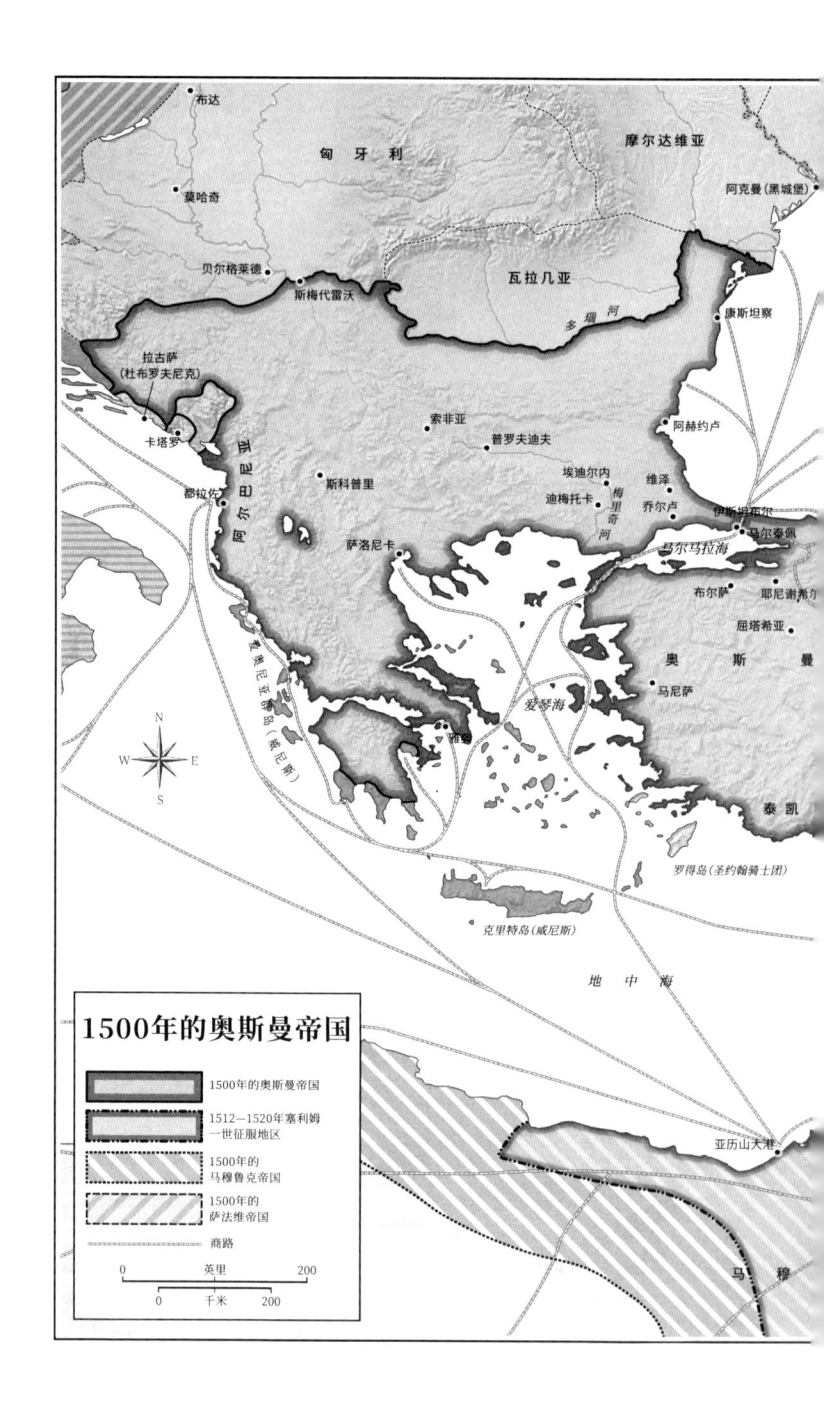

- 1500年的奥斯曼帝国
- 1512—1520年塞利姆一世征服地区
- 1500年的马穆鲁克帝国
- 1500年的萨法维帝国
- 商路

地图：黑海与东地中海地区

- 阿斯特拉罕汗国
- 塔纳
- 克里米亚汗国
- 亚速海
- 克里米亚半岛
- 沃斯渡罗
- 凯费
- 刻赤
- 科帕
- 赫尔松
- 卡利特拉
- 苏达克
- 切姆巴洛
- 黑海
- 阿布哈兹
- 奥季奇
- 格鲁吉亚
- 伊梅列季
- 洛瓦梯
- 巴统
- 古利亚
- 卡里利
- 萨姆茨赫
- 马斯拉
- 锡诺普
- 卡斯塔莫努
- 萨姆松
- 红河
- 阿马西亚
- 特拉布宗
- 卢
- 安卡拉
- 约兹加特
- 托卡特
- 巴伊布尔特
- 锡瓦斯
- 埃尔津詹
- 凯马赫
- 埃尔祖鲁姆
- 凡湖
- 查尔迪兰
- 开塞利
- 卡拉曼
- 杜勒卡迪尔
- 科尼亚
- 阿达纳
- 迪亚巴克尔
- 马尔丁
- 安泰普
- 乌尔法
- 底格里斯河
- 摩苏尔
- 库尔德人
- 安塔基亚
- 达比克草原
- 阿勒颇
- 法马古斯塔
- 塞浦路斯岛（威尼斯）
- 拉塔基亚
- 幼发拉底河
- 的黎波里
- 贝鲁特
- 大马士革
- 巴格达
- 雅法
- 耶路撒冷
- 帝国

博斯普鲁斯海峡

- 巴赫切克伊
- 鲁梅利关口
- 安纳多卢关口
- 阿克巴巴
- 亚勒克伊
- 塔拉比亚
- 耶尼柯伊
- 贝伊科兹
- 阿亚扎阿
- 伊斯提尼耶
- 帕沙巴赫切
- 马斯拉克
- 丘布克卢
- 坎勒贾
- 鲁梅利堡垒
- 安纳多卢堡垒
- 贝贝克
- 库鲁切什梅
- 坎迪利
- 奥塔科伊
- 琴盖尔克伊
- 艾郁普清真寺
- 金角湾
- 加拉塔石塔
- 伊斯坦布尔
- 恰姆勒加
- 乌姆拉尼耶
- 托普卡珀宫
- 卡德柯伊
- 马尔马拉海

英里 0—4
千米 0—4

托普卡珀宫

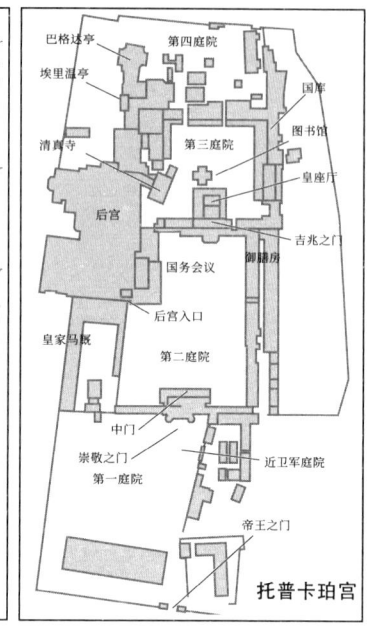

- 巴格达亭
- 第四庭院
- 埃里温亭
- 国库
- 清真寺
- 第三庭院
- 图书馆
- 皇座厅
- 后宫
- 吉兆之门
- 国务会议
- 御膳房
- 后宫入口
- 皇家马厩
- 第二庭院
- 中门
- 近卫军庭院
- 崇敬之门
- 第一庭院
- 帝王之门

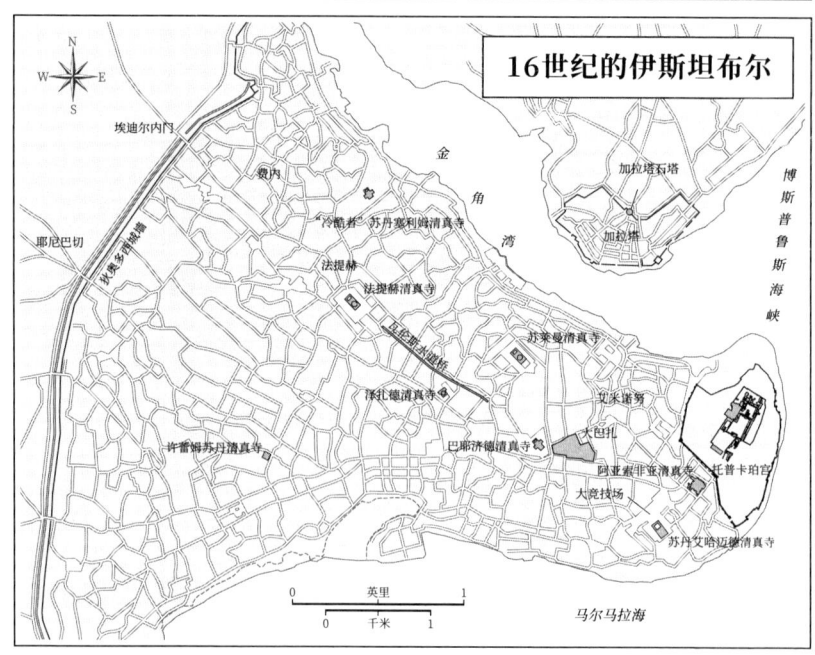

16世纪的伊斯坦布尔

- 埃迪尔内门
- 费内
- 耶尼巴切
- 瓦伦多洪渠桥
- "冷酷者"苏丹塞利姆清真寺
- 法提赫
- 法提赫清真寺
- 苏莱曼清真寺
- 泽扎德清真寺
- 艾米诺努
- 许蕾姆苏丹清真寺
- 巴耶济德清真寺
- 大包扎
- 阿亚索菲亚清真寺
- 大竞技场
- 苏丹艾哈迈德清真寺
- 托普卡珀宫
- 加拉塔石塔
- 加拉塔
- 金角湾
- 博斯普鲁斯海峡
- 马尔马拉海

英里 0—1
千米 0—1

目 录

引 言　i

第一章　苏丹之子（1470—1487）

1　世界之芳　3
2　帝室手足　21
3　一个流亡海外的奥斯曼人　37

第二章　总督（1487—1500）

4　学习家族事业　61
5　边疆掌权　79

第三章　奥斯曼人（1492）

6　哥伦布与伊斯兰　95
7　哥伦布的十字军远征　115
8　新世界的伊斯兰　143
9　基督教"圣战"　161

10　伊斯帕尼奥拉的泰诺人穆斯林　177
11　在奥斯曼帝国寻找耶路撒冷　199

第四章　远近之敌（1500—1512）

12　东方异端　227
13　宇内之敌　243
14　克里米亚之夏　259
15　目标：伊斯坦布尔　277
16　独一无二的苏丹　291

第五章　塞利姆的世界战争（1512—1518）

17　"他们的归宿是火狱"　309
18　兄弟之国　337
19　征服"肚脐"　355
20　征服世界　381

第六章　最终的边疆（1518—1520）

    21　普天之下，莫非王土　　407

    22　大西洋之柱　　423

    23　永恒　　449

第七章　后裔（1520年之后）

    24　塞利姆的宗教改革　　467

    25　美洲的塞利姆　　489

尾声　笼罩土耳其之影　　507
致谢　517
年表　塞利姆及他的世界　　523
注释　531

引 言

塞利姆

在得克萨斯州与墨西哥的边境、格兰德河（Rio Grande）注入墨西哥湾的入海处，坐落着一座静谧的边境城镇。这座城镇有着一个令人匪夷所思的名字：马塔莫罗斯（Matamoros）。Mata，源自西班牙语的动词 matar，意为"杀戮"；而 moros，即英语里的 Moors，在西班牙语里意为"摩尔人"，是西班牙基督徒对穆斯林的蔑称。因此，"Matamoros"就是"摩尔人杀手"，这一称号似乎与美洲的过去和今日都毫无关联。为什么一个位于墨西哥东北部、阳光明媚的边境城镇会被取名叫"摩尔人杀手"？难道在墨西哥或得克萨斯，穆斯林真的曾经是需要生死相搏的敌人？

Matamoros 一词是信仰天主教的西班牙人留下的。在他们看来，每一位基督徒士兵都有义务成为"摩尔人杀手"。从711年开始，西班牙的大片地区都处于穆斯林的统治之下，一直到1492年这个在地缘政治历史上不平凡的年头。在这一年，西班牙的基督教军队夺取了（他们更愿意把此举说成是"夺回了"）穆斯林在伊比利亚半岛上的最后一个据点；也正是在这一年，一位名字广为人知的"摩尔人杀手"——克里斯托弗·哥伦布——为西班牙在对抗伊斯兰教的战争中开辟了一个新的战场。在伊莎贝拉和斐迪南征服格拉纳达期间，身为一个普通士兵的哥伦布展示了自己对宗教的虔诚。终其一生，哥伦布不止一次与穆斯林作战。在一次又一次的战斗，尤其是与西班牙在地中海上最主要的敌人奥斯曼帝国作战的过程中，哥伦布变得越发渴求穆斯林的鲜血，他在灵魂深处也时刻感受着"圣战"的重任。因此，当他在惊涛骇浪中颠簸西行之时，主宰他思绪的并不是发现新事物的渴望或是追逐商业利益这些世俗的想法。在他驶向美洲的旅途中，最重要的驱动因素其实是宗教狂热：他要帮助基督教世界对抗它最主要的敌人——伊斯兰教。

尽管基督徒在伊比利亚半岛取得了伟大的胜利，但是在几乎所有其他地方，他们都在奥斯曼人面前节节失利，人口被掳，土地沦丧，商业影响力消散。驱动哥伦布舰队的三艘帆船扬起白帆向前航行的最重要意识形态因素，正是15世纪的世界最紧要的那场政治较量——天主教欧洲与伊斯兰教的奥斯曼帝国之间的较量。几乎所有有关世界历史的传统记述在这一点上都犯了错——奥斯曼帝国才是欧洲人前往美洲的真正原因。

从1492年之前的半个世纪起，直到其后的数个世纪里，奥斯曼帝国都是地球上最强大的国家之一。它是古罗马之后地中海地区版图最辽阔的帝国，也是伊斯兰世界历史上最长寿的帝国。在1500年前后的几十年里，奥斯曼帝国控制的土地和人口超过了其他世界性强权。奥斯曼帝国垄断了前往东方的商路，同时在陆地和海洋上都拥有强大的军事实力。正因如此，15世纪西班牙王国与葡萄牙王国的商人和水手才被迫离开地中海，冒险尝试那些穿越大洋、绕过大洲的凶险航线，最终成为环游世界的探索者。他们所做的这一切，都是为了避开奥斯曼人。

在15、16世纪之交，奥斯曼帝国改变了从中国到墨西哥的已知世界。建立了霸权的奥斯曼帝国与西班牙、意大利诸邦、俄国、印度、中国乃至其他伊斯兰强权在军事、思想和经济等领域都展开了竞争。在这一时期，奥斯曼人在几乎所有的重大事件中都发挥了这样或那样的作用，其影响一直波及今日的世界。那些我们耳熟能详的历史人物——哥伦布、瓦斯科·达·伽马、蒙特祖玛（Montezuma）、宗教改革者马丁·路德、军阀帖木儿和数代教皇，以及数以百万计的重要或次要的历史人物，都由于奥斯曼帝国的存在而改变了自己的行为，重新定义了自己在历史上的位置。

奥斯曼帝国举起伊斯兰教的大旗，向西侵入欧洲，这是促成马丁·路德宗教改革的主要推动力之一。而在帝国的东部边疆，奥斯曼帝国与伊朗的萨法维王朝之间的战争则加剧了逊尼派与什叶派之间的冲突，这种冲突直至今日还在撕扯着伊斯兰世界。奥斯曼人的军事征服和精明的经济头脑还创造出了世界上最早的全球性商品之一——咖啡，而他们发明出的咖啡厅更是刺激了资本主义世界消费主义的发展。

随着欧洲人被迫远离地中海——或者更确切地说，是被逐出了地中海——基督教欧洲出现了一种末世心态。在当时的人们看来，基督教和伊斯兰教正在争夺着世间造物的肉体与灵魂。待到那些自封的"基督的战士"来到新世界，他们便继续他们之前的战争，攻击这片遥远土地上的原住民。这些"摩尔人杀手"用他们在旧世界与伊斯兰教打交道时积累的经验来看待美洲和美洲的各民族，甚至拿所谓"抗击伊斯兰教"的职责当借口，试图为他们将西非奴隶贩卖到美洲的行径正名，而这一举动还得到了教皇在宗教和法律层面上的支持。因此，倘若忽略伊斯兰教的作用，我们就无法完整而正确地理解哥伦布和他的时代。

通过追踪奥斯曼帝国对全球的影响，本书用一种新颖的甚至具有革命性的方式，阐述了伊斯兰教和奥斯曼帝国在塑造新旧世界的过程中所发挥的作用。在过去的五个世纪中，无论是专业的历史学者还是非专业读者，都在很大程度上忽视了这一史实。塑造新旧世界的历史是穆斯林与西方世界共同的历史，且穆斯林在这一进程中发挥了不可或缺的作用。奥斯曼帝国塑造了我们的当代世界，这是无可争议的事实；当然，对于西方世界的许多人来说，这一点令人难以接受。

这是为什么呢？一个主要的原因在于，在21世纪的西方世界，实际上就像在15、16世纪的欧洲一样，人们通常会条件反射般地将穆斯林视作敌人和恐怖分子，坚决反对伊斯兰教，尽管这一宗教实际上塑造了我们引以为荣的文化和政治制度。无论是在流行文化中还是在全球政坛上，也无论是保守主义者还是自由主义者，伊斯兰教都被视作"那个强大的他者"——尤其是在美国——是需要通过某种方式"修正"的问题。无论是普罗大众还是政府官方，都热衷于把穆斯林变成诽谤的对象，甚至经常把他们当作直接诉诸暴力的对象。

还有一些因素也影响了我们正确认识奥斯曼帝国对西方历史的影响。其中最主要的原因在于，我们通常将过去500年的历史解读为"西方崛起"的历史。（这一谬见非但在欧美盛行，在土耳其和中东的其他地区同样盛行。）实际上，在1500年，甚至到了1600年，都并不存在我们今日时常夸耀的所谓"西方"。在历史刚刚步入近代的几个世纪里，欧洲大陆其实只是一大堆国家的脆弱集合，这些形形色色的王国和狭小孱弱的贵族领地彼此争战不休。真正主宰着旧世界的是欧亚大陆上庞大的陆地帝国；而在美洲，除了加勒比海附近的些许欧洲人据点之外，真正占支配地位的也是美洲的原住民族。奥斯曼帝国在欧洲拥有的领土超过了大部分欧洲国家的领土。在1600年，倘若有人设下赌局，问哪个国家将会支配世界，赌徒们可能会把钱押在奥斯曼帝国或者中国身上，但绝不会押在任何欧洲国家身上。

而到了工业革命和19世纪所谓的欧洲荣光时期之后，人们就改写了这段历史，把欧洲支配霸权的起始时间上溯到了哥伦布的时代。从历史的角度看，这十分荒谬。这种说法不仅掩盖了近代欧洲内部的深深裂痕，同时也遮掩了这样一个事实：在奥斯曼帝国于19世纪得到"欧洲病夫"的蔑称之前，这个帝国曾经在数个世纪的时间里让整个世界胆寒。有些历史学家声称，就在英国人开始在美洲从事殖民活动的1600年前后，奥斯曼帝国也走下了巅峰，开始走下坡路了。的确，从那时起，奥斯曼帝国战败割地的现象更常出现，但是在随后的300年中，它仍旧是中东最具支配力的强权，也依然身居欧亚非三洲最强大国家的行列——直到第一次世界大战为止。实际上，奥斯曼帝国最令人惊异的特征之一，就在于它既长寿又始终处于国际事务舞台的中心。像所有的帝国一样，奥斯曼帝国也不可避免地迎来了消亡的一天，但彼时的帝国已经统治了超过600个年头。如果我们戴着19世纪的有色眼镜——甚至是通过18世纪爱德华·吉本对罗马衰亡堪称经典的论述——去看待16世纪的奥斯曼帝国历史，就会让自己走进一条死胡同，得出站不住脚的历史结论。[1]

在正视欧洲与奥斯曼帝国之间激烈的矛盾冲突的同时，通过检视奥斯曼人如何塑造了当今的世界，我们可以看到伊斯兰世界与欧洲（以及后来的美国）的历史并不是截然对立、背道而驰的。它们之间共同的历史中并不仅仅包含暴力,还有丰富得多的内容。被人们大肆吹嘘的"文明的冲突",实际上只是一条致密交织的挂毯上极其微小的一部分。通过这样的检视,我们还可以发现,那座被原住民命名为阿纳瓦克(Anahuac)的城镇如何变成了马塔莫罗斯,从而将基督教西班牙对抗伊斯兰教的残酷战争的遗迹流传到了今天。[2]

奥斯曼帝国的史诗开始于距离中东十分遥远的地方。早在公元 6 世纪,后来演变为奥斯曼人的民族开始从中国出发,向西穿过中亚,来到了地中海地区。[3] 在将近 1 000 年的时间里,他们持续向西跋涉。他们沿途打了许多场仗,也曾皈依过多种宗教。在此期间,他们也曾让其他民族皈依宗教,他们还建设城镇,交易商品和食物,学习和传播语言,培育新的马种,创造艺术杰作,写下非凡的诗篇。最初的迁徙者的大部分后代都在丝绸之路沿途附近定居了下来,与当地人通婚,接受并改变了当地的文化。

有一些勇者则一路迁徙到了安纳托利亚,这里也被称作小亚细亚,即分隔黑海与地中海、由亚洲伸向欧洲的陆桥。这些向西迁徙了如此之远的人大部分来自一个操突厥语的游牧部落。今天的土耳其人之所以在语言、文化和人种特征上与中亚乃至远及中国以及更远地方的一些民族有共通之处,正是因为他们曾经进行过这样长途跋涉的迁徙。(例如,朝鲜语和土耳其语都属于阿尔泰语系。)在到达安纳托利亚之后,这些初来者开始在地中海和爱琴海沿岸起伏的平原上为自己和牲畜寻找生存之所。在这里,他们进入了拜占庭帝国破碎的疆域。13 世纪的安纳托利亚并立着几十个家族世袭的小邦，其中有伊斯兰小邦也有基督教小邦，有突厥人的小邦也有希腊人的小邦，它们共存于衰败的拜占庭帝国境内，时而又向拜占庭帝国发起挑战。这些远道而来的初来者组成了一个松散的部落联盟，也跻身于这些家族世袭的小邦之列，由一位名叫奥斯曼（Osman）的首领统率。奥斯曼于14世纪20年代中期去世，后来被视作奥斯曼帝国（Ottoman，是Osman在英语中的变体）的第一位领袖。从此之后一直到20世纪，每一位奥斯曼帝国苏丹都是他的血脉传人。

奥斯曼从拜占庭帝国蚕食了些许土地，他的儿子则为早期的奥斯曼人赢得了第一场真正的胜利：1326年，奥尔汗（Orhan）夺取了坐落在距离马尔马拉海不远的一处草木繁茂的河谷中的大都市布尔萨（Bursa）。布尔萨是国际丝绸贸易的中心城市之一，夺取这座都市极大助长了奥斯曼人日渐增强的雄心。从这座最初的首都出发，奥斯曼衣钵的继承者们不断赢得胜利，控制了从安纳托利亚西部到巴尔干半岛的大片土地。这些地方的居民以基督徒为主，但他们大体上接受了以穆斯林为主体的奥斯曼人的统治，因为这些来自亚洲草原的初来者十分善于用优厚的条件来换取地方豪强和权力掮客的支持。奥斯曼人的征服大军承诺以武力保护他们，还向他们提供了比拜占庭帝国更加优惠的税收和贸易政策，以换取他们对奥斯曼家族的效忠以及不时派兵助战的承诺。

在大约一个世纪的时间里，奥斯曼人不断挤压拜占庭帝国的生存空间，并最终于1453年给了拜占庭帝国致命一击。奥斯曼帝国的第七任苏丹穆罕默德二世（Mehmet Ⅱ）攻破了拜占庭帝国都城君士坦丁堡的城墙。[4] 这场惊天动地的胜利，既是一场实际意义上的征服，也极具象征意义。通过这场胜利，奥斯曼人获取了基督教世界在东方的中心，占据了世界上最大也最具战略意义的城市之

奥斯曼

——它地处欧亚两洲之间的支点位置，控制着连接东西方的一条主要干道。穆罕默德使用了"恺撒"（Caesar）的称号，宣告奥斯曼帝国为新的罗马帝国。对于包括年轻的哥伦布在内的大部分欧洲基督徒来说，"两个罗马"之一被一个伊斯兰国家夺取，可谓是末日来临的征兆。用当时欧洲人的话说，奥斯曼人挖掉了基督教世界的一只眼睛。[5]

从 1453 年到饱经磨难的 19 世纪，在将近四个世纪的时间里，奥斯曼帝国一直身处全球政治、经济和战争舞台的中心。欧洲各国的命运起起伏伏，奥斯曼帝国则始终强盛。奥斯曼人曾经与欧洲中世纪和近代的各个帝国较量，到了 20 世纪还在欧洲继续作战，只是对手已经截然不同。从马基雅维利到托马斯·杰斐逊再到希特勒——很难想象有什么能让这三个人排列在一起——形形色色的人物都不得不面对奥斯曼帝国非凡的实力与影响力带来的挑战。从他们在布尔萨取得第一场军事胜利算起，奥斯曼人在接近六个世纪的时间里统治着辽阔的疆域，涵盖了今天 33 个国家的领土。他们的军队控制着欧洲、非洲、亚洲的大片土地，还有世界上最重要的一些商路，以及地中海、红海、黑海、里海、印度洋及波斯湾沿岸的城市。他们掌控着位居地球上最大城市之列的伊斯坦布尔和开罗，还控制着圣城麦加、麦地那和耶路撒冷，以及在超过 400 年的时间里堪称世界上最大犹太人城市的萨洛尼卡［Salonica，即今天希腊的塞萨洛尼基（Thessaloniki）］。奥斯曼人最初只是在穿越中亚的漫长旅途中艰苦前行的卑微的牧羊人，最终却完成了自罗马帝国之后最接近于重现罗马帝国荣光的伟大成就。

在大竞技场的穆罕默德二世

奥斯曼帝国之所以能够成为如此具有影响力的世界强国，有一个人厥功至伟。他的名字是塞利姆（Selim）。[6]他虽然是一位苏丹的儿子，但并非理所当然地就会成为如此伟大的人物。他在父亲的十个儿子中排行第四，于1470年出生在安纳托利亚的一座小城。他的母亲是一名奴隶出身的后宫姬妾。他的出身可以让他获得闲适富有、锦衣玉食的贵族生活，但他的寿命也很可能不会太长，因为一位苏丹驾崩、下一位苏丹继位之时，往往伴随着手足相残的惨剧。固执而坚定、无情而富于远见的塞利姆对自己的人生有着另一番打算。他在权力斗争中登上苏丹宝座，进行了一系列军事冒险，展现了高超的统治技巧；他极具个人魅力，又对信仰十分虔诚——他一生的故事，可以让我们从一位君主的角度看到奥斯曼帝国如何塑造了现代世界。

塞利姆是穆罕默德二世，即那位于1453年攻取了君士坦丁堡并将其更名为伊斯坦布尔的苏丹的孙子。塞利姆的父亲巴耶济德（Bayezit）继续扩张着帝国的版图，他入侵了意大利、伊朗、俄国和匈牙利，将帝国的边疆向各个方向推进。塞利姆则超过了他的所有先祖，他的征服成就甚至超过了对君士坦丁堡的占领。他在中东、北非和高加索进行了一系列战争，将帝国的疆域几乎扩大了两倍。当他于1520年去世时，奥斯曼帝国的国力登上了一个新的高峰，成为一个远超地球上所有其他国家的庞然大物，领土横跨旧世界的三个大洲，并随时准备夺取更多的土地。塞利姆是奥斯曼帝国历史上第一位治下臣民大部分是穆斯林的苏丹，也是第一位同时拥有苏丹和哈里发称号的奥斯曼君主。

塞利姆还是奥斯曼帝国最初几位以非长子身份登上苏丹宝座的皇子之一，[7]是第一位只有一个儿子的苏丹，也是第一位废黜了前任苏丹的苏丹。塞利姆对权力有着近乎偏执的追求，他冷酷无情地、系统性地消灭了国内外的敌人。为了得到苏丹宝座，他不惜杀掉两位同父异母的兄长。19世纪的一位历史学家用那个时代特有的令人沉醉而措辞险恶的口吻描述塞利姆，说他是一位"嗜血如命的暴君[8]，他那喷射着怒火的双眼和暴躁易怒的面容完美契合了他狂暴的品性"。为了同时震慑活人与死者，他经常用脚去踢那些他下令斩下的人头。[9]他被世人称作"冷酷的塞利姆"不无道理。"他无法掩饰目光中的残酷"，威尼斯总督安德烈·古利提（Andrea Gritti）写道，"他残暴而狡猾"，根本就是一个"好战狂"。[10]

塞利姆生活和统治的时期，或许是世界历史上对后世影响最为深远的半个世纪。事实证明，他是奥斯曼世系36位苏丹中最具影响力的一位，甚至超过了他的儿子，可能是奥斯曼帝国最知名的那位苏丹——苏莱曼大帝（Suleyman the Magnificent）。塞利姆留下的遗产不仅塑造了奥斯曼帝国——直到其在20世纪灭亡——也深深影响了今天的地缘政治现实。如同基督一样——基督徒可能会觉得这一说法惹人生厌——塞利姆之后的帝国和世界已经与塞利姆之前的帝国和世界大不相同。我们所有人都生活在塞利姆的影子之下，这恰与他的另一个称号——"真主在大地上的影子"——相呼应。

正因为他在奥斯曼帝国历史和世界政治中的重要地位，塞利姆的生平曾被人多次记述。在他生前与身后写就的奥斯曼帝国历史提供了许多细节。其中最重要的一批史料被统称作《塞利姆传》（*Selimname*）[11]。这部书成书于塞利姆死后，对这位苏丹极尽谄媚之词。[12] 到了 16、17 世纪，奥斯曼史学家又抄录、修改了一些早期记录，创造出一批彼此不同但又相互紧密关联的记述版本。诚然，要想了解塞利姆的生平，我们绝对离不开《塞利姆传》的记载，但也必须利用那些经常只有只言片语的其他证据去验证《塞利姆传》中那些对他近乎神化的溢美之词。通过批判性地审读《塞利姆传》及其他奥斯曼帝国的资料，再对照来自同时代的西班牙、马穆鲁克帝国、威尼斯、印度洋世界和美洲的记录，我们就可以得到对于塞利姆及其帝国较为客观的认识，并清晰地看到他在全球范围内的影响力。

※

因此，《奥斯曼之影》一书将为阐述过去五个世纪的历史提供一种全新的、更具整体观念的方式，并且让读者看到，在欧洲史、美洲史和美国史的一些最为重要的领域，伊斯兰教都发挥过不可或缺的作用。如果我们在理解世界历史的过程中不把伊斯兰教放在舞台中心的位置，我们就永远无法理解为什么得克萨斯与墨西哥边境的人们会纪念那些"摩尔人杀手"；从更宏观的角度讲，我们也无法搞清楚为什么我们一再盲目地用一种遗漏了一些重要因素的方式去看待我们共同的历史。通过记述塞利姆和他的时代，我们可以得到一种勇敢地看待世界历史的全新方式，推翻那些延续了上千年的陈词滥调。不论那些政客、专家和传统历史学者是否喜欢这一点，我们继承的世界有很大一部分都是奥斯曼帝国的遗产。而这是一个只有通过塞利姆的生平才能讲好的故事。

第一章

苏丹之子

(1470—1487)

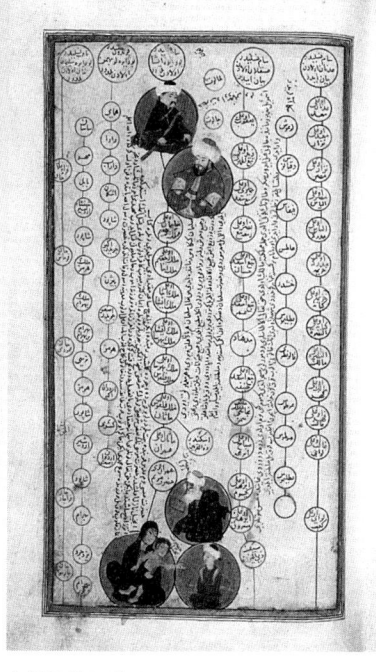

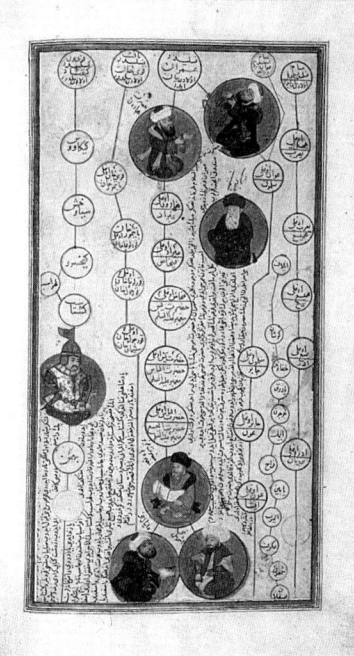

奥斯曼苏丹谱系

1
世界之芳

阿马西亚

1470年10月10日，在距离黑海70英里*的内陆城市阿马西亚（Amasya）的皇宫中，居尔巴哈（Gülbahar）可敦[†]在铺着紫色天鹅绒床单和放着绿色刺绣枕头的床上生下了一个孩子。根据当时的记录，这个孩子出生于一个星期三的傍晚时分。与此同时，就在这座皇家居所的墙外，一个头发蓬乱、蓄着大胡子、四处云游的苏非派（Sufi）潜修者正在接受一小群信徒的朝拜，也吸引了越来越多好奇的旁观者。此人对宫廷政治一无所知，也并非该城总督巴耶济德的心腹顾问，甚至算不上总督的熟人。不过，他却对人们讲述着他看到的宫墙内的幻象。"今天，就在这座承载着繁荣的宫殿里，一个幸运的孩子，一个终将收获幸福的天选之子将会出生，"这位潜修者预言道，"他的统治之光将照亮地平线，世上的居民都将嗅到他带来的繁荣的芳香。他将接替他的父亲成为君主和奥斯曼家族王朝诸领土的保护者。"[1] 如此大胆的预言在奥斯曼世界并不鲜见。形形色色的预言者和学者在帝国境内漫游，自称了解别人无法获知的现

---

*　1英里≈1.61千米。——编者注
†　在奥斯曼帝国，可敦（Hatun）是对女性的敬称。——译者注

实与未来。这些以预言为生的人也时常预测下一位苏丹的诞生,且总会有一些直觉来的时机恰到好处,让他们时不时地能够做出一些准确的预测,从而吸引他们的主顾再来惠顾。

不过,阿马西亚这位苏非的预言却很快走向了一个与众不同的方向。"他的身体是幸福的印记与好运的居所,"他继续说,"他的身上将出现七颗预兆皇室命运的痣。因这七颗痣,他将击败与他为敌的七个邪恶的统治者,大获全胜,然后凯旋。"

提到七颗痣并非偶然——"七"在伊斯兰世界是一个吉利的数字。天有七重,《古兰经》的第一章有七句经文,朝觐(Hajj)者要围绕伊斯兰教最神圣的圣地天房*转七圈。最重要的是,数字"七"代表着世界的七个区域。当时的人们认为,整个世界分成七个区域,这算是地球拥有七个大洲的早期版本。因此,这个新生儿身上的七颗痣就象征着他将成为已知世界未来的君主。

在居尔巴哈最后一次用力之后——按照惯例,孩子的父亲是不在现场的——她的喜悦替代了疲惫,喜悦的泪水淹没了叫喊的声音。她生了个男孩。这个将被取名为塞利姆的男孩,的确有七颗痣。

❈

出生在阿尔巴尼亚的居尔巴哈,生来本是一名基督徒。从她如何成为巴耶济德皇子的第四位妃子的故事中,我们可以一瞥奥斯曼

---

* 天房(Kaaba),也译作"克尔白",位于伊斯兰教圣城麦加禁寺里的一座方形石殿。——译者注

1 世界之芳　5

帝国在 15 世纪——西班牙、葡萄牙、不列颠和尼德兰这些跨洋帝国兴起前的最后一个世纪——的世界里蒸蒸日上的显赫地位。在 15 世纪，主要的大帝国往往统治着大片的领土，并控制着近海地区，但它们极少派遣海军穿越大洋。中国、拜占庭帝国、马穆鲁克帝国、威尼斯和西班牙帝国雄踞亚欧大陆，美洲有印加帝国和阿兹特克帝国，非洲则有桑海帝国和穆塔帕帝国*。在他们于 1453 年征服拜占庭帝国的首都之前，奥斯曼人作为崛起于东方的新贵，由陆路进入我们今天所说的中东地区，开始涌入拜占庭帝国、马穆鲁克帝国和威尼斯共和国控制的领土，这些国家都可以算是当时世界上的强国，但其实力比起中国和阿兹特克帝国还有数量级上的差距。阿尔巴尼亚只是夹在大帝国间的一小块土地，是帝国霸主们来回争夺的对象。

威尼斯人的帝国盘踞在亚得里亚海的北岸和东岸。他们发现，自己在阿尔巴尼亚的领地开始越来越多地受到奥斯曼人的侵袭。在夺取君士坦丁堡的几十年之前，已经在安纳托利亚站住脚的奥斯曼人渡过达达尼尔海峡来到欧洲，开始了扩张的新阶段。奥斯曼人的军队穿过在拜占庭帝国脆弱统治下的巴尔干半岛，深入到沿海的阿尔巴尼亚的崇山深谷之中。如果能拥有这一块沿海地区，奥斯曼人的船只（无论是海军的还是海盗的）就可以控制亚得里亚海和地中海其他部分之间的交通和贸易。当威尼斯人与拜占庭人还在争夺希腊半岛和地中海东部的控制权时，这一地区就是战争舞台上的咽喉要冲。像他们常做的那样，奥斯曼人与当地显贵达成了协议，保证

---

* 穆塔帕（Mutapa）帝国，15—18 世纪统治今津巴布韦、莫桑比克和赞比亚部分地区的国家。——译者注

尊重他们的自治权并提供军事保障。比起威尼斯人的统治,许多当地显贵更愿意接受奥斯曼人的统治,于是同意以实物和货币方式向奥斯曼人缴纳一部分税赋。

在得到这些欧洲土地之后,奥斯曼人不仅日渐逼近夺取拜占庭首都君士坦丁堡这一最终目标,同时也获得了进一步向信奉天主教的威尼斯人发动进攻的能力。诚然,奥斯曼人与威尼斯人之间的许多战斗都发生在海上,但阿尔巴尼亚本身也是一个重要的陆上战场。

随着奥斯曼人在欧洲夺取了越来越多的土地,他们开始把被征服领土上的人民编入帝国体制之中,并发展出了一种名为"德夫希尔梅"*的制度。他们掳走十几岁的男孩,把他们带回奥斯曼帝国的核心区域。这些男孩被切断了与家人的一切联系,并且皈依了伊斯兰教。他们得到物质层面上的种种优待,学习军事技艺,最终变成了奥斯曼帝国军队中忠诚且享有特权的中坚力量。通过这种方式,奥斯曼帝国创造出了一个忠诚的军事精英团体。一些年岁稍长的巴尔干基督徒男性也会想方设法加入帝国的军事体系,以获得提高自己社会阶层的机会。

据我们所知,居尔巴哈的父亲就是一个为了加入奥斯曼帝国军队而皈依伊斯兰教的人。他把自己的女儿送给苏丹作为姬妾,借此进一步获得了一些潜在的社会优势。女儿倘若能为苏丹生一个儿子,就会给他带来难以估量的好处。居尔巴哈的父亲甚至可以憧憬一下这样的前景:成为奥斯曼帝国苏丹的外公。对于一个在刚成年时只是个卑微的阿尔巴尼亚正规军士兵的人来说,这可谓是令人惊

---

* 德夫希尔梅(devşirme),也被意译为"血税"。——译者注

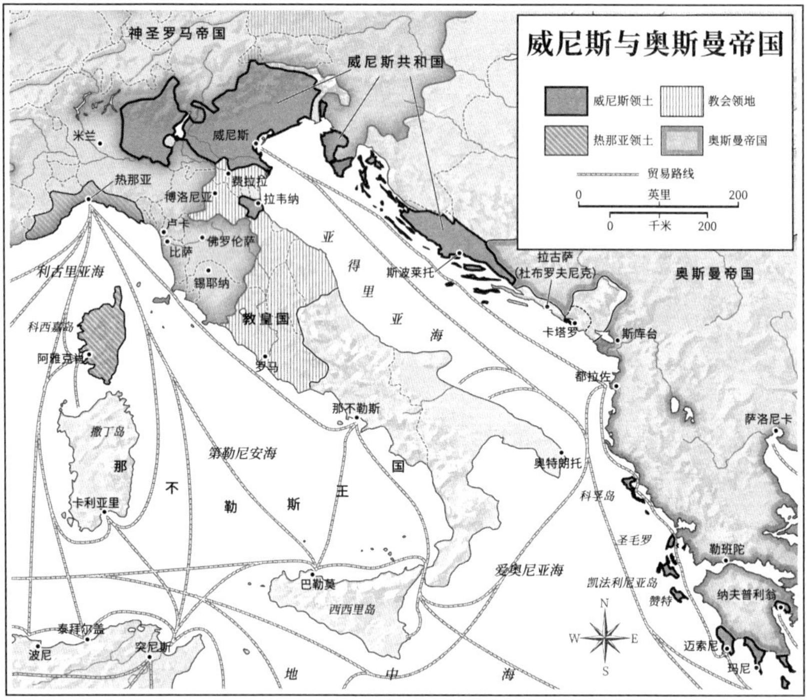
威尼斯与奥斯曼帝国
威尼斯领土
教会领地
热那亚领土
奥斯曼帝国
贸易路线
0 英里 200
0 千米 200
神圣罗马帝国
威尼斯共和国
米兰
威尼斯
热那亚
费拉拉
博洛尼亚
拉韦纳
卢卡
比萨
佛罗伦萨
锡耶纳
利古里亚海
科西嘉岛
阿雅克肖
教皇国
罗马
亚得里亚海
斯波莱托
拉古萨
(杜布罗夫尼克)
奥斯曼帝国
卡塔罗
斯库台
都拉佐
那不勒斯
撒丁岛
那不勒斯王国
第勒尼安海
卡利亚里
奥特朗托
科孚岛
圣毛罗
萨洛尼卡
勒班陀
爱奥尼亚海
凯法利尼亚岛
赞特
纳夫普利翁
巴勒莫
西西里岛
泰拜尔盖
波尼
突尼斯
迈索尼
玛尼
地中海
N
W
E
S

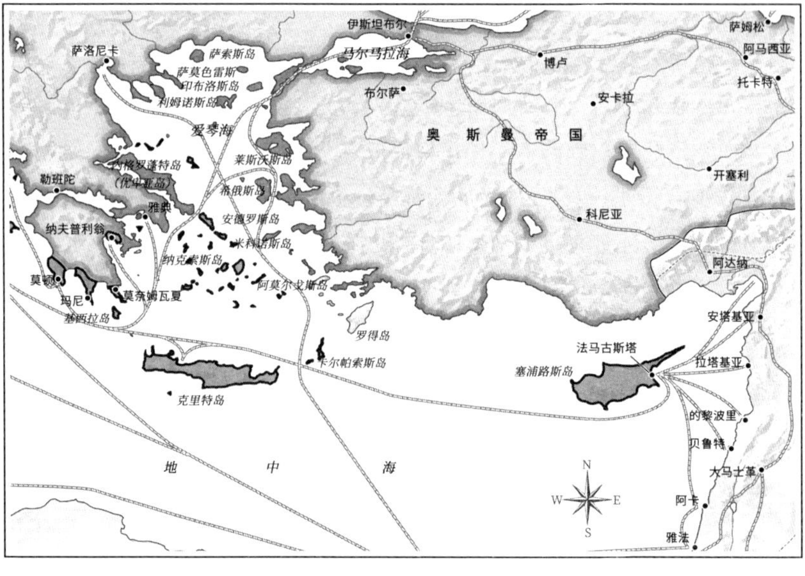
伊斯坦布尔
萨姆松
萨洛尼卡
萨索斯岛
萨莫色雷斯
印布洛斯岛
利姆诺斯岛
马尔马拉海
博卢
阿马西亚
托卡特
布尔萨
安卡拉
爱琴海
奥斯曼帝国
内格罗蓬特岛
(优卑亚岛)
莱斯沃斯岛
希俄斯岛
开塞利
勒班陀
雅典
安德罗斯岛
米科诺斯岛
纳夫普利翁
纳克索斯岛
科尼亚
阿达纳
阿莫尔戈斯岛
莫顿
莫奈姆瓦夏
玛尼
基西拉岛
罗得岛
卡尔帕索斯岛
安塔基亚
法马古斯塔
塞浦路斯岛
拉塔基亚
克里特岛
的黎波里
贝鲁特
地中海
大马士革
阿卡
雅法
N
W
E
S

异的命运转折。居尔巴哈本人也能获得十分可观的回报。她不仅可以在宫殿里享受比在祖居的村庄里（在那里，她的主人就不会是一位皇子，而只是一位普通的丈夫了）舒适得多的生活，还有机会成为一位苏丹的母亲，从而成为全帝国最重要的女人，甚至也是全世界最具权势的女人之一。这是因为，在这一时期，奥斯曼帝国苏丹和皇子们的儿子并非由他们的正妻所生，而是由他们的姬妾所生。所有奥斯曼帝国苏丹的母亲都是像居尔巴哈这样来自外国、通常是基督徒的奴隶。

初入皇子后宫的居尔巴哈或许害羞而且惶恐，但她会在其他姬妾的帮助下逐渐适应这里的新生活。不过，另一些姬妾会急于宣示自己在后宫里的地位，因而乐于让这位年轻的女性在她的新生活里吃尽苦头。从她后来的经历中，我们可以推测，居尔巴哈很快就适应了她的新生活，并善加利用了她所得到的机会。

※

奥斯曼帝国皇室的生活充满了疏离感。在他们发生肉体关系之前，17岁的居尔巴哈几乎从未在后宫的庭院里见过巴耶济德，但这位姬妾风骚美艳的名声已经足以引起巴耶济德的兴趣了。这对主奴的交媾过程粗鲁而且具有强烈的目的性，并没有什么情爱的成分。苏丹和皇子们只注重生出尽可能多的男性继承人，以确保王朝与帝国的延续。毕竟，在那个时代，无论是分娩、战争还是疾病，都非常容易造成死亡。鉴于巴耶济德已经有了三个儿子，居尔巴哈一定十分担忧，即便她生下一个儿子，他也未必会得到父亲的宠爱。奥斯曼苏丹的幼子的命运大抵如此——人们会庆贺他的诞生，

1 世界之芳 9

随后，即便在最好的情况下，他也只能在享受锦衣玉食的同时被人冷落。

对于苏丹和像巴耶济德这样的皇储而言，拥有许多儿子也是一柄双刃剑。留下一个儿子是每一位苏丹的终极任务，毕竟奥斯曼血脉的断绝会导致帝国的覆灭。但是，用最具达尔文主义色彩的观点来看，奥斯曼的每一个男性后人本身又是对其父亲的重大威胁，因为这些潜在的继承者可能会过早地把觊觎的目光投向宝座。与此同时，对于他同父异母的兄弟而言，他是更为直接的威胁。有一句关于奥斯曼帝国的常见评论是这样说的："皇子之间无亲情。"[2] 这些同父异母的兄弟们生来就彼此对立，要用尽手段去争夺宝座，而他们的母亲就是他们最重要的支持者。无论是从私人关系还是从政治角度来看，母子关系都是皇室里最为重要的关系。父亲总是与儿子保持疏远，而制度决定了儿子更可能将父亲和同父异母的兄弟视作敌人，而不是亲人，正如索福克勒斯笔下的人物一样。

在奥斯曼帝国，继承权的归属从来都不是显而易见的。尽管长子通常可以继承苏丹之位，但理论上奥斯曼的任何男性后裔都可以坐上宝座。因此，苏丹的继承权问题往往会导致流血事件。苏丹本人或许会更青睐某个儿子，但他的青睐并不能保证任何事情。对巴耶济德和他同父异母的兄弟们来说是如此，对巴耶济德的儿子们来说也是如此。因此，巴耶济德传给他十个儿子的不仅有杏仁形的眼睛，还有手足相残的宿命。他们的母亲也会发挥推波助澜的作用。最终取胜的那对母子将得到皇宫，而那些在竞争中落败的儿子将被杀掉。他们的母亲不仅会失去自己的孩子，也会失去自己作为皇子的母亲所拥有的一切名望与财富，更不要提在成为苏丹的母亲之后所能得到的一切了。对这些女人来说，她们最好的命运也就是被放逐到奥斯曼帝国的前首都布尔萨的宫殿里，在这座专供死于非命的皇子的母亲居住的皇家养老院里被人遗忘，了却残生。显然，没有哪位皇子和他的母亲会渴望这样的命运。

奥斯曼帝国的后宫如同一座完美的试验场，孕育着适应这个时代无情且惨烈的政治斗争的未来苏丹。奥斯曼帝国的领袖必须狡诈无情，同时又是出色的战略家，如此才能胜过他的对手，无论他们是威尼斯人、萨法维波斯人还是匈牙利人，抑或他自己的兄弟和儿子。奥斯曼人相信，那个在后宫里胜过其同父异母兄弟的皇子，一定也最适合统治奥斯曼帝国，维持其在世界地缘政治版图中最强者的地位。

一位姬妾一旦生了儿子，她与苏丹之间的性关系就停止了。这是一个十分简单的等式：一个女人，一个儿子。在阿马西亚的后宫里，每一对母子都有自己的居所，但他们每天也可以在后宫的走廊与大厅中遇到其他人。像居尔巴哈这样的女人可能会成为未来苏丹的母亲，这一地位给她带来了责任与利益、机会与风险。皇室母亲最重要的目标就是要让儿子存活下来，其次是保证他能接受符合皇子身份的教育。在阿马西亚的早年岁月中，早熟的塞利姆学习了奥斯曼土耳其语（帝国政府使用的语言）、阿拉伯语（《古兰经》的语言，也是学习宗教知识的钥匙）和波斯语（文学与诗歌的语言）。作为皇子，他还要学习射箭、医学、皇家敕令写作和狩猎。与此同时，居尔巴哈和她的随从们还要教他如何祈祷、穿衣，并教他符合未来苏丹身份的行为举止。因此，这座装饰陈设之奢华远超普通人想象，时常成为幻想与传说的对象的后宫，其功能实际上更像是一座学校，而非宫廷。

塞利姆出生的时候，巴耶济德已经在阿马西亚做了16年总督。[3]在奥斯曼帝国，每一位皇子都会在年少时被派到地方上做总督，以便在这个要职上证明自己的能力。作为君士坦丁堡征服者穆罕默德二世的长子，巴耶济德的面前是难以企及的标准。在征服君士坦丁堡一年之后，巴耶济德和他的母亲就被派到了阿马西亚。鉴于他只有7岁，与他同行的还有一群顾问和随从。他在那里一直待了27年，直到他在1481年继位成为苏丹，才带着他的一大家子，包括11岁的塞利姆，来到了伊斯坦布尔。

阿马西亚位于安纳托利亚北部，是一座静谧的农业城镇。当地气候温和，以出产苹果著称。阿马西亚城坐落在绿河*冲刷出的一条狭窄的山谷中，四周几乎完全被崎岖的山岭环绕。陡峭的山崖保护着这座城镇，也确保了阿马西亚的形状历经多个世纪也没有太多变化，因为建筑物只能沿着狭窄的河岸修建。如同安纳托利亚的诸多城镇一样，当巴耶济德到来的时候，阿马西亚已经拥有近7 000年之久的人类定居史。[4]

阿马西亚既不是商业中心，也并非战略要地。几个世纪以来，阿马西亚的与众不同之处既在于它是一个知识文化中心——古希腊地理学家斯特拉波就出生在这里，也在于一代又一代的未来苏丹都在这里度过了自己的青少年时期。除了那些被派到此处担任总督的皇子之外，其他皇子也会来到阿马西亚，学习那些作为苏丹应当掌

---

* 绿河（Green River），也称作耶希勒马克河（Yeşilırmak），土耳其北部的一条河流，注入黑海。——译者注

宝座上的巴耶济德

握的知识。始终把注视的目光投向广阔世界的阿马西亚，在奥斯曼帝国发挥着近乎西点军校的作用。在这里，未来的苏丹们不仅要学习治国之道、军事、骑术、经济学、历史和行政管理，还要学会如何平衡相互竞争的官僚与家族成员的利益和情绪。像安纳托利亚的其他城镇一样，阿马西亚也有亚美尼亚人、希腊人、波斯尼亚人、犹太人、土耳其人等多个民族定居于此，就像是人口成分多样的奥斯曼帝国的一个缩影。因此，对于可能成为苏丹的皇子们来说，阿马西亚是一个练习统治术的理想之地。

在这个具有高度世界性色彩的帝国里，后宫制度确保了皇室血脉中可以混入非土耳其裔、非穆斯林、非精英的元素。由于自己的母亲来自一片遥远的土地，拥有迥异的文化，曾经信奉其他的宗教，塞利姆对奥斯曼帝国在人种与宗教上的多元融合有着深刻的体会。与此同时，在远离首都的阿马西亚成长的经历让他对15世纪的世界产生了更加全面的认知。虽然他通往苏丹宝座的前路还并不明朗，但十几岁的塞利姆就已经明白了居尔巴哈的良苦用心——她希望他做好准备，去探索后宫墙外的世界。

※

从少年时期开始，奥斯曼帝国的皇子们就要小心翼翼地涉足近代世界微妙而凶险的外交事务了。奥斯曼家族向外国领导人展示新的男性成员的重要场合之一是皇家割礼庆典。这种奢华的庆典与犹太教的成人礼（bar mitzvah）有些许相似，也是为了庆祝男孩长大成人。考虑到奥斯曼皇室的庞大规模（和整体上强大的生育能力），这种庆典几乎每年都要举办一次。这种庆典还有外交功能，可以作为邀请外国使节、国家元首和其他显贵前往伊斯坦布尔皇宫［在这座新近征服的城市中建起的这座建筑，未来将被命名为托普卡珀宫（Topkapı Palace）５］的理由。礼物馈赠、恭贺致辞和珍馐佳肴享用不尽的宴席创造了绝佳的社交环境，可以让奥斯曼帝国的官员们与他国政要增进交情，并且顺便达成一些交易。1479年夏天，将近9岁的塞利姆迎来了自己的割礼庆典。他和父亲来到400英里之外的伊斯坦布尔，以便让外国来宾和居住在这座城市里的列位使节可以更方便地参加此次庆典。

为了将皇子介绍给宫墙之外的世界，并且证明这一对母子的能力，割礼庆典必须进行得完美无瑕。皇子的母亲要负责整个典礼的安排筹备，但按照当时的习俗，她并不会参加公开庆典。因此，割礼庆典彰显了皇子母亲的双重角色：她既是负责抚育儿子的母亲，也是要帮助儿子谋求继承帝位的经纪人。她不仅要安慰刚刚经受了痛苦的手术、终于步入成人行列的年轻儿子，也要帮助他组织好人生中第一场重大的国际活动。

塞利姆的割礼庆典举行时，奥斯曼帝国与威尼斯共和国之间的关系正处于冰点。在奥斯曼帝国于1453年征服君士坦丁堡之前，奥斯曼军队与威尼斯军队曾经不止一次滑向全面开战的边缘，但维持东西方贸易给双方带来的经济利益还是让他们勉强化解了分歧。但是，到了1453年之后，随着奥斯曼军队于1459年占领了塞尔维亚，奥斯曼人在巴尔干地区的攻势进一步威胁到了威尼斯的领土，双方之间的战争已经变得不可避免。

1462年，一位出身于阿尔巴尼亚的奥斯曼军队指挥官——他也是奥斯曼帝国定期劫掠巴尔干男孩活动的受害者之一——叛逃到了雅典附近的一座威尼斯要塞。自然，奥斯曼人要求威尼斯人将他送回来。在威尼斯人拒绝之后，战争爆发了。实际上，奥斯曼人只是将这一叛逃事件作为借口，以便入侵雅典，并继续在伯罗奔尼撒半岛扩张，再接着深入巴尔干半岛。第二年，奥斯曼人向西征服了波斯尼亚，不久之后又攻入了阿尔巴尼亚。

1479年，这场战争以奥斯曼帝国攻克威尼斯人据守的城市斯库台（Shkodra，在今天阿尔巴尼亚的北部）告终。此战胜利后，奥斯曼帝国的势力范围得以沿着亚得里亚海海岸继续向北扩展。1479年1月25日，战争双方签订了《君士坦丁堡和约》，恢复了和平。经过几十年的战争，奥斯曼帝国在地中海东部的霸权终于得到了确认，其势力前沿实际上已经延伸到了威尼斯的大门；而这个意大利城邦在此地区影响力的衰落也成了公认的事实。因此，在这场可耻的失败发生短短几个月之后，威尼斯元老院不愿意派出任何合适的代表去参加塞利姆的割礼庆典，也就不难理解了。实际上，为了向塞利姆——其实是向他的祖父苏丹穆罕默德二世——表达自己的冷漠怠慢，威尼斯共和国没有派任何人出席。[6]

※

巴耶济德奢华的后宫里住满了人，他的27个子女、数位妻子和成群的姬妾都住在这里。在他的10个儿子中，次子艾哈迈德（Ahmed）、三子科尔库特（Korkud）和四子塞利姆逐渐成长为皇位的有力竞争者。他的长子阿卜杜拉（Abdullah）于1483年去世，时年18岁；另外六个儿子则始终只是在安纳托利亚的几个城镇担任名义上的总督而已。像塞利姆一样，分别出生于1466年和1467年的艾哈迈德和科尔库特也是姬妾所出，同样生在阿马西亚。他们三人在后宫里接受了相似的教育——多门语言、哲学、宗教与军事。巴耶济德似乎一开始就选定了艾哈迈德做他的接班人（他到后来自然更欣赏他），这或许是因为艾哈迈德是他还活着的儿子里最年长的那个，也可能是因为巴耶济德认为他最有才干。[7] 不论原因是什么，巴耶济德让艾哈迈德参与帝国管理的时间都要远远早于他的弟弟们。还是一个男孩的艾哈迈德就开始参加会议，召集顾问，与重要的军事将领发展私人关系。但是，尽管有着这些优势，或者恰恰是因为拥有了这些优势，艾哈迈德开始变得懒惰了。他的身体日渐发福，头脑日益迟缓。根据 17 世纪希腊人的一份记载，艾哈迈德"只关心三件事：吃、喝、睡"。[8] 他十分享受宫廷生活带给他的快乐，把苏丹宝座视作他生来就应当获得的事物，而不是需要与弟弟们争夺的东西。

科尔库特是这三个同父异母兄弟中最书生气的一个。像所有拥有一个盛气凌人的兄长或姐姐的聪颖孩子一样，科尔库特更喜欢沉思，而不是参加会议或是军事练习。"科尔库特，"那份希腊人的记载提到，"埋首于文字之中，没有表现出对其他事情的兴趣。"他十分喜欢诗歌，还就神学问题写过好几篇论文。长大成人之后的科尔库特也要比他的兄弟们更虔诚，在哲学上相信命运的无常。如果安拉想让他做苏丹，他就会成为苏丹。年轻的科尔库特不去追寻那些在他看来转瞬即逝的东西，基本上也避免参与国政。

生来便精于盘算的塞利姆看到了兄长们的问题。他意识到，只要能够让自己的特质介乎两位兄长之间，自己就有机会脱颖而出。他既要像艾哈迈德那样计谋多端而且深谙政治，又要像科尔库特那样善于深思而且慷慨宽宏。与此同时，塞利姆既不像艾哈迈德那样懒惰懈怠，也不像科尔库特那样沉溺于书本。正如威尼斯总督安德烈·古利提所描述的那样，还是个孩子的塞利姆"就已经比他的兄长们更凶狠狡猾……他极为慷慨，同时又是个好战狂"，这一切正是意欲统治一个世界帝国的人必备的特质。即便在距离他们相互争夺皇位的日子还有许多年的时候，巴耶济德的儿子们就已经彼此产生了深刻的仇恨。当他们还是无法无天的小孩子时，他们会在后宫的庭院里相互追逐嬉闹；待到他们长大成人，他们就要在安纳托利亚带着军队相互追杀了。

不过，在他们当中的某一个人接管整个帝国之前，他们的父亲要首先成为苏丹。倘若巴耶济德未能获取宝座，他们恐怕都难逃一死。

※

塞利姆对他的祖父征服者穆罕默德十分推崇、爱戴。[9]据有些观察者说，塞利姆对祖父的敬佩之情要远远超过对其父亲的爱戴。塞利姆10岁那年，这位他一直意欲模仿的领袖人物正在伊斯坦布尔——那座他于几十年前夺取的都城——以东不远的地方指挥一场军事行动，却突然感到剧烈的腹痛。对于成年之后大部分时间都在战场上的穆罕默德来说，大帐外的马蹄声可以给他一丝安慰，但他还是感受到了深深的恐惧。神职人员和医生都赶来救助，他最亲密的顾问们也围在他的床榻旁。1481年5月3日下午大约4点钟，帝国迄今为止最伟大的苏丹、49岁的穆罕默德停止了呼吸。[10]饱含热泪的大维齐尔合上苏丹已经丧失生气的双眼，随后开始安排人将穆罕默德的遗体送到他为自己修建的永恒居所——伊斯坦布尔的法提赫清真寺*。

可疑的阴影笼罩着苏丹之死。所有证据都指向了那件宫廷中的人们普遍担心的事情——下毒。心怀不满的臣僚和将领、外国密探以及穆罕默德的儿子们都有理由除掉苏丹，他们是最有嫌疑的。毒药的源头难以追查，且指使者可以远在千里之外慢慢地毒杀目标，这些都让毒药变成了一种理想的武器；毕竟，凶手可以调制毒药，让目标在几个月后才毒发身亡。不过，毫不夸张地说，奥斯曼帝国君主本身或许是地球上被保护得最好的目标。考虑到精细的食物尝毒制度、医生的监控和饮水管理，给苏丹下毒几乎是不可能完成的任务。比如，宫廷的管理者规定，御厨在把菜品呈给苏丹之前，要先给他们自己的孩子吃。在威尼斯与奥斯曼帝国交战的这些年里，威尼斯人至少十余次尝试对穆罕默德下手。有些人认为，是威尼斯人贿赂了苏丹的一位波斯裔私人医生，让他谋害了苏丹。另一些人则相信，苏丹的某一个儿子才是幕后黑手。尽管有众说纷纭的种种猜测，但直到今天，穆罕默德的真实死因还是一个谜。

穆罕默德去世的地方距离古代著名的军事家和战略家、迦太基的汉尼拔之墓只有几千米之遥。汉尼拔曾经在公元前3世纪与罗马人作战；而到了1800年之后，穆罕默德毁灭了罗马人在东方最后的遗存——拜占庭帝国。穆罕默德完成了汉尼拔未能完成的伟业——继承罗马人的衣钵。在长达数十载的疏于经营与人口流失之后，君士坦丁堡——也就是穆罕默德现今治下的伊斯坦布尔——历经了一

---

* 法提赫清真寺（Fatih Mosque），意为"征服者清真寺"。穆罕默德二世在征服君士坦丁堡之后，在圣使徒教堂的原址上修建起了法提赫清真寺。——译者注

次重生。这让欧洲的每一位领袖,从英格兰国王亨利六世(Henry VI)到教皇尼古拉五世(Nicholas V),都充满了恐惧。他们将此事视作末日浩劫迫在眉睫的征兆。穆罕默德就是敌基督(Antichrist),奥斯曼人则是恶魔的爪牙;奥斯曼苏丹将从第二罗马出发,进击第一罗马。1480年,随着穆罕默德夺取意大利半岛上的港口小城奥特朗托(Otranto),欧洲人担心的灾祸似乎即将成为现实。不过,穆罕默德之死和奥斯曼人随后从奥特朗托撤军让局势又缓和了一些,也使得欧洲人开始相信上帝终究还是站在他们一边的。

几个星期之后,苏丹去世的消息才传遍欧洲,引发了爆炸性的狂喜。焰火穿透夜空,教堂的钟声响彻欧洲的每一座都市。在穆罕默德去世的当天,大地本身也送来了一个预兆——地震袭击了罗得岛(Rhodes)。"第二个路西法、第二个穆罕默德、第二个敌基督",第二罗马的攻陷者,离去了。[11] "基督教世界幸甚,意大利幸甚,"威尼斯圣马可行政长官(Procurator of St. Mark Basilica)写道,"(穆罕默德之)死阻止了凶暴而且不屈的野蛮人。"[12] 长久以来,欧洲人一直自认为有义务定期向穆斯林发动远征,例如在1453年之后这样的时段。不过,很多时候,这些基督徒心中的责任感并没有化作实际的战争,因为欧洲国家往往无法组织起像样的远征军。现在,穆罕默德之死为欧洲人赢得了虽然短暂但迫切需要的喘息之机。更具现实意义的是,随着末日决战得以避免,许多欧洲贵族认为自己拖欠奥斯曼帝国的数额不菲的债务似乎有了重新商量的余地。

与欧洲人的狂喜形成鲜明对比的是,奥斯曼帝国笼罩在混乱将至与危机日深的情绪之中。苏丹驾崩后不可避免的继承权争夺才刚刚拉开序幕。10岁的塞利姆敏感而精明,他将看着这戏剧性的一幕徐徐展开,从中深刻理解政治与暴力的含义,以及他所身处的家族。

2
帝室手足

巴耶济德与杰姆交战

穆罕默德的死讯一传到阿马西亚，巴耶济德就立刻动身前往伊斯坦布尔，只带了他最信赖的幕僚和军人。他很确信，他同父异母的弟弟杰姆（Cem，但读作"Jem"）也已经起程。通常来讲，谁先抵达皇宫，谁就能保住皇位。在奥斯曼帝国皇位的争夺过程中，距离权力中心的距离一直是重要的因素之一。由于杰姆的总督任地距离伊斯坦布尔更近，他在这场角逐中占据了一点先机。

塞利姆听说过杰姆，但从来没见过他。还是一个孩子的塞利姆感受到了弥漫在整个宫殿和帝国内的不安与恐慌，他开始意识到自己将要面对的是怎样残酷的现实。这场危机预演了巴耶济德死后将会出现的危机，到那时，塞利姆将身处其父当前所处的危险处境，当然，这一切的前提是巴耶济德能够成功夺取皇位。否则，塞利姆也就没有什么未来可言了。

事实证明，居尔巴哈作为塞利姆的导师与顾问，在这一刻发挥了重要的作用。只有她能够向塞利姆解释复杂而危险的帝国继承权争夺战，并指导他应当如何投身其中。当巴耶济德试图夺取皇位的时候，居尔巴哈和塞利姆将离开阿马西亚这个唯一让塞利姆觉得是家的地方，去追随巴耶济德。对每一对皇室母子来说，与杰姆结成战略同盟本也是选项之一。在奥斯曼皇族家庭中,儿子往往与父亲是敌人,哥哥则与弟弟势同仇雠。不过,对继承权的争夺可以暂时打乱这些利益关系,通常可以使儿子在这一时期无条件地支持自己的父亲,这种现象在他们的父子关系中并不多见。只有在父亲确保了苏丹大位之后,他的儿子们才会变成他在权力争夺中的主要对手。

奥斯曼帝国境外的人们同样关注着事态的发展。随着地中海地区最大、最强(这要拜穆罕默德之赐)的国家的领袖的崩逝,力量对比的天平开始滑向对欧洲人有利的一侧。每当奥斯曼帝国发生继承权争夺,帝国的敌人们就会燃起夺回一些失地的希望。穆罕默德不仅是君士坦丁堡的征服者,他还征服了意大利和阿尔巴尼亚的部分地区,这足以证明他的作用比之前的任何一位苏丹都更为重大。因此,他的死亡也会带来同样重大的机遇。欧洲人是否能够团结一致,向奥斯曼人发动一场有所收获的战争,甚至发动一场日思夜想了几个世纪之久的远征,夺回耶路撒冷?欧洲人能否重夺宝贵的东方商路的部分控制权?在奥斯曼皇室处理家族内部争端的同时,整个世界正在期待着地缘政治格局的变化。很快,奥斯曼帝国皇室的内部争斗就会波及帝国的疆域之外。

※

巴耶济德和杰姆二人几乎截然相反。巴耶济德严肃得近乎令人生厌。作为一名虔诚的穆斯林,他热衷于学习伊斯兰哲学,并且热情支持帝国的宗教组织,大力兴修清真寺、医院和学校。威尼斯驻伊斯坦布尔大使说他"十分阴郁,迷信而固执"。[1] 大使给出这一评语，可能是因为巴耶济德下令撤掉了他父亲请意大利艺术家为宫廷创作的画作。与之相反，杰姆是一个追求生活享受的人。[2] 他英俊而且富于人格魅力，热衷于打猎与竞技、诗歌与美酒。他以迷恋女色闻名，有些添油加醋的故事讲述了少女们如何对他投怀送抱。他最喜欢的大酒杯内侧镌刻着七道纹路，象征着世界上的七大区域。他每喝一口酒，就会有一道纹路显露出来，仿佛让他更接近于据有整个世界。酩酊大醉的杰姆可以看到大地展露在自己面前，让他想象自己已经得到了控制世间一切造物的权力。不过，他敏锐的政治洞察力和对皇位的渴求也可以让他暂时忘记美酒与女色。

大约就在巴耶济德于 15 世纪 50 年代中期成为阿马西亚总督的前后，杰姆也成了另外一座古老的安纳托利亚城镇——科尼亚（Konya）[3] 的总督。使徒保罗曾经在科尼亚传播过福音。在文艺复兴时期，科尼亚还将成为举世闻名的织毯中心。今天，这座城市最出名之处在于它是波斯诗人鲁米[*]的家乡和长眠之所。鲁米于 1273 年辞世之后，他的追随者们创立了梅夫拉维苏非教团（Mevlevi Sufi），践行他博爱与神人合一的教导。该教团利用音乐、晦涩的诗歌、具有催眠色彩的旋转舞甚至美酒来实现神人合一，也因此成了伊斯兰教中最为独特的教团之一。虽然并没有证据表明杰姆曾经参加过苏非教派的组织，但毫无疑问的是，他在科尼亚担任总督期间一定曾被宣扬爱与世俗快乐的苏非教派所吸引。

为穆罕默德合上了双眼的大维齐尔卡拉曼尼·穆罕默德帕夏（Karamani Mehmed Pasha）支持杰姆继承皇位，因为在他和其他帝

---

[*] 鲁米（Rumi，1207—1273），波斯诗人、伊斯兰教法学家和神学家。——译者注

国官员看来，杰姆是两个皇子中更容易摆布和控制的那个。他打算尽可能久地隐瞒穆罕默德的死讯，同时偷偷告知杰姆，让他火速赶往伊斯坦布尔，趁巴耶济德还不明就里之际就登基加冕。但是，这位大维齐尔并不是近卫军（Janissaries）——帝国强有力的精英武装——的对手。一直以来，近卫军都支持巴耶济德，因为他们认为巴耶济德更有可能支持他们心仪的军事冒险和帝国扩张路线。由于穆罕默德驾崩于军中，他的死讯对近卫军来说绝非秘密。他们立刻就派人去通知巴耶济德，并全副武装骑马冲入伊斯坦布尔，控制皇宫，等待巴耶济德的到来。大维齐尔和他的盟友们试图阻止近卫军，但军人轻而易举地就挫败了这些行政官员。他们在街上屠戮了多名官员，控制了城市的大片区域。很快，他们就擒获了大维齐尔本人，并将其处死。帝国失去了苏丹，没有明确的继承人，现在又失去了大维齐尔。整个帝国陷入了脆弱而动荡的乱局之中。

作为奥斯曼帝国最强有力的组成部分之一，近卫军是近代世界一支独一无二的武装力量。奥斯曼帝国的职业军队随时可以投入战争，在这一点上远超欧洲的任何军队。在欧洲，各国只能在参加战争的时候临时召集雇佣军和非常备军。这种方式不仅麻烦而且迟缓，召集来的军队也非常不可靠。他们训练水平十分低下，往往不是为了国家的利益而战，而只是为了个人能够在战争中有所收获。因此，难怪尼科洛·马基雅维利会说，奥斯曼人在地中海地区处于支配地位。[4] 马基雅维利看到了奥斯曼军队在对付欧洲军队时的优势，却忽略了十分重要的一点：常备军的战斗力在给一个帝国带来优势的同时，也可能给它带来一些问题。理论上，近卫军应当恭顺地服从苏丹，但现实情况要复杂得多。近卫军会在政治斗争中选边站队，就像他们在巴耶济德与杰姆的较量中表现出来的那样；为了榨取钱财、资源和权势，他们会用暴力来威胁国家机构，有时候甚至会威胁广大民众；为了在战争中获得战利品，捞到劫掠的机会，他们几乎总是主动求战。因此，为了让近卫军满意，苏丹不得不与他们谈判，给他们恩赏，并且用新抓来的兵员保证他们的实力。与杰姆浮夸纨绔的生活方式相比，巴耶济德严肃坚忍的性格更能赢得近卫军的支持。

在巴耶济德和杰姆从安纳托利亚赶往伊斯坦布尔的近三个星期的时间里，奥斯曼帝国都处于国中无君的状态。1481年5月21日，巴耶济德率先抵达了伊斯坦布尔城郊。在杀死了大维齐尔之后，近卫军一直严密控制着这座城市。他们实行宵禁，在街上巡逻，搜捕煽动闹事者，将城市中的各个广场控制在自己手中。[5] 平时，这座拥有50万人口的城市是十分喧闹的，有着喋喋不休的蔬果贩子、叫卖商品的商人、聚在街角聊天的男子；现在，一切都被怪异的静谧取代了。巴耶济德在预先约定好的一座城门与近卫军的一队人马会合，这些士兵随即簇拥着他火速穿过大街小巷，直奔皇宫。

在安全进入皇宫之后，巴耶济德接受了近卫军指挥官和执掌帝国事务的精英统治阶层的效忠。帝国的宗教领袖大穆夫提（grand mufti）宣布他为一切造物的苏丹、世间所有区域的永恒统治者。巴耶济德在皇宫花园完成了简单的仪式，随即在全副武装的士兵的陪伴下前往他父亲在征服君士坦丁堡后下令修建的艾郁普清真寺（Mosque of Eyüp）——这座清真寺环绕着先知穆罕默德的同伴艾郁普的陵墓。* 在这里，帝国的精英集团将巴耶济德13世纪的先祖、

---

* 674年，艾郁普在阿拉伯人进攻君士坦丁堡时去世。穆罕默德二世围攻君士坦丁堡期间，土耳其人发现了艾郁普的坟墓，遂兴建了这座清真寺以示纪念。——译者注

帝国第一位苏丹奥斯曼的宝剑交给了他。[6]这两场简单的仪式象征着帝国、真主与家族（当然，其中不包括杰姆）对巴耶济德承继大统的认可。1481年5月22日，在抵达都城后的第二天，巴耶济德正式成为帝国的第八位苏丹。

与此同时，杰姆还在安纳托利亚艰难跋涉。杰姆刚刚抵达距离奥斯曼帝国第一座都城布尔萨不远、坐落在一座碗形山谷中的城镇伊内格尔（İnegöl），就得到了他的同父异母兄长入主皇宫的消息。他闻讯勃然大怒。

巴耶济德明白，要想稳固自己的统治，就必须除掉杰姆。于是，在刚刚坐上皇位的第一个星期，他就发动了作为苏丹的第一场军事冒险，命令一支军队前往伊内格尔。5月28日，新苏丹的大军抵达了这座山城，遇上了士气高昂、作战狂热的敌军。杰姆的军队将主人的怒火倾泻到敌人身上，击败了巴耶济德派来的军队。凭借此战的胜利，杰姆控制了帝国最早的首都、国际丝绸贸易的中心之一——布尔萨。杰姆占据了布尔萨的宫殿，自称安纳托利亚苏丹，明确宣示了继续作战、拒不屈服的决心。他铸造了上面印有自己肖像的货币，布尔萨的清真寺也在星期五的祈祷词中诵念杰姆的名字。[7]现在，奥斯曼帝国有了两座皇宫、两个首都和两位苏丹。内战即将爆发，帝国的存续正面临威胁。

杰姆很清楚自己的处境有多么危险，于是试图与巴耶济德谈判。他提出将帝国领土一分为二，自己统治安纳托利亚，巴耶济德则统治博斯普鲁斯海峡以西的所有地区。巴耶济德拒绝了他的提议。巴耶济德认为，自己是帝国的合法苏丹，杰姆则是叛国的反贼。对于杰姆的"提议"，巴耶济德回应的方式是派出另一支军队。双方军队再次在布尔萨城外相遇，但这一次，巴耶济德的军队取得了决定性胜利。他们不仅将杰姆逐出了布尔萨，更迫使他一路逃到了奥斯曼帝国版图之外的叙利亚。不过，令巴耶济德深感失望的是，他的部队未能杀死或擒获杰姆。

在赶跑了同父异母的弟弟、确保了皇位的稳固之后，巴耶济德决定将他的妻妾子女从阿马西亚召唤来。除了在将近两年前参加自己的割礼庆典之外，11岁的塞利姆从来没有离开过阿马西亚。现在，他从那座位于内陆地区的外省城镇来到了帝国的心脏，他的父亲成了苏丹，他的新家则是帝国权力的核心。

苏丹的后宫大得超乎想象：一条条走廊连接起数不清的具有高

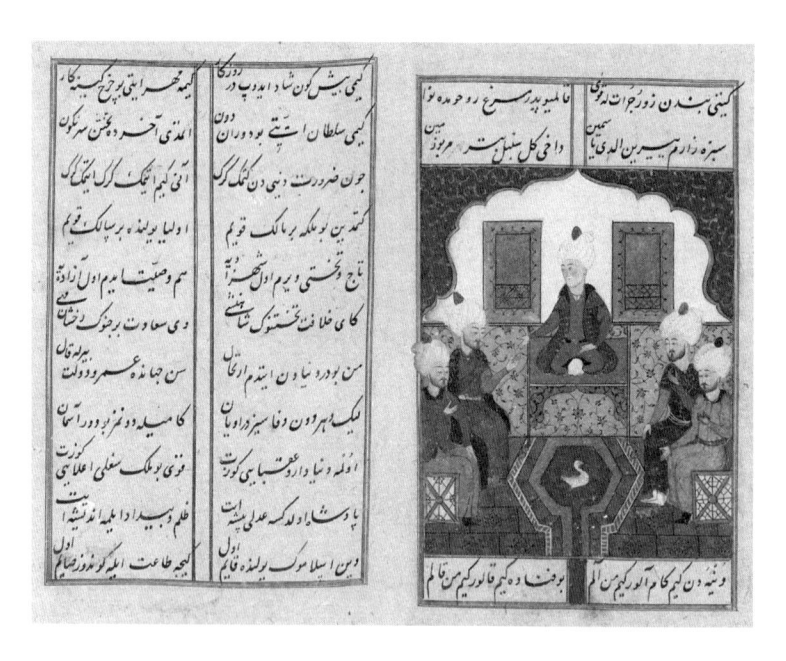

巴耶济德与包括科尔库特在内的幕僚们交谈

耸拱形屋顶的房间,再加上几十座其他建筑物,它们共同组成了一个庞大的建筑群。伊斯坦布尔著名的七丘俯视着博斯普鲁斯海峡,花园与亭台遍布的皇宫就雄踞在其中一座山丘之上,蔚为壮观。在完成了每天的语言、历史和宗教课程之后,塞利姆就会在一处处观景胜地眺望欧亚两洲,享受海风吹拂。他欣喜地望着众多小船穿梭往返于两洲之间,听着从黑海向南迁徙的猛禽发出阵阵尖啸。作为皇子,塞利姆生活的地方与宫墙外的城市有着一定的距离,但他仍然不可避免地会听到城市传来的嘈杂声响,嗅到城市飘来的强烈气味。

作为新任苏丹的儿子,塞利姆获得了持续不断的关注,但他也能感受到周遭紧张的气氛。他的父亲依旧担忧杰姆的威胁,始终处于戒备状态,特别是在统治的早期。塞利姆很早就懂得,他脚下的帝国大地将永远处于不稳固的状态之下。

※

始终对东部战线保持关注的欧洲各国,认为奥斯曼帝国正处于衰弱期,因而企图好好利用这一时机。1481 年 6 月 4 日,也就是巴耶济德夺取苏丹宝座短短两个星期之后,教皇西斯克特四世(Sixtus Ⅳ)就写信给欧洲各地的基督教国家领袖,希望组织一次针对奥斯曼人和其他穆斯林的新的十字军东征。[8] 一个月之后,教皇的海军与来自那不勒斯的一支舰队一道,向奥斯曼帝国孤悬意大利长靴状半岛的领地奥特朗托发动了进攻。战斗于 1481 年 7 月打响,一直持续到了 9 月。最终,奥斯曼军队投降,结束了他们在此地短短 13 个月的统治。受到此次胜利的鼓舞,基督教世界开始希图将奥斯曼人逐出地中海。在得到从葡萄牙赶来的 25 艘船只的增援之

巴耶济德躲过一次暗杀

后，教皇计划从奥特朗托出发，横渡亚得里亚海，前往阿尔巴尼亚沿海的发罗拉（Valona，今天写作 Vlorë）。如果能够在那里取得胜利，基督徒就可以在亚得里亚海的两岸都取得战略要地，并以此地为落脚点，尝试收复穆罕默德在此前几十年间征服的阿尔巴尼亚和希腊的诸多地区。然而，阿尔巴尼亚暴发的一场瘟疫和一些船长的不满情绪导致这些方案最终流产。尽管自身并没有什么动作，但新任苏丹至少暂时保住了亚得里亚海的东岸。

在东方，奥斯曼帝国在伊斯兰世界的主要对手马穆鲁克帝国也利用奥斯曼这段权力真空期，增强了自身在中东和整个地中海东部地区的军事和经济影响力。对于马穆鲁克帝国来说，奥斯曼家族的分裂状态维持得越长越好。因此，他们将杰姆作为客人请到了自己的首都开罗，从而将奥斯曼帝国的内乱变成了一场显著影响全球政治格局的国际阴谋。

这是杰姆所能得到的最强有力的武器——靠着一个帝国的帮助去赢得另一个帝国。他在富有的马穆鲁克宫廷享受着人们的尊敬与舒适豪奢的生活，过得十分惬意。不过，宫墙之外的开罗则是另外一个世界。当他于 1481 年 9 月 30 日第一次抵达开罗的时候，这座城市的陌生感和庞大规模让他感到十分惊异。[9] 作为地中海地区最大的两座城市，伊斯坦布尔要比开罗更大，但开罗并未经历过伊斯坦布尔在 1453 年前后的那种人口锐减。成年后从未在伊斯坦布尔生活过的杰姆惊异于开罗庞大的规模、喧嚣的街道和稠密到令人发狂的房屋。开罗的宫廷中讲的不是土耳其语或波斯语，而是阿拉伯语；杰姆在后宫中学习过一些阿拉伯语，但仍然不容易适应这种环境。总体来说，开罗比奥斯曼帝国的任何地方都更具阿拉伯色彩和伊斯兰色彩，毕竟奥斯曼帝国的大部分人口还是基督徒。在马穆鲁克帝国的这座都城里，呼唤人们礼拜的声音响彻城中的一条条窄巷，其声势之浩大是杰姆从未见识过的。

在杰姆抵达埃及几个星期之后，斋月开始了。作为马穆鲁克苏丹盖特贝伊（Qaitbay）的贵宾，杰姆在圣月中陪同这位马穆鲁克君主参加了每天夜里的宴会。[10] 每天日落后举行的开斋晚宴十分盛大，有诗人和乐师现场助兴。杰姆一边享用着麦片、羊肉，以及像藏红花牛奶和杏干这样的甜点，一边引出了由马穆鲁克帝国支持自己推翻同父异母兄长的话题。生着长长的胡须和长眉毛的盖特贝伊一面耐心地倾听，一面却迟迟不明确做出支持杰姆的承诺。[11] 他要么说自己需要先咨询自己的臣僚，要么说需要等到斋月结束，或者干脆再搬出别的什么借口。实际上，盖特贝伊希望让奥斯曼帝国兄弟阋墙的局面维持得越久越好，以便让马穆鲁克王朝在东西方贸易控制权的争夺中占得上风。

杰姆对盖特贝伊的拖延深感失望，决定离开开罗，于1481年12月动身前往麦加和麦地那朝觐圣地。[12] 先知穆罕默德于570年出生于麦加，于632年在麦地那去世。他在麦加得到启示，并以此为基础写下了《古兰经》；无论身在何方，全世界的穆斯林每天都要面朝麦加的方向祈祷五次。朝觐是伊斯兰教的"五功"之一，所有有能力的穆斯林都应当进行朝觐。然而，杰姆实际上是奥斯曼帝国超过600年的历史中唯一一位遵奉这一重要信条的苏丹或皇子；而他前去朝觐的主要动机似乎也不是出于宗教上的诉求，而是出于政治上的目的。每年一度的朝觐是伊斯兰世界最大规模的集会，充分体现了伊斯兰信仰的世界性——西至摩洛哥，东至中国，操着从俄语到孟加拉语等各种语言的信徒都前来朝觐。在杰姆看来，这是他树立自己作为所有穆斯林的哈里发和圣城的保护者形象的大好机会，他可以利用朝觐活动来证明自己适合统治奥斯曼帝国。

杰姆随车队从开罗出发，抵达麦加，在那里引发了轰动。正如他所希望的那样，他的朝圣之旅仿佛成了今天的巡回宣传。无论他走到哪里，从天房到麦地那的先知陵墓，人群都会如影随形，祈求他赐下祝福和至理名言。在他抵达麦地那之前几个月，闪电击中了先知清真寺*的宣礼塔，雷击引发的大火随即吞没了清真寺。杰姆鼓励麦地那的居民，让他们振作起来，重建先知清真寺。在后来的几个世纪里，这座清真寺的重建都被归功于杰姆这次极具影响力的到访。

1482年3月11日，杰姆随开罗的车队回到了马穆鲁克帝国的首都。受到这次朝觐的激励与鼓舞，杰姆写下了如下诗句来挑战他同父异母的兄长：

> 尔睡玫瑰榻，
> 我何卧炉灰？
> 虔诚朝圣者，
> 理应天垂青。

收到这封信的巴耶济德冷笑一声，也回复了一首诗，斥责杰姆惺惺作态的虚假信仰和对帝国的不尊重：

> 我朝立国久，

---

* 先知清真寺（al-Masjid al-Nabawī），先知穆罕默德设立的清真寺之一，是伊斯兰世界仅次于麦加禁寺的第二大圣寺。——译者注

尔何逆天命？
自诩甚虔诚，
何复求俗物？ [13]

那年春天，杰姆在开罗筹划着卷土重来。马穆鲁克王朝提供的支持十分有限，仅限于维持他们兄弟相争的状态。因此，杰姆知道自己需要在奥斯曼帝国内部寻求支持。他开始通过各种特使和联络人向安纳托利亚各地伸出触角。在安纳托利亚，不乏想要与一位奥斯曼皇子结盟的权力掮客和地方豪强。那里的政治格局依然纷繁复杂，到处是实力稍逊的地方势力、残余的拜占庭军阀和世家大族。对于像奥斯曼帝国这样的近代国家来说，将境内这些近乎自治的势力全部消灭掉并不是必须完成的任务，它只需要迫使它们合作、屈服，或是用其他方式控制它们。杰姆很了解这种建立在谈判和合作基础上的政治模式。因此，他深信自己可以争取到足够的支持，向巴耶济德发起真正的挑战。

❀

杰姆迈出的第一步，是与安纳托利亚一个强大的部族邦国卡西姆（Kasım）的首领建立联盟关系。从罗马人的时代开始，一直到拜占庭帝国和如今奥斯曼帝国的时代，许多古老的游牧民家族在安纳托利亚的一些主要城镇附近拥有自己的利益和影响力，并设法与当时支配该地区的大帝国达成某种协议。卡西姆的据点都在杰姆曾经担任总督的科尼亚附近。虽然这座城镇目前至少在名义上处于其兄长巴耶济德的控制之下，但杰姆与卡西姆的统治集团早有交情，知道他们可以找到共同的目标。双方可谓一拍即合。通过与杰姆结盟，卡西姆可以让自己从为数众多的地方权力掮客之一摇身一变，成为对奥斯曼王朝构成实际威胁的一股力量。就在一年之前，为了从帝国手中夺取更多的领土，卡西姆曾经试图与狭小的罗得岛的统治者圣约翰医院骑士团（The Knights Hospitaller of St. John）结盟。不过，医院骑士团拒绝了他们，以免破坏三年前被迫与奥斯曼帝国签署的和约。[14] 显然，卡西姆人想要结成一个国际性的联盟，而他们在杰姆身上看到了机会。反过来，对于杰姆来说，这一盟约可以让他获得用来对付自己同父异母兄长的武装力量。

在达成这一密谋之后，杰姆不顾马穆鲁克苏丹盖特贝伊的反对，秘密回到了安纳托利亚，以便与卡西姆人最终敲定进攻科尼亚的计划。他把自己的母亲、姬妾和几个孩子都留在了埃及（杰姆有四个孩子，他在这一时期将一个女儿嫁给了盖特贝伊的儿子）。至此，杰姆先是由陆路经叙利亚到达了开罗，再从开罗去圣城，现在又回到了安纳托利亚；他在马穆鲁克帝国内部所走的路线，恰好就是他的侄子塞利姆在34年后征服马穆鲁克帝国时所走的路线。

在抵达科尼亚郊外乱石嶙峋的山区之后，杰姆找到了卡西姆军队的营地。像亚历山大大帝、塞尔柱人*、十字军和以前多支准备入侵科尼亚的军队一样，杰姆和卡西姆人在该城前方的平原上集中了军队、武器和其他资源。杰姆希望此战可以成为他夺回皇位的第一战。1482年5月下旬，战斗打响了。事与愿违，在短短几个小时

---

* 塞尔柱帝国，存在于11—12世纪的突厥-波斯逊尼派伊斯兰帝国。塞尔柱帝国衰落后，其在安纳托利亚的版图分解为许多小国，其中之一就是奥斯曼帝国的前身。

之后，杰姆的部队就被科尼亚的新任总督阿卜杜拉——巴耶济德的长子、塞利姆同父异母的兄长、杰姆的侄子——击退了。

在科尼亚受挫之后，杰姆和卡西姆决定把安卡拉（Ankara）当作下一个目标。就在向北进发的时候，他们得到消息称，已经得知杰姆回到了安纳托利亚的巴耶济德率领一支大军离开了伊斯坦布尔，打算用一座新掘好的坟墓来欢迎他的弟弟归来。杰姆不无道理地担心自己性命难保，于是终止了向安卡拉的进军，开始向南方撤退。巴耶济德随即派出一名士兵追上杰姆和卡西姆人一伙，向他们开出条件，要求他们投降：只要杰姆愿意放弃对皇位的主张并承认巴耶济德为唯一的合法苏丹，巴耶济德就保证让杰姆在远离伊斯坦布尔的耶路撒冷过上安全的隐退生活，并且每年为他提供一笔金钱。杰姆断然拒绝了这一提议。杰姆认为，让自己放弃成为苏丹的希望是完全无法接受的，而且巴耶济德的提议可能只是一个谋害他的阴谋。

为了夺取苏丹宝座，杰姆已经在开罗和阿拉伯半岛留下了自己的足迹。在这场继承权夺战彻底结束之前，杰姆还会把这一争端带到法国、意大利和罗得岛的宫廷上，将奥斯曼帝国继承权争端变成一场对近代欧洲乃至近代世界都产生影响的政治事件。

3
一个流亡海外的奥斯曼人

教皇庇护二世在安科纳为一支十字军舰队赐福。杰姆也在现场

在他父亲的继承权争夺大戏尚在进行之时，11岁的塞利姆正安全地待在后宫里，一边适应着皇宫里的新生活，一边从身边发生的种种学习着血淋淋的帝国政治。他怀着一个孩子的担忧看着他的叔叔四处争取外国势力的支持来反对他的父亲。

　　在安纳托利亚取得落脚点的努力失败之后，杰姆知道其兄长的部队很快就会把他彻底逐出帝国版图。马穆鲁克帝国已经明确表示不会继续支持杰姆了。波斯是一个选项，但是其内部也并不团结，因而不会有兴趣对强大得多的奥斯曼帝国发动一场大战。相比之下，虽然欧洲国家此时都比奥斯曼帝国弱小，但它们十分渴望获取任何力所能及的地缘政治优势。杰姆还在科尼亚郊外卡西姆军队的军营中时，就已经把触角伸向了地中海的对面。15世纪80年代初，卡西姆的首领帮杰姆向欧洲的多个君主送去了书信，因为他们相信一旦巴耶济德与某个欧洲国家开战，卡西姆就可以在安纳托利亚获得大展拳脚的机会。在近代世界，最快的通信方式也只有骑马或坐船，因此这一沟通过程十分漫长。

　　1482年1月，杰姆把第一封信写给了威尼斯，[1]但威尼斯人拒绝了他避难和结盟的请求。[2]威尼斯人刚刚与奥斯曼帝国签署了和约，无意打破他们之间脆弱的和平。接着，杰姆把视线投向了罗得岛的统治者，也就是卡西姆人几年前联络过的圣约翰医院骑士团。不过，杰姆派出的第一位使者被巴耶济德擒获并杀掉了。杰姆意识到巴耶济德已经对他的密谋有所察觉，于是只让他的第二位使者带口信到罗得岛。这样一来，即便这位使者被捕获，他也不会泄露任何重要的信息，当然，如果遭到拷打就另当别论了。他选择的使者名叫菲伦克·苏莱曼贝伊（Firenk Suleyman Bey），是一位操着一口流利法语、皈依了伊斯兰教的前基督徒［Firenk 就是 Frank（法兰克人）的讹变，皈依伊斯兰教的基督徒经常被冠以这样的称呼］，但我们对此人的出身知之甚少。他可能是一名俘虏，为了获得人身自由而选择了皈依伊斯兰教和服务于奥斯曼帝国。他也可能是一名自愿叛逃的"归化土耳其人"，许多参与十字军东征的战士在抵达中东之后，出于各种各样的原因做出了这种选择：可能是出于对伊斯兰教的真诚的信仰，或是爱上了一名穆斯林女性，或是折服于东方世界的强大和威严，也可能是看到了在伊斯兰世界大展宏图的机会。

　　罗得岛就位于安纳托利亚西南方向不远处，是一座炎热而且峭壁林立的岛。由于衔接着爱琴海和地中海，这里的战略地位十分重要。1482 年夏天，菲伦克·苏莱曼贝伊顺利抵达罗得岛，将杰姆的口信转达给了骑士团大团长皮埃尔·德奥比松（Pierre d'Aubusson，1423—1503）。[3] 1479 年，杰姆被其父穆罕默德二世派来进行和谈时，德奥比松曾经见过他。[4] 德奥比松十分清楚杰姆可能带来的战略优势，于是决定抓住机会，充当杰姆的保护者。对于强敌环伺的医院骑士团来说，一个对奥斯曼帝国皇位有觊觎野心的皇子可谓是一个潜在的有力武器。杰姆不仅可以从整体上动摇奥斯曼帝国，而且一旦他利用医院骑士团的支持得到皇位，他就永远欠他们一笔人情。杰姆也不遗余力地提高这些天主教徒对他的期望，为此做出了一个他根本无法履行的承诺：实现伊斯兰世界与基督教世界之间的和平。病急乱投医，甚至有些天真的骑士们把杰姆的出现当成了建立一个基督徒-穆斯林联盟来对抗他们共同的穆斯林敌人的机会。在近代的地中海世界，政治利益上的考量并不总能打破宗教信仰的壁垒，但显然这一次是例外。1482 年 7 月中旬，杰姆在安纳托利亚东南海岸的科里科斯［Korikos，即今天的基兹卡雷斯（Kızkalesi）］登船起航。他当时并不知道，这是他与奥斯曼帝国土地的诀别。

※

杰姆乘坐的小型商船从科里科斯出发，花了一个多星期的时间航行了 300 英里，终于抵达了罗得岛东北角的罗得城。[5] 夏天的海流十分温和，整个旅途平淡无奇。但是，杰姆在精神上却饱受折磨。他没有和任何人说话，也几乎没睡觉。他很清楚，巴耶济德坐在苏丹宝座上的时间越长——此时已经超过了一年，将他彻底铲除就会变得越难。对杰姆来说，又一次离开帝国的领土显然是一次赌博，但考虑到他和卡西姆人在科尼亚的惨败，他已经别无选择。他看着北地中海清澈碧蓝的海水，却感到自己被黑暗笼罩。他被迫再次把自己的命运交到了其他势力的手中。然而，如果他还留在安纳托利亚，他肯定早已成了阶下囚。

杰姆踏上罗得岛的土地时，心中一定有一些惶恐不安，但他并不知道自己究竟陷入了怎样的政治沼泽之中——他将成为近代世界最宝贵的政治筹码之一，一个身为人质却不自知的人质——至少，他暂时还不自知。任何政治实体，不论有多么弱小或微不足道，只要它为杰姆提供避难之所，就可以立刻成为巴耶济德的潜在威胁的保护者，从而可以与奥斯曼帝国讨价还价。在激烈争夺杰姆的众多欧洲政治势力之中，罗得岛只是第一个。

在帝国政治的宏大棋局里，参与各方都试图在计谋上胜过对方，但他们也彼此需要。为了支持自己取得奥斯曼帝国苏丹之位的活动，杰姆尽可能多地向骑士们索要一切形式的支持——金钱、船只、军队和外交保护；骑士们则把杰姆视作实现自己更大野心的垫脚石——他们想要发动一场新的十字军东征，从穆斯林手中夺取耶路撒冷。医院骑士团原本就是形成于十字军东征过程中的骑士团，他们如今依然是以十字军使命为己任的骑士团。骑士们并不想把杰姆当作一个导火索，点燃与奥斯曼帝国之间的可怕战火。他们会不惜一切代价避免这样的战争爆发，因为他们清楚自己只会遭遇灾难性的失败。杰姆对他们的用处在于，他可以帮助骑士们赢得时间。骑士们认为，他们可以利用杰姆这个威胁来迫使巴耶济德维持和平，甚至可以借此从巴耶济德那里勒索到钱财。如果能够实现暂时的"地中海和平"（Pax Mediterranea），骑士们就有机会恢复自己的军事和经济实力，为下一场十字军东征做好准备。

1482年7月29日，杰姆抵达罗得岛，骑士团的代表在码头上以皇家规格欢迎他的到来。绣着金银丝线的地毯一直铺到了海岸边，杰姆骑着骑士团提供的"最俊美的马匹"[6]从海岸进入城中。他一路走过撒满花瓣的道路，受到人群的夹道欢迎。罗得岛上的骑士们，以及来自意大利、希腊、法国和佛兰德的雇佣兵们以接待王子的礼节向他致敬，将他视作能够撬动地中海权力平衡、让其朝着不利于奥斯曼帝国苏丹的方向移动的非凡人物。杰姆、骑士团和地中海上的基督徒雇佣兵团体有着一个共同的政治目标，但他们的利益共同点也就止步于此。杰姆向那些陪同他从港口一路走来的人们道谢，然后把缰绳交了出去，随即沿着不长但十分陡峭的楼梯拾级而上，来到了罗得岛骑士团大团长宫殿那壮观的石墙内部。

从公元前16世纪开始，罗得岛就一直有人类定居。由于罗得岛的位置至关重要，只要海路还是长距离旅行的主要途径，这片弹丸之地就必然成为众人觊觎的目标。罗得岛和克里特岛（Crete）共同构成了从爱琴海及更远的伊斯坦布尔和黑海进入地中海东部的重要落脚点，从这里出发可以抵达埃及、塞浦路斯、叙利亚、中东的其他地区、北非，甚至可以继续向西。罗得岛还控制着安纳托利亚为数寥寥的几处重要海岸木材产地中的一处，这一资源对造船业和其他一些产业而言至关重要。罗得城的城墙由希腊人始建于公元前4世纪，圣约翰骑士团又在公元14世纪初重建了城墙。就在杰姆于7月30日的午后到来前不久，骑士团又不得不再次重修了城墙。

差不多就在整整两年之前，穆罕默德二世发兵攻击了罗得岛。一位骑士记载说，穆罕默德派出了"由109艘舰只组成的舰队"，舰只装备了"大量的加农炮、射石炮和装载了其他武器装备的木质塔楼"，总兵力近7 000人。[7]这支大军围攻了罗得城两个多月。奥斯曼步兵一度爬上了城墙，但德奥比松在那不勒斯国王派来的援军的帮助下，发动反击打退了奥斯曼人的进攻。最终，奥斯曼军队被击退，并损失了超过9 000人；骑士团的3 000名守军损失近半，宫殿也化为瓦砾。在近代的地中海世界，同盟关系的变换如同海流一样迅速。现如今，毁坏了骑士宫殿的那个人的儿子竟成了这里的

医院骑士团在罗得岛款待杰姆

座上宾。

杰姆在罗得岛停留期间的大部分记录出自骑士团一位名叫纪尧姆·科尔辛（Guillaume Caoursin）的副总管和书记员之手。科尔辛总是试图尽可能地美化骑士团的统治，但通过审慎的品读，我们也能从他关于杰姆在罗得岛逗留期间的记述中得到一些十分宝贵的细节。杰姆在罗得岛的生活十分舒适：他被安排在很好的房间，每天晚上在大团长的宫殿里享用丰盛的晚宴，还经常在岛上四处打猎。尽管如此，作为一个寄人篱下的外交筹码，杰姆依然对自己岌岌可危的处境感到忧心忡忡。[8]科尔辛写道，杰姆"注意观察着他的周遭，看上去总是有些忧伤而且心事重重……他坐立不安，无法长时间待在同一个地方"。不过，"即便身为一个流亡海外的逃亡者，他依然没有丢掉自己的贵族尊严"。正因如此，他才能"每天在海中裸泳，哪怕在众人面前也毫不拘谨"。[9]在罗得岛逗留期间，杰姆十分忧郁，这或许是因为他终于接受了自己的命运，尽管他仍然执着追求着似乎渐行渐远的目标。每一天，他都借美食与美酒消愁，还在岛上买了一位名叫阿尔梅达（Alméida）的女奴来分散注意力。[10]

34天之后，骑士们决定不顾杰姆的反对，将他送到他们在法国的一处城堡去。他们嘴上说此举是为了杰姆本人的安全，实际上是为了他们自己的安全。他们担心巴耶济德会为了抓到杰姆而举兵入侵罗得岛，因而决定把杰姆打发得越远越好。这样一来，他们既可以继续控制住这位皇家人质，又可以免于立即遭到奥斯曼军队的入侵。就在杰姆起航驶向法国的当天——1482年9月1日，德奥比松向伊斯坦布尔派遣了一个代表团，提出只要奥斯曼帝国可以保证维持和平，骑士团就会让杰姆一直留在法国。[11]巴耶济德立刻同意了他们提出的条件，这让骑士们欣喜若狂。对于苏丹来说，这笔交易实际上把骑士团变成了他的狱卒，确保他的同父异母弟弟可以远离伊斯坦布尔。[12] 作为回报，巴耶济德同意每年付给骑士团 4.5 万枚威尼斯达克特金币（ducat），作为因禁杰姆的费用。此外，巴耶济德还承诺，不会像他父亲两年之前做的那样入侵罗得岛或奥特朗托。作为唯一参加过朝觐的奥斯曼帝国皇室成员，杰姆现在又成了奥斯曼家族中向西方航行得最远的人。至此，这对兄弟对奥斯曼帝国宝座的争夺，波及的范围已经扩大到了整个地中海。

等到杰姆知晓这一交易，已经是六个星期之后了——1482 年 10 月 17 日，他抵达了尼斯。[13] 得知骑士团把他当作换取赎金的人质，这位 23 岁的皇子愤怒、沮丧、不知所措，并且身处一片更加陌生的土地上。[14] 像在罗得岛时一样，骑士团保证杰姆可以享有舒适的生活，但同时也严密监视着他。作为一名身为皇子的囚徒，他在尼斯城外一座精挑细选的城堡中过上了一种管理松散的软禁生活。这座城堡的主人是骑士团的友人、富有的热那亚商人加斯帕雷·格里马尔迪（Gaspare Grimaldi）。杰姆住在这座城堡的第一天夜里，格里马尔迪的长女为他们的新客人送来一名女子侍寝；而根据法国人的记载，她干脆把自己献给了这位皇子。[15] 在接下来的日子里，她的姐妹和堂姐妹们轮番陪杰姆过夜，这表明格里马尔迪可能希望把自己的某个女儿或侄女嫁进奥斯曼皇室。在得到离开城堡的许可之后，杰姆又在尼斯城中与妓女和"精心打扮的迷人少年（他们每个人都是贵族的儿子）"[16] 打得火热，沉溺于肉欲之中。"尼斯这座城市真是个奇妙的地方，"他写道，显然没把性病的风险放在心上，"男人可以在这里为所欲为！"[17] 这座城市让他想起他曾经出任总督的科尼亚，那里同样有着狭窄崎岖的街道和一个个小广场。他十分喜爱这里蔚蓝的海水和如画的红顶房屋。但是，比起失去苏丹宝座的痛苦，他在遥远异国的纵情享乐只能带来微不足道的宽慰。

杰姆的流亡生涯才刚刚开始。在接下来的七年里，他将在法国东南部的城堡间辗转多次，因为各地的统治者都想充当杰姆的拘禁者，以便从巴耶济德那里得到不菲的报酬。在15世纪80年代中期，4.5万枚达克特金币是很大的一笔钱。因此，囚禁了杰姆的一方就可以极大地刺激当地的经济，这真可谓是一桩奇闻了。

与此同时，在地中海的另一端，奥斯曼帝国和马穆鲁克帝国正进行着一系列无关痛痒的战争，而杰姆的侄子塞利姆将在几十年后继续这场战争，并最终赢得胜利。像医院骑士团、法国东南部的小领主和地中海地区的其他势力一样，马穆鲁克人也把杰姆视作可以用来对付奥斯曼帝国的武器。谁得到了杰姆，谁就可以让巴耶济德担忧祸起萧墙的可能性。此外，还有一个人也在游说马穆鲁克王朝，希望他们可以把杰姆接回开罗——这个人就是杰姆的母亲。自从杰姆踏上了夺取科尼亚的不幸旅程，他的母亲就一直待在马穆鲁克帝国的首都，十分渴望能将自己的儿子接回开罗——其中既有母亲思念儿子的因素，也有她希望杰姆可以继续对抗巴耶济德的因素。终于，马穆鲁克苏丹决定给圣约翰骑士团写信，试图说服他们将杰姆送回埃及。他将为此支付10万达克特金币给骑士团，并承诺一旦骑士团在未来与奥斯曼人发生冲突，马穆鲁克军队将尽全力支援骑士团。这些条件要比巴耶济德开出的条件慷慨得多，但骑士团拒绝交出他们的奥斯曼皇子。一方面，骑士团意识到了这位皇子的价值实在太高；另一方面，他们还在筹划一些别的方案。

就在马穆鲁克帝国开出条件后不久，以发布猎巫敕令、终生支持加强宗教裁判所活动而闻名的教皇英诺森八世（Innocent VIII）说服了骑士团，让他们把杰姆从法国转移到罗马。他给出的理由是"为了基督教世界的普遍利益"。[18] 在他看来，把杰姆转移到距离奥斯曼帝国更近的地方可以对巴耶济德产生更大的潜在威胁，从而遏制奥斯曼帝国在巴尔干地区对基督徒的进攻。这位教皇既渴望又害怕在地中海引发一场全面战争，因而希望可以结成一个针对巴耶济德的三方同盟——罗马、匈牙利（当时奥斯曼帝国在巴尔干半岛的主要敌人之一）和杰姆。当然，这一切都服务于一个更大的目标：为发动一次新的十字军东征做准备，以"夺回"耶路撒冷，给予伊斯兰教致命一击。

1489年3月4日，杰姆抵达罗马。[19] 此时，距离其父亲去世已经过去了近八年。现在的杰姆实际上已经变成了一件武器，服务于文艺复兴时期的欧洲对抗伊斯兰教的嗜血情绪——欧洲人对此事的狂热程度其实超过了他们对古典文物、艺术和个人解放的追求。研究文艺复兴时期的最著名历史学家之一詹姆斯·汉金斯（James Hankins）认为："比起那些知名度更高的人文主义主题，例如真正的贵族精神、开明教育、人的尊严和灵魂的不朽，当时的人文主义者更经常，也往往用更长的篇幅去书写土耳其人的威胁和十字军东征的必要性。"[20] 实际上，文艺复兴时期的"文明成就"很大一部分源自基督教世界对伊斯兰教的古老仇恨。

被周遭张牙舞爪的宗教仇恨情绪包围着的杰姆，反而于生活在欧洲的岁月中变得越发虔诚。在年少时期和居住在尼斯的时候，杰姆都是一个追求享乐的纵欲主义者；而现在，生活在欧洲的基督教世界中心的梵蒂冈的他却有生以来第一次变成了一名虔诚的穆斯林。在他来到欧洲之前，他与伊斯兰教之间的关系更多只是政治层

3　一个流亡海外的奥斯曼人　　47

面上的，而非信仰层面上的。无论是在奥斯曼帝国期间，还是在马穆鲁克帝国治下的开罗，甚至是在他前往圣地朝觐的时候，杰姆对伊斯兰教的信仰都有三心二意之嫌；即便在他前去完成朝觐使命——伊斯兰教种种活动中最具典范色彩的活动之时，他的主要动机也是为自己争夺苏丹宝座的野心争取支持。然而，伊斯兰信仰对于身在欧洲的杰姆来说却有着双重含义：这既是他向拘禁者们表明自己反抗态度的一种方式，也是他对抗挫折与孤独的力量源泉。像许多在困境中投身宗教的人一样，失去了人身自由的杰姆可以从伊斯兰教中获得政治上和精神上的自由。

在杰姆看来，在欧洲公然强调自己作为一名穆斯林的政治身份，与用不符合伊斯兰教规范的方式生活，这两者之间并没有矛盾。他喜欢美酒，还经常与基督徒女性和男孩发生性关系。当时的欧洲人留下来的一些记载说，他可能还娶了一名基督徒女子为妻，[21] 而要在欧洲做这件事，他就必须至少在名义上皈依基督教（在奥斯曼帝国倒是无须如此）。如果他真的曾经皈依过基督教，他很可能是采用了穆斯林所说的"塔基亚"（taqiyya）这种方式。"塔基亚"，通常被译为"伪装"，即暂时表现出皈依了其他宗教的样子，同时在内心依然保留自己的伊斯兰信仰。选择"塔基亚"的人通常是迫于生存压力。除了关于这次婚姻的传言，其他证据都表明杰姆在欧洲停留的多年里一直是一个穆斯林。

在抵达罗马10天之后，对骑士团对待自己的方式大为不满的杰姆私下会见了教皇英诺森八世。又高又胖的教皇对他说，只要他能够率领新的十字军东征——当然，他必须皈依基督教才能担此大任——他就能获得巨大的世俗权力。[22] 据说，面对这一诱惑，杰姆发誓说自己永远也不会帮助罗马或任何一个基督教国家去对付伊斯

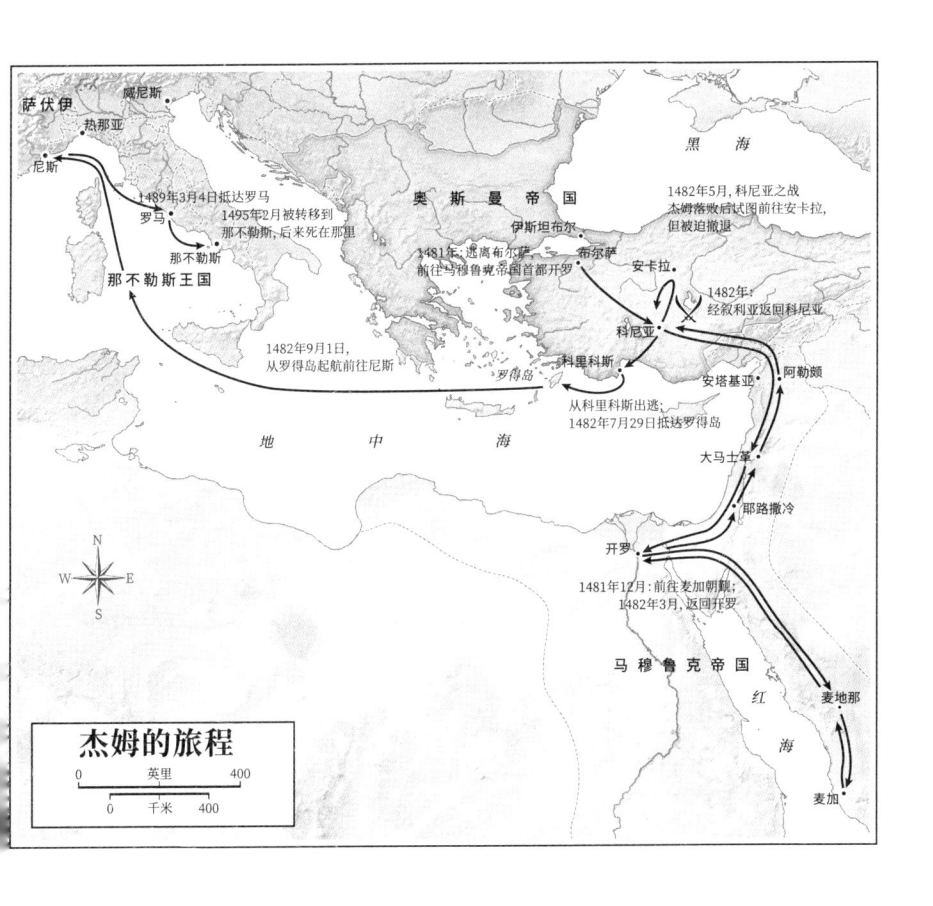

兰国家，²³ 无论是奥斯曼帝国还是别的伊斯兰帝国，"哪怕是放弃统治全世界的机会也毫不足惜"。²⁴ 杰姆的这一表态既表现出了他反对欧洲的政治态度，也表现出了他对伊斯兰教的坚定信仰。不仅如此，他还要求英诺森八世立即将他释放，允许他去开罗，在伊斯兰的土地上度过余生。不过，教皇对他的表态不为所动，立即命令他返回自己的监牢。

当时的杰姆已经 29 岁，在外流亡接近十载。在这期间，杰姆辗转于一个个流亡地和监牢之间，但得到了很好的照顾。"敦实而有活力"，一位名叫马蒂奥·博索（Matteo Bosso）的教士这样形容他。[25] 他已不再是一个惯于漂泊的浪子，终于接受了自己的失败。在写给同父异母兄长的一系列书信中，他都表达了对与巴耶济德争夺皇位这一行为的懊悔，并向巴耶济德表示效忠和输诚。杰姆甚至写到他已经原谅了巴耶济德杀害他 3 岁幼子的行为，这是杰姆在法国时发生的事情。[26] 被击垮了的杰姆仿佛匍匐在兄长脚下，只要能够在余生中回到奥斯曼帝国并过上自由的生活，他似乎愿意答应兄长提出的任何条件；即便他不能回到奥斯曼帝国，他也希望能够生活在印度、伊朗或是阿拉伯世界等穆斯林生活的土地上。巴耶济德没办法确认杰姆的话是否是真心的，因此他不想冒险。在他看来，杰姆的恳求可能有诈，于是拒绝了他。

虽然杰姆强硬地表示拒不支持新的十字军东征，但教皇英诺森依然心存希望。1453 年君士坦丁堡陷落的冲击波还震动着欧洲人的耳膜，而 1480 年奥斯曼帝国在意大利半岛夺取土地的事件又一次冲击了欧洲人的心理防线。关于中世纪十字军东征的知识，西方世界的学生们在过去的几个世纪里被灌输了很多。不过，需要指出的是，中世纪的十字军东征并不只是一些相互没有联系的军事冒险，而是一个历经多个世纪几乎不动摇的战略，是欧洲人对伊斯兰世界持续不断的军事态势，只是根据时下的需要而处于高潮或低谷。基督徒对伊斯兰世界的远征计划一直持续到了 17 世纪，甚至可以说直到今天也没有消失。奥斯曼帝国的崛起及其对欧洲的压制，让越来越多的欧洲基督徒相信末日决战即将到来。因此，在这个时候，教皇英诺森八世居然向东方伊斯兰世界寻求支持，就不只是具有讽刺意味那么简单了。英诺森向开罗派出了特使，希望能获得马穆鲁克帝国的支持，帮助他向与他们拥有相同信仰的奥斯曼帝国发动一场新的战争。他特地强调，他的这场十字军东征只针对奥斯曼帝国，而并不针对整个伊斯兰世界。

基督教欧洲和马穆鲁克王朝知道，为了对付军事实力上占据优势的奥斯曼帝国，它们需要对方，就像后世的英法协约*一样。在此之前，双方都曾经向对方释放过善意，却始终无法取得共识，这并不是出于宗教或文化上的原因，而是政治上的一些原因。在1489年，杰姆成了那只坏了一锅粥的苍蝇。马穆鲁克王朝提出，如果教皇想要结盟，前提条件是教皇要把杰姆送到埃及。教皇拒绝了这一要求，导致结成教皇-马穆鲁克联军的构想彻底成为泡影。于是英诺森只好把目光投向欧洲各国，但它们又一次立刻拒绝了他发动新一次十字军东征的提议。地中海地区的政治天平明显倒向奥斯曼帝国一方，因而大部分欧洲领袖都认为此时发动十字军远征无异于自杀。

既然没办法找到足够多的利益攸关方和人力资源，英诺森只好放弃发动全面战争的计划，像此前的圣约翰骑士团一样与奥斯曼帝国展开谈判。自然，杰姆在罗马这一事实增加了教皇手中的筹码。教皇威胁说，他可以释放这位奥斯曼皇子，让他到巴尔干半岛与匈牙利人结盟，共同对抗奥斯曼人。当然，他心知肚明杰姆根本不会这样做。他之所以这样说，是想让奥斯曼人做出永远不再入侵意大

---

* 英法协约，1904年，为了应对德国的威胁，英国和法国达成了一系列协定，化解了两国在殖民扩张上的诸多分歧。英法协约是第一次世界大战之前英、法、俄结成三国协约的组成部分之一。——译者注

利半岛的承诺，还要让奥斯曼帝国承诺保障帝国内部基督徒的信仰自由，并且保证基督徒朝圣者前往耶路撒冷的通行安全。教皇许诺，只要巴耶济德接受这些条件，他就会继续囚禁杰姆，但他要求巴耶济德支付相关费用。在巴耶济德看来，这是一个绝佳的交易。对于1490年前后的巴耶济德而言，最重要的目标就是要让杰姆留在基督教欧洲。巴耶济德无意入侵意大利，而且已经保证了奥斯曼帝国内部基督徒的信仰自由，还给了那些前往耶路撒冷朝圣的欧洲基督徒安全保障。于是，他不仅接受了英诺森开出的条件，甚至还做出了其他一些小的让步。他给罗马送去了据说在耶稣受难时刺穿耶稣基督体侧的枪头、100名摩尔人奴隶，以及杰姆三年囚禁费用的首付款12万达克特金币[27]——这对奥斯曼帝国来说只是一笔小钱，却相当于教皇一整年的收入。

※

在15世纪七八十年代，日渐长大的塞利姆亲眼看到了宗教在国际事务和他的家族中发挥的巨大作用。像他的父亲、杰姆和奥斯曼帝国之前三个世纪历史上所有的苏丹和皇子一样，塞利姆也是曾为基督徒的女奴的儿子，他们的母亲往往是在战争中被抓到的俘虏。无论是杰姆皈依基督教的传言，还是他参与针对伊斯兰世界的十字军远征的可能性，都让塞利姆更深刻地意识到了宗教对政治的意义和政治对宗教的意义。

对于那个时代充满宗教氛围的政治环境和自己所属的奥斯曼苏丹家族的种种特点，杰姆既是一名亲历者，也是一名观察者；既是一名受益者，也是一名受害者。他可以把他在欧洲观察到的一切与自己对奥斯曼帝国的认知进行比较。无论从什么角度衡量，地中海地区与宗教相关的暴力都在 15 世纪 90 年代达到了顶峰。欧洲人再次发起了对伊斯兰世界发动十字军远征的号召，奥斯曼帝国在巴尔干半岛的基督教世界占领了更多的土地，西班牙持续已久的宗教裁判所活动更是达到了血腥的顶峰。随着格拉纳达在 1492 年被征服，天主教双王*已经击败了西班牙最后一个穆斯林王国。我们将看到，他们几乎将伊比利亚半岛上所有的犹太人和穆斯林驱逐了出去，随后又把针对非基督徒的战争扩大到了非洲、亚洲和美洲。

诚然，在整个地中海地区，宗教少数派的生活都很不容易。不过，不管英诺森怎么看，奥斯曼人从没有像宗教裁判所迫害穆斯林和犹太人那样迫害过非穆斯林。与此同时，虽然基督徒在长达几个世纪的时间里不断号召发动十字军东征，但穆斯林却从未试图对整个基督教世界发动战争。的确，在奥斯曼帝国，基督徒和犹太人的法律地位要低于穆斯林，但如同在伊斯兰世界的其他地方一样，基督徒和犹太人在奥斯曼帝国享有的权利要多于世界其他地区的宗教少数派。他们拥有自己的法庭，在帝国领土上数量众多的犹太会堂和基督教堂里享有从事礼拜活动的自由，同时还享有社群自治权。在基督教欧洲杀戮宗教少数派群体的同时，奥斯曼人却对他们加以保护，并欢迎那些被逐出欧洲的人来到奥斯曼帝国居住。虽然奥斯曼帝国的苏丹是穆斯林，但帝国的大部分人口并不是穆斯林。实际上，奥斯曼帝国是地中海地区基督徒人口最多的国家：奥斯曼苏丹统治下的基督徒比教皇统治下的基督徒还要多。

当然，基督教领袖发动远征所针对的并不只是穆斯林。在欧洲

---

* 这里指伊莎贝拉和斐迪南。——译者注

军队一路向东进攻伊斯兰世界的同时，他们还沿途屠杀了许多犹太人。劫后余生的部分幸存者和大多数被西班牙驱逐的犹太人最终来到了相对安全的奥斯曼帝国。因此，对于年轻的塞利姆来说，近代世界的宗教冲突并不是基督教和伊斯兰教的冲突，而是信仰伊斯兰教的奥斯曼帝国所倡导的宗教包容，与欧洲基督徒不惜使用暴力也要实现单一宗教一统天下的野心之间的冲突。

※

1492年7月25日，宗教暴行的主要倡导者之一教皇英诺森八世因病去世。[28]一个星期之后，他的意大利同胞克里斯托弗·哥伦布就开始了第一次横渡大西洋的远航。英诺森八世死后，他的继任者——教皇亚历山大六世（Alexander Ⅵ）——就成了杰姆的所有者。尽管英俊而且热爱交际——或许正是因为如此——亚历山大六世算不上是一个杰出的政治和宗教领袖。作为做事不择手段的博尔吉亚家族（Borgia）的一员，亚历山大六世有很多情妇和至少九个私生子，他的教皇任期内充斥着性丑闻和财务丑闻（为了供养他的子女），这些为他的政敌们提供了持续猛烈抨击他的弹药。

教皇的对手之一是法国国王查理八世（Charles Ⅷ），此人觊觎意大利半岛，尤其垂涎战略位置十分重要的那不勒斯王国。1494年年底，人称"和蔼的查理"的查理八世利用教皇亚历山大六世混乱的个人生活带来的不利政治局面，率领一支2.5万人的军队（其中三分之一是瑞士雇佣兵）突然攻入罗马，迫使亚历山大六世立刻接受了他提出的诸多条件，其中最重要的条件是，允许他的军队安全通过教皇领地，南下那不勒斯。查理八世接着又提出了一个要求：他要得到历经多年之后依然极具价值的杰姆。亚历山大十分不情愿地把这位四处漂泊的囚徒交给了查理。1495年2月，这位24岁的法国国王率领大军，带着杰姆一起抵达了那不勒斯。²⁹

巴耶济德一如既往地密切关注着杰姆在欧洲的动向，思考着欧

杰姆被交到查理手中

洲人可能会如何利用杰姆来对付奥斯曼帝国。从法国到罗马再到那不勒斯，在一个比一个强大的监禁者的推动下，杰姆与伊斯坦布尔之间的距离正变得越来越近。比起教皇和圣约翰医院骑士团，查理八世对于奥斯曼帝国来说是更为直接的威胁。通过联姻和其他联盟关系，查理八世与巴尔干地区的诸多贵族家族有着亲属关系。这些贵族家族绝大多数是基督徒，他们权力的源头可以追溯到拜占庭帝国和塞尔维亚王国。现如今，他们依然怀念着被奥斯曼帝国征服前由基督教统治者支配巴尔干的往日荣光。虽然他们的穆斯林宗主允许他们保留自己的封地、财富和特权，但他们对这些穆斯林统治者仍然怀有与生俱来的不信任感。巴耶济德担心，获得了杰姆的查理八世可能会利用他与这些家族的关系和巴尔干人心中的不安全感来威胁奥斯曼帝国的西部边疆。

这种威胁是巴耶济德无法容忍的。于是，1495年，他开始在伊斯坦布尔城中和周边地区动员军队。他们加固了城墙，重新检验在巴尔干进行军事行动的战术方案，还测试了火炮。巴耶济德在帝国的西部边疆部署了更多的部队，还向亚得里亚海派出了一支舰队，隐藏在达尔马提亚（Dalmatia）海岸的峡湾内等待时机。显然，即便到了巴耶济德继位成为苏丹近十四载之后的1495年初，杰姆仍然能够对奥斯曼帝国构成严重的威胁，哪怕是一点点他可能会回到帝国境内的蛛丝马迹，都会引发帝国内部大规模的军事调动。

不过，杰姆对巴耶济德的威胁很快就要彻底结束了。在查理八世的军队抵达那不勒斯之后，一阵强烈的疲惫感击垮了杰姆，使他不得不躲在该城的一座城堡中休息。[30] 已经成为那不勒斯主人的法国国王派了一位私人医生去查看杰姆的情况，并为这位囚徒提供一切必需品。虽然有这位医生的看管，杰姆的症状却越来越严重。先是他的脸出现红肿，接着他的眼睑和喉咙也出现了红肿。他随后又发起烧来，感觉呼吸困难。杰姆的症状看起来像是某种感染，有可能是肺炎。通过冷敷降温和放血疗法，查理派来的医生暂时稳定了杰姆的病情，但他的状况很快再度恶化，他的脉搏变得微弱而且紊乱。查理八世来到他的病榻旁，给他鼓劲。"打起精神来，大人，"他对杰姆说，"等你好起来，你就可以获得自由与救赎，所以请不要再为被囚禁这件事感到忧伤了。"查理离开后，这位奥斯曼皇子说："感谢真主，让我听到了自由与救赎这些词语。一直以来，我都在祈祷：'真主啊，如果这些异教徒想要利用我进攻穆斯林，请不要让我看到那一天的到来，带走我的灵魂吧。'"[31] 不久之后，杰姆就陷入了昏迷。在接下来的几天里，杰姆苏醒了两三次，其中有一次清醒时间比较长，还让人读了仍然留在开罗的母亲写来的一封信。1495 年 2 月 25 日，在欧洲当了 13 年囚徒的杰姆终于获得了自由，或许也得到了救赎。他死在了那不勒斯，享年 35 岁。[32] 几个月之后，意大利城邦组成的联盟就把查理赶回了法国。

※

杰姆的死对于图谋对抗奥斯曼帝国的欧洲人来说是一个沉重打击。1453 年，杰姆的父亲征服了君士坦丁堡，这对欧洲基督徒而言不啻一个灾难性的事件；而到了 1480 年，奥斯曼人占领奥特朗托也带来了同样震撼的效果。当穆罕默德二世于 1481 年去世时，奥斯曼帝国在欧洲拥有的土地已经超过其他任何一个政治实体在欧洲拥有的土地。基督教欧洲紧紧抓住杰姆，希望借此在对抗穆斯林的斗争中获得一些优势。有些贪婪的欧洲领袖认为，只要能帮助杰姆推翻他的同父异母兄长，他们就可以把强大的奥斯曼帝国变成自己可靠的军事同盟，将奥斯曼帝国变成左右欧洲政局的关键力量。然而，杰姆的意外死亡彻底改变了地缘政治格局。杰姆的确曾经需要在欧洲寻找盟友，但巴耶济德并不需要。奥斯曼帝国的继承权归属已经再无争议。在 15 世纪 90 年代中期的这个时间点，欧洲越发衰弱，而征服者穆罕默德取得的大部分胜利果实都已经巩固了下来。巴耶济德麾下的奥斯曼人拥有完全的优势。欧洲人发动十字军东征、征服君士坦丁堡、"夺回"耶路撒冷的美梦渐行渐远。

对巴耶济德来说，杰姆之死标志着他的统治进入全新的篇章，那个悬在他宝座上长达 14 年之久的威胁消失了。巴耶济德终于可以心无旁骛，把注意力放在统治这个地中海地区最强大的国家上了。

巴耶济德这种自由自在的统治并不会持续太久。很快，他自己的儿子就起来挑战他了。时年 24 岁的塞利姆明白，尽管出生的先后次序很重要，但它并不能决定一切。巴耶济德之所以能够胜出，并不是因为他是长子，而是因为他更严肃、更好斗、更狡猾、更无情。在巴耶济德存活至今的儿子们中，塞利姆排行第三。因此，他知道自己成为苏丹的可能性并不大，因为迄今为止，继承父亲大位的都是长子。但是，在看到杰姆如同一个外交上的娼妓一样被人利用，又作为一个意志消沉的流亡者死在那不勒斯之后，塞利姆决心绝不重蹈这位叔叔的覆辙。性格坚韧的塞利姆决心要赢得宝座。他也清楚，要实现这一目标，就必须除掉他同父异母的兄长们。他从杰姆的人生经历中学到，作为奥斯曼帝国的皇子，他绝不能相信任何人，尤其不能相信他的血亲。

第二章

总督

（1487—1500）

塞利姆与幕僚们

4
学习家族事业

特拉布宗的市场

要想赢得奥斯曼帝国的宝座，塞利姆和他同父异母的兄长们必须首先在帝国的东部统治一座城市，以此来证明自己的能力。巴耶济德的儿子们被安排在了安纳托利亚各地。塞利姆的地位尤其不利，因为他被任命为特拉布宗（Trabzon，曾写作 Trebizond）的总督。特拉布宗几乎是帝国版图内距离伊斯坦布尔最远的城市，它坐落在黑海的东南角，是东方多条商路的交会处。1487 年，时年 17 岁的塞利姆按照惯例在母亲的陪伴下来到了特拉布宗，比杰姆被从法国送到罗马的时间早了 18 个月。塞利姆得到的任务是把这个新近征服的城市纳入帝国的行政管理体系之内。不过，在塞利姆本人看来，他更重要的任务是为自己日后争夺苏丹宝座打下坚实的基础，积蓄支持自己的力量。作为帝国的官方代表，塞利姆在培植个人势力的时候必须秘密行事。除了他的母亲、姬妾和仆人，跟他一起长途跋涉来到特拉布宗的还有一批皇室随从和顾问。塞利姆将在帝国的东部边陲度过 20 多年的时光。在此期间，他的这个小家庭将成为他获取关心、安慰和保护的源泉。

塞利姆乘船从黑海航向特拉布宗。一路上，他或许偶尔可以看到著名的黑海海豚，[1] 或是品评一下沿途看到的古迹文物。青翠碧绿、高耸入云的本都山脉*尽入塞利姆的眼帘。这条山脉距离海岸线如此之近，以至于安纳托利亚北部海岸上的人类定居点仿佛是夹在水与石之间的一条丝带。如同这一地区的大多数城镇一样，特拉布宗城也只能按照地理条件所能允许的唯一一种方式发展，城市一直延伸到了山坡之上。不过，被单调的沙色街道和建筑紧紧依偎的深邃的青色海水才是这座海港城市的食物与贸易之源，是其连接世界的主要通道。像伊斯坦布尔、阿马西亚等帝国内的大部分城市一样，这座海岸边的城市也有着悠久的历史。[2] 人类定居特拉布宗的历史始于公元前 8 世纪，这座城市在公元 3 世纪成了一座基督教要塞。这座位置偏僻的城市有着本都山脉提供的天然保护，因而在其大部分的历史之中都扮演着击退外来者的坚实据点的角色。多个世纪以来，特拉布宗的基督徒统治者打退了一股又一股入侵者。这座城市有时候是一座拥有主权的城邦，有时候则与周边一个或多个更大的政治实体联合起来。当奥斯曼人第一次试图染指这座城市时，他们遭遇了与之前的入侵者一样的命运：装备精良的特拉布宗人成功击退了外来者的多次入侵。即便在君士坦丁堡于 1453 年沦陷之后，这座城市又保持独立长达八年之久，成了拜占庭帝国最后一个被奥斯曼人降伏的附庸国。1461 年 8 月，为了最终降伏特拉布宗，穆罕默德二世至少派出了 200 艘桨帆船（galley）攻击特拉布宗的海港，还动用了 8 万名步兵和 6 万名骑兵通过山口进攻城市。[3]

到了 26 年之后，也就是塞利姆抵达特拉布宗的时候，这座被

---

* 本都山脉（Pontic Mountains），安纳托利亚北部一条东西走向的山脉，毗邻黑海南岸。——译者注

4 学习家族事业　　63

基督徒统治了上千年的城市才刚刚开始发生缓慢的转变。[4] 对于奥斯曼帝国来说，这里还属于边疆地区，与奥斯曼帝国的霸权中心联系微弱。因此，塞利姆必须加倍努力，才能让这座城市处于奥斯曼帝国的妥善控制之下。[5] 这座城市的宗教信仰构成也是一项不利因素：超过 85% 的人口是隶属某个教派的基督徒，[6] 其中大部分人是东正教徒，而信仰伊斯兰教的人口只占很小的一部分。在这里，很难看到土耳其文化的踪迹。如同被奥斯曼人征服的其他地方一样，占特拉布宗人口大多数的被统治者与统治他们的奥斯曼人差异很大，这既体现在宗教上（基督教），也体现在文化上（希腊文化、阿拉伯文化、塞尔维亚文化等）。像其他帝国一样，奥斯曼人也与当地豪强达成妥协，承诺大力保护当地的多数族群。

在 16 世纪即将到来的时候，大部分正在扩张的帝国都面对着同样的挑战：少数群体统治多数人。美洲和亚洲都出现了小规模的军事精英集团征服了大片新领土，从而控制了大量人口的情况。例如，信仰伊斯兰教、正处于上升期的莫卧儿王朝（Mughal）从中亚向南进入印度，在那里统治着人数众多、难以驾驭的印度教徒和其他非穆斯林群体；阿兹特克人征服了尤卡坦半岛（Yucatán），统治着与他们拥有迥异文化和世界观的多个民族。而随着欧洲人在这一时期开始进行全球扩张，欧洲军队逐渐在一些他们并不全然了解的地区，遇到了一些他们以前从未见过的民族。这些近代帝国改变了这个世界的人种、语言、经济和宗教格局，创造出了新的文化融合和新的政治局面，同时也使得另外一些原本可能出现的文化融合和政治局面失去了可能性。

※

塞利姆的新家是一个喧闹得让人头昏眼花的商品集散地，来自全世界的货物与人员穿梭不休。特拉布宗位于黑海的东南角，位置极具战略意义，长久以来一直是丝绸之路上重要的一站。来自东方的货物经过几处山口由陆路来到这里，再在此处装船运往西方。在黑海南岸分布着一系列港口城市，从西向东分别有伊斯坦布尔、阿马西亚、锡诺普（Sinop）和特拉布宗。对于那些想得到从印度、中国和中亚远道而来的货物的欧洲人来说，这些港口城市是重要的贸易站。商品、旅行者、军队甚至害虫，以及思想和技术，都通过特拉布宗传播出去。像全球贸易中的其他重要节点一样，特拉布宗也变成了一个高度世界性的城市，有着诸多根深蒂固的城市治理惯例，以及源远流长的社会关系。塞利姆的第一个任务，就是要给这座比帝国古老 1 000 年的城市打上奥斯曼人的印记。

13 世纪晚期，四处游历的威尼斯人马可·波罗从意大利出发，沿着人们惯常走的商路一路向东，抵达了特拉布宗。像在他之前抵达此地的众多旅行者一样，戴着招牌式的红色帽子的马可·波罗先是乘船，后又加入车队，他满身汗臭，筋疲力尽。20 多年之后，他大约在 1294 年或 1295 年回到了特拉布宗，从这里启程离开亚洲，返回威尼斯故土。第二次停留特拉布宗期间，在东方游历了几十年、积攒了不少财富的马可·波罗被人抢劫，损失惨重，他和他的随从们满身疲惫、愤愤不平地离开了这座城市。

在室内市场里，来自斯里兰卡的肉桂可以遇到产自穆拉诺岛*的玻璃。大包的褐色羊毛堆放在灰色的鹅卵石路上，红彤彤的印度红辣椒和色彩艳丽的姜黄粉像熔岩与火焰一样耀眼夺目。不经意间，人们就会从混杂着四处飘逸的辣椒、姜、桂皮的气息和极具穿透力的小豆蔻香味的香料区，走到市场较为平静、出售着从中国远道而来的瓷器和宝石的区域——在这里，客人们可能每年而非每周才会来光顾一次。整片区域的鹅卵石路面上铺满了织得很密的波斯丝织品和羊毛制品，来自俄国和高加索的大黄、牛皮和棉花堆积如山。在市场的拱形大门之外，通往市场的主干道连接着一个广场，人们从那里可以饱览海景；沿着山坡向下，道路渐渐消失在城市的

---

* 穆拉诺岛（Murano），威尼斯的离岛，以玻璃制造业闻名，俗称"玻璃岛"。——译者注

居民区里，人们聚集在那里说长道短，传播消息。

尽管距离拜占庭帝国时期的君士坦丁堡，亦即后来奥斯曼帝国时期的伊斯坦布尔十分遥远，特拉布宗仍然像其他丝绸之路沿线城市一样用自己的财富吸引了形形色色的人来到这里，一睹西侧的海岸线和尘土飞扬的东大门；或许，正是远离首都这一因素造就了这里的喧嚣，吸引了印度人、意大利人、俄国人、希腊人、伊朗人、亚美尼亚人、阿拉伯人、格鲁吉亚人和其他各色人等纷至沓来。长发飘飘、袍子更长的威尼斯和热那亚商人是特拉布宗的常客，[7]他们热切希望能从这里带回大量亚洲货物，满足本土消费者越发旺盛的需求。为了换取心仪的东方商品，这些中间商主要用黄金和纺织制成品做交换。东方人对欧洲制品的需求十分微弱，欧洲人能用来交易的最主要商品就是现金。

从 1461 年起，奥斯曼人开始致力于加强特拉布宗在欧亚贸易中的中心地位，并从中获益。他们很快发现，必须让自己慢慢融入这座城市古老的节奏和习惯之中。长久以来，统治特拉布宗的一直是屈指可数的几个世家大族。在历经了多个世纪之后，这座城市的各类事务几乎都已经变得与这几个家族的商业利益息息相关，因此他们拒绝让外来势力插手这座城市的事务。奥斯曼人并没有试图摧毁或压制特拉布宗的世家大族，而是与他们达成了协议。他们用真金白银来换取这些家族的忠诚，对他们可以占有的市场份额做出保证，同时还学会了在让步与展示肌肉之间找到平衡。无论在塞利姆出任总督之前、期间还是之后，奥斯曼人在特拉布宗和其他黑海港口城市最重要的任务都是把关税和其他税收变成国库里的收入。实际上，在 15 世纪后半叶，奥斯曼人在安纳托利亚北部内陆地区进行的一系列战争，恰恰是沿着丝绸与香料贸易的商路进行的，而这条商路与黑海海岸平行。于是，在某种意义上，奥斯曼帝国打造出了一条从伊斯坦布尔到布尔萨、安卡拉、托卡特（Tokat）、阿马西亚，并最终抵达特拉布宗的商业高速公路。就像中国向西方与阿兹特克向东方的扩张一样，奥斯曼人的军事征服在本质上也是为了获取更多的资本（土地）和市场。战争和贸易组成了奥斯曼帝国的双腿，让它可以穿过安纳托利亚，大踏步向东方前进。

在降伏了这些城市与市镇之后，奥斯曼人开始用他们的伊斯兰法庭体系来鼓励和规范贸易活动。在特拉布宗这样的港口城市，大部分小额交易都发生在码头上。商人刚从他们的小船上下来，推销人员就会迎上前来，向他们展示紫色的丝绸或者小豆蔻的货样，试图把这些刚来的客商引到他们在山坡上的展销厅和办公室。他们会在码头上讨价还价，争论商品的质量，探讨利率的高低。不过，大宗的交易通常要通过法庭进行。这样做有两层意义。首先，法庭可以保障交易各方的利益；与此同时，奥斯曼人可以从中获得一点好处——作为最终的担保人，帝国可以获得一小笔报酬。本地和外来的商人，无论操什么语言，生于何地，有何信仰，只要在奥斯曼帝国境内经商，都可以得到法庭的保护。例如，1478年10月，一位来自佛罗伦萨的天主教徒商人皮耶罗（Piero）死在了布尔萨。[8]他死后，布尔萨的伊斯兰法庭裁定、处理了他的财产和所有遗留的债务和债权。记录表明，此人欠了一位名叫阿卜杜拉曼（Abdurrahman）的大马士革香料商人86 000阿克切银币（akçe，奥斯曼帝国使用的一种银币），还拖欠着特拉布宗和其他一些地方伊朗商人的生丝钱。不过，皮耶罗的债主们很幸运，因为在伊斯坦布尔居住的一个意大利人也欠着皮耶罗67 200阿克切银币。法官指派布尔萨的一位热那亚商人充当皮耶罗的遗产管理人，以确保所有债权人都能收回欠款。有了这样的商业监管机构，外国投资者在奥斯曼帝国的财产和人身安全就可以得到保证，从而确保了财富与货物在东西方之间的自由流通。

作为欧亚贸易的中间人，奥斯曼人随时可以用任何理由去截断丝绸和香料运往欧洲的道路，或是阻止货币和制成品流向东方。[9] 他们可以利用这种优势在战争时期遏制意大利的城邦，或是为奥斯曼帝国的商人们争取更加有利的贸易条件。当伊朗的萨法维王朝表现出露骨的敌意时，奥斯曼人就会关闭西向通往黑海的丝绸贸易路线，让敌人无法得到足够的支持他们军事行动的金钱。

※

对于绝大多数 17 岁的青年来说，统治特拉布宗这样的全球贸易枢纽都是无法做到的。那么，塞利姆又是如何统治好如此纷繁复杂、暗流涌动的地方的呢？简单地说，答案就是他的母亲居尔巴哈。我们在上文中提到过，奥斯曼帝国"一个母亲，一个儿子"的政策[10]会让母子二人紧密地联结在一起，母亲应当成为儿子的向导，甚至在儿子登上苏丹宝座之后也是如此。因此，当那些不谙世事的男孩们被派到内陆地区做总督之后，真正接受考验的不仅仅是男孩本人，也是他们的母子组合，男孩只不过是这对伙伴关系中比较年幼的那个。实际上，那些省份的治理权基本上落到了皇室里这些奴隶出身的母亲手中，而她们尚未成年的儿子——培训中的未来苏丹——只不过是傀儡而已，至少一开始是如此。

奥斯曼帝国的皇子们远离首都和皇室家族的其他成员，完全从他们的母亲那里学习统治之术，学会如何压制不同意见，学会管理人事、树立权威和平衡预算。在特拉布宗，居尔巴哈和塞利姆兢兢业业，努力要把这座城市进一步融入帝国之中。这对母子所仰仗的最重要的理论基石，同时也是维系奥斯曼帝国统治的最重要的理论基石，是一套被称作"公正之圈"（Circle of Justice）[11]的政治哲学。这套政治哲学有着悠久的历史，源自苏美尔人开创的一系列政治理念传统。"公正之圈"这套政治理念描述了君主与他统治的臣民之间的契约关系。人们通常用下面这种方式来简要地描述"公正之圈"（有时候真的会很漂亮地写成一个圈）：

> 无军队则无权力，
> 无金钱则无军队，
> 无繁荣则无金钱，
> 无公正与善政则无繁荣。

因此，对于一个统治者来说，他必须能够意识到政治权力、军事力量、繁荣与对人民的公正之间的紧密关系，才能取得最终的成功。"公正之圈"无始无终，暗示着权力蕴藏于整体之中，而非依赖一人或一地，圈内的每一个节点都同等重要，必不可少。当然，真主高居万物之上，在人世间投下他的影子，这影子就是苏丹。塞利姆和他的母亲或许从未公开表述过这一套治理理论，但它的确构成了他们在特拉布宗进行统治的基石。

不过，帮助他们最终做出种种决策的，并不是"公正之圈"理想化的条文，而是在管理这座纷乱复杂的边疆城镇时每天面对的一团乱麻的争执纠纷、巨大压力和被迫做出的妥协。这对母子不仅成功增加了进出特拉布宗的贸易量，还在解决其他一些世俗问题的过程中展现出了自己的能力。他们面对的种种事务与 21 世纪的市政机关面对的不无相似之处。如果城市里某个中心广场上的泉水干涸了，居尔巴哈和塞利姆就要派人去维修；道路被轧坏了，他们就要拨款给道路重新铺上鹅卵石；倘若有居民与邻居或是不法商人发生了纠纷，他不会向低阶官员投诉，而是会直接来找总督和他的母亲。母子二人联手对付那些贪赃枉法的官吏，监督城市的治安工作，确保市场上的价格公道合理。最重要的是，如同帝国上下的所有官员一样，他们要负责征收税款，为帝国国库送上最重要的收入。

特拉布宗显赫的国际声誉的确拜国际贸易所赐，但城市周边的食品供给同样必不可少。实际上，在"公正之圈"中构成"繁荣"这一重要环节的并不是商人，而是乡下的农民。占人口绝大多数的农民将他们的部分收成缴纳出来，构成了奥斯曼帝国最重要的税源。在特拉布宗，除了种植大量的小麦、大麦和其他庄稼，农民还大量种植用于贸易的一些特殊作物，其中最重要的是樱桃和榛子。[12] 无论是当时还是今天，特拉布宗周边地区都是这些作物最高产的产地。[13] 种植红色樱桃和褐色榛子的农场像棋盘格子一样围绕着特拉布宗错落分布，直至今天也是如此。

这些小农场的效益十分可观。其中一些农场会被分配给为国效命的士兵。[14] 军人们可以耕种、管理这些土地，但并非土地的所有者。作为回报，军人们要向国家缴纳一定数额的税金，同时还要发挥他们的威慑力，让生活在这些土地上的农民能够在一定程度上安分守己。另外一些农场则通过拍卖的方式交给出价最高者租种，让国家获得现金收入。通过这种方式，帝国可以把复杂的土地管理工作和其中蕴含的风险转移给土地承租人，同时确保可以获得稳定的收入，并保留土地的最终控制权。此外，土地承租人需要仰仗帝国对租约的承认和许可，从而使得他们与奥斯曼帝国体系产生更紧密的联系，也让他们变得更加忠诚。

对于帝国的行政体系来说，把土地的管理权转交给个人是一种非常好的方式，可以让总督无须处理琐碎繁杂的土地与人员管理工作。不过，塞利姆和居尔巴哈还是免不了要处理产权诉讼和税收等琐事，还要时刻留意庄稼的收成情况。毕竟，此时还只是15世纪。牲畜有时会走进田地，破坏庄稼；旱灾与洪灾经常会毁掉依赖灌溉系统的土地。受利益驱使的地主经常过度压榨佃户，时不时地激起小规模的农民暴动，或是导致大片土地撂荒。作为总督，塞利姆只能把一部分事情交给别人去做，自己充当最终仲裁者的角色。如果塞利姆想要得到奥斯曼帝国苏丹的宝座，他就必须先证明自己有能力处理像找到走失马匹之类的种种琐事。

※

在确立了自己的行政控制权之后，塞利姆及其母亲就开始推行一项彻底的奥斯曼化政策，试图用迥异的穆斯林和土耳其文化来取代特拉布宗的基督教和希腊文化。[15] 首先，他们从帝国各地请来了一些穆斯林官僚。这本身也是奥斯曼帝国为了保持大权独揽而长期推行的一种政策：让官员在帝国各地定期轮换，以避免官员在某个地方发展出过大的势力。塞利姆卓有成效地清理了特拉布宗城原有的官僚班子，引入了一批只效忠于他、奉行他的全面奥斯曼化政策的行政官员。此外，塞利姆和居尔巴哈还对特拉布宗城内那些实力庞大的贸易家族加以限制。以往，这些家族会拿走关税收入中的很大一部分。通过恩威并施的巧妙手段，塞利姆母子让大量的国际贸易收入流进了帝国的国库，其金额达到了前所未有的高度。

除了任命忠于自己的官僚和控制更多财源之外，这对母子还着手改变城市的面貌。随着信仰伊斯兰教的奥斯曼人取代希腊基督徒成为城市的管理者，一座座宣礼塔开始与教堂钟楼争夺城市的天际线（奥斯曼人把城内一些教堂变成清真寺则是几十年之后的事情了）。灰泥和石块让城墙焕然一新，在海水折射的阳光照耀下熠熠生辉。居尔巴哈和塞利姆从更早归附帝国的一些城市请来了市政规划师，在他们的建议下整修了街道，种植了树木，增加了城市里供水龙头的数量。这些水龙头上方的石头上镌刻着《古兰经》经文和巴耶济德苏丹的印信，提醒人们是奥斯曼帝国行政当局出资建设了这些水源，免费为市民提供宝贵的用水。他们调整或封闭了一些街道，以开辟出一些开放的广场，并在广场上小心翼翼地设置一些具有奥斯曼帝国特色的设施——具有慈善性质的赈济所、喷泉、医院、军队办公场所和学校。经过多年的建设，特拉布宗逐渐在外观上变得越发接近那些更早归于奥斯曼帝国治下的城市，比如布尔萨和阿马西亚。

在将特拉布宗奥斯曼化的过程中，最显眼的一项举措可能要数那些新成立的宗教基金会。出身于基督徒家庭、后来皈依了伊斯兰教的居尔巴哈主导建立了这些宗教基金会，它们永久地改变了这座城市。[16] 这种伊斯兰宗教基金会在土耳其语里被称作"瓦合甫"（vakıf），人们可以向它们捐献房产、土地和店铺，这些资产产生的收入可以用作特定的慈善事业或其他公共事业。由于这些基金会的永续性质，一个人可以通过向它们提供捐赠永久地改变城市面貌，哪怕在身后也可以留下自己的印记。居尔巴哈设立了特拉布宗历上最富有、最庞大、最重要的宗教基金会。[17] 这个宗教基金会的中心是特拉布宗城当时最精美的清真寺——居尔巴哈可敦清真寺。这是一座拥有华美圆顶的方形石建筑。塞利姆在其母亲去世后完成了这座清真寺的修建，但是其设计与施工早在居尔巴哈在世时就已经开始。这座清真寺细长的宣礼塔比当时修建的许多宣礼塔都高。"居尔巴哈之针"成了特拉布宗那些数量众多的渡鸦与乌鸦最喜爱的场所，它们经常与每天五次爬到这一城市最高点、呼唤信徒们礼拜的伊玛目们展开竞争。在这个建筑群内部有一所学校，供孩子们学习有关真主与世界的知识和背诵《古兰经》，还有一个在寒冷的夜晚为特拉布宗的穷人提供扁豆、面包和米饭的赈济所。这个基金会拥有的图书馆还将成为特拉布宗城最著名的图书馆，为人们提供静心思考、躲避喧嚣的外部世界的空间。这个基金会还在特拉布宗城内和其他地方拥有住宅和商业地产（特别是特拉布宗城郊那些利润丰厚但散发着恶臭的染坊），以及一些农田和水力磨坊。这些产业提供的租金收入和出售农产品的销售收入可以用于支持基金会的公益事业和维护各项设施。这笔钱中的一部分还用于支付教师、厨师、抄写员和伊玛目的工资，以保证各项事业的正常运转。

在基金会所有的产业中，最受欢迎也最有利可图的就是它的两座浴场。男女两座浴场不仅可供顾客们清洁和取暖，也为男性和女性分别提供了专属的聚会、闲聊和躲避烦恼的场所。顾客们每星期光顾浴场一到两次，暂时把生活中的烦恼抛诸脑后，在这里擦洗、按摩，同时了解城市里发生的大事小情，会见朋友，跟他们抱怨工作和家庭生活中的种种不快。浴场既是必要的卫生场所，也是重要的休闲场所，因而遍布奥斯曼帝国。

居尔巴哈并没有留下任何文章、信件或是日记。虽然缺乏第一手的记叙,但她创立的基金会却成了记录其生平和世界观的重要载体。以往的学者们没有充分认识到她的贡献,但居尔巴哈的成就其实值得我们留意。我们可以从居尔巴哈赞助的建筑中读到她的个性与志趣。首先,她显然十分关心生活在特拉布宗城内的穷苦人。她兴办的赈济所喂饱了饥饿的穷人,她创办的学校为孩子们提供了免费教育,她兴建的图书馆也向所有求知的人开放。其次,她设立的基金会展示了她对后来皈依的伊斯兰教和奥斯曼帝国的忠诚。在当时的特拉布宗,伊斯兰教还只是少数人信奉的宗教,而居尔巴哈设立的基金会为弘扬伊斯兰教做了许多基础工作,这一基金会的运作方式也都遵循伊斯兰教法,这也使其迥异于其他宗教的慈善机构。在特拉布宗的主流文化从希腊东正教向奥斯曼人的伊斯兰教转变的

居尔巴哈可敦清真寺建筑群

过程中（恰如她本人在宗教信仰上的转变），她兴办的清真寺和经文学校都发挥了关键的作用。[18]

最重要的一点是，居尔巴哈的基金会证明了她对特拉布宗城的热切感情。居尔巴哈把特拉布宗当作自己的家，对这里的感情可能超过了对任何其他地方，因此她十分热切地想要在这座城市留下自己的印记。对塞利姆来说，在特拉布宗做总督只是通向他的终极目标的一块垫脚石而已；但是，居尔巴哈却在这里尽情使用着她所拥有的权力。出身卑贱、曾经身为奴隶的居尔巴哈，通过在特拉布宗的成功施政爬到了帝国等级架构的顶端。她在这里度过了30多岁到40岁出头的几年时光，成了地方上的实权人物。她几乎每个星期都会接见客人，看着他们向她鞠躬行礼。她的眉毛高挑，像两顶尖角帽一样扣在她深陷的深色眼睛上，她威严地扫视着那些谦恭地匍匐在她面前的人。不过，她知道，她的权势很快就会消退，因为随着塞利姆日渐长大，她就会变得越发不重要。如果他有朝一日成为苏丹，她作为顾问的地位则会被一班帝国官员取代。而如果塞利姆无法成为苏丹，他要么会丧命，要么会在官僚体系中得到一个别的什么职位，而在那个新的职位上，塞利姆的母亲将不会有什么影响力。因此，从多重意义上讲，居尔巴哈都把特拉布宗视作她自己的都城。

她参与设计了自己的陵墓，以便让自己与这座城市永远地结合在一起。这或许是她对这座城市的感情最深刻的表达。居尔巴哈于1505年去世。1514年，塞利姆兑现了承诺，修建了那座陵墓。这座八边形的建筑就坐落在隶属于她的宗教基金会的清真寺旁边，如同一朵巨大的石头蘑菇生长在一棵参天大树的旁边。这座陵墓无疑更小，但其华美程度完全不输给旁边的清真寺。这座今天被简称为

"夫人基金会"的建筑群，至今仍然是这座城市里重要的公共设施，并且还在发挥着作用。

※

还有其他一些因素塑造了居尔巴哈和塞利姆这对母子与特拉布宗之间恒久的联系。其中最重要的因素是，塞利姆的孩子们，也就是居尔巴哈的孙儿们，就出生在特拉布宗。鉴于拥有潜在的继承者是成为苏丹的必要条件之一，塞利姆当然很清楚在总督任上自己应当完成什么任务。想彻底弄清楚塞利姆的子嗣谱系十分困难，[19] 即便如此，有一个事实是很清楚的：1494 年 11 月 6 日，24 岁的塞利姆有了一个儿子。这个孩子日后将成为著名的苏莱曼大帝。[20] 苏莱曼将成为奥斯曼帝国历史上统治时间最长的苏丹，并在其父打下的雄厚基础上进一步扩张帝国的版图。

苏莱曼出生时，他的母亲哈芙莎（Hafsa）年仅 15 岁。哈芙莎来自克里米亚，身材丰满，长着一头红褐色长发，额头突出，是塞利姆两名姬妾中的一位。[21] 在她的儿子于塞利姆死后继承苏丹宝座之后，哈芙莎母凭子贵，成了帝国里最有权势的女人。哈芙莎开启了长达一个世纪的"苏丹女权时期"（Sultanate of Women）[22]，在这一时期，执掌帝国大权的往往是苏丹的母亲或妻子（后一种情况较为少见），这也证明了女性，哪怕是女奴出身的女性在奥斯曼帝国历史上的重要地位。哈芙莎和塞利姆的另一位姬妾艾谢（Ayşe）各自为他生育了三个女儿。但是，据我们所知，塞利姆只有一个儿子，这在帝国的生育政治中十分罕见。实际上，当塞利姆继承苏丹宝座的时候，他也成了第一个仅有一个儿子的苏丹，这也是他与众不同的特点之一。

鉴于塞利姆有六个长到成年的女儿，我们有理由推测他的这两位姬妾为他生了不止一个儿子。或许，除了苏莱曼之外的儿子都早夭了，但我们在当时的记载中完全找不到他们出生或死亡的任何记录。有一种可能是，为了让苏莱曼免于像他自己将要做的那样与自己的兄弟展开血腥的继承权之战，塞利姆采取了一种前所未有的极端方式——他杀掉了除苏莱曼之外其他的儿子。奥斯曼皇室的习俗和神圣法的捍卫者都准许手足相残的行为，但杀子或弑父的行为却是亵渎神明、危害社稷的可怕罪行。如果塞利姆真的杀掉了其他的儿子，我们无法知道为什么苏莱曼成了被选中的幸存者。而且，也没有证据能证明塞利姆杀害了自己的儿子。即便塞利姆十分喜爱苏莱曼，不希望他有任何竞争者，他也很清楚苏莱曼有可能会在登上皇位前早早死去。在这种情况下，没有了其他儿子的塞利姆就失去了所有的继承人，而这将意味着奥斯曼皇室血脉的断绝。倘若苏莱曼在雨天湿滑的鹅卵石道路上滑倒，或是被鱼刺卡住了咽喉，抑或在打猎时跌下马来，塞利姆就有可能变成导致帝国覆亡的罪魁祸首。不过，帝国的后妃制度可以让皇室迅速生出众多的潜在继承人，从而降低了皇室血脉断绝的风险。塞利姆在内心深处知道，一旦苏莱曼去世，他也可以再生出另一个儿子来。

最终，苏莱曼活了下来，并且继承了其父的苏丹之位。不过，在苏莱曼出生的时候，人们还不清楚塞利姆自己是否能够获得苏丹之位，更不要提是否能将苏丹宝座传给自己的儿子了。

5
边疆掌权

白羊王朝的统治者乌尊·哈桑的头盔

从塞利姆于 1487 年被指派到特拉布宗，到苏莱曼降生之间的七年里，塞利姆和他的母亲在帝国的东部边陲巩固了自己的权力根基。对于在特拉布宗占人口大多数的希腊基督徒来说，在信仰伊斯兰教的奥斯曼家族统治下的生活要好于被信仰东正教的拜占庭帝国统治的日子，这一点从居尔巴哈的宗教基金会的活动中也可见一斑。事实上，几乎在奥斯曼人统治的所有地方，当地人都可以发现奥斯曼体制带来的好处：信仰自由、更低的税率、军事保障、社会稳定和自由的贸易流通。

在动荡的 15 世纪 90 年代，全球的各大帝国都在试图通过武力来巩固、扩大自己的版图。中国的明朝修缮了长城，以阻挡蒙古人的入侵，并将其作为进一步向西进攻的行动基地；西班牙和葡萄牙各自派遣海军去东印度群岛和西印度群岛，以捍卫他们的权力并夺取更多的土地；在墨西哥，阿兹特克军队征服了瓦哈卡（Oaxaca）附近的米特拉（Mitla），并继续向南进发。这些近代帝国都并不具备压倒性的军事或政治实力，因而必须设法赢得被统治者的认可和顺从。考虑到中东及地中海东部地区在文化、宗教和语言上的多样性，奥斯曼帝国可谓是这种统治方式的行家里手。他们在政治和文化管控方面做出一定让步，以赢得彼此不和的各类族群的共同支持，从而获得对当地的控制权。塞利姆在特拉布宗的成功统治只是奥斯曼帝国迅速扩张的一个缩影。

随着塞利姆步入成年，他开始把更多的城市日常管理工作从母亲和顾问班子手中接了过来。他一边牵着小苏莱曼的手在官邸花园内踱步，一边解决复杂的税务争端，或是考虑这座城市是否需要新增一座码头。到 15 世纪末，在特拉布宗主政了十余年的居尔巴哈和塞利姆已经把这座城市打造成了帝国东部的重镇之一。后来成书的、充满了溢美之词的《塞利姆传》这样描绘特拉布宗在塞利姆总督任期内的有序与繁荣："他有如宇宙之中的一颗恒星，永远散发着荣耀的光芒。万民因他而收获幸福，公正因他而播撒大地。衷心称颂之声随处可闻，苦痛不幸之事无处可见。"[1] 接着，《塞利姆传》还借用了"公正之圈"的理念，这样写道："拉亚（re'āyā，即人民）满足于他的保护，无不受到他的恩惠。"

奥斯曼帝国的皇子们之所以被派到外省去做总督，一方面是要检验他们的领导能力，另一方面是要为他们在日后争夺帝国皇位提供一个行动基地。[2] 当然，有些总督任地更富庶，声名更显赫，比起其他地方来说更具优势。对于皇子来说，任地毗邻首都通常是最重要的优势。在巴耶济德年纪最长的三个儿子中，总督任地位于阿马西亚的艾哈迈德距离伊斯坦布尔最近。科尔库特一开始被安排在萨鲁汗（Saruhan），后来又改派到了泰凯（Teke）。这两个地方位于安纳托利亚西部，与伊斯坦布尔之间的距离并不比阿马西亚远太多，但都不像阿马西亚那样声名显赫。塞利姆则被派到了帝国境内最遥远的城市。从巴耶济德的这一系列安排中，人们不难看出谁是他最心仪的继承人。

塞利姆把这一劣势转化为优势。如果想对他的同父异母兄长们发起真正的挑战，他就必须拥有一支近卫军之外的武装力量。为此，被远派到特拉布宗的塞利姆集结起了一支杂牌军，其中既包括一些初出茅庐的新手、来自其他国家的流亡者、心怀不满的士兵、错失机遇而未能加入帝国军队服役的人员，也包括安纳托利亚各族群的一些头领和塞利姆身边亲随的家属。

奥斯曼帝国皇子身边的家属和亲随——他们的妻子、姬妾、子女、幕僚、教师和精锐侍卫——是他们在帝国各地建立关系网络的纽带。皇子们都试图通过一些恩惠和协议来获得更多的支持者，从而在半独立性质的总督辖地建立起复杂的人际网络。此时，25岁左右的塞利姆已经在上嘴唇留起了标志性的胡子，他也像其他皇子一样建了一套"见习帝国班底"。这套班底有如一个微缩版的托普卡珀宫，有着完整的配备：幕僚、仆人、军官和后宫，只不过所有人都是在偏远的特拉布宗而已。由于他的总督任地位于遥远的安纳托利亚东部，在地理位置上处于劣势地位的塞利姆比他的对手们更需要一个特别强大的由家属和亲随组成的班底。他们需要具有独立的精神并在帝国各地拥有丰富的人际关系，还要对塞利姆有着牢不可破的忠诚。塞利姆在特拉布宗做了近25年总督，在这里度过的岁月长度超过了其他任何地方，因此他也有机会在这里构建出持久而且经得起考验的人际关系。本来，为了防止这种现象的发生，总督的任地应当定期轮换。[3]但是，塞利姆的父亲却从未让塞利姆离开过特拉布宗。或许，在巴耶济德看来，对塞利姆而言，已经没有比把他一直放在特拉布宗更糟糕的安排了。巴耶济德显然对塞利姆毫不担心——这一可怕的误判日后将让他后悔。

为塞利姆提供支持的重要力量之一，是那些时常在帝国里遭到排挤、诋毁的少数族裔。塞利姆意识到，在特拉布宗这样的边境地带，他必须与当地强大的少数族裔群体密切合作。这不仅是为了实现奥斯曼帝国在东方的宏伟蓝图，也是为了他个人的前途考虑。他采用的政治思路就是人们在19世纪提出的"现实政治"（Realpolitik）。奥斯曼帝国的兴盛离不开各个族裔群体的支持，而这些族群也需要得到帝国的支持。在安纳托利亚东部，最重要的族群是库尔德人（Kurd）和卡拉曼人（Karamanid）。

从远远早于塞利姆的时代起，一直到今天，库尔德人都是安纳托利亚东部、伊拉克北部和伊朗北部那些条件艰苦的崎岖高原上的主要居民。虽然他们大部分是穆斯林，但库尔德人把自己的血脉追溯到了前伊斯兰时期，同时保留着一些逊尼派穆斯林被禁止拥有的习俗，比如文身。库尔德人以擅长骑马、作诗和纺织闻名，多个世纪以来一直保持着自己独特的文化、属于印欧语系的语言、特别的菜式和身份认同。对于任何想要掌控底格里斯河与幼发拉底河上游地区的政治实体而言，库尔德人都是十分重要的力量。因此，奥斯曼人不得不与他们合作。不过，奥斯曼人还是很鄙视库尔德人，蔑称他们为"山里的突厥人"或是"破落的突厥人"，认为他们粗鲁无礼、不受教化，根本不配被承认为具有特殊身份的自治族群。

特拉布宗邻近库尔德人历史上的权力中心。在这里任职的几十年中，塞利姆与库尔德人达成了和解。为了维护自己的权威和地区的相对稳定，塞利姆摒弃了奥斯曼帝国其他官员对库尔德人动辄诉诸武力的做法，与库尔德各部落的头人达成了协议，给予他们一些优待。[4] 作为回报，库尔德人宣誓对塞利姆效忠。接纳产生的结果几乎总是好于暴力带来的后果。正如奥斯曼帝国达成的各种协议一样，塞利姆和各个库尔德部落达成的协议实现了共同利益的最大化。部落头领们得到了在帝国内畅行无阻的权利、一些经济奖励和实行自治的势力范围。而对于塞利姆和他的终极目标来说，这些协议更为重要：库尔德人可以为他在帝国现存的军事体系之外提供武装力量。

像库尔德人一样，卡拉曼人也曾体会过奥斯曼帝国的雷霆之怒，但帝国最终也决定对他们采取接纳策略，而不是彻底消灭他们。13世纪，为了躲避蒙古人的入侵，卡拉曼人从中亚向西逃难，最终成了安纳托利亚大型部落联盟之一，而这些部落联盟对奥斯曼帝国的统治充满了抵触情绪。卡拉曼人有着独具特色的头盔，蓄着随风飘动的大胡子，他们对自己继承自中亚故土的习俗引以为傲，以驯养快马和编织华美的毯子闻名。从地平线的尽头骑着马汹涌而来的卡拉曼人殊为可畏。他们在安纳托利亚中南部的古城拉兰达（Laranda）建立了自己的要塞，并将其更名为卡拉曼（Karaman）。（当地有一种著名的酸奶，其原料取自当地的一种绵羊，这种酸奶使这座城市闻名于世。）卡拉曼城位于托罗斯山脉（Taurus Mountains）的山脚下，毗邻一处死火山。当地最显眼的建筑是一座始建于青铜时代（大约在公元前3000年—公元前1000年）的要塞。在罗马人统治时期，这座要塞多次得到重建，拜占庭帝国则在公元12世纪对其进行了最后一次翻修。卡拉曼和特拉布宗之间有500多英里的距离，这里狂风大作，遍布悬崖峭壁和狭窄的山口，几乎不生长任何可以食用的作物，可谓安纳托利亚自然条件最艰苦的地区之一。不过，虽然有这些地理上的艰难险阻，塞利姆还是利用奥斯曼家族复杂的政治局势，与卡拉曼人结成了盟友关系。

巴耶济德的第五子名叫谢欣沙赫（Şehinşah），比塞利姆小四岁。他似乎对苏丹宝座毫无兴趣，在他一生的大部分时间中——将近 30 年——身为卡拉曼省总督的谢欣沙赫都在享受舒适的生活。卡拉曼省包含了一些重要的城市，比如科尼亚和开塞利（Kayseri）。正如塞利姆接纳了库尔德人一样，谢欣沙赫也与卡拉曼人的部落联盟建立了盟友关系。[5] 他花了大量的时间和精力去保障卡拉曼人的福祉和安全，以换取他们的忠诚；他还给了他们最好的牧场和多个关键的行政岗位，因为他需要卡拉曼人的军事支持，以保证他的总督辖区不受当地其他游牧民势力的侵袭。不过，在谢欣沙赫做总督时遇到的诸多严峻挑战中，最大的威胁其实来自他同父异母的兄长、时任阿马西亚总督的艾哈迈德。艾哈迈德自私而且自信，深信父亲一定会选择身为长子的自己继承苏丹宝座。艾哈迈德十分觊觎卡拉曼省，尤其是富庶且在宗教领域意义非凡的科尼亚城（此地是多个苏非派组织的大本营）。在后来与塞利姆进行的继承权争夺战中，艾哈迈德曾成功夺取过卡拉曼。不过，在 15 世纪 90 年代，数次出兵突袭的艾哈迈德却从未占领过这座城市，这在很大程度上是由于卡拉曼人与谢欣沙赫之间的盟友关系。游离在帝国军事体系之外的卡拉曼武装成了奥斯曼帝国内斗中的武装调停人。持续不断的外部威胁让谢欣沙赫和卡拉曼人的领袖们意识到，他们有着共同的利益。卡拉曼人在谢欣沙赫的支持下获得了极大的自治权，他们明白，艾哈迈德或其他领袖人物未必会像谢欣沙赫这样好说话。

考虑到艾哈迈德的持续威胁，对苏丹宝座缺乏兴趣的谢欣沙赫和他的母亲许辛沙赫（Hüsünşah）决定在下一任苏丹的争夺战中支持塞利姆对抗艾哈迈德和科尔库特。早在他们还一起居住在阿马西亚的后宫中时,许辛沙赫和谢欣沙赫这对母子与居尔巴哈和塞利姆的关系就好于和其他母子的关系。到了15世纪90年代,他们之间的情谊转化成了军事上的同盟:谢欣沙赫提出把自己的卡拉曼部队当作某种形式的雇佣军交给塞利姆驱使。作为一个富庶的边境城市的总督,塞利姆在东方面对着来自高加索地区和伊朗的严峻威胁,因而总是需要军队。塞利姆的目光也并不仅仅局限在特拉布宗一地。他清楚,拥有这样一支部队,对他日后争夺苏丹宝座也将大有裨益。塞利姆向卡拉曼军人做出承诺,无论自己的弟弟谢欣沙赫以前付给他们多少报酬,他都将付出同样的金额;他还许诺说,卡拉曼人的领袖们可以永世保有他们在卡拉曼附近的土地。为了确保他们的忠诚,塞利姆还在特拉布宗附近赏赐给他们一些土地。于是,卡拉曼人日渐成为塞利姆的得力帮手,心甘情愿地向这位日后可能成为苏丹的领袖效忠,因为这样做也符合他们自身的利益。至于谢欣沙赫,他未能亲眼看到塞利姆夺取皇位的那一天。1511年,37岁的谢欣沙赫死在了科尼亚。他挚爱的幼子在此前一年夭亡,导致他郁郁而终。不过,他一手培养的卡拉曼部队找到了塞利姆这个新主子,这或许可以给谢欣沙赫带来一丝慰藉。从16世纪早期留下来的一份酬金支付档案中可以看到,塞利姆取代了他的同父异母弟弟,成了卡拉曼部落联盟武装的主要雇主。[6]

除了与库尔德人和卡拉曼人结成战略同盟之外,塞利姆还雇了一支名副其实的雇佣军。在奥斯曼帝国,战争对政治、文化和经济的影响程度超过了其他任何因素。在奥斯曼帝国军事力量的金字塔上,近卫军位于塔尖位置。这些令人生畏的士兵戴着高高的帽子,配备长剑,是领取军饷的职业军人。作为奥斯曼帝国的精英武装,他们得到了一切可能的资源和优待,是苏丹和国家的终极保护者,他们的存在让马基雅维利和数不清的其他观察者羡慕不已。不过，奥斯曼帝国政府和帝国武装并非国内独一无二的武装暴力机关。难以计数的其他战士——民兵、暴徒、临时应募的士兵甚至一些心怀不满的前近卫军成员——都做好了战斗的准备。流窜于乡间的雇佣兵、土匪和私人武装越来越多。乡民也经常持有武器，他们为了获得金钱、影响力和权力而使用暴力，有时甚至只是威胁使用暴力就能达到自己的目的。偶尔，有些来自外国的士兵也会带着武器来到奥斯曼帝国，谁付钱他们就为谁卖命。作为一位统治着富有的商业城市的总督，塞利姆手中有着大量的钱财，随时准备为了夺取宝座而花钱收买这些雇佣兵。

刚才提到的那份酬金支付档案对塞利姆帐下的武装力量有着清晰的记录——他手下共有1 770名领取报酬的士兵。作为对比，身为苏丹的巴耶济德雇用了7 000名领取军饷的军人。作为奥斯曼帝国军队的最高统帅，巴耶济德自然有着近乎无限的军事和财政资源，同时他也肩负着保卫整个帝国的重大责任。因此，通过比较这对父子的军事实力，我们可以看到塞利姆帐下军人的人数其实是十分可观的。虽然塞利姆纠集的军事力量刚刚超过巴耶济德手中军事力量的四分之一，但塞利姆只是帝国边陲城市特拉布宗的总督，而巴耶济德是世界上权势最盛的君主。

虽然塞利姆打造这个强大军事联盟的个人目的是夺取奥斯曼帝国的苏丹宝座，但此举同时也可以服务于帝国扩张、巩固版图的大目标。通过谈判，塞利姆把库尔德人、卡拉曼人和形形色色的好战分子都变成了奥斯曼帝国霸业的参与者。虽然他是打算利用他们来对付身为帝国苏丹的父亲，但同时也把他们融入了帝国体系之内。不同于身在更稳定、安全的内地省份的兄长们，塞利姆面对着保证边境安全的持续压力。但他并没有被这一不利因素吓倒，反而在这里培育了重要的战略伙伴关系，便于日后利用他们来对付自己的兄长。

※

15世纪90年代，缅甸爆发了激烈的战争，最终导致了第一东吁帝国（the First Toungoo Empire）的崛起；犹太人和穆斯林逃出西班牙，沿着地中海向东方和南方逃难；美洲的原住民则抵抗着越过大洋而来的陌生人。与此同时，塞利姆在安纳托利亚的任地以东的山区也陷入了动荡。在新旧政权更迭的真空期，高加索地区和伊朗北部没有了一家独大的霸主。在黑海与里海之间的地区，数量众多的小邦和部落联盟争战不休，战争甚至波及奥斯曼帝国的东部地区。劫掠者们为了获得资源和奴隶而洗劫城镇，交战各方也时常与帝国境内的各类豪强结成同盟。

从拜占庭帝国尚控制着安纳托利亚大部分地区的14世纪起，一直到15世纪90年代，统治着高加索地区和伊朗北部的都是白羊王朝（Ak Koyunlu Confederacy）。[7] 这是一个松散的游牧部落联盟，起初只是联合起来进行劫掠和贸易，最终建立并控制了农业经济，从中获得收入。这个部落联盟主要由土库曼人组成，他们与奥斯曼人有着相似的中亚血统。换句话说，当时的奥斯曼人和白羊王朝可谓是表亲。这个部落联盟何时、为何又如何选择了（或是被命名为）"白羊"这个名称，我们已经不得而知。有些历史学家认为，这个名字源于他们十分擅长蓄养的一种绵羊；另一些历史学家则相信，这个名字来自一种仪式用的图腾。15世纪六七十年代，白羊王朝在单一领袖的领导下联合了起来，从而达到了实力的顶峰。起初领导他们的是一位名叫乌尊·哈桑（Uzun Hasan）的部落酋长；随后他的儿子雅库布（Ya'Kub）杀掉了自己的兄长，夺权自立。这两位首领都与拜占庭帝国结成了姻亲，甚至还试图与威尼斯和教皇建立外交关系，从而成了另一个可以与欧洲人共同对付奥斯曼帝国的潜在的穆斯林盟友。不过，这个潜在的联合了基督徒与穆斯林、潟湖城邦与游牧民的威尼斯-白羊联盟，却从未成为现实。

雅库布于1490年去世，他的子侄们为了争夺继承权而大打出手，白羊王朝陷入分裂，在随后的10年中卷入了内战的旋涡。此消彼长，白羊王朝的内斗削弱了自己，就让邻国变得更加强大。在他们的西边，塞利姆利用敌人的衰弱，派遣一些新近归附的军队去报复那些在特拉布宗周边乡村劫掠的敌人。塞利姆的手下经常向东追击白羊王朝的军队到很远的地方，有时会一直追击到伊朗北部和里海地区，从而将他的影响力扩大到这片区域。与此同时，在白羊王朝统治区域的南部，各个部落族群也越发壮大，它们朝秦暮楚，争战不休。

一位对塞利姆的统治极尽吹捧之能事的历史学家曾经这样描写白羊王朝的内战和分裂导致的混乱："王位空悬，妄人愚夫皆敢染指；秩序无存，国政废弛乾坤颠倒。"他接着又写道："可鄙之徒谋得高位，卑鄙宵小处处占先；奸诈者讥笑良善之民，无知者睥睨饱学之士。旧秩序无人理会，虚妄者万人臣服。"[8] 从下面这段用来与塞利姆的统治做对比的描述中，我们可以一睹缺乏中央权力核心的白羊王朝的景象：

  公正与保护之毯被收了起来，不再覆盖大地；统治者和苏

5　边疆掌权　　　89

丹的头脑中充斥着偏狭与欲望……国境内原本通行的惯例和法律荡然无存，代之以彻头彻尾的混乱；宗教与王国的传统秩序被邪恶与腐败破坏殆尽。[9]

这份资料对塞利姆及其时代的记录多有偏颇之处，却准确地描绘出了奥斯曼人对白羊王朝的看法。相较于塞利姆的完美与强大，白羊王朝的失败就显而易见了。同样，这份记录也提及了"公正之圈"中的意象，将公正与诚实的统治形容为铺在大地表面的毯子，作为神权与世俗的法律，即"宗教与王国"完美融合的象征。

白羊王朝没有能力将境内不同势力的利益整合成共同的利益，绵延不断的继承权战争导致国家陷入动荡不安的状态，而周边的数个邻国则日渐强大。就这样，白羊王朝最终走向了崩溃。当地众多独立的部落群体中最成功的那个给了白羊王朝致命一击。1501年，一位不到20岁、名叫伊斯玛仪（Ismail）[10]的年轻新贵夺取了政权，成了萨法维帝国的缔造者和第一位沙阿*。在接下来的200年中，萨法维帝国将统治白羊王朝遗留下来的版图，并崛起为塞利姆的主要对手之一。

対15世纪末的奥斯曼人来说，西方比东方更容易掌控。他们先是在1453年征服了君士坦丁堡，又在15世纪80年代把触角伸到了意大利，还在巴尔干半岛向西推进，朝着威尼斯进发，让欧洲

---

* 沙阿（shah），波斯语的君主头衔。——译者注

各国宫廷无不战栗。在地中海东部和黑海的大片海域上，奥斯曼海军都构建了积极的防御线。而在特拉布宗，塞利姆在打造出属于自己的权力基础的同时，也为巩固和加强帝国在东方的力量做出了自己的贡献。

奥斯曼人还没有能够占领耶路撒冷和北非，但他们与开罗的穆斯林同胞结成的互惠同盟实际上已经决定了欧洲贸易在中东和北非的命运。穆斯林，尤其是奥斯曼人和马穆鲁克人，已经控制了从地中海到东方的所有通路。特拉布宗的塞利姆只是奥斯曼帝国在东西方之间的欧亚商路上设卡收费的诸多渔利者中的一个。每当谈到文艺复兴时期和所谓的"大发现时代"的历史，我们总是习惯于那种传统而且盲目自大的"欧洲支配世界"的叙事；但是，如果透过塞利姆的视角去审视这个时代，我们就会发现奥斯曼人在塑造世界历史的过程中发挥了极为重要的作用。倘若欧洲人想要与中国和印度进行贸易，他们要么得同意奥斯曼人开出的条件，要么就得想办法绕开他们。15世纪80年代，威尼斯的外交人员曾试图与白羊王朝达成协议，这只是诸多试图绕开奥斯曼帝国的尝试之一，虽然并不成功。而在不久之后，另一位意大利人将要尝试一种截然不同的方式。

第三章

奥斯曼人

(1492)

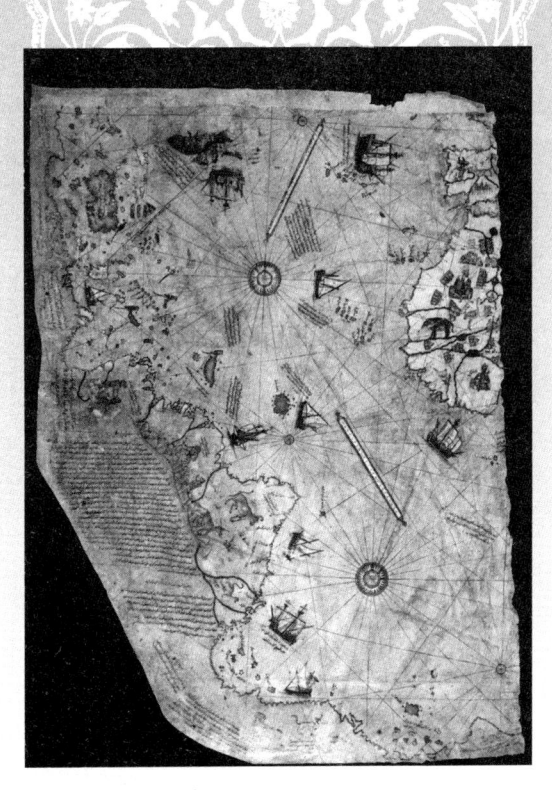

皮里·雷斯的世界地图

6
哥伦布与伊斯兰

奥斯曼人的希俄斯岛地图

当塞利姆的祖父穆罕默德二世征服君士坦丁堡时，克里斯托弗·哥伦布刚刚 2 岁。我们自以为很了解哥伦布的故事，但实际上他的故事比我们普遍认为的要复杂得多。从他第一次环绕地中海的航行开始，到他前往非洲西海岸的航行，再到他最终穿越大西洋的远航，哥伦布终其一生都活跃在欧洲与相较之下更为强大的伊斯兰政权之间的边境上。从多个角度上看，哥伦布的远航都是对奥斯曼帝国和其他伊斯兰政权在旧世界的强势状态的一种回应；毕竟，它们比任何其他政治力量都更深刻地塑造了哥伦布那一代人。

伊斯兰文明与基督教文明在文化上有亲缘关系，同时又相互争夺领土。因此，伊斯兰教当时是基督教世界最强大、最致命的敌人。在 1500 年前后几十年的世界上，在综合国力与创新领域遥遥领先，让他人在身后追赶的既不是威尼斯人，也不是西班牙人或葡萄牙人，而是伊斯兰世界。伊斯兰世界塑造了欧洲军队打仗的方式，影响了欧洲人的饮食和服饰，决定了欧洲人谋求版图扩张的方向，刺激了欧洲天文学、建筑学和贸易的发展进步。或直接，或间接，伊斯兰文明在很大程度上塑造了欧洲文明。暂时抛开历代的历史学家们传给我们的传统叙事方式，我们就可以意识到，要想真正理解哥伦布的一生，就必须把伊斯兰文明的影响考虑进去。而且，通过把伊斯兰文明与哥伦布联系起来，我们还可以对世界历史上最具标志性意义的一年——1492年——产生新的理解。从奥斯曼帝国对哥伦布的影响，我们可以看到帝国在全球的影响范围有多么广阔。

在20岁之前的大部分时间里，哥伦布都与父母和四个兄弟姐妹生活在热那亚。在基督教世界，十字军文化一度十分盛行，就连在哥伦布生活的这个小地方，与伊斯兰世界之间的战争也是尽人皆知的大事，是人们日常生活的一部分。在哥伦布出生前许多个世纪，早在伊斯兰教和基督教都尚未兴起之时，活跃在热那亚周边地区的势力就曾经与北非人作战，争夺第勒尼安海（Tyrrhenian）的控制权。在哥伦布的少年时期，圣约翰医院骑士团在热那亚十分活跃，他们提供免费的住宿和医疗服务，吸引了大量的十字军来到热那亚。哥伦布和他的家人很可能认识一些十字军战士，他也肯定是听着这些宗教战士在遥远的土地上与异教徒作战的故事长大的。在他9岁那一年，哥伦布在学习拉丁文、数学、航海和会计课程之余，也会跑到码头上，向那些既兴奋又恐惧、起航前往耶路撒冷参加十字军远征的战士挥手作别。[1]

在哥伦布可能参加过弥撒的热那亚圣洛伦佐大教堂中，存放着在之前的十字军东征中缴获的战利品——一只翡翠色的碗，据说那是耶稣在最后的晚餐前洗手用的碗；还有一只镀金的圣骨匣，里面据说装着施洗者约翰的骨灰。在这座教堂典雅的黑白大理石条纹拱顶之下，哥伦布聆听着勇敢的基督教战士的故事，听着他们如何甘

热那亚

冒生命危险，只为把这些宝贵的物品从邪恶的穆斯林异教徒手中"夺回来"。在整个欧洲，从最小的修道院到最大的大教堂，到处供奉着此类来自东方的宝物。它们在提醒基督徒，穆斯林从638年起就控制着耶路撒冷，基督徒肩负着重夺这座城市的天赋使命。因此，无论是在实际层面还是在思想层面，十字军远征都融入了几乎所有欧洲教区的宗教活动之中，从而也就渗透进了大部分欧洲人的生活之中。

哥伦布还了解了另外一些曾去过东方伊斯兰世界的欧洲人的故事。热那亚有着得天独厚的条件，拥有一个有屏障庇护的深水港。它主要是一个贸易港口，而不是军港。由于紧邻亚平宁山脉（Apennine Mountains），热那亚不得不像塞利姆的特拉布宗一样沿着狭窄的沿岸地带发展。这里是连接意大利与法国的"沿海干道"的一个重要中转站，被一位历史学家形容为"欧洲的海洋奇迹之一"。[2] 经过多个世纪的发展，掌管这座城市的各个商业家族把热那亚的触角伸向了远方，热那亚商人建立的殖民据点散布在贝鲁特、亚历山大城（Alexandria）、突尼斯、奥兰（Oran）、阿尔及尔、那不勒斯、巴黎、伦敦、布里斯托尔（Bristol）、马拉加（Málaga）、雅法（Jaffa）、爱琴海多个岛屿和黑海沿岸地区。热那亚人甚至建立了一些直接统治当地人口的殖民地。在14世纪或15世纪被并入奥斯曼帝国版图的许多港口和城镇，都是热那亚人拥有根深蒂固利益的地方。早在塞利姆成为特拉布宗的总督之前很久，热那亚的多个商业家族就已经在这座城市中设立了办公室并建起了货栈，以管理他们活跃的东方商品贸易。

生活在这座生机勃勃的商业城市的男孩哥伦布，一定有大量的时间待在热那亚的码头上。他不仅看到过扬帆起航驶向东方的十字军，以及搬运货物、修理船只的工人，肯定也看到过从奥斯曼帝国的港口远道而来的船只、水手和货物。他很可能见过那些穿着奇装异服、操着陌生语言的奥斯曼商人。当时的他肯定听说过奥斯曼帝国的事情，知道热那亚人在锡诺普、特拉布宗等黑海沿岸城市拥有商业利益，也一定感受得到热那亚商人群体对奥斯曼帝国势力日益深入黑海和地中海的担忧。1461年，也就是哥伦布10岁那年，塞利姆的祖父占领了特拉布宗。这一消息震动了热那亚，再次让人们直接感受到了奥斯曼帝国的强盛。

对哥伦布来说，东方知识的另一个来源是马可·波罗的作品。他的作品还没有正式出版，但已经以手抄本的形式在热那亚流传了。虽然马可·波罗出生在威尼斯，但他与哥伦布的家乡也有着很深的渊源：1298年，马可·波罗在科尔丘拉海战[*]中被热那亚人俘获。正是在被囚禁于热那亚的时候，马可·波罗向一位名叫鲁斯梯

---

[*] 科尔丘拉海战（Battle of Curzola）是1298年9月，热那亚与威尼斯在科尔丘拉岛附近海域爆发的海战，威尼斯海军惨败。科尔丘拉岛是亚得里亚海中的一个岛屿，今属克罗地亚。——译者注

6 哥伦布与伊斯兰　　99

热那亚及其商业帝国

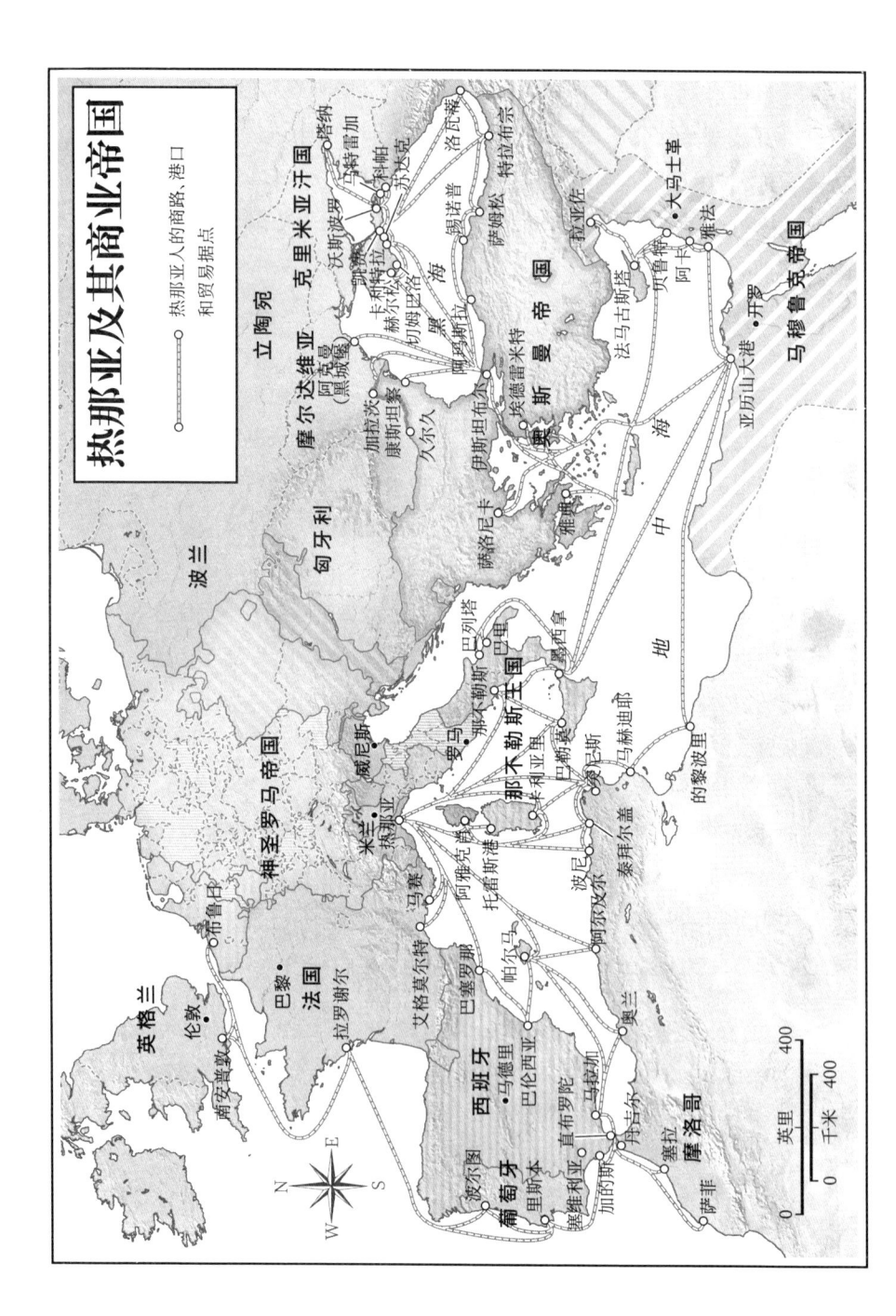

谦（Rusticello）的狱友讲述了自己在东方游历的故事。为了打发令人沮丧的囹圄时光，马可·波罗绘声绘色地向鲁斯梯谦讲述了自己从威尼斯出发前往中国的故事；而最后将这些传奇故事记录下来又加以渲染夸大的并不是马可·波罗本人，而是鲁斯梯谦。当马可·波罗在13世纪末行经特拉布宗时，这座城市的热那亚社区尚且欣欣向荣，正是这一点让热那亚人对特拉布宗沦丧于奥斯曼人之手有着切肤之痛。

在马可·波罗的故事中有一个重要的人物——大汗（其原型很可能是蒙古帝国皇帝忽必烈）。大汗富丽堂皇的宫殿和他鲜明的个人形象让哥伦布格外感兴趣。据说，马可·波罗曾到访比君士坦丁堡、耶路撒冷、巴格达和阿富汗更遥远的亚洲深处，发现了这座到处镶嵌着珠宝，汇集了财富、知识与权力的殿堂。不过，在马可·波罗关于大汗的所有记叙中，最让哥伦布感兴趣的是，尽管大汗并不是基督徒，但他却想成为一位基督徒。也就是说，这位并未借助基督教的力量就攀到了财富与权力顶峰的大汗，似乎得到了基督教的"真理"，愿意皈依成为一名信徒，进而让他的全部子民都成为基督教世界的一部分。大汗得到耶稣感召的传言极大地激发了欧洲人的想象。在基督徒看来，这个崛起于基督教世界之外的文明在唯一真理的光辉面前发现了自己的巨大缺陷，而伊斯兰文明也应该如此。

一位东方大汗倾心于基督教，这并非全然无中生有的幻想。在历史上，的确存在过东方聂斯脱利派教会（Eastern Nestorian Church）。它是中东的叙利亚基督教的一个分支，曾经经过中亚传播到中国的部分地区。虽然基督教早在7世纪上半叶就传到了中国，但直到1275年，定都北京的元朝皇帝才任命了北京的第一位聂斯脱利派主教；而马可·波罗在中国遇到的，正是基督教的这个教派。在 13 世纪 80 年代末，蒙古人曾向罗马的尼古拉四世（Nicholas Ⅳ）派去了一位聂斯脱利派的特使，告诉他说：

> 如今，已经有许多蒙古人皈依了基督教，一些王妃和皇室子女都已经受洗成为基督徒。大汗的营帐中也有教堂。作为天主教的朋友，大汗意欲夺取叙利亚和巴勒斯坦，他还希望在征服耶路撒冷的过程中得到您的帮助。[3]

在那个宗教战争热情十分高涨的时代，这样的文字让欧洲人相信，结成世界性的基督教联盟去征服耶路撒冷是有可能的。他们幻想，只要大汗皈依了基督教，占据着耶路撒冷的穆斯林就会被基督徒包围，基督教军队就可以像天启预言中那样采取钳形攻势，一劳永逸地消灭穆斯林，摧毁耶路撒冷天际线上最显眼的、闪闪发光的圆顶清真寺[*]，"夺回"圣城。尽管这一幻想从未成为现实，但天主教会与聂斯脱利派教会之间的联系并未中断，即便在明朝于 1368 年灭亡元朝，统治中国之后也是如此。一直到 15 世纪，元朝蒙古大汗的后人还曾派遣聂斯脱利派的代表前往意大利。在哥伦布童年阶段，有数位特使曾经抵达过意大利，例如在 1460 年和 1474 年。[4]尽管他们远非许多欧洲人想象中那样的基督教盟友，但这些来自中国的聂斯脱利派信徒仍然足以让欧洲的基督徒在 15 世纪继续这种幻想。

---

[*] 圆顶清真寺（Dome of the Rock），伊斯兰教圣地。穆斯林相信圆顶清真寺中间的岩石就是穆罕默德夜行登霄见到真主前所踩的石头。——译者注

实际上，真正重要的正是幻想，而不是现实，因为只有幻想才能刺激欧洲人尝试去接触那些远在远东地区的基督徒。对于哥伦布和其他虔诚的天主教徒来说，即便东方的可汗们不是或者说尚未成为基督徒，或者是信错了教派的基督徒，他们仍然要好于那些穆斯林和犹太人。虽然生在信仰令人厌恶的异教家庭是可以原谅的过错，但穆斯林和犹太人在见到基督教的光辉之后却依然拒绝皈依，这就是不可饶恕的罪孽了。这个"问题"在西班牙表现得最为明显，因为那里有西欧最多的穆斯林人口，同时也是犹太人的聚居地之一。虽然有些西班牙穆斯林和犹太人实际上皈依了基督教（但很多基督徒怀疑他们不够虔诚），但大多数生活在伊比利亚半岛的犹太人和穆斯林拒绝改宗。这就成了他们最严重的渎神行为——"故意拒绝真理"。

在很大程度上，正因为有了马可·波罗，欧洲的基督徒们才相信大汗会比那些冥顽不化的穆斯林和犹太人更有可能拥抱基督教信仰。但是，历史记载却不支持这种看法。大部分证据表明，尽管大汗的一些家族成员的确接受了聂斯脱利派基督教——他们大多是出于紧迫的政治因素才这样做的——蒙古大汗们自己却从未皈依过基督教。不过，在历时数个世纪一次又一次失败的十字军东征之后，尤其是在实力迅速增长的奥斯曼帝国已经挡住了欧洲与亚洲之间的商路之后，欧洲人正绝望地寻找着对抗伊斯兰教的方法，而几千英里之外一位想象中的君主似乎成了他们唯一的盼头。在接下来的500多年里，激发这种希望的《马可·波罗游记》一直都是全欧洲最广为流传的印刷品之一。

在哥伦布的童年时期，还有一个关于基督教与伊斯兰教之间冲突的传说深深吸引了他，即"锡沃拉七城"（Seven Cities of Cibola）的传说。据说，在穆斯林于711年从基督徒手中夺取西班牙时，有七位主教带领他们虔诚的追随者逃了出去。趁穆斯林士兵向内陆进发的时候，这七位主教各自偷走了一艘入侵者留在直布罗陀的船只。这支舰队最终抵达了"黑暗之海"中的一座岛屿，所有人都来到了这座岛上。主教们断定西班牙已经沦丧于穆斯林异教徒之手，事实也的确如此。于是为了断绝人们返回西班牙的念头，他们决定烧毁所有船只。随后，他们建造了七座城市，各由一位主教管理，追随他们而来的人民也分别居住在这些城市里。据说，他们在逃难时从西班牙带走了许多黄金，以免它们落入入侵者之手，此时，他们就完全用黄金打造了这些城市。在经过多年的渲染夸大之后，这个传说让欧洲人浮想联翩。对于那些有心参加十字军东征的人来说，"锡沃拉七城"[5]就是一座巨大的金库，可以为基督教的神圣军队提供足够的资金，帮助他们从异教徒手中夺回耶路撒冷。当然，他们自己也会借此机会捞上一笔。

不过，要到哪儿去寻找这个岛呢？多个世纪以来，探险家、外交使节和地图绘制家都认为这个岛屿位于大西洋的某处。例如，绘制于1325年的达洛尔托*版地图将锡沃拉岛画在了爱尔兰的西边。[6]不过，人们首先想在大西洋东部更靠南方的岛屿中碰碰运

---

* 达洛尔托（Dalorto），即同时期的地图绘制家安吉利诺·德·达洛尔托（Angelino de Dalorto），有些文献中写作"安吉利诺·杜尔切特"（Angelino Dulcert）。——译者注

气,因为它们距离欧洲大陆更近。人们只是大概知道这些岛屿的存在,很少有人真的去过这些岛屿,这也让它们成了满足人们幻想的理想对象。不过,尽管欧洲人在哥伦布的时代探索了亚速尔群岛(Azores)、加那利群岛(Canaries)和佛得角(Cape Verdes),但他们在这些火山活动形成的岛屿上并没有发现任何黄金城。

不过,这些失败非但没有打消人们的幻想,反而越发吊起了人们的胃口。欧洲人的探索路线越来越深入大西洋,最终在15世纪末和整个16世纪深入了美洲;与此同时,一直找寻不到的幻想中的黄金岛也始终让欧洲人充满了兴趣。人们推断的岛屿位置越来越靠西。这个岛屿就像一件未知的魔物,像塞壬海妖一样呼唤着欧洲人继续向前探索。在16世纪中叶,在美洲寻找锡沃拉七城的最著名的探险家是弗朗西斯科·巴斯克斯·德·科罗纳多(Francisco Vázquez de Coronado)。他一直探索到了今天美国的西南部,最终依然空手而归。从此之后,人们开始推测锡沃拉岛其实是在太平洋上。不过,在科罗纳多进行他的冒险之旅前几十年,哥伦布曾坚定地认为锡沃拉七城就在大西洋某处,并认为它们将为基督教世界提供足够多的黄金,帮助他们从穆斯林手中夺回耶路撒冷。

※

在成长过程中耳濡目染于种种传说和十字军传奇故事的哥伦布,在十三四岁的时候进一步增加了自己与伊斯兰世界的接触。当时,他成了一名见习水手,开始在地中海上航行。[7]作为一位商人的助手,哥伦布在甲板上搬运货物,记录货物的重量和损耗,在港口为船长和船员寻找住所,还负责航海和生意上的各种杂务。在获得了可靠、高效的名声之后，哥伦布开始作为应征水手参加各种商业或军事远航，曾经为欧洲多个从事海上贸易的小邦和大国服务过，几乎忙个不停。有些时候，他会跟着船队航行到靠近奥斯曼帝国或地中海区域其他伊斯兰国家的地方。

1472 年,21 岁的哥伦布第一次亲身体验了伊斯兰世界。[8] 当时，安茹的勒内*正在为了争夺那不勒斯而战，哥伦布在他麾下担任一艘船的船长。勒内的一艘三桅战舰"费尔南蒂娜号"（Fernandina）被私掠船（即受雇于某个国家、获得官方许可的海盗船）劫走，哥伦布奉命前往北非的突尼斯夺回这艘船。此时的突尼斯是统治北非沿岸大片地区的哈夫斯王朝（Hafsid Empire）手中的一座要塞，主要靠海盗生意和陆上贸易获取财富。如同地中海沿岸其他的商业城邦那样，突尼斯也成了一个财富、艺术与文化中心。

哥伦布与他手下的船员从那不勒斯出发，西行抵达撒丁岛进行补给，准备随后再向南航行。他们在撒丁岛得到情报说，三艘哈夫斯王朝的船只在突尼斯港看守着勒内的军舰。水手们担心此次任务会非常危险，因而请求哥伦布在得到增援后再继续前进。哥伦布倾向于继续前进，但他无法说服手下的水手，担心强令他们就范很可能会导致哗变。于是，哥伦布决定对他们说谎。他们在夜里从撒丁岛起航。哥伦布告诉水手们说，他们现在要前往马赛寻求海军支援，再带上更多的人手和武器。但是，到了破晓时分，船员们却看到了北非海岸的古代迦太基废墟。此次冒险的结果我们不得而知，但我

---

* 安茹的勒内（René of Anjou，1409—1480），即安茹公爵勒内。他拥有诸多头衔，在法国境内拥有多片领地，还是那不勒斯、耶路撒冷和阿拉贡名义上的国王。——译者注

们可以确知哥伦布活了下来。关于这次突尼斯冒险的大部分信息来自哥伦布在20多年后的1495年从伊斯帕尼奥拉岛（Hispaniola）发出的一封信。[9]从他在前往北非的途中对船员要诈的经历，我们不难理解他日后一些纵容恶行的做法。在他的航海生涯中，哥伦布经常编造谎言，而不珍视诚实的品质；他自私自利，更相信自己的直觉，而不在意船员的意见和利益，甚至轻视理性。

无论这件事的历史记录有多大的不确定性，但有一点是肯定的：哥伦布的突尼斯之旅给了他直接面对那个他从小只在教堂里和十字军故事中听到过的敌对文明的机会。他在与伊斯兰世界的第一次直接接触中感受到了不祥与危险的气息，但他依然对那个世界的真实情况知之甚少。

乳香

6 哥伦布与伊斯兰

几年之后的1474年或1475年，哥伦布获得了更密切接触伊斯兰世界的机会。热那亚地位显赫的商业家族斯皮诺拉家族（Spinola）的一支交给哥伦布一个任务，让他到灌木丛生、山峦起伏的希俄斯岛（Chios）去。[10] 这座位于爱琴海中的岛屿，距离安纳托利亚海岸非常之近。1475年，热那亚人丢掉了他们在黑海的最后一个据点卡法*，这样一来，希俄斯岛就变成了这个意大利城邦最东方的领土，[11] 对热那亚在奥斯曼帝国及更东方地区的商业利益有着非凡的重要性。更重要的是，希俄斯岛还是地球上唯一出产天然乳香的地方。在希俄斯岛上，有一种树干扭曲、树冠茂密的树，看上去就像巨型的盆景树。这种树的树脂结晶可用于烹饪，也可入药，还可以用来做香水和清漆，是一种惹人觊觎的奢侈品。因此，希俄斯岛的所有者可以获得丰厚的利润。在15世纪70年代，为了保护自己在希俄斯岛乳香生意上的投资，确保可以把这种树脂安全运抵热那亚和更遥远的市场，斯皮诺拉家族只会派遣他们最信任的人，比如哥伦布，去代表他们打理乳香生意。

在驶往希俄斯岛的途中，哥伦布第一次见识了奥斯曼帝国的强大实力。虽然希俄斯岛是热那亚的殖民地，但它已经深处奥斯曼帝国的势力范围之内，帝国控制了该岛周围海域以及海峡对岸的所有港口。在此前的20年里，奥斯曼帝国占领了印布洛斯岛†、利姆诺斯岛（Limnos）、萨莫色雷斯岛（Samothrace）、莱斯沃斯岛（Lesbos）和爱琴海上其他一些主要岛屿。与这些岛屿一样，希俄斯岛上的主要居民是希腊人，但当地的土耳其人口也在增长。沐浴

---

* 卡法（Caffa），即今乌克兰费奥多西亚（Feodosia）。——译者注
† 印布洛斯岛（Imbros），今名格克切岛，属于土耳其。——译者注

在希俄斯岛温暖的阳光下，哥伦布认真但也满怀恐惧地听着奥斯曼帝国在短短几个月之前征服卡法以及它在20多年前围攻君士坦丁堡的可怕故事。对于希俄斯岛上的居民来说，君士坦丁堡的陷落让他们印象尤为深刻，因为曾有来自希俄斯岛的热那亚人前去增援君士坦丁堡的守军。这些热那亚人在战斗中损失惨重，这件事带来的震撼直至20多年后仍然在希俄斯岛上的家家户户中回荡。

少年时的哥伦布曾经听说过基督教世界与伊斯兰世界之间你死我活的斗争。如今，他在希俄斯岛上听到了那些曾经失去过亲人朋友的人讲述的可怕故事，他少年时留下的抽象印象被具体化了。在基督教世界的东部边境，他见识了奥斯曼帝国压倒性的控制力：它牢牢地控制着仅在名义上或许还保持独立的小小的希俄斯岛，夺取了黑海沿岸原本由意大利人控制的港口，还随时有可能向西进攻欧洲。曾经与奥斯曼人作战的希俄斯岛老兵的忧虑眼神让哥伦布相信，为了避免天崩地裂的灾难，基督教世界必须向伊斯兰世界发动大胆的进攻。在突尼斯和希俄斯岛领略过穆斯林的强大实力之后，哥伦布意识到，欧洲大陆上的任何一个国家都无力在经济上和军事上与穆斯林匹敌，尤其无法与奥斯曼人较量。

※

由于奥斯曼帝国扼住了东方贸易的咽喉，哥伦布不得不像数不清的欧洲商人一样，远离利润丰厚的东地中海，去探索遥远的国度和海域，以找到新的市场。他们主要的探索目标是东大西洋。1476年，25岁的哥伦布第一次到地中海之外的地方冒险。他的船队从希俄斯岛运了一批乳香，驶往英格兰的一些次要港口。正是在这次航行中，他十分意外地了解到了关于新世界的一些事情。

正当哥伦布和他的五艘船驶过直布罗陀海峡，开始沿着伊比利亚半岛西南海岸向北航行的时候，他发现有四艘法国独桅纵帆船正在这片陌生的水域向他们驶来。这些法国私掠船更快、更灵活，在追赶上意大利船队之后便向他们发起了攻击。法国人先是朝意大利人船只的甲板上投掷爆炸物，接着又登船展开白刃战，意欲夺取战利品和俘虏。就在这些海盗即将把斯皮诺拉家族的乳香和其他货物据为己有的时候，哥伦布的船突然着起了大火。[12] 所有人只好弃船，拼命游向七八英里之外的海岸。惊魂未定的哥伦布抱着一支桨，被太阳晒得虚弱不堪，最终漂到了葡萄牙港口拉古什（Lagos）附近的海滩上。在吐出了几口海水之后，他满怀感恩地把脸埋进了湿湿的沙子。这是哥伦布自己对儿子费迪南德讲述的版本。关于哥伦布到底是如何抵达拉古什的，这是我们目前仅有的一份记述，但一位历史学家认为这个故事"纯属编造"。[13] 不管他是怎样抵达葡萄牙的，此时的哥伦布的确失去了他的船只和货物，在拉古什一待就是几个月。在这段时间里，他一边试图从遭劫的经历中恢复过来，一边与斯皮诺拉家族联络，制订下一步的计划。斯皮诺拉家族指示他在拉古什等候，跟他们的下一支船队一同前往英格兰。他依命行事，顺便提高了自己的葡萄牙语水平，随后于1476年下半年抵达了伦敦的码头。

当时的伦敦正在经历一场重大的政治和社会变革，从一座典型的中世纪欧洲城市逐渐转变为那座孕育了马洛*和莎士比亚的伊丽

---

* 马洛（Marlowe），即克里斯托弗·马洛，与莎士比亚同时代的剧作家。——译者注

莎白时代的大都市。[14] 1485 年是最重要的转折点。那一年，亨利七世（Henry Ⅶ）夺取王位，终结了玫瑰战争，开始了都铎王朝的统治。直到此时，伦敦一直保留着自古罗马统治时期遗留下来的特征。在哥伦布抵达伦敦时，这座城市的街道依然保留了罗马时期的一些布局形态，罗马人留下来的城墙虽然有些残破，但依然屹立不倒。人们可以看到城垛、大门和瓦顶，偶尔还可看见教堂尖塔，这座沿着泰晤士河北岸铺开的城市依然处于瘟疫过后的复苏期。当黑死病于 1348 年袭击伦敦时，这座城市有 8 万人口，而它的人口数量直到 1500 年开始暴增之前都没有能够恢复到这个数字。

在 15 世纪，最能改变伦敦物质景观的莫过于贸易活动和宗教因素了。低地国家、斯堪的纳维亚和德意志的商人纷至沓来，来自更遥远的地中海地区的商人也络绎不绝。哥伦布本人就是代表着一个意大利商业家族的利益来到了伦敦。贸易活动在这座城市的地图上留下了诸多印记——木街（Wood Street）、奶街（Milk Street）、五金巷（Ironmonger Lane）、买卖街（Cheapside）[*]，等等。教堂和大大小小的修道院遍布伦敦各处，有着类似白衣修士街（White Friars Street）和迦密会[†]大街（Carmelite Street）之类名字的大道也随处可见。盛行于欧洲的十字军精神在伦敦也十分流行。1100 年，圣约翰医院骑士团在伦敦设立了一座修道院，其他十字军组织在伦敦也设有机构。哪怕在远离奥斯曼帝国的伦敦也能见到骑士团成员，这无疑让哥伦布更加确信，完成以穆斯林为敌的十字军运动对

---

[*] cheapside 本意为市场，词源来自古英语，并无"便宜"（cheap）之意。——译者注

[†] 迦密会，天主教的修会之一，大约在 12 世纪创建于今以色列北部的迦密山。——译者注

6　哥伦布与伊斯兰

基督教世界来说是十分迫切的任务。

就在1477年，也就是马可·波罗的游记首次印刷出版（以德文出版）的那一年，仍然留在英格兰的哥伦布加入了一支船队，沿着布里斯托尔与冰岛之间的成熟商路开始航行。这次尝试对他后来的冒险有着重大的意义。在那一年夏末，返航途中的哥伦布在爱尔兰西海岸的戈尔韦（Galway）停靠，他在那里写下了这样一段令人费解的文字：

> 我们看到的种种迹象表明，契丹人（Cathay）来自西方。特别是在爱尔兰的戈尔韦，我们看到有外表异于常人的一男一女躺在两根树干上被冲上了岸。[15]

哥伦布在戈尔韦看到的这两个人很可能是美洲的原住民，比如乘坐着独木舟或木框皮艇的因纽特人（Inuit）或尤皮克人（Yupik）。远在哥伦布横渡大西洋之前，已经有数不清的美洲原住民乘着大西洋洋流向东驶抵欧洲和非洲。[16] 每年7月，强大的洋流会裹挟着冰山、圆木和任何刚好遇到这股洋流的东西，从加拿大与格陵兰之间的戴维斯海峡涌向北大西洋，那里强大的洋流又会带着所有的东西涌向东方。哥伦布在戈尔韦时正是8月，这个时间或许可以解释为什么这两具尸体还没有严重腐烂，至少还可以被"认出"是"来自契丹的人"——"契丹"是当时的人们对中国乃至亚洲部分地区的称呼。

这是一个多么特别而且又有历史意义的时刻啊：一个从奥斯曼帝国势力范围内的希腊岛屿出发运输乳香的意大利人，在爱尔兰见到了两个乘着木筏向东漂流、被误以为是中国人的北美原住民。

"来自契丹的人"出现在戈尔韦,这一事实让哥伦布相信,从欧洲出发、穿越大西洋到亚洲的路程并不像有些人推断的那么遥远。既然那两具尸体可以穿越大洋,哥伦布相信自己也可以做到这一点。

※

1477年在戈尔韦目击北美原住民的经历在哥伦布心中埋下了一颗种子,让他相信取道大西洋前往亚洲是可能的。这一经历似乎验证了他长久以来的一些推测。他经过一番思索得出的结论是,要想为基督教世界夺取耶路撒冷,进而在全球范围内摧毁伊斯兰教,欧洲人不应该向东进发,而应该彻底绕过奥斯曼帝国向西进发。在跨过大西洋之后,欧洲人可以先取得锡沃拉七城的黄金,再到中国拜会对基督徒抱有同情态度的大汗,接着趁敌不备,从东方夺取耶路撒冷。

对于身处21世纪的我们来说,这一想法听起来近乎天方夜谭;但是,对哥伦布来说,这个计划却十分合理。基督教欧洲和皈依了基督教的大汗将联起手来发动一场史诗般的战役,消灭奥斯曼人和所有其他穆斯林,拯救世界的灵魂。从他在突尼斯与穆斯林第一次不愉快的遭遇,到他在戈尔韦目睹的那惊人的一幕,哥伦布在把自己的活动范围转向西方的同时,也酝酿出了一个在余生中像北极星一样始终指引着他的计划。而这个计划终将带来世界历史上影响最深远(但也饱受人们误读)的那次横渡大洋的远行。

7

哥伦布的十字军远征

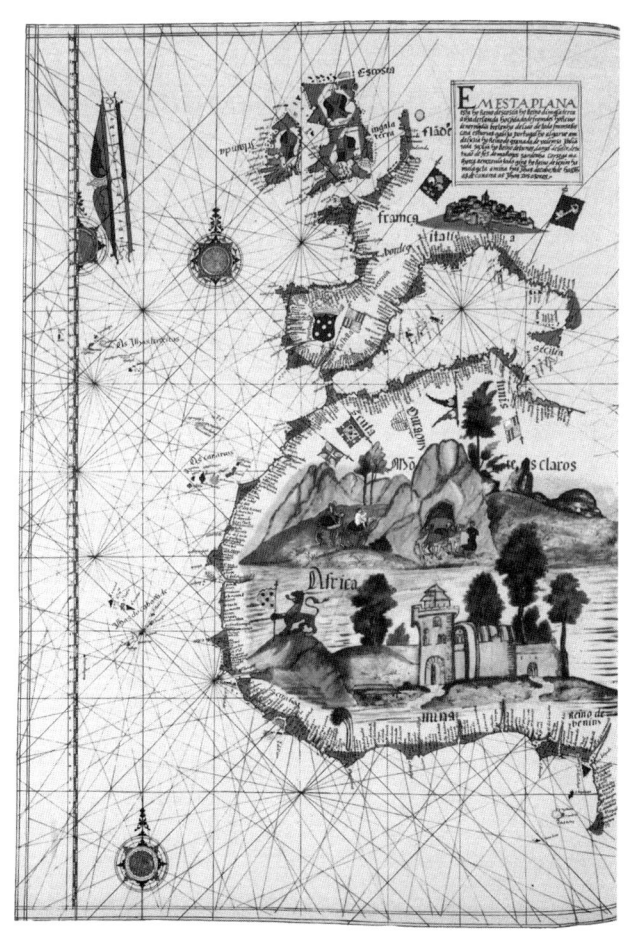

葡萄牙人的西非地图

哥伦布和他那一代探险家的故事，无疑是十字军故事的新篇章。[1]这些水手不吝于使用宗教字眼来描绘自己进行的大部分远航，把自己的壮举视作在对抗伊斯兰文明的全球战争中为基督教文明做出的重要贡献。像同时代的所有欧洲人一样，哥伦布也是在十字军故事日复一日的耳濡目染中长大的。如果不能理解反穆斯林的十字军精神在哥伦布的所有远航——不只是穿越大西洋的远航——中扮演的角色，我们就无法完整阐释这些远航的深远意义。就拿他最初在地中海从事的国际贸易航行来说，那些经历不仅让年少的哥伦布积累了经验，锤炼了他的航海技艺，也让他体会到了伊斯兰世界的强大和广阔。他第一次离开地中海，改为向北航行，也是为了躲避奥斯曼人。在完成了北大西洋的冒险之后，年近三十的哥伦布回到了葡萄牙，决心把一身技艺用在一个更伟大的目标上，即摧毁伊斯兰。在横渡大西洋的远航之前，他还曾从里斯本出发向南航行，这是他为这个世界清除伊斯兰势力的一次早期尝试。最终，他把自己的十字军远征带到了新世界，因为他惊讶地发现，那里竟然也存在着伊斯兰势力。

在他航海生涯的早期，哥伦布与欧洲最负盛名的一些航海家建立了联系。在他决心专注于探索通往亚洲的大西洋航路之后，哥伦布就试图说服这些水手中的佼佼者加入他的冒险。事实证明，作为欧洲航海事业中心之一的里斯本是他推销理念的绝佳场所。1479年，28岁的哥伦布娶了一位名叫菲莉帕·莫尼斯（Filipa Moniz）的葡萄牙女子。[2] 菲莉帕·莫尼斯的家世与哥伦布截然不同，她的双亲都来自历史悠久的贵族家族；而哥伦布只是一名织工的儿子，他本人更是名副其实的漂泊之人——他被海浪冲上葡萄牙海岸就是几年之前的事情。他俩很可能相识在教堂，因为那是少有的来自不同社会阶层的人有可能产生交集的场所。对哥伦布来说，这桩婚事给他的职业发展带来了巨大的好处。无论是在葡萄牙的航海探险中，还是在天主教国家对抗伊斯兰教的战争中，菲莉帕的家族都深涉其中。他们都是圣地亚哥骑士团——以"摩尔人杀手"的主保圣人圣雅各命名的组织——的忠实成员。

1415年，菲莉帕·莫尼斯的外祖父曾参与葡萄牙对北非沿海城市休达（Ceuta）的征服战争。休达是一座著名的要塞，位于非洲大陆顶端的一个狭窄的半岛上，曾经被定都非斯（Fez）的穆斯林王朝统治，后来成了葡萄牙在非洲进行扩张的最重要战略要地。在葡萄牙从穆斯林手中夺取他们控制了数个世纪之久的阿尔加维（Algarve）之后，菲莉帕·莫尼斯的外祖父还曾经出任这个葡萄牙本土最南部地区的总督。菲莉帕的父亲在葡萄牙征服马德拉群岛（Madeira）附近的圣港岛（Porto Santo）的过程中发挥了重要作用，而她的一位亲戚还在1516年加入了葡萄牙派往中国的第一个使团。这个家族在航海和反伊斯兰事业上的辉煌成就是哥伦布在欧洲航海精英阶层中地位提升的重要因素；为了彰显这一点，菲莉帕的母亲将其家族成员在几十年前使用过的航海仪器和地图都送给了这位新女婿，³这些是他们与15世纪中叶最著名的探险家之一——航海家恩里克王子（Prince Henry the Navigator）⁴一同远航休达和圣港岛时使用过的。

恩里克王子是葡萄牙国王若昂一世（João Ⅰ）的第三子。他出生于1394年，面容严肃，下颌突出，留着精致的小胡子。他无望继承王位，一心只想利用他父亲掌控的资源来支持自己的种种兴趣爱好。他毕生中最热爱的事业就是航海探险。拥有足够的钱财和闲暇时间的恩里克很快成了世人皆知的最早向葡萄牙以南和以西探索的欧洲人之一。利用新型的船帆和航海技术，恩里克及其手下首先探索了葡萄牙和西非外海的众多岛屿——亚速尔群岛、加那利群岛、马德拉群岛和佛得角。恩里克本人于1460年去世，但这并不妨碍哥伦布利用自己新建立的人际关系挤进这位王子打造的航海家圈子。⁵

据与恩里克王子同时代的戈梅斯·埃亚内斯·德祖拉拉*在非同寻常的1453年留下的记载，这位王子"心中充满了宗教热情，希望可以与东方的基督徒（暗指"大汗"）建立联盟，热切地想要知道'异教徒'的势力范围究竟有多大，渴望让更多的人皈依基督教，并与摩尔人作战"。⁶恩里克的十字军理想让自己和手下的活动在意识形态的层面获得了合法性，也为他赢得了葡萄牙国王、教皇乃至欧洲其他君主至关重要的经济支持。他们狂热地相信"圣战"的意义，并且像哥伦布一样渴望找到那位必将帮助他们摧毁

---

* 戈梅斯·埃亚内斯·德祖拉拉（Gomez Eanes de Azurara），大航海时代葡萄牙的编年史作者，在他的作品中留下了葡萄牙人早期探索西非海岸的诸多记录。——译者注

伊斯兰文明的大汗。因此，与人们通常的记载不同，恩里克王子和他的后继者们进行远航的动机并非为了满足自己世俗的好奇心，或是出于对知识和技术进步的渴求。他们的所作所为也是基督教世界十字军运动史的一部分。

恩里克有一个著名的侧翼包抄伊斯兰世界的计划，而这一计划的核心在于他坚信可以找到一条从南方绕过非洲的海路。起初，这一计划的主要问题是条航路必须穿过赤道。古代世界的人们认为，任何试图穿越赤道附近的热带地区的人，都会在地球上这片最炎热的区域被炙烤身亡，就如同但丁描绘的地狱景象那样。不过，恩里克及其手下决心试试运气，亲身挑战一下热带地区。他们沿着非洲海岸向南航行，最终绕过了博哈多尔角（Cape Bojadar，即西非的突出部分）。接着，他们很可能在无意间穿过了赤道。等到他们航行到了今天的加蓬附近时，他们才意识到自己已经到了赤道的另一边。他们不仅依然活着，而且惊讶地发现这里的海岸地区草木丰茂，河流众多，人口繁盛。最惊人的事实可能是，他们在这里发现了许多穆斯林。看起来，古人的记录有不少错误。

恩里克和哥伦布都不知道的是，早在8世纪，来自东方、横穿了萨赫勒地区[*]的穆斯林商人就把伊斯兰教介绍到了西非。等到葡萄牙人到达这里时，他们十分沮丧地发现，伊斯兰教早已从一个信徒寥寥的小教派发展成了数个西非帝国的国教。伊斯兰教的地位在马里帝国（Mali Empire）[7]尤为显赫，这个帝国在1324年将伊斯兰教确定为官方信仰。此时的西非伊斯兰教已经吸收了当地许多的

---

[*] 萨赫勒地区（Sahel），介于北非撒哈拉沙漠和非洲中部苏丹草原之间的地带，属于半干旱的草原地区。——译者注

文化、美学乃至宗教传统，变成了伊斯兰教独特的一支，直至今天依然在该地区扮演着重要的角色。在西非"发现"了穆斯林之后，15世纪的欧洲十字军更加坚信自己的基督教信仰已经陷入了强大的伊斯兰势力的重重包围中，必须采取一些极端行动才能挽救基督教信仰。

恩里克王子在他此前并不知晓的地方发现了穆斯林，这证明了基督教世界必须加大打击欣欣向荣的伊斯兰世界的力度。与此同时，他也努力要获得法律上的许可，准许他把天主教会的政治和军事管辖权扩张到欧洲之外的地方去。最终，教皇尼古拉五世给予了他这种许可。教皇尼古拉五世在创立梵蒂冈图书馆的时候，恰好使用了从君士坦丁堡逃难而来的学者们携带出来的许多希腊手稿。在1452年，也就是君士坦丁堡陷落的前一年，尼古拉五世颁布了一份名为《只要是异端》（Dum Diversas）的教皇诏书，"正式授权"葡萄牙"统治"非洲西海岸和东大西洋上所有岛屿。这一诏书在法律上确认了恩里克发现的土地是葡萄牙帝国的一部分。这份诏书特别提到，葡萄牙有权奴役生活在该地区的任何"撒拉森人"（Saracens，对穆斯林的另一种称呼）和异教徒。此时距离欧洲人横渡大西洋还有几十年，而跨大西洋奴隶贸易达到高峰更是几个世纪之后的事情。但是，这份内容令人惊异的教皇诏书的重要性仍然不容低估，因为它构成了欧洲人奴役非洲人的最初法律基础。

在这个基督徒向伊斯兰世界发动十字军战争、欧洲人与奥斯曼人为敌的世界，这份教皇诏书将西非穆斯林与其他异教徒放在了同等的法律地位上，将他们同样视作拒绝正信者；自然，他们也同样可以被信仰基督教的欧洲人奴役。[8] 鉴于基督教世界与伊斯兰世界

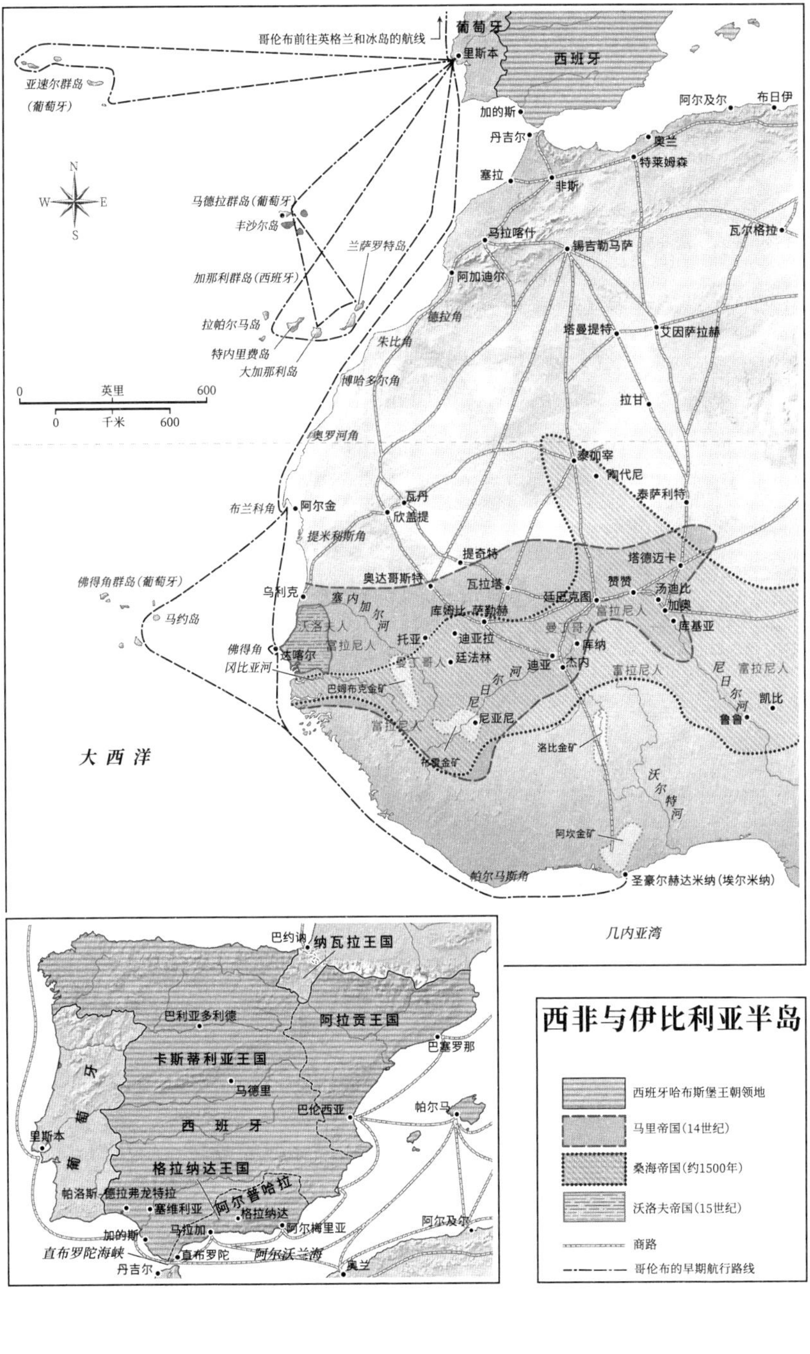
西非与伊比利亚半岛
西班牙哈布斯堡王朝领地
马里帝国（14世纪）
桑海帝国（约1500年）
沃洛夫帝国（15世纪）
商路
哥伦布的早期航行路线
哥伦布前往英格兰和冰岛的航线
葡萄牙
西班牙
里斯本
亚速尔群岛
（葡萄牙）
加的斯
丹吉尔
塞拉
非斯
奥兰
特莱姆森
阿尔及尔
布日伊
马拉喀什
锡吉勒马萨
瓦尔格拉
阿加迪尔
德拉角
朱比角
博哈多尔角
塔曼提特
艾因萨拉赫
拉甘
马德拉群岛（葡萄牙）
丰沙尔岛
兰萨罗特岛
加那利群岛（西班牙）
拉帕尔马岛
特内里费岛
大加那利岛
英里
千米
0
600
奥罗河角
泰加宰
陶代尼
泰萨利特
布兰科角
阿尔金
瓦丹
欣盖提
提米利斯角
提奇特
塔德迈卡
佛得角群岛（葡萄牙）
马约岛
乌利克
奥达哥斯特
瓦拉塔
赞赞
汤迪比
加奥
库基亚
塞内加尔河
沃洛夫人
富拉尼人
库姆比
萨勒赫
廷巴克图
曼丁哥人
佛得角
达喀尔
冈比亚河
托亚
迪亚拉
廷法林
库纳
迪亚
杰内
尼日尔河
富拉尼人
凯比
鲁鲁
巴姆布克金矿
尼亚尼
布雷金矿
洛比金矿
沃尔特河
阿坎金矿
大西洋
帕尔马斯角
圣豪尔赫达米纳（埃尔米纳）
几内亚湾
巴约讷
纳瓦拉王国
巴利亚多利德
阿拉贡王国
巴塞罗那
卡斯蒂利亚王国
马德里
葡萄牙
里斯本
西班牙
巴伦西亚
帕尔马
格拉纳达王国
阿尔普哈拉
帕洛斯
德拉弗龙特拉
塞维利亚
格拉纳达
加的斯
马拉加
阿尔梅里亚
直布罗陀海峡
直布罗陀
阿尔沃兰海
丹吉尔
奥兰
阿尔及尔

交锋的历史，对欧洲人来说，穆斯林是他们最邻近、最熟悉、最终极的"他者"，是他们在政治、军事和意识形态上的敌人；欧洲人以穆斯林为标准，去衡量、理解他们的其他敌人。由于西非的非穆斯林人口也不是基督徒，欧洲人就按照自己理念中最主要的非基督徒"他者"门类——穆斯林——的形象来看待他们。于是，对于基督徒来说，异教徒就等同于穆斯林，因此出现在西非的葡萄牙人才会把当地的非穆斯林和穆斯林都视作"穆斯林"——而对于"穆斯林"，教会允许基督徒使用强制的暴力去对待他们。

由于教皇在诏书中把穆斯林和非穆斯林放在了一起，他实际上相当于允许欧洲人将二者一视同仁，"合法"地将他们从西非掳掠到新世界为奴。所以，将"穆斯林"这一门类的适用范围扩大到欧洲以外的所有非基督徒，实际上成了饱受人们夸耀的欧洲大发现时代得以诞生的一个前提条件——毕竟，这一时代就建立在欧洲人在西非的领土征服和对当地人口的奴役这两个基础之上。

迫于奥斯曼人的军事和经济压力而不得不离开地中海的哥伦布，将把这一概念上的变革带到大西洋彼岸，使得欧洲人不仅把西非的非穆斯林视作"非我族类"的"穆斯林"，同时也对美洲原住民同等看待。虽然1492年的美洲并没有穆斯林存在，但当欧洲的基督徒在美洲遇到未知民族的时候，他们依然会用对伊斯兰教的理解和反穆斯林的基督教十字军远征的理念去看待当地人。

❈

恩里克麾下的探险者在非洲海岸到达的最南端，是几内亚湾内的圣豪尔赫达米纳（São Jorge da Mina），即今天加纳的埃尔米纳

（Elmina）。[9]这个城镇不久之后将作为从非洲运输黄金到里斯本的关键中转站，成为葡萄牙在西非的重要据点。1481年，葡萄牙的新国王若昂二世意识到有必要在此地兴建一座要塞，于是派遣一支全副武装的舰队在这里建立了一座防御森严的贸易据点，这是欧洲人在撒哈拉以南非洲建立的第一座建筑物。若昂二世派遣了10艘卡拉维尔帆船和两艘运输船，送去了地基石、屋瓦、钉子和其他补给品。时年30岁的哥伦布把一个年幼的儿子留在了里斯本，自己加入了这个船队向南航行。

若昂二世的要塞很快就证明了自身的价值。[10]在1487年到1489年期间，共计有8 000盎司的黄金从圣豪尔赫达米纳被运送到了里斯本；在1494年到1496年间，这一数字达到了22 500盎司。到了1500年，黄金的运输量已经达到了26 000盎司。圣豪尔赫达米纳的贸易活动中很快出现了奴隶的身影，这在很大程度上要"归功于"恩里克争取到的那份臭名昭著的教皇诏书。仅在1500年到1535年期间，就有大约1万到1.2万名西非人被运送到了里斯本。在接下来的几个世纪中，这座哥伦布曾经参与建设的要塞成了跨大西洋奴隶贸易的重要出口港之一。

在圣豪尔赫达米纳期间，哥伦布得到了三条信息，让他更加坚定了向西穿越大西洋寻找亚洲的决心。首先，在这个后来被称作"黄金海岸"的地区，他发现当地的土壤和近岸海岛上似乎有着取之不尽的贵金属。当时的地理学知识认为，地球上纬度相近的地区应当有着相近的气候和自然条件。因此，哥伦布认为，如果他从圣豪尔赫达米纳出发向西航行，就可以找到盛产黄金的土地，甚至直接找到多年来一直让他魂牵梦萦的锡沃拉七城。第二个消息是他从港口里的水手那儿听来的。据说，在被海浪冲到岸上来的浮木上，

7　哥伦布的十字军远征　　123

圣豪尔赫达米纳

水手们经常能看到一些人类加工的痕迹，这恰好可以与哥伦布在戈尔韦看到的那两具美洲原住民的尸体相互佐证。这意味着亚洲并不遥远。第三，在圣豪尔赫达米纳期间，哥伦布积累了有关大西洋风向与洋流的知识。例如，在西非海岸，风向主要从陆地吹向海洋，而大海中洋流的主要方向也是向西的。这与葡萄牙的情况正好相反，那里向东的洋流使得一年中大部分时间里都很难向西航行。哥伦布意识到，如果想要向西航行，最佳方案是先沿着非洲海岸向南航行，以便借助西向洋流的力量。

哥伦布相信，他现在已经拥有了执行绕过奥斯曼帝国、寻找大汗的计划所需的几乎一切信息。现在他唯一欠缺的，就是一位慷慨的资助者。

※

哥伦布花费了多年的时间，来来回回与西班牙、法国、英格兰、葡萄牙、威尼斯和热那亚等多国君主政要磋商谈判的故事，已经尽人皆知了。比较不为人所知的，是穆斯林和奥斯曼帝国在这一过程中扮演的角色。哥伦布争取资助的努力主要发生在15世纪80年代，也就是伊莎贝拉和斐迪南——他最终找到的资助者——向伊斯兰世界发动战争的那段时期。欧洲人对伊斯兰世界的战争与哥伦布的远航发生在同一时期，这并不是巧合。在哥伦布和西班牙双王看来，这两件事情是同一场全球战争——基督教对抗伊斯兰教——的不同组成部分。"身材健壮""肤色黝黑得带着一丝野性"的斐迪南和"生着蓝灰色眼睛""面容非常美丽快活"的伊莎贝拉这对二代堂亲*都是坚定的"摩尔人杀手"。[11]无论是派遣海军向东进入地中海与奥斯曼人作战，还是努力在伊比利亚半岛清除穆斯林，抑或是派哥伦布及其船队向西探索亚洲，以包围并突袭中东的穆斯林，这些都是他们对抗伊斯兰文明的全球战略的组成部分。

奥斯曼人在15世纪下半叶的攻势直接影响到了西班牙在地中海

---

* 他们同为卡斯蒂利亚国王胡安一世与王后阿拉贡的埃莉诺的曾孙辈。——译者注

7　哥伦布的十字军远征

的地位。在1480年夺取了奥特朗托之后，征服者穆罕默德二世派遣船只来到地中海最大的岛屿西西里岛，以评估是否有可能对其发动入侵。虽然西西里岛曾经被穆斯林控制过，但是在15世纪，这个岛屿在名义上属于斐迪南和伊莎贝拉。因此，实力远比他们更为强大的奥斯曼苏丹的举动立刻引起了他们的注意。伊莎贝拉宫廷中的史官写道："每一天，国王和女王都会接到这样的消息：海上有一支庞大的土耳其舰队，准备征服西西里王国。"[12] 位于地中海中央的西西里岛堪称东西地中海之间的枢纽，谁控制了西西里，谁就能控制地中海。如果把西西里岛丢给奥斯曼人，将导致一系列的后果。例如，哥伦布为斯皮诺拉家族生产乳香的希俄斯岛几乎肯定会随之落入奥斯曼人之手。奥斯曼人还可以把西西里岛当作发动下一步入侵的跳板，可以经由此地向北入侵意大利半岛，矛头直指圣城罗马，或是进一步向西进攻西班牙和其他基督教国家。因此，当他们在西西里多石海岸的外海发现了穆罕默德的舰队之后，西班牙双王立即采取了行动，将自己的舰队派往意大利西部海岸，与斐迪南的堂兄、那不勒斯国王*的舰队会合，再向奥特朗托进发。这支西班牙-那不勒斯联合舰队十分走运，因为恰好在他们驶往奥特朗托期间，穆罕默德驾崩了，奥斯曼帝国内部随后发生了继承权危机。虽然巴耶济德最终登上了奥斯曼帝国苏丹的宝座，但帝国也不得不放弃了对西西里的图谋，并且彻底撤出了意大利。到头来，奥斯曼人占据奥特朗托和它那座如同水晶般碧蓝的小型港口的时间只有短短一年。

---

* 那不勒斯国王，指那不勒斯国王斐迪南一世。那不勒斯国王斐迪南一世与身为西班牙双王之一的阿拉贡国王斐迪南二世均为阿拉贡国王斐迪南一世的孙子。——译者注

伊莎贝拉、斐迪南与他们的女儿胡安娜

7　哥伦布的十字军远征

不过，在 15 世纪 80 年代，奥斯曼人还是继续在地中海上向西推进，试探着西班牙和其他欧洲强国的决心。1488 年，巴耶济德向地中海中部另一个极具战略意义的岛屿——马耳他岛——发动了进攻，迫使西班牙人为西西里岛的守军派去了援军。巴耶济德的这次进攻最终未能得手。从 1487 年开始到 15 世纪 90 年代中叶，奥斯曼舰队继续向西，到达过科西嘉岛、比萨和巴利阿里群岛（Balearic Islands），甚至染指了伊比利亚半岛本土的阿尔梅里亚（Almería）和马拉加。[13]虽然这些试探并非想为奥斯曼帝国赢得永久性据点的全面入侵，但奥斯曼舰队进入欧洲港口的景象本身就足以让噤若寒蝉的欧洲国家，尤其是拥有大量穆斯林人口的西班牙战栗不已。地中海各地都能感受到奥斯曼人的冲击力，就连伊比利亚半岛也不能例外。

奥斯曼帝国在西地中海的活动让原本就处境堪忧的西班牙穆斯林的地位变得更加岌岌可危。在西班牙人看来，生活在伊比利亚半岛上的穆斯林居民与外部的穆斯林敌人——奥斯曼帝国，以及在西班牙觊觎已久的北非地区存在的诸多独立的伊斯兰小邦——并没有什么区别。特别是在 15 世纪，随着奥斯曼帝国对君士坦丁堡的征服和西班牙在北非的扩张，在西班牙处境艰难的穆斯林绝望地向最强大的伊斯兰国家——奥斯曼帝国和马穆鲁克帝国——请求援助。他们的请求触及了西班牙君主心中最深层的恐惧——他们最担心在日益临近、不可避免（至少他们认为如此）的全球宗教战争中，自己治下的穆斯林臣民会变成"第五纵队"，与地中海上的伊斯兰强国结成同盟。不过，在 15 世纪 80 年代，由于要分心在印度洋对付葡萄牙人，马穆鲁克海军也无力威胁到西班牙，他们甚至要像西班牙的穆斯林一样向奥斯曼帝国请求援助。

在 1487—1488 年左右，也就是塞利姆和居尔巴哈正逐步适应他们在特拉布宗的新家的时候，嗅到了机会的巴耶济德派遣了一位名叫凯末尔·雷斯（Kemal Reis）*的私掠船船长到地中海西部去执行一次侦察任务，要求他带回有关西班牙以及身在伊比利亚半岛和北非的穆斯林生活境遇的真实信息。凯末尔先来到了阿尔梅里亚和马拉加的港口，秘密会见了西班牙穆斯林社群的一些成员。他随后写信给巴耶济德，告诉他这里的穆斯林饱受天主教会的压迫，脆弱且惊恐。他认为，只有大举入侵伊比利亚半岛，才能真正帮助这里的穆斯林人口。

但是，奥斯曼帝国当时的财政和后勤能力都不足以支撑这样一次全面入侵。因此，巴耶济德命令凯末尔评估是否有可能与西班牙势力范围内的北非穆斯林小邦，无论是直接被西班牙统治的还是依然保持着独立地位的，结成同盟。于是，凯末尔从西班牙出发向南航行，随后沿着北非海岸从休达沿途向东，直到抵达的黎波里。他在每一个港口都停留，一方面试探在当地建立同盟的可能，另一方面也探查那里的防御工事，看看哪里有机可乘，哪里固若金汤。通常来说，每个有城墙防御的城市都被某一个家族控制着。这些家族要么已经臣服于西班牙人，要么成功打退了西班牙人的入侵，要么与远比自己更强大的西班牙帝国达成了某种妥协。奥斯曼帝国抛出的橄榄枝让这些北非统治者兴奋不已，他们都认为这是打破自己与西班牙之间的权力平衡，进一步扩大自身权势的绝佳机会。

例如，在阿尔及尔以东、梅诺卡岛（Menorca）正南方的布日伊［Bougie，即今天的贝贾亚（Béjaïa）］，[14] 凯末尔找到了一

---

* Reis 是奥斯曼帝国授予海军军官的一种称呼，其意义类似于船长。——译者注

个十分热情的盟友——该城的统治者赛义德·穆罕默德·图韦利（Sayyid Muhammad Tuwallī）。此人宣称自己有魔法，此前正是依靠魔法打退了西班牙人。赛义德·穆罕默德准许凯末尔及其手下在该城居住了几个星期。随后，凯末尔又从布日伊向东，与波尼*的统治者结成了盟友，甚至还抵达了更靠东方、位于突尼斯东南部外海的岛屿杰尔巴岛（Djerba）。凯末尔与地方统治者达成的协议让奥斯曼帝国在北非事务上获得了一定的影响力，但奥斯曼人在这里的地位并不稳固，因为这些地方统治者随时可能会违背诺言，他们自己也有失势的风险。尽管如此，这些盟友关系依然可以帮助巴耶济德在地中海西部保持对西班牙的地缘战略压力。从凯末尔·雷斯初次抵达北非的1490年起，一直到巴耶济德将他召回伊斯坦布尔的1495年，在此期间，凯末尔及其手下与新结交的盟友们联手对西班牙人在摩洛哥的据点发动了数次成功的突袭，甚至还把战火烧到了伊比利亚半岛。[15]

像哥伦布、恩里克与教皇尼古拉五世一样，伊莎贝拉和斐迪南也把自己对抗伊斯兰教的战争视作一场文明间的争斗。奥斯曼人的影响力日益强大，已经威胁到了西班牙王国在地中海西部的门户，而且已经开始影响西班牙国内饱受压迫的穆斯林人口。这一切似乎都预示着预言中基督教与伊斯兰教之间的末世决战已经日益临近。在15世纪80年代，西班牙还是数个独立国家的集合体。伊莎贝拉统治着卡斯蒂利亚，斐迪南统治着阿拉贡，还有多名独立的穆斯林埃米尔在半岛南部据有领土。在15世纪末，天主教信仰和对

---

* 波尼（Bone），今名安纳巴（Annaba），阿尔及利亚东北部海滨城市。——译者注

伊斯兰教的反感是西班牙许多非伊斯兰邦国之间唯一能够取得共识的地方。作为西班牙基督教国家中最强大、最具影响力的国家的君主，伊莎贝拉把领导全球反穆斯林战争——无论是在卡斯蒂利亚、整个伊比利亚半岛、北非、奥斯曼帝国抑或其他什么地方——视为自己的使命。（具有讽刺意味的是，当时奥斯曼帝国境内的基督徒人口要比整个西班牙境内的基督徒人口都多。）对斐迪南和伊莎贝拉来说，任何地方的任何穆斯林都是潜在的威胁，但在他们治下的那些穆斯林是最危险的。位于伊比利亚半岛南部的独立的伊斯兰国家也可能成为奥斯曼人潜在的入侵落脚点。天主教双王认为，只有在伊比利亚半岛彻底铲除穆斯林——他们已经在这里生活了近800年——才能消除这一内一外两个威胁。

将西班牙变成一个纯粹的基督教国家的行动被称作"收复失地运动"（Reconquista），其目标是要"不负众望地"把西班牙"恢复"到公元8世纪早期，即穆斯林抵达西班牙之前的状态。"收复失地运动"与宗教裁判所有着同样的思想根源，二者都认为非基督徒威胁、削弱了基督教西班牙，所以他们必须被消灭——要么皈依，要么离开。因此，"收复失地运动"的目标也包括西班牙另一个主要的非基督徒群体——犹太人。不过，与犹太人不同，穆斯林在伊比利亚半岛和其他地方据有领土，因而在军事和政治上都更具威胁，也更加危险。相比之下，犹太人从未在西班牙建立过正式的国家，在海外也没有哪个国家被认定是犹太裔西班牙社群的支持者。与穆斯林不同，西班牙的犹太人并没有卷入与基督教世界在全球争夺领土和宗教主导权的争斗中去。因此，我们在后文中会看到，西班牙对境内犹太人使用暴力的借口与国际政治无关，而是完全出于反犹的神学逻辑。

在奥斯曼人于15世纪80年代及90年代前期进入地中海西部之后,"收复失地运动"的意义就超出了在伊比利亚半岛完成政治和宗教整合的范畴,而是变成了基督教与伊斯兰教之间你死我活的更大规模战争中的一个重要部分。这场战争的目标,是要把伊斯兰教及其最主要的代表——奥斯曼帝国——逐出地中海,乃至最终从地球上清除掉。简言之,"收复失地运动"就是一场十字军征伐。

※

终其一生耳濡目染于十字军活动的哥伦布,把自己的大西洋远航计划描绘成了基督教与伊斯兰教全球文明之争的一部分。根据这一理念,他和西班牙双王都应当是"摩尔人杀手"。他相信,只要把向西穿越大西洋的计划描绘为有助于击败伊斯兰世界的行动,斐迪南和伊莎贝拉就会乐于资助他的计划。但是,究竟要怎样才能见到他们中的某个人呢?伊莎贝拉深深忧心于奥斯曼人的威胁,又忙于与格拉纳达的伊斯兰王国和南方更小的伊斯兰邦国的战争,她肯定会认为这位白日做梦的热那亚冒险家提出的计划遥不可及,更别提成本还十分高昂,完全不值得浪费时间。[16]历史上的女性领导者人数寥寥,但我们可以看到哥伦布,正如塞利姆一样,要依靠富有权势的女性。他花了几年的时间,到处追随女王的脚步,动用了各种社会关系试图获得面见女王的机会,以推介自己的方案。哥伦布的榜样——航海家恩里克王子是伊莎贝拉的长辈*,但是他早在几十年前就去世了。[17]伊莎贝拉一直故意拖着不见哥伦布,直到1486

---

* 恩里克王子与伊莎贝拉的外祖父是兄弟。——译者注

年 5 月才终于在科尔多瓦（Córdoba）给了他几分钟的觐见时间。

位于西班牙南部的科尔多瓦被誉为"世界之点缀"，是一座美丽的城市。在这里，教堂曾被改建为清真寺，清真寺再被改建为教堂；在古老的瓜达尔基维尔河（Guadalquivir）畔，穆斯林、犹太人和基督徒学者曾经在长达几个世纪的时间里一起工作、生活。伊斯兰教、犹太教和基督教在这里重叠、交会、紧密相连。在公元 1000 年左右，科尔多瓦是世界上最大、最富庶的城市之一，拥有超过 50 万人口。它是一座摒弃了宗教芥蒂的学者之城，有些时候甚至实现了宗教大同，在中世纪实现了犹太教、基督教与伊斯兰教的和平共存（convivencia）。但是，天主教政权从 13 世纪起统治了科尔多瓦。到伊莎贝拉的时代，这座城市宗教共存的文化已经被侵蚀了一个多世纪。在很大程度上，这也是奥斯曼帝国的崛起造成的后果。随着地中海地区实力的天平倒向东方，西班牙的基督教领袖们认为伊斯兰教的威胁正变得日益严重，于是采取了更具对抗性的姿态，用迫害自己治下无力反抗的穆斯林臣民这种苍白无力的方式作为回应。

在伊莎贝拉终于同意接见哥伦布之后——他们后来又见面多次——她发现他们有许多志趣相投之处：他们都对地理、陌生的动植物和描绘遥远富庶国度的奇妙故事感兴趣。[18]他们二人是同龄人，均出生在 1451 年，也就是塞利姆的祖父穆罕默德二世登上奥斯曼帝国苏丹宝座的那一年，只不过伊莎贝拉要比哥伦布大几个月。他们都有浅色的皮肤和红色的头发。关于哥伦布成年后的长相和性格，最详细的描述大约就出现在这一时期（哥伦布生前并未留下任何画像）。[19]他"比大多数人高，四肢强壮"，长着一张"长方"脸、一个鹰钩鼻，浅色的眼睛"富有生气"。[20]他"长着红色的头发，面色红润,脸上有雀斑"。得益于他在热那亚接受的教育,"他十分擅长拉丁文和天文学,愿意的时候可以显得彬彬有礼,但被惹火时脾气也很急"。所有的记录都表明,他和伊莎贝拉相处融洽,一位宫廷侍从说他们在第一次会面时"相谈甚欢",不像是一次正式会面。用另一位历史学家的话说,哥伦布"显然是一个颇具魅力的人物,十分吸引女性,其中也包括女王"。[21]

他向卡斯蒂利亚女王介绍了自己的计划。在他看来,伊莎贝拉"对神圣的基督信仰十分虔诚,矢志扩大基督教的影响范围并抗击穆罕默德的宗教"。[22] 伊莎贝拉的这一特点让哥伦布充满了信心。他告诉伊莎贝拉,自己计划向西航行,找到东方大汗的宫廷,劝说他与基督教欧洲联手对付奥斯曼人,合力进行一场史诗般的战争,彻底摧毁伊斯兰教,重夺耶路撒冷。他相信,只有通过这样一场如同《启示录》中所记载的大战,基督教才能彻底战胜伊斯兰教。他声称自己有足够的经验和知识去完成这一任务。为了增加自己的可信度,他又进一步解释说,自己曾经研读过马可·波罗的游记、普林尼*的《自然史》(Natural History)和托勒密(Ptolemy)的《地理学指南》(Geography),还钻研了他能找到的每一张地图。伊莎贝拉津津有味地听哥伦布讲述了他与航海家恩里克麾下的水手们共事时听到的各种故事——大西洋到底有多么狭窄、大西洋洋流的情况、在西非海岸以及在亚洲的相同纬度地区也可以找到黄金的理论。他还给伊莎贝拉讲述了他在爱尔兰看到的那两个"契丹人",以及被海浪冲到圣豪尔赫达米纳岸上的人工雕刻的木头。他向伊莎贝拉承诺说,只要她资助自己的冒险,她将作为众大洋之主和伊斯

---

* 此处指老普林尼,古罗马博物学者。——译者注

兰教的终结者被世界永世铭记。

伊莎贝拉对哥伦布的话很感兴趣,于是命令她的顾问们开始研究哥伦布的计划。不过,在那个时候(1486年),伊莎贝拉需要把大量的精力用在伊比利亚半岛南部的战事上,因此在欣赏哥伦布的奇思妙想之余,她并没有更多的资源可以拨给哥伦布使用。不过,她还是提出要雇用他作为一名军人为自己效命。由于囊中羞涩又没有其他可能的资助者,哥伦布决定接受伊莎贝拉的提议,投身到西班牙人对抗摩尔人的战争中。[23] 哥伦布认为,如果在伊莎贝拉的军中效命,他就有机会提醒她不要忘记自己的计划。在15世纪80年代晚期,"收复失地运动"进展顺利,西班牙军队在格拉纳达附近夺取了一座又一座城镇,而只要再攻占格拉纳达,就可以彻底从伊比利亚半岛清除伊斯兰政权。1488年,西班牙军队赢得了重要的战略性胜利,攻占了位于格拉纳达以东、靠近海岸的半干旱山区的一系列城镇——贝拉(Vera)、贝莱斯布兰科(Vélez-Blanco)和贝莱斯鲁维奥(Vélez-Rubio)。[24] 传言说,奥斯曼人打算派遣10万名士兵和505艘桨帆船前来增援伊比利亚的穆斯林,因此,控制住海岸地区就变得至关重要。无论西班牙人一直担忧的这种联盟关系是否真的存在,让人忧心不已的奥斯曼军队却从未出现过。1489年,西班牙人又赢得了两场胜利——伊莎贝拉的军队攻克了格拉纳达以北的哈恩(Jaén)和以东的巴萨(Baza),进一步收紧了对格拉纳达的包围圈。据说,哥伦布在这两场战斗中都发挥了决定性的作用。[25]

在征服了巴萨之后,有两名来自耶路撒冷圣墓教堂(Church of the Holy Sepulchre)——基督教世界最神圣的教堂之一——的方济各会修士抵达西班牙,带来了耶路撒冷的马穆鲁克统治者的信件。[26] 信中说,如果伊莎贝拉和斐迪南继续攻击穆斯林在西班牙的领土,马穆鲁克王朝就将摧毁这座神圣的教堂,并且杀掉帝国境内的所有基督徒。伊莎贝拉对这一威胁不屑一顾,认为对方只是虚张声势,自己绝不会因此放弃对格拉纳达的进攻。伊莎贝拉打发走了那两名穿着传统棕色服装的使者,给了他们1 000枚达克特金币和她为耶路撒冷的神龛亲手绣成的纱幕。马穆鲁克王朝的威胁非但没能阻止伊莎贝拉和她手下的将领,反而激发了这些天主教徒的宗教狂热,让他们想要发动一场十字军远征夺取耶路撒冷。在听到这个消息之后,哥伦布也像伊莎贝拉一样怒火中烧。他不失时机地提醒伊莎贝拉他"夺回"圣城耶路撒冷的计划。

方济各会修士到访巴萨一事表明,伊斯兰强国也把西班牙视作伊斯兰教与基督教的世界战争中的一大劲敌。无论是马穆鲁克王朝还是更强大的奥斯曼帝国,都把伊比利亚南部视作必须捍卫、不容基督教军队染指的伊斯兰世界边境地区。不过,作为在地中海地区争夺领土、文明影响力和支配地位的两大强权,西班牙和奥斯曼帝国其实有着许多共同点:它们都希望建立普世统治,有着相似的王朝结构和同样多元的臣民构成。在15世纪90年代,这两大帝国也同样认为自己面临着内忧外患的无尽威胁。对西班牙人来说,最主要的威胁来自穆斯林。对奥斯曼人来说,尽管境内的基督教人口仍然占大多数,但对帝国构成最大威胁的并不是基督徒,而是生活在安纳托利亚和更东方地区的什叶派穆斯林,也就是塞利姆秣马厉兵准备应对的那些劫掠者。

※

1491年7月,在格拉纳达城外圣菲(Santa Fe)经过精心布置的御用营帐中，伊莎贝拉正在为最终的进攻——她希望如此——做着准备。[27] 她的部队已经包围了格拉纳达。近10年的战争已经耗尽了格拉纳达的资源。格拉纳达严重缺粮，士气低落，人手不足。[28] 格拉纳达君主阿布·阿卜杜拉·穆罕默德十二世（Abu Abd Allah Muhammad XII）——欧洲人更习惯称呼他为"布阿卜迪勒"（Boabdil）——的许多臣僚都劝他投降。

格拉纳达曾经是一座富庶的城市，拥有大约3万人口，向整个地中海地区出口丝绸、皮革、陶瓷、坚果和橄榄。[29] 格拉纳达城坐落在内华达山（Sierra Nevada）山脚下四条河流的交汇处，周边地区盛产石榴，还有大量的谷物被送到城中130座水磨坊里加工。在城市东半部的一座山顶上，壮丽的阿尔罕布拉宫（Allhambra）[30] 仿佛飘浮在半空中，波光粼粼的池塘倒映着塔楼、花园和精雕细刻的柱廊，墙体上装饰着华美的伊斯兰书法。阿尔罕布拉在阿拉伯语中意为"红色女人"，用来指代从附近采来兴建这座典雅的要塞和宫殿的红色黏土。

作为斐迪南和伊莎贝拉大军中的一员，哥伦布也驻扎在格拉纳达城外，忍受着效命行伍的日子。他的探险计划饱经挫折，欧洲许多君主都拒绝了他的请求。因此，沮丧、绝望、穷困潦倒的哥伦布几乎已经沦落为一名雇佣兵。他第一次面见野心勃勃但又十分谨慎小心的伊莎贝拉已经是六年前的事情了，现在，那次激动人心的会面已经褪色成了模糊的记忆。哥伦布在圣菲又一次求见伊莎贝拉，想提醒她别忘记他的计划，却被伊莎贝拉赶了出去。虽然十分不快，但伊莎贝拉还是做出了承诺：等到围攻结束，就给他一个答复。

1492年1月2日，在多年的战争和历时数月之久的谈判之后，布阿卜迪勒及其家人、臣僚在阿尔罕布拉宫的钟乳石状穹顶,即穆卡纳斯穹顶(muqarnas)下正式投降,结束了穆斯林在伊比利亚半岛长达七个多世纪的统治。对格拉纳达漫长而痛苦的绞杀战终告成功。1月6日主显节,包括哥伦布在内的西班牙人作为胜利者进入了这座石榴之城。在征服了这个国家之后,斐迪南的第一个举动就是带着一个巨大的银制十字架爬上山坡,进入阿尔罕布拉宫。这个十字架是教皇西斯克特四世送给他在战斗中使用的,此举足以证明梵蒂冈十分关注天主教西班牙与伊斯兰教之间的战争。全西班牙最重要的摩尔人建筑——穆斯林统治者使用了几个世纪之久的宫殿与要塞、全城的核心堡垒和最具特色的建筑——就这样落入了天主教徒手中。在这个东方三博士给新生的基督带来礼物的日子,"肤色比伊莎贝拉更深的"斐迪南将他们觊觎了多年的"红宫"阿尔罕布拉宫献给了他"白皙而且美丽的"女王。[31] 现在,整个西班牙在天主教的大旗下实现了统一。

布阿卜迪勒浅褐色的大眼睛中饱含着热泪,留着胡子的阴郁的脸上写满了痛苦。他经过一座桥梁最后一次离开了阿尔罕布拉宫,这座桥后来被称作"叹息之桥"。[32] 随后,他逃到北非,据说几年后死在了非斯。依然留在西班牙的穆斯林与犹太人一样,被勒令在三年内离开。对《启示录》的内容深信不疑的伊莎贝拉和斐迪南相信,他们的胜利是上帝的旨意,足以证明他们在全世界发动十字军远征的计划终将取得成功。他们坚信,伊斯兰教终将在全世界范围内被彻底清除,正如它在西班牙的命运一样。

就在西班牙人取得胜利短短几天之后,斐迪南和伊莎贝拉宫廷中的一位御用史学家就写道,在格拉纳达的胜利"终结了西班牙的灾祸"。胜利带来的狂喜让人们不吝于使用各种夸张之词。另一

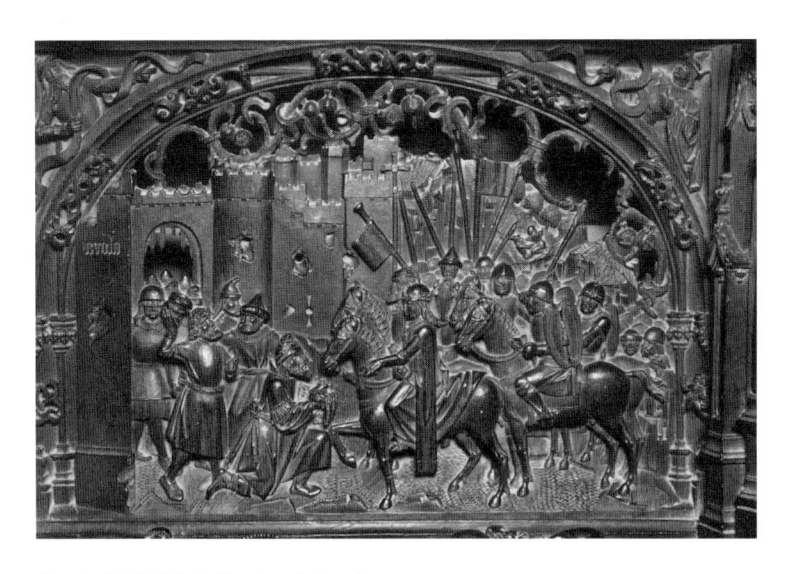

布阿卜迪勒将格拉纳达的钥匙交给西班牙人

位历史学家极尽谄媚地向天主教双王发问："岂会有一个不知感恩的时代，彼时的人们不再感佩于你们的旷世奇功？"天主教在格拉纳达的胜利"救赎了西班牙，甚至救赎了全欧洲"。[33] 教堂钟声响彻全欧洲的城市街头，教皇则下令举行持续数日的庆典。西班牙各地举行了斗牛庆典，作为对格拉纳达围城战的重演。[34] 对于许多欧洲人而言，格拉纳达的胜利是对奥斯曼人在40多年前的1453年征服君士坦丁堡的报复，是基督教世界对世界上最强大的伊斯兰帝国的反击。无疑，这种复仇感在西班牙是最明显的，因为伊比利亚半岛上的基督徒最担心奥斯曼帝国会支持生活在这里的穆斯林。借用一位西班牙宫廷历史学家的话说，"整个基督教世界都在称颂庆贺"对格拉纳达的征服，"征服的声威甚至波及土耳其人和苏丹治下最遥远的土地"。[35] 诚然，格拉纳达的陷落是过去1 000年中一个具有分水岭意义的事件，但它并没有能够阻挡奥斯曼人在巴尔干、中欧、北非还有中东前进的步伐。而且，穆斯林还将在伊比利亚半岛继续生活一个多世纪，直到他们在1614年被彻底驱逐。

在格拉纳达王国覆灭之后，除了奥斯曼帝国在巴尔干占据的领土，穆斯林在欧洲的统治已告终结。一直到阿尔巴尼亚和波斯尼亚在20世纪形成，欧洲大陆上才又有了伊斯兰国家。[36] 西班牙在格拉纳达的胜利，标志着自从伊斯兰教于7世纪在阿拉伯半岛崛起以来，基督教世界对伊斯兰教的第一次重大胜利。自从穆斯林于711年染指欧洲，他们在欧洲发展壮大了数个世纪，直到格拉纳达的覆灭葬送了这一进程。从1492年1月开始，欧洲开始了长达500多年的对本国穆斯林的压迫史，这种压迫直到今天依然在通过其他一些隐秘的方式进行着。正因如此，本书描述的关于塞利姆、奥斯曼帝国和伊斯兰教的故事，才有助于修正今天的人们对历史的认知。

※

就在伊莎贝拉和斐迪南的部队得意扬扬、兴高采烈地沿着如画般的石路拥上格拉纳达的山丘的同时，哥伦布的脑海里却只有他"发现新世界的计划"。哥伦布固然也为完成这次征服而感到喜悦，但他不可抑制地"在欢呼雀跃的众人中独自品尝着抑郁与沮丧。看到身旁的众人满怀欣喜、志得意满，他有些无动于衷，甚至心怀蔑视"。[37] 对于哥伦布来说，攻陷格拉纳达的最大意义就在于他可以以此为契机要求这位吝啬的西班牙女王给他一个答复。终于，伊莎贝拉履行了她的诺言。她不顾臣僚和丈夫的反对，选择相信自己的直觉。她同意资助哥伦布横跨大西洋的远航。

面对在地中海横行的伊斯兰强权，哥伦布的冒险计划可谓是绝望环境下的绝望之举。放在更宏大的舞台上看，较之奥斯曼人在地中海、欧洲和北非的西侵，西班牙人在格拉纳达的胜利简直微不足道。更何况，由于塞利姆这样的官员在特拉布宗等地采取的种种措施，奥斯曼帝国（以及马穆鲁克帝国）控制了欧洲与东方之间的贸易。他们可以限制欧洲人与东方商人之间的接触，向欧洲贸易商征收极高的关税，甚至随意切断商路。对于这种现状，伊莎贝拉并没有太多手段可以加以反制。不过，在她看来，她在格拉纳达取得的胜利将是在全球范围内消灭基督教最危险敌人的第一步。因此，在这一胜利的鼓舞下，并无太多其他选择的伊莎贝拉决心放手一搏，把赌注压在这次穿越深不可测的大洋的危险旅途之上。只要哥伦布这个看上去风险极大、十分不切实际的计划能为实现击败奥斯曼帝国和伊斯兰教的目标做出一点贡献，伊莎贝拉的资源投入就是值得的。宽仁的救世主耶稣终于要以好战的姿态、为了赢得耶路撒冷而向全世界进军了。

8

新世界的伊斯兰

阿兹特克舞蹈

哥伦布相信，西班牙在"收复失地运动"中对伊斯兰教的光辉胜利是基督教文明在全球范围内"征服"那个邪恶宗教的序幕。1492年8月3日傍晚，哥伦布从安达卢西亚（Andalusia）的帕洛斯-德拉弗龙特拉（Palos de la Frontera）港起航，希望为推进欧洲的十字军事业做出自己的贡献。就在同一年夏天，奥斯曼帝国苏丹巴耶济德派遣大军进攻了保加利亚首都索非亚，并袭击了特兰西瓦尼亚（Transylvania）。[1]

人们通常把1492年看作历史的分水岭，将新旧事物分隔开来。对一些人来说，1492年标志着近代世界的开端；对另一些人来说，1492年意味着美洲独立主权的终结。不过，要想正确、全面地理解1492年，我们就必须理解那些塑造了这个年头的连续性因素，放弃"西方世界在不断实现世俗化进步"的神话。乘坐着三艘方帆帆船的哥伦布和他手下的87名船员，把他们与伊斯兰文明长期厮杀的历史和在庞大的奥斯曼帝国面前相形见绌的自卑感带到了大西洋彼岸。哥伦布和他的王室资助者们为一场已经持续了超过500年的史诗战争开启了一个新的篇章。在1492年之后，未能夺取旧世界的耶路撒冷的欧洲人把目光投向了大洋彼岸，希望在那片没有被伊斯兰文明侵扰的应许之地上找到新的耶路撒冷；哥伦布的西行之旅实际上是一场十字军远征。

哥伦布在航海日志的开篇就明确提及了这一点："1492年1月2日，国王与女王陛下结束了与窃据欧洲的摩尔人之间的战争。陛下的旗帜傲然飘扬在要塞阿尔罕布拉宫的塔楼上。摩尔人之王走出城门，亲吻陛下的手。"紧接着，哥伦布提到了他此次远航的最高目标：找到马可·波罗提到过的那位将帮助基督教世界包围并击败伊斯兰文明的大汗，并使其皈依基督教：

> 就在同一个月，基于我为两位陛下提供的信息——关于印度诸地、一位被称作"大汗"（即"众王之王"）的王公，以及其本人与其先祖屡次请求罗马派遣宗教学者传播神圣信仰而未果之事迹——两位陛下决定派遣本人，克里斯托弗·哥伦布，前去考察印度各地及当地的王公和民众，以为他们找寻皈依正信的最佳途径。[2]

不过，就连哥伦布寄托着击败伊斯兰文明之厚望的三艘帆船——今天的美国学童必须记住的"尼尼亚号"（La Niña）、"平塔号"（La Pinta）和旗舰"圣马利亚号"（Santa María）——也是拜敌人所赐的产物。[3]在15世纪末，西班牙和葡萄牙的造船匠们借用了对手穆斯林的技术，才实现了航海技术上的一大飞跃性进展：他们学会了如何使用与桅杆呈45°角布置的三角帆。[4]将三角帆与欧洲传统的方形风帆组合使用，可以在不牺牲方形帆稳定性的前提下提高帆船的航速和可操控性，从而催生出航海性能堪与较小型船只相媲美的大型帆船。由于"组合帆的使用为从根本上改变探险航行打下了基础",⁵这种使用风帆的方式很快成了人们横渡大西洋时青睐的选择。借用研究航海历史的学者J.H.帕里（J.H.Parry）的话说:"阿拉伯人是他们的老师。"⁶

在第一次远航的这三艘船上，哥伦布带了一些懂得数门中东语言的人。实际上，他在全部四次前往新世界的远航中都是这样做的。马可·波罗和其他一些人曾经提到过东方的聂斯脱利派基督徒，认为他们有兴趣与欧洲的天主教徒结盟。因此，哥伦布带了懂得中东语言的人——其中有些人自己就是后来皈依的基督徒——以便与东方的聂斯脱利派基督徒交流。此外，他还打算利用他们与当地的丝绸和香料商人沟通。这些商人使用阿拉伯语、希伯来语、迦勒底语，当然也有西班牙语。具有讽刺意味的是，就在西班牙王室驱逐本国犹太人和穆斯林，并试图摧毁地中海的伊斯兰帝国的同时，这些文明使用的语言却成了天主教世界征服计划不可或缺的一部分。

哥伦布在西非海岸积累的经验告诉他，要想向西航行，首先需要向南；因此，他计划先驶往加那利群岛。大约一周之后，他的三艘帆船抵达了加那利群岛。就在此时，麻烦来了:"平塔号"的船舵折断了。⁷航程刚刚开始就遭此厄运，这让哥伦布十分沮丧。他别无选择，只好在大加那利岛等待船只修复，同时补充给养。9月8日，哥伦布再度起航。当加那利群岛逐渐消失在他们的视线之中时，有些船员哭了起来，他们担心自己再也无法触摸到土地了。

在接下来的34天里，哥伦布的船队一路向西。海面平静，海风稳定，天气晴朗——考虑到此时是飓风季，这样的环境可谓十分幸运——这一切让哥伦布充满了信心。但是，随着时间一天天过去，哥伦布手下船员们的疑心却变得越来越重。他们把海上漂过的任何一点点碎片都当作陆地就在附近的征兆,然后又因为没看到海岸线而陷入深深的绝望。当行驶到大西洋中央时,船上差点爆发了哗变。船员们威胁哥伦布说,要么返航,要么他们就把他扔到海里去。在船员们看来,他们在不断驶向海洋深处,如同进入了无尽的冥河。待到夏末秋初之际,船员们的情绪已经比海浪更为起伏不定了。终于,在10月11日的黄昏时分,他们看到了芦苇和飞鸟,还有些看上去像是人工切削过的木头从船只旁漂过。入夜之后,有好几个人声称自己看到了黑暗中闪烁的灯火。那一晚,无人成眠。天亮之后,哥伦布和他的船员们终于看到了陆地。他们似乎终于抵达了目的地,但没人说得清他们到底到了哪里。

从那一天起,一直到他于1506年去世,哥伦布都相信自己找到了一条向西抵达亚洲的航路。一开始,他认为他和船员们抵达的这座地势平坦、树木茂盛的岛屿是印度外海的岛屿之一,因此他就使用了"印度"一词来描述新世界的居民。在哥伦布的时代,"印度"是一个含义模糊的词语,可用来指代整个亚洲。当然,他们到达的并不是印度,甚至也不是印度附近,而是巴哈马群岛(Bahamas)。哥伦布把他泊船的岛屿命名为圣萨尔瓦多(San Salvador),而当地的居民把它叫作瓜纳哈尼(Guanahani)。

哥伦布一行人满怀感激地跳上了岸,花了好几分钟的时间才让他们在海上颠簸已久的双腿重新适应了陆地。接着,他们在秋季温暖的海风(哥伦布认为这是西太平洋的海风)中扬起了斐迪南和伊莎贝拉的旗帜,"吸引了岛上的许多人前来"。[8]圣萨尔瓦多与加勒比海上的其他岛屿属于泰诺人(Taino)[9]。在哥伦布对当地人最初的描绘中,他使用了旧世界的经验来解读新世界,以便于他的赞助者们理解。他写道,泰诺人十分友好,有着"加那利岛民(非黑非白）的肤色"，[10] 他们"像出生时一样赤身裸体"，[11] 没有武器，身上涂着色彩，"四肢纤细，比例匀称"。[12] 他们慷慨地把食物、水、棉线团和鹦鹉送给了欧洲人。[13] 作为报答，哥伦布一行人送给他们小珠子、装饰物和一些彩色玻璃。[14] 此外，他们还在无意间送给了泰诺人一项可怕的东西：病菌。哥伦布认为，泰诺人"很容易就可以皈依为基督徒"。[15] 而且，他发现有些泰诺人鼻子上戴着金饰，这意味着他们还将给欧洲人带来财富。

哥伦布没有在圣萨尔瓦多浪费时间，停留了短短两天之后就再次登船，准备驶往亚洲大陆。他相信亚洲大陆就在不远处。他带了六个看起来愿意帮忙的泰诺人充当向导和翻译。[16] 哥伦布沿着巴哈马群岛的岛链向南，为西班牙发现了克鲁克德岛（Crooked Islands）。哥伦布将灌木丛生的克鲁克德岛南部命名为伊莎贝拉（La Isabella）。他在这里听说了一位"披挂黄金"[17] 的伟大帝王的故事。

如果不是随后导致了数以百万计的原住民死亡，欧洲人与当地人在美洲的第一次相遇几乎具有一些喜剧色彩。哥伦布很难与泰诺人交流，这产生了不少麻烦。例如，他不知道泰诺人说的那位国王到底是在这座岛上，还是在他推测的大陆上，或是在别的什么地方。不过，哥伦布认为，既然这些岛民知道这位国王，那他应该就在不远的地方。哥伦布派出了一支搜寻队，但搜寻队未能在伊莎贝拉找到这位国王。于是，哥伦布立刻得出结论，这位国王必定在大陆——亚洲大陆——之上，而且肯定就是他此行要寻找的那位大汗。他幻想着亲眼看到大汗宫廷的场景，兴奋得不能自已。他在1492年10月21日的航海日志（供伊莎贝拉和斐迪南以后阅读）中写道，他们的下一站是"另一个大岛，我相信那个大岛一定就是日本（当时写作Cipango）。这里的印度人把那个大岛叫作科尔巴（Colba，即古巴），说那里有许多很大的船只和许多商人。我已经打定主意，接下来要从这座岛屿出发……前往大陆上的行在（Quinsay，即中国的杭州），把国王与女王陛下的书信带给大汗"。[18]

10月28日，向南航行的哥伦布船队在古巴的北侧海岸登陆。或许，此时的哥伦布会认为自己到达的并不是日本，因为古巴实在太过广袤，不像是一个岛屿；他之前到访过的岛屿——加那利群岛、马德拉群岛、希俄斯岛和巴哈马群岛——都比较小。当然，爱尔兰和冰岛也是岛，但奇妙的幻想让哥伦布不愿意面对这一事实。哥伦布相信，他一定已经到达了中国，也许距离大汗富丽堂皇的宫殿只有几步之遥。身在古巴海岸的哥伦布派了两名翻译去内陆，让他们去寻找大汗。

罗德里戈·德·赫雷斯（Rodrigo de Jerez）和皈依了基督教的西班牙犹太人路易斯·德·托雷斯（Luis de Torres）带着哥伦布从圣萨尔瓦多带来的两名泰诺人进入了内陆。两天之后，他们回到了海边，报告说他们发现了一个村庄。那里的居民十分友善，分给了他们一些红薯、玉米和豆子，这些都是这两个欧洲人从未见过的新奇作物。村民们还给了他们一些烟草，让罗德里戈和路易斯成了除美洲原住民外最早吸烟的人。不过，哥伦布对玉米和烟草都不感兴趣。他深感失望，因为他们未能找到大汗，甚至连一个聂斯脱利派基督徒都没有找到；圣萨尔瓦多泰诺人的鼻子旁散发着诱人光泽的黄金也无迹可寻。哥伦布决定继续探索海岸地带，这一次要向东，前往一个看上去大有希望的海湾。在驶过了古巴的最东端之后，哥伦布又来到了远处一个多山的岛屿。这里的景色让哥伦布想起了卡斯蒂利亚的辉煌，于是他将这座岛屿命名为"La Isla Española"，意为"西班牙的岛屿",在拉丁文中则称作"Hispaniola"(伊斯帕尼奥拉)。

12月初,哥伦布船队和他们的泰诺人向导又沿着伊斯帕尼奥拉岛的北部海岸向东航行了几个星期,在条件允许的时候尽量靠岸登陆。不过,鉴于冬天即将来临,哥伦布决定尽早向西班牙返航,以免补给出现短缺。1492年的圣诞节,船队里最大的"圣马利亚号"出了问题,她的船舵卡在了珊瑚礁里。哥伦布下令砍断船上沉重的桅杆,尽可能地卸载货物,试图让船上浮一些,但这些措施都没有奏效。洋流推着船继续深入珊瑚礁之中,船的接缝处多处进水,海水漫进了"圣马利亚号"的船体。这艘船完了。

人们赶快行动起来,把船上的货物都转移到了另外两艘船上。哥伦布向他的两位赞助人汇报说"连一根鞋带也没丢"。[19] 虔诚而且醉心于征服使命的哥伦布写道:"我主让船在此处搁浅,必是欲让我们在此建立定居点。"哥伦布和他的手下利用"圣马利亚号"上抢救出来的木材建立了一个小小的营地,俯视着船只的残骸。哥伦布将这个营地命名为圣诞要塞(La Navidad),以纪念船难发生的日子。[20] 由于剩下的两艘船无法承载所有的水手,哥伦布只好将39个人留在了这里。他给他们留下了足够一年使用的食品和补给,但等他在11个月之后回到这里时,却发现营地已经被焚毁,所有人都死了。

1493年1月16日,哥伦布率领着两艘破烂、漏水的船在深冬时节离开了圣诞要塞,从伊斯帕尼奥拉岛东部的卡布隆角(Cape Cabrón)起航,开始了回家的旅程。哥伦布及其手下只找到了少量的黄金,没找到任何基督徒,更没有大汗的丝毫影子。但是,有关印度、日本和中国的念头依然在哥伦布的脑海里萦绕着。这些欧洲人在加勒比海的这几个月，让所有的参与者——美洲原住民和欧洲人——都获得了掺杂着超现实想象的、令人难以理解的奇特经历。

关于欧洲人与美洲这次最初接触，在随后的几个世纪里被人不断剖析，人们还使用标榜"征服与天命"的种族主义与殖民主义论调为其添油加醋。但其实，关于这次接触的大部分信息已经消失不见了，哥伦布留下的寥寥几页航海日志就是我们拥有的全部资料。我们无法得知泰诺人对1492年最后那几个月的看法，但我们可以想象，当看到那些肤色苍白、衣着怪异、乘着他们从未见过的船只、举着陌生的旗帜的人的时候，他们一定大为惊异。说这是他们人生中最古怪的时刻（更别提也是最危险的时刻）也显然属于轻描淡写。实际上，这一经历给他们带来的冲击是语言无法描述的。我们可以推测到的一点是，泰诺人和西班牙人都使用他们以往的经验来理解他们之间的第一次相遇。

当哥伦布、科尔特斯及随后成千上万的欧洲人渡过大西洋时，他们并没有忘记旧大陆上绵延多个世纪的文明冲突，正是这些冲突的历史将他们塑造成了战士、基督徒和征服者。许多历史记载都忽略了的一点是，那些在新世界与美洲原住民作战的欧洲人中，有许多曾经在旧世界与穆斯林交过手。在地中海作战的经历让他们在脑海里把穆斯林当成了无处不在的威胁，对他们来说，"敌人"一词几乎等同于穆斯林。因此，随着他们日渐将美洲原住民视作敌人，他们也开始用自己理解敌人的方式来看待他们：将他们视为穆斯林。欧洲人在之前近1 000年的时间里形成了这样的集体记忆，使得他们只会用这样的思维方式去看待这一问题。

对欧洲人来说，跨越大西洋的航行是比较简单的部分，而要在精神层面把新世界融入他们对世界的认知体系之中则是一项复杂得多的任务。哥伦布从未能够做到这一点。直到他于1506年去世，哥伦布都没能认识到自己的错误，或者说，他只是不愿意承认他发现的土地并非亚洲这一事实。一直到几十年之后，人们才真正越过新旧世界之间的精神鸿沟，而这一鸿沟远比大西洋宽阔得多。欧洲人一直试图使用他们在旧世界的斗争经验来理解新世界，而要想彻底理解这一点，我们就必须把目光投向1492年之后的一段时期，去审视西班牙人在新世界其他部分的探索历程。

※

从欧洲人对墨西哥的最早记录中，我们就可以看到，为了理解美洲原住民的文化与政治，西班牙人把他们对伊斯兰世界的知识与恐惧带到了新世界。1517年2月，探险家弗朗西斯科·埃尔南德斯·德·科尔多瓦（Francisco Hernández de Córdoba）说服了西班牙首任古巴总督、残暴的迭戈·贝拉斯克斯·德·库埃利亚尔（Diego Velázquez de Cuéllar），获准从古巴起航，为西班牙王室寻找新的领土和可供掠夺的资源。在就探险条款进行了一番讨价还价之后，埃尔南德斯·德·科尔多瓦终于获得了许可，并于2月8日带着三艘船和100人从哈瓦那（Havana）起程。

埃尔南德斯·德·科尔多瓦的船队沿着较为安全的古巴北部海岸向西航行，在古巴最西端的圣安东尼奥角（Cabo de San Antonio）进入外海。船队成员之一的贝尔纳尔·迪亚斯·德尔·卡斯蒂略（Bernal Díaz del Castillo）记录下了接下来发生的事情，证明了这趟旅程有多么凶险，以及埃尔南德斯·德·科尔多瓦及其船员有多么手足无措。

一进入外海，我们就开始向西方冒险航行——我们对水深、洋流和该地区盛行的风向等信息都一无所知。我们遭遇了一场持续了两天两夜的强大风暴，船队一度命悬一线，几乎遇难。待到天气转好，我们又继续沿着之前的航向前行。在离开港口后的第21天，我们发现了陆地，为此欣喜若狂地感谢上帝。那是一片从未被发现过的土地，我们没有得到过有关这片土地的任何信息。我们在船上看到了一座规模不小的城镇，大约坐落在距离海岸6英里的地方。我们在古巴和伊斯帕尼奥拉从未见过这么大的城镇，因此将它命名为大开罗（El Gran Cairo）。[21]

正如哥伦布起初把古巴当成了日本、把圣萨尔瓦多当成了印度一样，这座位于尤卡坦半岛、后来被称作卡托切角（Cape Catoche）的玛雅城市就这样成了"大开罗"。在西班牙人的幻想中，埃及这座最负盛名的城市的名字可以让他们联想到神秘可怖、嗜血残暴的宏伟都市。在地中海地区，开罗是仅次于伊斯坦布尔的第二大城市，其人口远多于欧洲的任何城市。在奥斯曼帝国征服君士坦丁堡之前的许多个世纪里，开罗就是伊斯兰霸权的象征。来自开罗的船只曾经袭扰西班牙人在北非的殖民地和伊比利亚半岛，捕获、囚禁基督徒；开罗的统治者还曾给欧洲各国的首都发去满是威胁话语的信件。开罗政权控制着圣地耶路撒冷，阻止欧洲人与印度和中国进行贸易。而到了大西洋彼岸，西班牙人用旧世界劲敌穆斯林之都的名字，为这里一座巨大的玛雅城市命名，这体现了他们看待这座城市的态度。在1517年，新世界的印第安人已经成了西班牙天主教徒的新敌人，成了加勒比地区的穆斯林。

吊诡的是，同样在1517年，开罗这座城市还以另一种方式成了世人关注的焦点。我们将在后文看到,就在西班牙人将卡托切角命名为大开罗的几个星期之后,塞利姆就派出了他的奥斯曼大军,前去征服马穆鲁克王朝治下的开罗。

西班牙人用与伊斯兰世界交战时的语言来描述自己在美洲的征服历程的例子还有很多。[22]哥伦布把泰诺人使用的武器称作"alfanjes",而这个西班牙语词来自阿拉伯语,用来描述镌刻了《古兰经》经文的金属短弯刀。虽然哥伦布自己也清楚泰诺人"没有铁",[23]而且他们对《古兰经》也显然一无所知,但哥伦布还是把他们手中的武器描述为"alfanjes",从而将他们比作穆斯林战士。后来,哥伦布又看到一些原住民妇女身着披巾,他就把这种披巾比作摩尔人使用的饰带"almaizares",[24]以此作为"亚洲"的这一地区通过某种渠道与西班牙有所往来的证据。几十年后,埃尔南·科尔特斯也曾写道,阿兹特克人穿着"摩尔长袍",阿兹特克女性长得也很像"摩尔人女性"。[25]西班牙人还注意到,在邻近洪都拉斯海岸的博纳卡岛(Bonacca Island),"当地的女性像摩尔人一样把面部遮挡起来"。

与哥伦布一样,科尔特斯也是参加过西班牙"收复失地运动"的老兵。他在接触到阿兹特克文明之后,经常将这一文明与西班牙在旧世界的敌人——伊斯兰文明做比较。科尔特斯及其手下在阿兹特克遇到了一个结构复杂的庞大帝国,帝国治下的一些城市比西班牙的任何城市都要大,他们有着复杂的政治文化和雄壮的军队。在西班牙人看来,作为一个敌对的文明,阿兹特克要比泰诺人或其他文明更接近于旧世界的伊斯兰帝国。用一位历史学家的话说,阿兹特克是"看起来很眼熟的蛮族帝国"。[27]科尔特斯在日记中提到,他在今天的墨西哥境内看到了超过400座清真寺(mezquita)。他把阿兹特克的统治者蒙特祖玛称作苏丹，[28] 用描述格拉纳达穆斯林宫殿的语言去描绘阿兹特克统治者的宫廷，甚至声称自己在这里看到了只有在格拉纳达才有的地砖和墙砖风格。[29] 研究科尔特斯的著名学者 J.H. 艾略特（J.H. Elliott）写道："西班牙的'收复失地运动'是科尔特斯知道的唯一一个可以与他的征服做类比的政治模板，因此他只能把蒙特祖玛描绘成一个伊斯兰统治者的样子。正因如此，科尔特斯也只能将阿纳瓦克（Anahuac，此处指阿兹特克帝国核心统治区墨西哥谷）描绘成更接近亚述、波斯或是距离科尔特斯的故乡更近的格拉纳达奈斯尔王国（Nasrid Kingdom）的样子，而不是美洲印第安文明本来的样子。"[30]

在哥伦布和科尔特斯之后，这种用旧世界的文化滤镜去看待新世界的现象又持续了很久。在整个 16 世纪及之后，欧洲人都在使用这样的棱镜去歪曲地理解美洲。当试图降伏墨西哥的奇奇梅克（Chichimec）游牧民并让他们皈依基督教时，西班牙人还是习惯性地将他们称作"alarab"，即"阿拉伯人"。在巴西，葡萄牙男性与印第安女性生下的孩子则被称作"mameluco"，即"马穆鲁克人"。[31] 被西班牙人捕获并作为奴隶运送到新墨西哥的大平原印第安人被称作"genízaro"，即土耳其语中"yeniçeri"（近卫军）一词的变体。[32] 西班牙的墨西哥殖民地有一种著名的黏土砖，生产过程中使用的一种技术其实是由西班牙的穆斯林研发出来的，而"adobe"（黏土）一词本身就是阿拉伯语词"al-tub"（砖）的变体。从这些例子可以看出，即便在西班牙人远离地中海以试图躲避伊斯兰文明的时候，他们也无法在新世界摆脱伊斯兰文明的影响，因为与这些远在旧世界的敌人之间的斗争已经深刻地塑造了西班牙人的思维方式。实际上，他们在不知不觉间做了一件自己不想看到的事情——他们把伊斯兰文明带到了美洲。

8 新世界的伊斯兰

有一件事情或许有些奇怪：西班牙人格外反感当地人的舞蹈，因为他们将其视为伊斯兰文明与美洲原住民有文化联系的一大证据。西班牙人在观察了阿兹特克舞蹈之后写道，他们的舞蹈源自"摩尔人的赞布拉舞（zambra）"。[33] 在西班牙，人们通常把赞布拉舞与摩里斯科人（Morisco，即皈依了基督教的穆斯林）联系在一起，而这些人经常被怀疑暗中坚守着伊斯兰教信仰，并且偷偷谋划着反对天主教统治的阴谋，是披着羊皮的最凶恶的狼。受洗后的摩里斯科人可以享有基督徒的所有权利，可以与基督徒通婚，领圣餐，参加教会活动。但是，如果他们实际上是伪装成基督徒的穆斯林，那么他们的行为就不仅会威胁到基督教的灵魂，还会威胁到西班牙的政治实体。西班牙双王担心摩里斯科人会成为暗通奥斯曼人的"第五纵队"；宗教裁判所则审讯了数以百计的摩里斯科人，试图证明他们在内心深处依然是穆斯林。为了消除摩里斯科人独特的群体特征，同时也为了证明他们的日常行为依然有被伊斯兰教腐蚀了的部分，西班牙以赞布拉舞是异教行为为由将其禁止。因此，用这个词来描述阿兹特克舞蹈，实际上是把美洲原住民与摩里斯科人联系在了一起，以此证明伊斯兰教在全球范围内构成的威胁。

这种人为想象出来的穆斯林与阿兹特克人之间联系在其他方面也有体现。例如，在1573年夏天，一位名叫佩罗·希梅内斯（Pero Ximénez）的墨西哥原住民商人报告说，他在太平洋海岸看到了"据说是土耳其人或摩尔人的船只"。[34] 几星期之后，另一名墨西哥原住民报告说，他在普里菲卡西翁（Purificación）的镇中心广场看到了"属于大土耳其人*的七艘船只，船上都是海上老手和效

---

* 大土耳其人（Great Turk），指奥斯曼帝国苏丹。——译者注

命于土耳其贵族的间谍"。这些报告让西班牙当局十分担忧。尤为让他们感到忧虑的是,人们看到这些穆斯林"间谍"出现在墨西哥的西海岸,即我们今天所称的太平洋上。这是否意味着奥斯曼人即将从背后入侵新西班牙?西班牙人当初之所以向西航行,就是为了躲避地中海的奥斯曼人和伊斯兰势力;如果现在奥斯曼人即将在美洲的西海岸登陆,那么西班牙人的一切努力显然就都白费了。西班牙官员立刻展开了调查。"[王室代理人]加西亚(García)注意到,这些船只的目击者都是居住在沿岸城镇里的原住民,而西班牙当局认为他们不如西班牙人可靠。"[35] 他十分警惕地补充道,这些"不甚可靠"的原住民打算与"土耳其人或摩尔人"结成同盟,共同对付西班牙人。

难道印第安人真的与奥斯曼人结成了同盟,打算在墨西哥对付西班牙人?难道西班牙人的宿敌已经活跃于太平洋海岸,从侧翼包抄了西班牙人?伊斯兰教的势力怎么会延伸到这么远的地方?或许,西班牙人的确已经来到了距离亚洲很近的地方,但是奥斯曼人早已征服了亚洲?在西班牙人偏执的想象中,他们在旧世界的仇敌已经抵达了新世界,甚至已经将他们包围。这样一来,西班牙人不得不把他们的"收复失地运动"延续到美洲来。

※

16世纪早期一位书写美洲历史的西班牙历史学家曾写道:"在完成了对摩尔人的征服之后,对印第安人的征服开始了。西班牙人与异教徒之间的战争永不停息。"[36] 从旧世界来到新世界,从奥斯曼人换成泰诺人,从穆斯林换成印第安人,从标榜"再征服"的

"收复失地运动"(Reconquista)到对美洲的"征服"(Conquista),西班牙认为自己在进行着一场持久的针对非基督徒的十字军战争。在对末日决战深信不疑的西班牙人的脑海中,伊斯兰文明已经通过某种方式染指了所有有人类定居的地区。一位学者写道,欧洲人在美洲的冒险"以某种代理人战争的方式开启,他们对抗着(在完成了对格拉纳达的征服之后)依然在他们脑海间萦绕不散的伊斯兰鬼魂"。[37]因此,虽然"大开罗"这样的地名并没有能够在墨西哥流传下来,但马塔莫罗斯却流传了下来。

"马塔莫罗斯"一词源自对圣地亚哥·马塔莫罗斯(Santiago Matamoros),即"摩尔人杀手"圣雅各的崇拜。[38]据说,在822年,圣雅各曾骑着白马从天而降,从十分强大的穆斯林侵略者的手中拯救了阿拉贡国王的军队。在后来纪念西班牙天主教军队与穆斯林的屡次战争的绘画中,经常会出现骑着白马、挥舞利剑的圣雅各的形象。就这样,他成了保佑西班牙对抗伊斯兰的战争的主保圣人,也就是"摩尔人杀手"们的主保圣人。等到天主教对抗伊斯兰文明的战争被带到了大洋彼岸,圣地亚哥跟着来到这里,也就是再自然不过的事情了。

1535年,西班牙人入侵了今天秘鲁的库斯科(Cuzco)。据说,当生活在安第斯山地区的印第安人围攻一支西班牙守军,试图将他们逐出自己的领土时,圣地亚哥从天而降了。在这位主保圣人的帮助下,西班牙士兵把一场毫无悬念的惨败变成了对印第安人的屠杀。于是,圣地亚哥就变成了库斯科的主保圣人,该城的大教堂中也悬挂着描绘他的大幅油画。只不过,他的称号从"摩尔人杀手"改成了更适宜的"印第安人杀手"(Mataindios)。就这样,"摩尔人杀手"圣地亚哥被从欧洲引进了秘鲁,并被重新安排去打击西班牙的新敌人。有趣的是,当新近皈依了基督教的秘鲁印第安人于

19世纪发动针对西班牙殖民统治的叛乱时，他们也把圣地亚哥当成自己的主保圣人，向这位"西班牙人杀手"（Mataespañois）请求帮助。[39] 从这些变化之中，我们可以清楚地看到反穆斯林的十字军战争在美洲的影响力有多么强的持续性。

"摩尔人杀手"的主保圣人——圣地亚哥·马塔莫罗斯

9

基督教"圣战"

INDIARVM DEVASTATIONIS ET

Et cum palo affixus esset, quidam monachus Ordinis S. Francisci, vir sanctus, ipsi aliqua de Deo, & nostræ fidei articulis verba fecit, quæ nunquam audiverat, & quæ ad id tempus, quod à carnifici concedebatur, sufficiebant, illi æternam gloriam, & quietem, si crederet, sin minus æterna supplicia, promittens: Postquam Hathuey cogitabundus aliquandiu hæsisset, à monacho petiit. Utrum etiam Hispanis cœlorum janua pateret? Cui respondenti bonis Hispanis patere: Cacycus, sine longiori deliberatione cœlum se nolle petere, dixit, sed potius inferos; ne eadem illi, cum hac crudeli gente, mansio communis esset.
Et his

天主教徒折磨美洲原住民

横渡大洋的壮举与海难、新世界城市的壮观景象和结成跨大洲联盟的伟大梦想，很快就让步于更平凡单调但也更为重要的近代帝国扩张行动。无论是在亚洲还是在加勒比，在特拉布宗还是在伊斯帕尼奥拉，在行政管理层面将新征服的领土并入帝国版图是一切成功的帝国征服大业的必要部分，对于西班牙人和奥斯曼人来说都是如此。因此，在 1500 年左右，身在安纳托利亚东部的塞利姆与身在加勒比地区的哥伦布和科尔特斯参加的其实是一场相同的冒险——将新的领土更稳固地置于所在帝国的统治之下，吸纳新增的人口，并为帝国贡献收入。

对于一个帝国来说，最重要的就是它占有的土地。因此，哥伦布全身心地投入到为西班牙王室管理土地的事务上——宣称主权、记录位置、勘察测绘、苦心经营，这一切都是为了最终从这些土地上获取利益。他写信给伊莎贝拉和斐迪南说："在卡斯蒂利亚的历史上，再也没有哪位贵族……在西班牙之外获取过比二位陛下更多的土地。二位陛下在另一个世界拥有了如此广袤的土地，基督教文明将在这片土地上发扬光大，基督教的事业将因此而取得长足的进步。"[1] 为了让这样"广袤的土地"能够提供产出，西班牙人把一种名叫"监护征赋制"（encomienda）的租地制度引入了美洲，这是他们在伊比利亚半岛南部被征服的穆斯林土地上发展出来的一套制度。像奥斯曼帝国的制度一样，西班牙政府将地块分配给士兵和其他移民耕种；这些人并不真正拥有土地，但可以享有这些土地上的产出。由于西班牙人没有足够的人手在这些土地上劳作，他们就强迫原住民劳动，以此作为他们向西班牙王室缴纳的赋税。与此同时，获得土地的西班牙人有法定义务保证这些被压迫的劳动力"像基督徒一样"生活。[2] 在一些黄金产区，例如古巴的海纳（Haina），哥伦布还要求当地人用黄金向他纳贡。很快，殖民者们就开始把黄金、食品、木材、香料、棉花和奴隶送回西班牙。就像奥斯曼人所做的一样，西班牙人也很快把领土征服转化为了巨额利润。

由于美洲大陆有着显而易见的巨大潜力，而又缺乏当地王权的有效管理，在西班牙人统治美洲的最初几十年中出现了相对混乱的局面，大量的殖民者、官僚、军人以及各种各样的暴发户和寻求财富的人都利用了这一点。对于参与过哥伦布四次远航的许多人来说，从一个追求财富和荣耀的海上冒险者转变为一个轮耕作物、修补屋顶的农业殖民者并不是一件容易的事。在这片时常十分炎热的陌生土地上，食物的缺乏和肆虐的疾病击倒了许多移民者。只有少数幸运者，比如哥伦布，能够返回西班牙。

当西班牙人得知在新世界生活的巨大危险之后，横渡大西洋的移民者就变得越来越少了。尽管大部分印第安人拒绝与西班牙人亲密交往，但还是有一小部分印第安人乐于与西班牙人合作，并且很快学会了把自己的劳动当成一种武器。毕竟，西班牙人显然更需要印第安人，而印第安人没有那么需要西班牙人。几乎所有的移民者都是男性，一旦他们因为分歧或权力斗争而放弃了自己的营地，他们中的一些人就会加入印第安人社群。在欧洲人移民加勒比的早期，他们对暴力、贪婪、奸淫与破坏习以为常，但为了获得印第安人的接纳，这些人很快抛弃了这些恶行。西班牙人要想存活下来并取得成功，就必须与加勒比地区和墨西哥的原住民群体建立良好的关系。随着这些来自截然不同的世界的人们开始相互交往，一种全新而独特的美洲文化诞生了。

※

作为一个行政管理者，哥伦布大体上是失败的。他对官僚体系的运行和为王室贡献利润都不甚关心。他急于甩掉这些无聊的职责，以便专注于寻找大汗宫廷的任务，并找到足以支持基督教世界征服耶路撒冷的黄金。为此，他说服了斐迪南和伊莎贝拉，让他们派遣法官来管理新建的殖民地，并派来神父向当地人传教。执着于自己伟大目标的哥伦布，甚至强迫所有参加过他四次远航的人签署声明，宣称自己坚信古巴就是亚洲大陆；[3]他在每次航行中依然带着翻译，以便日后与大汗和聂斯脱利派基督徒交流。[4]他在人生的最后几年中编纂了一部书籍，预言西班牙将出现一位救世主般的人物，主导基督教向全世界的传播。无论是租地制度、农业劳作还是寻找通向富庶东方的新商路，这些都无法引起哥伦布的注意，他感兴趣的只有帝国征服和末日决战。

由于哥伦布缺乏行政管理的才能，他失去了西班牙移民者对他的忠诚与尊敬——如果他们起初对他还有忠诚与尊敬的话。这部分是因为他没有让人肃然起敬的贵族头衔或官职。关于他无能的抱怨一直传到了西班牙，迫使他花费了大量的宝贵时间为自己辩护。他

曾就一项针对他的指责向伊莎贝拉和斐迪南这样写道:

> 这都是些恶意的指责,源自那些曾经违抗命令,试图占有土地的平民……为了这项事业,我牺牲了自己的年华、财富和荣誉……人们总把我视作一位得到了美差的总督,只需要管理早已井井有条、法制健全、毫无陷入动乱与毁灭风险的城镇;然而,我实际上是一名船长,来到印度征服人数众多、十分好战又与我们拥有截然不同的习惯与宗教信仰的民族;他们并不生活在普通的城镇里,而是活跃于山林之中。[5]

哥伦布认为自己是一名水手、征服者和探险家,而不是一位负责征收税金、管理下属的严谨官僚。他对于征服事业充满了想象力,却无法应对征服带来的种种现实问题。归根结底,他就是一名怀揣梦想、桀骜不驯的探险家。

晚年的哥伦布饱受关节炎的折磨,也失去了他曾经获得过的承认与特权。1506年5月20日,他在家人与水手同伴的陪伴下,在西班牙的巴利亚多利德(Valladolid)去世。[6]在他人生中的最后几年里,他一直在游说西班牙王室,希望他们支付给他应得的报酬。他认为,根据之前种种协议中的规定,来自加勒比土地上的收益应当属于他。但西班牙君主此时已经意识到了"印度"(无论到底是东印度还是西印度)蕴藏着巨量的财富,同时他们对哥伦布在琐碎的行政治理上的无能甚为不满,因此拒绝支付给他任何收益。他们的决定虽然并不至于让哥伦布陷入贫困,但的确让他十分生气。他在遗嘱中交代,他的所有文字资料,包括那本预言了末日决战的未完成著作,都要被送回热那亚的家中;他还嘱咐自己的儿子迭戈,要在弥撒中提及自己的父亲、母亲和妻子。此时,菲莉帕已经先于她的丈夫去世至少20年了;哥伦布终其一生只在文字中提到过菲莉帕两次,他的遗嘱是第二次。[7]

※

哥伦布死后,西班牙人意识到,他们在美洲的所有权必须拥有一个法律上的基础,而不能仅仅依靠某一位具体的管理者。1513年,西班牙王室发布了一份被称作《要求书》(Requerimiento)[8]的文件,宣称西班牙对新世界的诸民族拥有合法统治权。作为一份宣告征服美洲的文件,《要求书》实际上宣布了西班牙天主教徒将向美洲印第安人发动一场"圣战"(jihad)。对于哥伦布的反伊斯兰使命中自带的这种伊斯兰色彩,与他同时代的人们往往没有注意到,甚至故意避而不谈,而后世的历史学家们大多也在这一点上保持沉默。但是,西班牙人在新世界发表《要求书》这一行动本身确切无疑地表明,哪怕在伊斯兰文明已经于伊比利亚半岛遭遇失败之后,他们仍然在塑造着天主教西班牙,也在塑造着天主教西班牙进入大洋彼岸的方式(这一点对本书来说尤为重要)。

虽然他们通常并不了解此举的目的为何,但法律要求西班牙的征服者们在开始新的征服时大声背诵《要求书》中规定的准则。对于目睹了这诡异一幕的美洲原住民来说,西班牙人的这些奇怪举动只不过是接踵而至的可怕暴力的序幕罢了。《要求书》成了西班牙人发动战争前的一种仪式,是他们举起刀剑刺入血肉前的拔剑动作。其中的语句至今依然是我们理解那个时代的重要途径之一。

《要求书》开篇即宣称,基督教是敬奉上帝的唯一正信:"我们永恒而唯一的主创造了天地……我们的主命圣彼得管理众人，他因而成为世间众人之统领……全世界都接受他的管辖与裁决（señorio y jurisdicción）。"接着，它肯定了欣然接受上帝旨意的明智做法："所有读到本文件之人，均已接受国王陛下之统治，顺从并服侍国王，成为他的臣属……无条件地成为基督徒……国王陛下则承认他们……为……臣属与附庸。"

接着，《要求书》笔锋一转，发出了最核心的威胁：

> 因此，我竭尽所能要求尔等……承认教会为世间的主宰……承认代表教会的……最崇高的教皇，承认国王陛下为高于自己的君王……接受神父的宣言与布道……国王陛下与奉国王之命的本人将接纳尔等……汝之妻小可免受奴役之苦，令尔等自行其是……我们亦不强迫尔等皈依基督教。

接着，它直接指出，美洲人民只有两个选择，即要么成为基督徒，要么受苦：

> 但倘若尔等拒绝……我必借上帝之神威迫使尔等就范，在所有地方、以所有可能的方式进行战争，令尔等臣服于教会和国王陛下，将尔等之妻小掳掠为奴……夺走尔等之财物，用主君惩罚抗命封臣的所有可怕方式来惩戒尔等。

最后，《要求书》还将原住民侮辱一番，称他们的所有痛苦折磨均是自作自受。"我庄严宣布，尔等遭受之死亡毁灭皆为咎由自取，绝非国王陛下、本人及与本人同道而来各位绅士之过错。"

9 基督教"圣战"

我们可以设想一个可怕的场景：留着大胡子的水手一边摩拳擦掌地准备登陆，一边在船上用西班牙语咒骂着美洲原住民，而这些原住民既不知道这些白人是谁，也不知道他们在叫嚷着什么。西班牙人要求这些美洲原住民承认天主教会在全世界享有普遍的权威，而美洲人自己的信仰体系和文化就算不是彻底错误的，也是低人一等的。西班牙人给了他们不皈依基督教的"自由"，只是代价十分巨大，而且就连这点自由也将随着时间的推移而被最终取消。征服者们的终极目标是要让他们承认天主教信仰的优越性。只要他们承认这一点，原住民就可以保留自己的传统信仰和生活方式；如果不承认基督教文明的完美与权威，他们就必将遭遇死亡和被奴役的厄运。对于美洲原住民而言，这个算式十分简单：不论他们是否皈依基督教，他们都必须承认基督教的优越性，不然就只有死路一条。[9]

战争总是由争斗与交易这两部分构成的。《要求书》不强制要求美洲原住民皈依基督教，而是"十分独特地要求他们在形式上臣服"。[10]这种做法其实直接源自西班牙人在历史上接触过的伊斯兰"圣战"。尽管"圣战"的含义在今天已经发生了种种扭曲，但是在历史上，它并不总是甚至并不经常意味着军事行为。它最普遍的意思是要通过努力，接受召唤，按照神的旨意行事。这通常指的是要让一个人变成更好的人，成为神更好的仆人，在信仰、道德和宗教活动等方面努力提升自己。的确，"圣战"偶尔意味着要拿起武器面对敌人，但即便此时也有许多严格的规定限制着作战的方式。发起"圣战"的第一步，是要邀请非穆斯林敌人皈依伊斯兰教，因为这样做或许可以避免战争的爆发。[11]这一邀请总是发生在潜在的战争一触即发之际。此举不仅有可能避免代价高昂的流血冲突，同时也是让人们承认伊斯兰教优越性的一种途径。

从动机上看，《要求书》中发出的召唤几乎完全一样，天主教世界正是从伊斯兰教中借用了这一理念。在天主教的《要求书》和伊斯兰教的"圣战"中，"敌人拒绝接受本宗教优越性的举动都具有极其重要的意义，因为敌人的拒绝为发动战争提供了合理的缘由"。[12] 此外，如同伊斯兰教的做法一样，在天主教对原住民的"圣战"规则中，如果一名原住民拒绝皈依，那么只有他本人应当为他的死亡负责。实际上，《要求书》就是披着基督教面纱的伊斯兰教"圣战"宣言。

用历史学家帕特里夏·锡德（Patricia Seed）的话说："没有其他哪个欧洲国家曾经为向原住民宣读制定过一套完全仪式化的标准流程。"[13] 其他欧洲国家即便不认为西班牙的《要求书》很野蛮，至少也认为其内容很古怪。英格兰、法国和荷兰的官员都对其加以批评，并讥笑其为对它们共同的敌人——伊斯兰教——的承认与妥协。正如前文所述，《要求书》其实直接继承于伊斯兰文明——一种在西班牙占据支配地位长达数个世纪的文明，因而对伊斯兰教从未建立过统治的欧洲其他地区来说显得十分怪异。

也有些西班牙人对《要求书》持批评态度，其中最著名的是巴托洛梅·德·拉斯卡萨斯（Bartolomé de Las Casas）。他是一名多明我会的修士，曾经担任恰帕斯（Chiapas）的首任主教，经常被人们作为"印第安人的保护者"而深深怀念。拉斯卡萨斯意识到，欧洲人施加于美洲原住民的暴虐行径是无可辩驳的暴行。不幸的是，他所提出的对抗这种野蛮行径的做法也并没有更文明——为了避免奴役美洲原住民，他打算把非洲奴隶运到新世界来。他强烈谴责《要求书》，认为它是一份十分邪恶的文件。他问道，倘若"摩尔人或土耳其人提出同样的要求",又会发生些什么呢?他之所以这样提问,显然是为了讽刺《要求书》的伊斯兰起源。"比起炫耀穆罕默德的摩尔人……西班牙人又有什么更好的证人和证物可以证明自身信仰的优越性呢?"他批判《要求书》及其所代表的西班牙对美洲的征服事业,称这一切都源自"［穆斯林］来到西班牙之后带给我们西班牙人民的伊斯兰行为方式",他补充道:"那些向［美洲原住民］异教徒宣战的人,都是在模仿穆罕默德。"[14]他还指出,《要求书》既没有提到"三位一体"——穆斯林认为"三位一体"证明了基督教其实是一种多神信仰——也没有提及耶稣基督,这清楚地表明,这一文件并非源自唯一的正信——基督教。拉斯卡萨斯指出,西班牙人宣示自己在新世界的政治与法律权威的文件实际上源自伊斯兰文明,进而借此来挑战西班牙人这种权威的合法性。[15]作为全西班牙最直言不讳地为美洲印第安人争取权利的倡导者,拉斯卡萨斯一边斥责"土耳其人和摩尔人"为"不折不扣的被排斥在列国之外的野蛮人",[16]一边又通过批评《要求书》来直捣西班牙海外暴力殖民活动的核心。由于所有的西班牙天主教徒都视伊斯兰教为邪恶的怪物,拉斯卡萨斯相信,只要自己可以证明《要求书》与伊斯兰教之间的关系,他的西班牙同胞就会对其嗤之以鼻,甚至唾弃整个构建殖民帝国的计划。他错了。

※

伊斯兰教不仅影响了西班牙人在美洲的战争,也影响了西班牙新世界帝国的行政体系。在15、16世纪,西班牙人面对着一个变得更加极端化的老问题:基督教统治者要如何管理数量众多的非基督徒。只不过，这一次问题出现在大洋彼岸。

"收复失地运动"的第一场重大胜利，是在1085年攻陷了马德里以南不远处风景如画的托莱多（Toledo）。取得这场胜利的是狡猾的莱昂及卡斯蒂利亚国王阿方索六世（Alfonso Ⅵ），他也像奥斯曼帝国的苏丹一样，击败了自己的兄长才谋得王位。得胜后的阿方索六世面对着一个新问题：如何管理一个穆斯林人口占多数的城市。为此，他向一位来自葡萄牙、皈依了基督教的前穆斯林西兹纳多·达维德（Siznado David）寻求建议。达维德建议他效仿这座城市之前的伊斯兰统治者的做法。在穆斯林于1035年控制了托莱多之后，他们开始让人口占多数的基督徒缴纳一种名为"吉兹亚"（jizya）的人头税，以换取穆斯林统治者对他们的保护。阿方索对这一建议十分欣赏，于是采纳了这一做法以及其他许多穆斯林的做法。显然，唾弃伊斯兰教的阿方索绝不是一位隐匿身份的穆斯林，但这并不妨碍他认可敌人一些统治策略的有效性。更重要的是，维持已有的政策还可以尽可能地减少权力更迭过程中的动荡。在之后的"收复失地运动"中，基督徒统治者经常保留被他们推翻的伊斯兰政权的原有措施，包括税收制度、市场监管、行政指令、战争方式等各个方面。

几乎所有的伊斯兰政权都会将犹太人、基督徒和其他非穆斯林划作"齐米"（Dhimmi）。齐米可以享有一些特定的权利，但也需要为此而承担一些义务，其中主要的一种义务就是要支付吉兹亚税。这是一种人身税，而不是财产税或商业税。他们之所以要缴纳这种税，仅仅因为他们是生活在伊斯兰国家里的非穆斯林。这无疑是一种羞辱性的压迫，但它也在非穆斯林纳税人与穆斯林君主之间缔结了一种契约：齐米们支付了吉兹亚税，君主就有义务保障他们的信仰自由和公开使用本族群宗教法的权利。穆斯林采取的这项政策使得非穆斯林可以在免于性命之虞的前提下保留自己的信仰，这与西班牙血腥的宗教裁判所制度形成了鲜明对比。

正如在征服托莱多之后发生的那样，西班牙的基督教统治者有时也会向被征服的非基督徒征收吉兹亚税的变种——"贡赋"（tribuno）。实行贡赋制度的城镇几乎都是非基督徒占人口多数的城镇，西班牙的基督徒需要在这些城镇采取措施让当地人接受自己的统治。而在基督徒占多数的地方，征服者们采用了更加严苛的宗教裁判所制度。

《要求书》把脱胎于吉兹亚税的贡赋带到了新世界。像伊斯兰政权征收的人头税一样，西班牙人征收的贡赋也是一种附庸身份的象征。[17]美洲原住民之所以要缴纳贡赋，仅仅因为他们是生活在一个基督教国家里的非基督徒。锡德也指出，西班牙殖民当局的这一做法实际上是把穆斯林的这种政策带到了新世界，她写道："美洲的原住民变成了新世界的齐米。"[18]就像那些缴纳吉兹亚税和在西班牙缴纳贡赋的人一样，美洲印第安人通过缴纳贡赋，获得了保持族群自治权、坚持自身信仰，以及按照自己的仪式与法律管理自己的权利。当然，他们首先要承认基督教信仰的优越性。但是，西班牙当局的统治手段在他们殖民美洲的最初几十年中十分随意多变，因此对美洲原住民这些权利的保障往往只是无法实现的理想罢了。

※

长久以来，罗马帝国都被视作旧世界政治实体的模范。在1492年之后，西班牙与奥斯曼帝国继续着它们之间自1453年以来对罗马帝国衣钵的争夺。一个帝国，不仅仅是一个存在于大地上的绵延不断的统治体系，同时也是一套被付诸实施的普遍治理原则。人们相信，罗马人实现了实际行动与政治理论的无缝融合，因此奥斯曼人与西班牙人（当然还有其他人）都想宣称自己是罗马的继承人。奥斯曼帝国和西班牙帝国都声称自己继承了罗马帝国的普世性传统，都希望可以成为罗马人的继承人，继承罗马的版图、理念和行政体系。在近代世界，谁能够承续罗马人的传统，谁就能获得统治世界所必需的合法性与权威。

正因如此，奥斯曼人才经常自称为"罗姆人"（Rum），即土耳其语中的"罗马人"。到塞利姆的统治末期，奥斯曼帝国将成为世界历史上最接近于掌控了罗马帝国全部领土的帝国。因此，奥斯曼人被称作"伊斯兰世界的罗马人"[19] 是不无道理的。西班牙人也经常将自比罗马人，特别是在查理五世（Charles V）统治期间。1519 年，查理五世把西班牙帝国与神圣罗马帝国的剩余部分结合在了一起，自查理大帝之后首次实现了欧洲在政治上的统一。尽管罗马帝国的领土仍然有很大一部分不在他的控制之下，但是复兴的西班牙——它的最远领土已经远达墨西哥——已经宣示自己是罗马帝国的真正继承人了。[20] 1519 年，为了夺取盛产玉米的古老城市特拉斯卡拉（Tlaxcala），科尔特斯发动了奥通巴战役（Battle of Otumba）。他在战前鼓动士兵道："先生们，你们当中有人说，即便是最负盛名的罗马军人也没有完成过可以与我们即将完成的相媲美的伟业。你们是对的。如蒙上帝垂青，未来的史书将告诉人们，我们的功业将超过历史上的任何人。"[21] 在新世界，罗马人、奥斯曼人与西班牙人之间错综复杂的交织关系将变得更加复杂。

阿兹特克人误以为科尔特斯是预言中有朝一日将从东方降临

的"神明"。科尔特斯利用了这一点,给阿兹特克人的这个传说又增添了一些基督教色彩,宣称阿兹特克皇帝蒙特祖玛(记录了这次探险活动的贝尔纳尔·迪亚斯·德尔·卡斯蒂略说他"身材高大、比例匀称、瘦削纤细,肤色也不是很黑"[22])已经决定将他的帝国"献给"查理五世。[23] 西班牙人之所以编造出这个"献土"故事,是有意呼应旧世界的另一个虚构故事——"君士坦丁献土"——以实现其政治诉求。在这个传说中,第一位皈依基督教的罗马皇帝君士坦丁大帝在330年将首都迁到了被他命名为"君士坦丁堡"的一座新城,并把意大利和西欧的其他地区留给,或者说"献给"教皇和他的继承者们。[24] 如此一来,查理五世就成了君士坦丁大帝与蒙特祖玛共同的合法继承者,既是罗马帝国遗产的继承人,又是新世界帝国的托管人。沿着这一思路,倘若奥斯曼帝国和阿兹特克帝国有任何人抗拒西班牙人的统治,他们就是在阻止查理五世获取他作为"普世君主"[25]应得的东西。正如十字军远征扩展到了新世界一样,西班牙人与奥斯曼人对近代世界新罗马帝国这一地位的争夺也延续到了大西洋彼岸。

※

从1492年开始,到哥伦布于1506年去世,哥伦布和塞利姆分别效命于自己所在帝国的边疆地区。人们通常不会把伊斯帕尼奥拉和特拉布宗放在一起比较,但是从中我们可以看到这两个近代国家在统治哲学上的一些重要区别。在美洲,按照《要求书》中的命令,那些没有丧命于欧洲人带来的疾病的原住民倒在了基督教世界的刀剑之下。西班牙人在美洲犯下的杀戮罪行既源自最初促使哥伦布向西航行的十字军精神，也缘于要求被征服民族无条件屈服的政治理念。

　　塞利姆则并非哥伦布这样的劫掠者。他在新征服地区确立奥斯曼帝国统治权的手段，并不是清除掉之前存在的一切，而是尝试拉拢那些通常怀有敌意的民众，并按照奥斯曼人的方式改造既有的管理体系。终其一生耳濡目染于帝国政治的塞利姆，通过不断的学习和经验的积累成了一名官僚。塞利姆对"公正之圈"理论中所蕴含的事物相互联系的逻辑有着深刻的理解，也从他母亲富有远见的战略谋划中获益匪浅。因此，他很了解应当如何小心翼翼地解决身边的社会与政治难题。我们可以发现，塞利姆的成功不仅是他的个性和兴趣使然，同时也是教育与培养的成果。最重要的是，指导塞利姆行动的是开明的治理理念和审慎的施政策略，而不是关于末日决战的某种痴迷幻想，或是心心念念于遥远国度的黄金与未皈依民众的黄粱美梦。

10
伊斯帕尼奥拉的泰诺人穆斯林

伊斯帕尼奥拉岛原住民的勇气之舞

奴隶制在不经意间加速了伊斯兰教向新世界的传播。征服带来了土地，而土地要想有产出，就需要劳动力。由于当地人的大规模抵抗和愈演愈烈的疾病肆虐，西班牙的统治者们很快意识到他们正面临劳动力短缺的问题。从西非进口奴隶到新世界成了一个解决方案。这个方案的出现当然不是因为巴托洛梅·德·拉斯卡萨斯等人对被压迫的原住民的同情，而是为了解决迫在眉睫的经济问题，服务于欧洲人的利益。

奴隶制在旧世界普遍存在。多少个世纪以来，欧洲、非洲、中东和亚洲大大小小的国家都实行过奴隶制。在地中海地区，穆斯林的奴隶制度与基督徒的奴隶制度有着数个显著的不同点。在伊斯兰世界，奴隶身份是暂时的、非世代相承的，奴隶也不一定要与他们自己的家庭切断联系。通常，伊斯兰世界的奴隶会从事家庭劳动，而非农业、矿业、运输业之类的艰苦劳动。要想了解奥斯曼帝国乃至伊斯兰历史上的奴隶制度，就必须理解这一点：它实际上是社会阶层上升的渠道之一。奥斯曼帝国最有声望的军事精英——近卫军，其成员就来自基督徒家庭，通常是巴尔干的乡村子弟。诚然，他们年纪轻轻就失去了自由，但是在遗忘了自己的出身之后，他们实际上获得了一种新的自由——免于思念家人与家乡之苦，可以把注意力放在当下的前途上。我们在前文中也提到过，奴隶制的存在甚至也是苏丹家族的特色之一。严格来说，每一位苏丹的母亲都是奴隶，她们或是在战争中被俘，或是被自己的家人奉献出来，或是通过奴隶贸易被皇室买下。但是，尽管出身奴隶，这些女人，比如居尔巴哈，实际上位居政府的最高层，往往可以拥有比她们的儿子更大的权力，有时甚至比她们的主人——苏丹——更有权力。奥斯曼帝国的奴隶制度显然有强制、压迫的成分存在，但最终却发挥了社会整合的作用。实际上，一个出生在巴尔干基督教家庭、后来皈依了伊斯兰教的奴隶要比出生于安纳托利亚、生而自由的穆斯林更容易成为奥斯曼帝国的精英阶层成员。

欧洲的奴隶制则大为不同。基督徒经常在战争中俘获非基督徒（最常见的就是穆斯林），并将他们变成奴隶。而等到第一批非洲奴隶被运送到大西洋对岸的时候，非洲的奴隶贸易也早已活跃了几十年。但是，这些被视作财产的奴隶很少能够融入欧洲人的社会，他们最常见的命运就是在矿山、桨帆船的底层甲板或是其他悲惨的环境中从事艰苦的体力劳动，度过残生。实际上，当西班牙人与他们的穆斯林敌人在海上作战时，在船腹里摇桨的往往正是穆斯林奴隶。在欧洲，奴隶身份是世代相承的。此外，虽然奴隶或他们的家人在理论上可以赎回自己的自由（即"赎身"），但大部分人根本出不起高得惊人的赎身款。

数以千计的穆斯林成了战争、海盗活动和奴隶贸易的受害者，作为奴隶来到欧洲。例如，几乎就在西班牙于1614年下令彻底驱逐伊比利亚的穆斯林的同时，在烈日炎炎的意大利海滨城市里窝那（Livorno），每十二个人中就有一个是沦为奴隶的穆斯林，此外还有非穆斯林的奴隶。[1] 在欧洲的其他大城市，情况也大同小异。像奥斯曼人对基督徒奴隶所做的一样，欧洲人也会强迫那些被他们送到奴隶市场的穆斯林和其他非基督徒皈依基督教，但这些人往往不是真心皈依基督教。[2] 因此，就在西班牙驱逐身为自由人的穆斯林的同时，他们又引进了越来越多的穆斯林奴隶，这些人大部分来自北非和西非。正因为有奴隶制的存在，穆斯林在基督教世界的心脏地带依然保有了一席之地，尽管他们的境遇已经发生了翻天覆地的变化。

❀

在西非较大的穆斯林群体中，有一支被称作沃洛夫人（Wolof）。1446 年，沃洛夫人与葡萄牙人发生了第一次接触。当时，航海家恩里克手下一位名叫努诺·特里斯唐（Nuno Tristão）的水手正沿着河水浑浊、两岸郁郁葱葱的冈比亚河（Gambia River）向内陆航行。他本人和大部分船员死在了这次探险途中。几年后的 1452 年，教皇尼古拉五世发布了教皇诏书《只要是异端》，准许欧洲人将西非人掳为奴隶。

打击摩尔人和将基督教世界的十字军远征范围扩展到全球的狂热情绪，刺激恩里克和他的水手们进行了一系列探险。这些探险活动的大部分准备工作都是在佛得角群岛中最大的岛屿圣地亚哥岛（这个名字显然源自那位"摩尔人杀手"的主保圣人）上完成的。[3] 这座多石的岛屿位于今天塞内加尔达喀尔以西 400 多英里处，葡萄牙人从 1462 年开始在这里殖民。圣地亚哥岛距离非洲大陆足够远，同时又可以轻而易举地从这里出击塞内冈比亚（Senegambia，即西非塞内加尔河与冈比亚河之间的区域），因而成了在非洲海岸进行军事和贸易活动的绝佳准备区。很快，贸易活动就在这里蓬勃兴起，葡萄牙人用铁、武器和制成品来换取非洲奴隶。几年之后，当西班牙人也加入了西非奴隶贸易，并图谋取代葡萄牙人的时候，他们实际上也依赖于同样来自伊比利亚半岛的葡萄牙人所开辟的商路和人脉。

在教皇于1452年发布那份诏书后不久，第一批非洲奴隶就抵达了伊比利亚半岛。很快，来到半岛上的非洲奴隶数量就出现了激增。实际上，奴隶贸易是近代欧洲社会和经济的重要组成部分之一。例如，在1489年到1497年间，西班牙商人共计将2 003名西非人贩卖到了巴伦西亚（Valencia），这里是伊比利亚半岛乃至整个地中海地区最大的奴隶市场之一。在15世纪，伊比利亚半岛上的奴隶贸易商里有大约三分之一来自巴伦西亚，[4]当地政府则对奴隶贸易收入制定了高达20%的税率。惊慌、疲惫、不知所措的非洲人在抵达港口之后，可以先短暂休息。巴伦西亚著名的城墙就成了监禁他们的高墙。接着，他们会被带到大街上展示、出售。

在15世纪晚期，大部分运出西非的奴隶都是沃洛夫穆斯林。无论是巴伦西亚还是伊比利亚半岛其他地方的买主，给沃洛夫人的出价都是最低的，因为他们普遍认为沃洛夫人比其他人需要更多的训练和更长的适应过程。相反，那些曾经在北非或伊比利亚半岛上的基督教或伊斯兰国家生活过的黑奴售价更高，因为他们被认为比那些直接来自西非的奴隶更熟悉西班牙的奴隶生活。[5]成年男性通常比女性和小孩更贵，而具备抢手技能的奴隶价格更高。

在这一时期，沃洛夫帝国分裂成了一些小国家，它们相互厮杀。[6]它们的内讧极大地促进了奴隶贸易的发展。在西非的战争中，大部分被俘的男性都会作为士兵加入对方的军队，但那些被认定不那么有用的俘虏则会被卖给葡萄牙人，以贴补战争的花销。被出售的人口不仅包括那些被认定不适合继续行伍生涯的士兵，还包括"罪犯、女巫、流浪者，乃至酋长的私敌"。[7]从某种意义上讲，西非人在利用奴隶贸易从自己的社会中清除那些"不受欢迎的人"。

1492 年之后，大西洋彼岸对劳动力的需求与日俱增。西班牙人很快意识到，他们在伊比利亚本土还有沃洛夫人和其他西非奴隶这个现成的劳动力储备库。但是，西班牙人刚刚在格拉纳达消灭了伊比利亚半岛的最后一个伊斯兰政权，他们并不想在无意间又把伊斯兰教传播到新世界的殖民地。因此，他们最初并不愿意把西非人送到美洲去，哪怕是那些在表面上皈依了基督教的人也不行。

美洲是一片全新的土地，如同一张白纸。因此，美洲成了一块可以被基督教彻底支配的应许之地，全无伊斯兰教的侵扰，这与欧洲人在西非见到的情况截然不同。在西非，即便是在伊斯兰教并非主流信仰的地区，伊斯兰教也在蓬勃发展。看到伊斯兰教传播的范围如此之广，实力如此之强，天主教徒更加相信穆斯林正在包围他们。欧洲人担心伊斯兰教可能会随着奴隶一起被引入美洲，引发这一担忧的一大原因就在于西班牙人隐隐觉得美洲原住民可能与穆斯林有着某种联系。

西班牙王室明令禁止这种从非洲直接运送奴隶到美洲的危险行为，因为西班牙政府的代表无法直接证明这些非洲人并非穆斯林。西班牙王室要求所有的西非奴隶必须首先被送到西班牙，在这里受洗并被置于某种意义上的宗教隔离环境下，同时时刻观察他们是否还有信仰伊斯兰教的蛛丝马迹。这些皈依了基督教的奴隶在西班牙语中被称作"拉迪诺人"（ladino）。只有在确信他们已经成为基督徒之后，西班牙人才能放心地将他们运送到西班牙在加勒比地区的早期殖民地。1501年，西班牙人将第一批拉迪诺人奴隶带到了新世界。

随着加勒比地区泰诺人的消亡，西班牙人对奴隶的需求剧增，但这与西班牙王室避免穆斯林进入美洲的目标发生了冲突。在西班牙本土和殖民地，有许多人主张从非洲直接运送奴隶到美洲，而西班牙王室发布了至少五道敕令明确禁止这种贸易。其中一份敕令这样写道："在正信刚刚植根的全新国土上，必须禁绝穆罕默德或其他教派信仰的传播。"[8] 但是，经济上的压力很快就迫使政府不得不让步。根据规定，穆斯林必须在西班牙本土或其控制下的大西洋东部岛屿上生活两年，以"去伊斯兰化"。但是，这种漫长的等待极大阻碍了伊斯帕尼奥拉岛上种植园的发展。而且，即便有所谓"去伊斯兰化"的过程，许多殖民者还是抱怨他们的拉迪诺人奴隶仍然表现得像彻头彻尾的穆斯林。为了满足种植园主对劳动力的需求，西班牙王室偶尔会批准从西非直接运送奴隶到加勒比地区的个别申请。[9] 渐渐地，此类批准变得越来越频繁。正因为有了这些王室许可和非法贸易活动，到1513年，大部分来到伊斯帕尼奥拉岛的奴隶其实都是直接来自非洲的。就这样，西班牙开启了在上一个千年的地缘政治史中影响最为重大但从未完成的进程：用非洲人口替代新世界的美洲原住民。

在这一过程中，西班牙人也把旧世界的主要文明冲突输出到了大西洋彼岸。伊斯兰教并未被视作新世界历史的主要组成部分，但在西半球历史上占据着重要地位的奴隶制本身却与伊斯兰教和基督教之间的文明冲突密不可分。我们在后文中会看到，在美洲，正是穆斯林发起了对欧洲人蓄奴活动的第一次反抗。

从哥伦布开始，一直到 16 世纪，西班牙人在加勒比海沿岸地区进行探险活动的主要动机都是获取黄金，这也成了他们为采用奴隶制的必要性辩白的最早理由。在伊斯帕尼奥拉岛，西班牙人强迫泰诺人拼命开采岛上储量原本就不算特别丰富的黄金。1501 年，随着第一批非洲奴隶抵达加勒比地区，西班牙人发现这些俘虏是比泰诺人更有效率的劳动力，因为他们当中的许多人曾经在西非的矿山中工作过。西班牙开始指派美洲原住民去做一些辅助性的工作，例如筛选和运输。非洲人（其中大部分是穆斯林）与泰诺人开始肩并肩地在毒辣的热带阳光下长时间劳动，在黑色的砂土中寻找黄金的亮光。在痛苦的强迫劳作之中，这两个族群很快意识到他们有着共同的敌人——西班牙人。早在 1503 年，就有一些西班牙人注意到了非洲人与泰诺人之间刚刚萌发的同盟关系，他们担心非洲奴隶正在教泰诺人奴隶一些"坏习俗"[10]——这是西班牙人对伊斯兰教通用的委婉称谓。

不久，糖取代了黄金，成了加勒比殖民地最重要的经济引擎。在我们今天所称的"哥伦布大交换"中，欧洲人把旧世界的许多作物和动物带到了美洲。其中许多种作物的培育史上都有着深深的伊斯兰烙印，糖料作物也是如此。[11] 甘蔗经由中亚和美索不达米亚地区第一次抵达伊比利亚半岛和地中海的其他地区，恰恰发生在伊斯兰文明的一系列征服战争之后。10 世纪，甘蔗来到了西班牙。正如他们后来学习穆斯林的航海技术一样，此时的西班牙人学习了穆斯林的灌溉技术和橄榄压榨技术，建立起了最初的制糖作坊。葡萄牙人把糖及其副产品的生产工艺带到了马德拉群岛、亚速尔群岛和加那利群岛，还使用了一项穆斯林在制糖过程中从未使用过的新手段：奴隶制。马德拉岛成了东大西洋产糖岛屿中利润最丰厚的一个，并且预演了加勒比地区的奴隶经济。葡萄牙人把岛上的植被砍伐一空，把糖料作物变成了岛上唯一的作物。他们用自己和热那亚人的投资兴建种植园，建立了一个奴隶社会。在马德拉的甘蔗田里劳作的奴隶大多是摩洛哥人、柏柏尔人（Berber）、西非人和其他穆斯林。1493 年，第二次向西远航的哥伦布在风景如画、山峦起伏的马德拉岛做了深入大西洋之前的最后一次停留，并从那里给新世界带去了第一批穆斯林奴隶和甘蔗，[12] 这两项外来事物永远改变了美洲，也改变了世界。

在加勒比糖料种植业的起步阶段，西班牙既使用当地的奴隶，也使用手头为数不多的非洲奴隶。但是，在 1492 年到 1517 年间，由于欧洲人带来的疾病和西班牙人强加给他们的恶劣的生存环境，伊斯帕尼奥拉岛上的泰诺人人口急剧减少。与此同时，糖料种植园对劳动力的需求却越来越大。1517 年，塞利姆在地中海东部的一系列征伐暂时切断了埃及的糖料贸易，刺激了加勒比经济的迅速发展，从而造成了更大的劳动力缺口。[13]

搬运、碾碎、压榨甘蔗的过程都需要大量的劳动力。为了进行这项艰苦的工作，西班牙人在他们来到新世界的最初 25 年里逐步、持续地用非洲奴隶（大部分是男性，但也有一些女性）取代了加勒比地区的原住民，使得非洲人成了伊斯帕尼奥拉岛的主要人口。一位描写 16 世纪早期伊斯帕尼奥拉岛的西班牙作家写道："由于糖料作坊的存在，这座岛上黑人众多，让人仿佛置身于阿比西尼亚*。"[14] 事实上，在短短几年之内，西班牙人就成了岛上的少数人群，人数可能只有非洲人的二十分之一。[15]

---

*　西方旧称埃塞俄比亚为阿比西尼亚。——编者注

NIGRITÆ EXHAUSTIS VENIS METALLICIS
conficiendo faccharo operam dare debent.

Igritarum ergo opera ufi funt Hifpani initiò in fcrutandis venis metallicis: verùm poftquam illæ fuerunt exhauftæ, horum minifterio uti cœperunt ad molas trufatiles, quæ facchariferas cannas comminuunt, ad faccharum coquendum & cogendum: in quo minifterio etiamnum hodie magna ex parte occupantur. Nam cùm ea Infula humida fit, & calida, minimo negotio facchariferæ cannæ five arundines fuccrefcunt; ex quibus contufis, deinde in lebetes conjectis, & decoctis, poftremùm ritè expurgatis & in faccharum concretis, magnum quæftum facere folent. Utuntur præterea iftorum Nigritarum opera in pafcendis armentis, & reliquis rebus adminiftrandis, quæ neceffariæ funt ad fuos ufus.

A 3   Nigritæ

糖料种植园

克里斯托弗·哥伦布的儿子——迭戈·哥伦布——后来被西班牙任命为伊斯帕尼奥拉岛的总督。1521年的圣诞节清早，在迭戈·哥伦布的一座甘蔗种植园中工作的20名"好斗而不可理喻"[16]的沃洛夫穆斯林奴隶天不亮就爬了起来，着手实施他们筹划了数个星期之久的方案。他们拿起用来清理丛林和灌木的砍刀，开始了一场"晨光下的血腥杀戮"，[17]出其不意地把他们的白人主人们剁成碎块，还屠杀了整个定居点的牲畜。叛乱者点燃了伊莎贝拉定居点（以让这一切事业成为可能的女王的名字命名）铺着茅草屋顶的房屋和甘蔗地，随后逃进了山里。在那里，他们与在其他种植园协同发动叛乱的另一些沃洛夫穆斯林奴隶会合。由于西班牙人和泰诺人都听不懂沃洛夫人的语言，他们可以在筹划和实施叛乱活动时实现秘密沟通。

圣诞节后一天，叛乱者袭击了王家矿业公证人梅尔乔·德·卡斯特罗（Melchor de Castro）的庄园。叛乱才刚刚进入第二天，叛乱者的人数就已经翻倍，达到了40人。他们毁掉了卡斯特罗的牧场，把一些牲畜带走以供食用。他们用一名西班牙木匠自己的工具杀死了他，还杀死了另外几名西班牙人。他们尽可能多地带走了一些补给品，随后将房屋与其他物品付之一炬。最重要的是，他们还解放了卡斯特罗的13名奴隶——12名印第安人和1名非洲人。这样一来，这群叛乱奴隶中就既有沃洛夫穆斯林，也有泰诺人。对西班牙主人的共同仇恨让他们团结在了一起。

第三天，这群人又奔向了殖民地法官阿隆索·德·苏亚索（Alonso de Zuazo）的甘蔗种植园。此地距离西班牙人在伊斯帕尼

加勒比地区的典型西班牙殖民庄园

奥拉的首府圣多明各（Santo Domingo）大约20多英里。他们在那里杀死了大约8~10名西班牙人，同时又招募了120名非洲奴隶，其中大部分是沃洛夫人。叛乱者的计划似乎执行得很顺利。他们在乡间激起了奴隶们的怒火，现在打算向着最终的目标——圣多明各进军。沃洛夫人和泰诺人联合组成的叛军有如1502年摧毁了岛上诸多欧洲人建筑物的那场飓风一般，打算一举夷平伊斯帕尼奥拉的首府。这一幕在大洋彼岸似曾相识：一支穆斯林军队（这一次是在少数泰诺人盟友的支持下）正朝着信仰天主教的西班牙人的一座城市进军。如果这些穆斯林能够取得成功，那么欧洲人在新世界的事业将遭遇沉重的一击，甚至就此夭折，世界历史的进程也可能会就此改写。

但是，设法逃出庄园的梅尔乔·德·卡斯特罗与其他一些听闻了叛乱消息，但尚未切身感受到其影响的殖民者抢先一步骑马赶到了圣多明各。在这些殖民者中，许多人是曾经参加过格拉纳达战役的老兵。他们与迭戈·哥伦布会面，起草了一份镇压叛乱的方案。来自一座牧场的12名骑手被派到圣多明各城外迎击前来袭击的叛乱者。马，这种跟随西班牙人来到新世界的动物，让殖民者获得了巨大的优势。奴隶们在经过三天的行军之后已然疲惫不堪，欧洲人则纵马在大约200名奴隶中间反复冲杀。西班牙人的冲锋杀死了6名奴隶，另外还有几十名奴隶受伤。西班牙人方面也付出了几人丧生的代价，梅尔乔·德·卡斯特罗还险些被一把沃洛夫砍刀斩断右臂。

来自圣多明各的援军跟在骑手后面，对逃跑的奴隶沿途追击。迭戈·哥伦布决心杀一儆百，下令对奴隶们处以极刑。据说，在距离战场不远处的路边，布满了"绞刑架与被绞死的人"。[18] 西班牙人相信自己已经成功展示了无与伦比的力量。一位西班牙人写道："这些黑人为他们的胆大妄为付出了代价。其他人现在也明白了效仿者将遭遇怎样的命运。"[19] 不过，在近200名叛乱者中，大部分人还是成功逃离了战斗现场，也躲过了随后的报复活动。他们逃进了丛林密布、相对比较安全的巴奥鲁科山（Bahoruco Mountains）。

就这样，在1492年之后短短几十年，穆斯林和基督徒就开始在加勒比地区相互屠杀，再次上演了在旧世界已经上演过无数次的老戏码。

❊

随着伊斯帕尼奥拉岛蔗糖经济的发展，西班牙人创造出了一个大部分由非洲奴隶组成的从属人群。这样一来，那些曾经试图通过为西班牙侵略者提供食物、支持和劳动力，来换取欧洲物品和欧洲人认可其权威的泰诺人中介就变得可有可无了。西班牙人的蔗糖经济逐渐削弱了当地精英阶层的存在价值，这使得他们转而和其他阶层一道反对西班牙人。泰诺人的精英阶层主要负责为山区里的叛乱者提供资金支持。

1519年，也就是迭戈·哥伦布种植园里的沃洛夫奴隶发动叛乱前短短两年，一位被西班牙人称作恩里基约（Enriquillo）的泰诺人首领就领导了一系列袭击行动。恩里基约出身于一个显赫的泰诺人部落，大约生于1500年。如同大部分原住民精英一样，恩里基约和他的家族也由于岛上人口构成的变化而日渐失势。恩里基约所在的大家族是当地一位酋长的后人，几个世纪以来都生活在几个村子中间一片留给社群领袖阶层的区域内，居住在用干草和棕榈叶覆盖的房屋里。恩里基约在幼年时被带离家乡,在韦拉帕斯(Verapaz)一座刚建成的方济各会修道院中受洗,并接受了天主教和西班牙文化教育。学成之后,他被指派到一座庄园工作,担任一批泰诺人奴隶的监工。这个职务有一定的地位,但依然要屈从于西班牙当局。在这里,恩里基约遭遇了一次屈辱经历,最终让他成了一名叛乱领袖。拉斯卡萨斯写道:"在恩里基约拥有的为数不多的可怜财物中,有一匹母马"[20]——在伊斯帕尼奥拉岛上,这可是十分珍贵的财产,对印第安人来说就更加难得了——"然而,他服务的一名霸道的年轻人却将其据为己有。这个年轻人似乎还嫌这样粗暴的行为不够,又破坏了这位部落头人的婚姻,强迫他的妻子……据说,当恩里基约前去质问为什么要这样伤害、侮辱他的时候,这个年轻人殴打了恩里基约。"在他本人、家人与财产都遭到了侵害之后,恩里基约在庄园里招募了一批奴隶(有一位历史学家认为"很可能大部分是男性"[21]),与他一起逃进巴奥鲁科山,加入了其他逃亡奴隶的行列。

巴奥鲁科山中逃亡奴隶(Maroon,即逃离欧洲人的种植园经济而组成独立社会的逃亡奴隶)的社会日渐壮大,恩里基约则凭借自己在泰诺人社会中的地位和对西班牙人的了解而赢得了其他奴隶的尊重。自从西班牙人抵达伊斯帕尼奥拉岛,岛上的原住民就开始逃往山区,导致岛上缺乏劳动力。为了解决这一问题,西班牙人开始进口奴隶,他们先从附近的岛屿引进泰诺人和其他原住民,[22]接着开始引进非洲人,这些非洲人中既有穆斯林,也有非穆斯林。在后来引进的奴隶中,也有许多人逃进了巴奥鲁科山。对于沃洛夫人来说,此地潮湿的热带气候与他们的家乡十分相似。在这里,来自旧世界的穆斯林与来自新世界的美洲原住民因为同是西班牙基督徒的敌人，渐渐结成了全新的政治、社会、文化和亲缘关系。

恩里基约经常率领追随者从山区里的各个据点出发，去袭击西班牙人的定居点。他们杀死牲畜，抢夺物资和武器，有时候也会解放一些奴隶。这些形形色色的叛乱者知道如何种植粮食、收集食物和打猎，也知道在哪里寻找淡水，还善于利用巴奥鲁科山茂密的森林来隐蔽自己，[23] 因此，他们可以在山区里生活下去。一位追捕他们的西班牙官员写道，他们"了解这片土地，因而可以戏弄西班牙人"。逃亡奴隶在山林里蓬勃发展，西班牙人则抱怨这里的环境太过艰苦，"每天都要穿坏一双鞋子"。[24] 叛乱者们可以靠吃蜘蛛、小龙虾、蛇和树根维生。"这座岛屿很大，到处都是牛、野猪和其他食物，"梅尔乔·德·卡斯特罗在历数1492年之后在伊斯帕尼奥

巴奥鲁科山区

拉岛上繁衍的一些动物时说，"因此那些叛乱黑人可以获得安全的庇护所和食物。"[25]

从1517年起，西班牙人开始分兵墨西哥。恩里基约抓住这一时机，于1519年率众发动了一系列大胆的行动。接连不断的突袭给他们带来了武器、人手和补给品。虽然恩里基约不大可能为两年后爆发的沃洛夫起义提供过什么实质性的帮助（那场起义只持续了三天，恩里基约没有足够的时间组织人手提供支援），但是有确凿的证据表明，在沃洛夫人逃进山区之后，泰诺人与这些穆斯林结成了同盟。[26] 在整个16世纪20年代，西班牙人都在试图清除这些叛乱者。他们的记录也表明，叛乱分子的游击队由美洲原住民和非洲穆斯林共同组成。例如，在1523年10月，伊斯帕尼奥拉总督曾写信给西班牙王室表示，他和下属已经向"叛乱的印第安人和黑人"[27]宣战，而他所谓的黑人，显然指的就是沃洛夫穆斯林。

除了文字证据之外，近期的一些考古发现也证实，非洲人和原住民曾经共同使用过巴奥鲁科山中一处被称作"利莫纳"（El Limona）的洞穴群。这些洞穴的入口位于多石的山坡上，仿佛一系列张开的大嘴。在山洞内部，经过一些狭窄的通道和深邃的陡坡，人们就可以来到较为开阔的空间和适合瞭望警戒的位置。考古队在洞穴里发现了一些人类遗骸，其中一些经鉴别发现是非洲成年男性的骨骸。另有一些遗骸无法准确鉴定身份，但是在它们附近有一些原住民泰诺人风格的瓷器，这很可能意味着这些遗骸属于与非洲伙伴生活在一起的原住民。看上去，利莫纳有可能是联手抵抗伊斯帕尼奥拉岛上西班牙人的非洲穆斯林与泰诺人在山中的一个基地。[28]

发生在1521年的沃洛夫起义与发生在1519年的恩里基约叛乱

成了未来20年中一系列印第安人-非洲人起义的序曲。在1523年、1525年、1526年、1529年和1533年发生的多场起义中，恩里基约都成了叛乱领袖。

✦

挑起1521年圣诞节叛乱的，可能是当年早些时候运抵伊斯帕尼奥拉的一大批沃洛夫人奴隶中的一些人，这就坐实了西班牙人一直以来对穆斯林威胁的担忧。因此，西班牙人立刻改变了诸多政策。在叛乱发生13天之后，西班牙当局颁布了新的法令，规定可以对逃亡奴隶使用断肢的刑罚，而参与叛乱者则可以被判处死刑。他们还规定，奴隶不准携带武器，也不得在没有主人陪同的情况下离开种植园。这些法律旨在加强人数上占劣势的白人对黑人的控制，此后在南北美洲一直使用了几个世纪之久，包括美国于19世纪制定的《逃亡奴隶法》（Fugitive Slave Act）在内的一系列法案都脱胎于此。这也表明，沃洛夫叛乱可谓是美洲历史上的一个分水岭，而历史学家此前往往忽略了这一点。

在奴隶主看来，沃洛夫人是最不适合当奴隶的一类人。他们来自西非一个强大的帝国，在政治上十分成熟，厌恶西班牙人的统治，同时还操着一种只有他们自己懂的语言。那些来到伊斯帕尼奥拉岛的沃洛夫人往往能读会写（这部分是因为他们接受过伊斯兰教育），其中许多人是技艺娴熟的战士和老到的商人。沃洛夫人在战争中使用马匹已经有数个世纪的历史，因此他们也长于骑术。由于马在美洲是一种新奇的军事资源，擅长骑马就成了一种具有战略意义的技能。此外，由于沃洛夫人与葡萄牙人以及随后而来的西班牙人做过几十年的生意,他们对欧洲文明有一定的了解。因此,这些见多识广、受过教育、强悍有力的沃洛夫人可以比其他大部分奴隶都更好地适应艰苦的生活,适应新的环境和周边新的人群。

当然,对于西班牙人来说,沃洛夫人最糟的一点在于他们是穆斯林。把沃洛夫奴隶引入伊斯帕尼奥拉岛并不明智,西班牙人也做过许多阻止沃洛夫奴隶流入的尝试,但劳动力的严重短缺使得他们不得不继续如此。因嫁给查理五世而成为西班牙摄政女王的葡萄牙的伊莎贝拉*曾多次下令禁止向加勒比地区运送沃洛夫奴隶。她在 1532 年颁布的一份禁令中说,这些穆斯林"桀骜不驯、屡教不改",杀害基督徒,还腐化了"来自其他地方、爱好和平的非洲人"。[29] 不过,就像其他禁令一样,这道命令也丝毫没有影响沃洛夫奴隶前往美洲的速度。

1544 年,伊斯帕尼奥拉岛的一位法官写信给王室,再次呼吁终止引进西非奴隶。他声称,穆斯林的"坏习俗"正在给泰诺人带来令人不安的影响。"如果没有那么多拉迪诺奴隶出生在这个国家就好了,"他在信中写道,"他们是一个非常邪恶的民族,胆大妄为,居心险恶。带头发动叛乱的往往都是他们……恩里克(即恩里基约)作乱的背后也有他们的身影。"[30]

在整个 16 世纪,穆斯林都在源源不断地进入美洲,经济上的压力令西班牙人难以保持谨慎小心。在 1533 年到 1580 年期间,大部分来到哥伦比亚最大港口、盛产黄金的卡塔赫纳(Cartagena)的

---

* 葡萄牙的伊莎贝拉(Isabella of Portugal,1503—1539),其父是葡萄牙国王曼努埃尔一世,其外祖父母即是西班牙天主教双王斐迪南和伊莎贝拉。——译者注

10 伊斯帕尼奥拉的泰诺人穆斯林

奴隶是穆斯林。[31] 这些非洲人出身于多个不同的族群，其中有些人原本相互敌对。但是在抵达卡塔赫纳之类的地方之后，他们就找到了共同的敌人——西班牙人。因此，西班牙人实际上不经意间在新世界促成了穆斯林跨族群的团结，使得穆斯林能够在美洲成为一股重要力量。[32] 正如学者西尔维亚娜·A. 迪乌夫（Sylviane A. Diouf）所说："如果按宗教信仰而不是民族构成划分人群，那么当时在美洲的穆斯林的总人数很可能要超过许多非洲族群。"[33] 在卡塔赫纳，共同的信仰（当地的耶稣会传教士们将伊斯兰教蔑称为"被诅咒的穆罕默德教派"[34]）让沃洛夫人、曼丁哥人（Mandingo）、柏比西人（Berbeci）和富拉尼人（Fulani）走到了一起。从1521年起，不同背景的穆斯林奴隶开始联合起来，在波多黎各和巴拿马发动叛乱。正如圣诞节叛乱中发生的那样，穆斯林在发动叛乱时经常与非穆斯林的原住民奴隶和逃亡奴隶联手。归根结底，让穆斯林实现自身团结，同时也让穆斯林与非穆斯林团结在一起的因素，并不是伊斯兰教，而是他们同为奴隶或者说同被压迫的个人境遇——他们都与西班牙人为敌。

由于他们在旧世界的仇恨，西班牙殖民者几乎总是把穆斯林视作发起叛乱的罪魁祸首，无论是在1523年的墨西哥、1529年的古巴和哥伦比亚、1548年的洪都拉斯，还是在1550年的委内瑞拉，都是如此，虽然有些时候穆斯林完全没有参与其中。在上述所有地区，西班牙人都指责穆斯林奴隶在向美洲原住民传播伊斯兰教。[35] 对于西班牙人来说，把他们在新世界遇到的所有问题都归咎于这些来自旧世界的敌人已经成了一种本能反应。

当16世纪步入尾声之际，伊斯兰势力已经遍布大西洋两岸。来自地中海沿岸尤其是北非地区的穆斯林奴隶（他们通常被称作

"摩尔人"和"土耳其人")输入新世界的速度已经超过了西非穆斯林。出现这一变化的原因在于,西班牙人在加勒比地区的航运变得越来越依赖桨帆船。[36] 在旧世界的奴隶经济体系中,在桨帆船上摇桨是奴隶的主要工作之一,而地中海地区的穆斯林奴隶在这些大型船只上担任桨手有着漫长的历史。例如,在16世纪80年代早期,卡塔赫纳的一位桨帆船指挥官给西班牙写信,要求送来更多的"摩尔人和土耳其人"奴隶桨手,因为他们"是最出色的"。[37] 根据哈瓦那的一艘桨帆船自1595年起的记录,船上近30%的船员是来自非洲、奥斯曼帝国和摩洛哥的穆斯林。[38] 就像来自西非的金矿工人和来自马德拉岛、劳作于蔗糖种植园的奴隶工一样,这些主要来自北非的穆斯林也拥有新世界急需的专业技能。因此,基督徒尽管对他们抱有深深的疑虑,却还是将他们大量引入美洲。

约瑟夫·康拉德(Joseph Conrad)在他发表于1899年的中篇小说《黑暗的心》(*Heart of Darkness*)中写道:"所谓征服世界,往往意味着把世界从不同肤色或鼻子更扁的人们手中夺过来。你一旦对其加以审视,就会发现它并不美好。它只是听上去还不错罢了。"[39] 诚然,康拉德指的是19世纪的比属刚果,但这段话用来形容西班牙人在美洲最初几十年的统治也没有问题——它无疑"并不美好"。据估算,美洲原住民人口大概在1492年到16世纪中叶期间减少了90%,从6 000万人降低到了600万人;而作为奴隶被送到美洲的非洲人有1 300万之多。在此之前,世界上还从未发生过大洲级的人口灭绝,整个大洲的语言、文化、城市与历史都遭到

10 伊斯帕尼奥拉的泰诺人穆斯林

了毁灭。在西班牙人和其他欧洲人对新世界进行这种不可挽回的、连根拔起的征服的时候，发挥了最大推动作用的就是他们对于新世界的种种理念。

在发生了这样的人口灭绝之后，伊斯帕尼奥拉等地对奴隶制的"需求"刺破了种种幻想，而正是这些幻想最初推动了哥伦布横跨大西洋，也最终使他在美洲见证了可怕而复杂的殖民统治现实。历史一再证明，在现实面前，幻想苍白无力。因此，尽管西班牙人对穆斯林充满了末世将临般的恐惧，但他们却在追求土地和财富的过程中，自己把伊斯兰教引入了美洲，并使得伊斯兰教在美洲留下了深刻的印记。在1521年沃洛夫叛乱中负伤的梅尔乔·德·卡斯特罗后来为自己设计了一个盾徽：一只右臂握着一把宝剑，剑的下方是六颗还在滴血的黑人的头颅。[40]这个图样借用自"收复失地运动"时期在西班牙十分流行的一类纹章，上面通常是还在流血、包着头巾的穆斯林头颅。后来，整整一代在新世界的欧洲人都热衷于借用类似被斩下的穆斯林头颅这样的象征物。在这里，我们可以看到从旧世界到新世界的延续。我们可以在《要求书》和西班牙人在殖民地采取的租地制度中看到这种延续，伊斯兰世界与基督教世界的战火延伸到了加勒比地区，从而强化了这种延续，也正是这种延续消灭了大量的美洲原住民，塑造了跨大西洋的奴隶贸易，导致了一系列可怕的悲剧。这一切都表明，1492年并没有创造出一个与旧世界分离的新世界，也没能让美洲免受伊斯兰教的影响。

恰恰相反，1492年用鲜血与暴力让旧世界与新世界更紧密地联结在了一起。

11
在奥斯曼帝国寻找耶路撒冷

犹太人被逐出西班牙

除了哥伦布"发现"美洲和西班牙完成"收复失地运动"之外，1492年还发生了一件地缘政治上的大事：犹太人被逐出西班牙。犹太人生活在西班牙的历史要远远长于基督徒和穆斯林，甚至早在基督教和伊斯兰教诞生之前，就已经有犹太人把西班牙当作自己的家园了。因此，1492年对全世界的犹太人来说有着重大的转折意义——既是失去的标志，也是崭新的开端。对地中海地区历史最悠久的一个犹太人族群来说，一个新的篇章开始了，那就是他们在奥斯曼帝国的篇章。塞法迪（Sephardi）犹太人的历史就此开始。所谓塞法迪犹太人，指的就是那些在1492年被逐出西班牙的犹太人的后裔。在离开西班牙之后，经过艰苦的海陆跋涉，这些犹太人中的大部分定居在了奥斯曼帝国，与当地已然地位显赫、历史悠久的犹太人族群合为一体。

在1492年之后，世界上拥有最多犹太人人口的城市出现在了奥斯曼帝国。实际上，它也是过去的2 000年中唯一一座犹太人占多数的城市。这座城市就是坐落在爱琴海山峦起伏的西北海岸、熙熙攘攘的港口城市萨洛尼卡（即今希腊的塞萨洛尼基）。在接下来的四个世纪里，被誉为"巴尔干耶路撒冷"的萨洛尼卡成了全球范围内犹太文化的中心,这里的机遇、稳定和世界性大都市的地位吸引了世界各地的犹太人。在信仰伊斯兰教的奥斯曼帝国的统治下,犹太人社会在总体上蓬勃发展。不仅仅是在萨洛尼卡,在整个帝国境内都是如此,甚至在塞利姆治下的特拉布宗这样的边远城市也是一样。在奥斯曼帝国之外,还有一些塞法迪犹太人居住在伊拉克、也门、埃及乃至整个中东地区,一直到 20 世纪中叶这些地方还有他们的后裔。塞利姆的私人医生、他最信赖的一些顾问乃至他在征服战争中任用的一些武器专家都是西班牙犹太人的后裔。因此,就在欧洲人一边驱逐犹太人和穆斯林,一边在美洲奴役非洲人并消灭原住民的同时,奥斯曼帝国却在整个地中海世界向犹太人(当然还有穆斯林)敞开了大门,接纳他们融入自己的帝国——一个基督徒人口依然占多数的帝国。

※

对于哥伦布和他所代表的西班牙政权来说,"收复失地运动"及向西寻求击败伊斯兰文明的方法,与西班牙在本土清除犹太人的努力有着紧密的联系。哥伦布曾写道:"二位陛下认为,我应开辟一条前无古人的西行航线,而非因循向东的陆上路线。故而在国境内驱逐了全部犹太人的(1492 年)1 月,二位陛下命我率领齐装满员的舰队起航,西行前往印度。"[1] 在多年的战争之后,西班牙人终于征服了格拉纳达,并将其并入卡斯蒂利亚,这标志着在西班牙乃至整个天主教欧洲持续了数个世纪之久的宗教裁判所活动达到了顶峰。在基督徒看来,犹太教和伊斯兰教都是侵蚀欧洲的疾病。从阿姆斯特丹到威尼斯,当地的法律都禁止犹太人和穆斯林进行宗教活动，要求他们只能生活在特定的区域内，同时还对周期性爆发的反犹和反穆斯林的暴力活动持容忍态度。在西班牙的历史上，针对"杀害基督的凶手"的屠杀时有发生。1391年，基督徒暴徒在西班牙数座主要城市屠杀了几十名犹太人。接着，各个社区乃至整座城镇开始驱逐犹太人，还有大规模强迫犹太人改宗的活动。像那些皈依了基督教的穆斯林一样，改宗后的犹太人依然是被怀疑的对象。宗教裁判所的一项重要职能就是判断这些改宗的犹太人和穆斯林——他们分别被称作"改宗者"（conversos）和"摩里斯科人"——究竟是虔诚信仰天主教的信徒，还是危险、狡诈的骗子。

在格拉纳达的历史性胜利为从西班牙彻底驱逐犹太教和伊斯兰教扫清了道路。尽管西班牙人在战场上的敌人是一个伊斯兰王国，但他们普遍相信：犹太人曾经为格拉纳达的穆斯林提供实质性帮助，有些人甚至拿起武器与穆斯林并肩作战。[2] 更重要的是，格拉纳达的陷落为西班牙王室献上了一大笔意外之财。在取得胜利之后，他们不仅可以节约一大笔战争经费，还可以抢夺犹太人（和穆斯林）的财产，进一步充盈国库（如同五个世纪之后纳粹的法令一样，西班牙颁布的驱逐令中明令禁止犹太人携带金银离境）。[3] 支持了哥伦布横跨大西洋航行的正是这些资金：西班牙人为了与伊斯兰世界作战而积攒的战争经费，以及犹太人和穆斯林被剥夺的财产。

1492年3月31日，此时距离格拉纳达的陷落已经过去了近三个月；而到六个星期之后，在已经转变为天主教要塞的阿尔罕布拉宫获得了王室许可的哥伦布将离开格拉纳达，开始为横渡大西洋的旅程做准备。就在这一天，西班牙正式颁布了驱逐令。驱逐令开宗明义地归纳了这一命令的核心逻辑：

显而易见，与犹太人的接触、沟通与交流曾经而且正在给基督徒带来巨大的损害。为了让虔诚的基督徒背离神圣的天主教信仰，这些犹太人可谓不择手段。为了让基督徒接受犹太人那蛊惑人心的信仰和说教，他们对基督徒的仪式与习惯指指点点，他们举行聚会向基督徒宣传犹太人的信仰和律法，还试图对基督徒和基督徒的孩子们施行割礼……我们的证据既来自犹太人自身的坦白，也来自那些被欺骗的基督徒，他们均把对我们神圣的天主教信仰的巨大伤害和诋毁归因于犹太人的种种行径。

接着，法令详细阐述了驱逐犹太人的具体措施：

我们……经过深思熟虑，决定将所有男女犹太人驱逐出吾等诸王国，且永远禁止其中任何人回归此地……特令所有无论以何原因而居住于上述王国及领地的男女犹太人，无论老幼，无论是否生长于本地，于本年7月底之前，携子女、男女仆从和犹太家仆等离境，不得以居住、旅行等任何理由逗留、复返。违令不遵者、不论以何种理由现身于上述王国及领地者，将处极刑，罚没全部财产充入国库，且无须任何审理、判决或宣告程序。[4]

在1492年4月到7月的短短四个月时间里，定居在西班牙超过1 000年、曾经蓬勃发展且欣欣向荣的犹太人族群只能面对三个令人痛苦的选项：皈依基督教、逃走或是死亡。在此前的几个世纪中，反犹情绪在西班牙愈演愈烈，而驱逐令只是把一些老生常谈的论调重新包装了一遍：犹太人对基督徒的腐蚀、犹太律法对基督教律法构成的威胁，以及一项更大的错误——拥有大量的财产，从而让基督徒处于不利的境地。西班牙王室的终极目标是清除像犹太人和穆斯林这样的肿瘤，以实现西班牙的彻底基督教化。因此，在格拉纳达陷落、犹太人遭驱逐之后，许多穆斯林也被逐出了西班牙，其中大部分人去了北非。随后，针对穆斯林的暴力活动也没有停止，一直到他们于1614年被彻底驱逐出西班牙。不过，在1492年，建设一个纯粹的天主教西班牙这一狂热梦想的第一个直接受害群体是犹太人。

在三个选项中，死亡显然是最糟糕的那个。在西班牙总数大约27.5万名的犹太人中，大部分人选择了逃离，但是有大约10万人选择了皈依基督教。[5]在成为天主教徒之后，犹太人可以保留自己的财产、家宅和生意，免于被连根拔起后再到一个陌生的地方去面对未知的命运。因此，大部分的改宗者都来自西班牙犹太人社会的上流阶层，也就不足为奇了。身家不菲的他们最有动力通过改宗留在西班牙。但是，由于宗教裁判所和"收复失地运动"加剧了基督徒对异教徒的敌视，关于异教徒改宗的规定变得比以往更加严厉。在西班牙王室看来，即便抱着最宽大的态度去审视，迫于死亡或驱逐压力而采取的改宗行为也很难谈得上虔诚，因而十分可疑。甚至，他们有时还把这种改宗行为看成异教徒试图在基督教核心地带安插人手，以便从内部腐蚀基督教世界的阴谋。

尽管他们对改宗者充满厌恶，但西班牙人还是通过犹太人改宗一事获得了许多好处。首先，基督教群体的总人数得到了增加。其次，这样一来，剩余的穆斯林就很难找到盟友来共同对抗占多数的基督徒。最后也是非常现实的一点是，改宗活动减轻了数以万计的犹太人离境可能会造成的对社会经济的巨大冲击。许多在西班牙经济体系和官僚系统中占据了重要位置的犹太人现在成了身份更便利的天主教徒，从而保全了西班牙各个城市的社会结构。

但是，对于西班牙的大部分犹太人来说，改宗是他们无法迈出的一步。他们相信，上帝对他们有自己的计划，如果离开西班牙是这计划的一部分，那他们就只能接受。对这些虔诚的犹太人来说，背弃犹太教比放弃西班牙更为痛苦。人可以在陌生的土地上艰苦跋涉，去适应新的生活，但人无法找到一个新的上帝或身份。伊利比亚半岛声名显赫的拉比艾萨克·阿巴伯内尔（Isaac Abarbanel）既是驱逐令的受害者，同时也是这一史实的记录者。他写道："如果（我们的敌人）让我们活，我们就活下去；如果他们要杀死我们，我们就死去。但我们不会背弃与上帝之间的契约，我们的心灵不会退让。我们将以我主上帝之名继续前行。"[6]他们就这样前行，离开了西班牙。

虽然看到了让更多人改宗的希望，但天主教神父安德烈斯·贝纳尔德斯（Andrés Bernáldez）还是满怀同情地注视着本国犹太人开始离境的行程：

> 他们在7月的第一周踏上了离乡之路。无论尊卑老幼，或步行或骑马，他们赶着车子一路前行，逐渐接近目标港口。他们一路上历尽艰难险阻，受尽了难以描述的不幸。有的人倒下，有的人爬起；有的人死去，有的人出生；有的人晕倒途中，有的人饱受病痛之苦。基督徒无不心生怜悯，恳求他们受洗皈依。有些人皈依基督，脱离了苦海，但这些人只是少数。拉比们给他们鼓劲，让年轻人和女性伴着管乐和鼓声唱起歌

来，给大家打气。[7]

没人知道未来有什么在等待着他们。而且，鉴于几乎所有的欧洲国家都存在着反犹情绪，大部分人都不甚清楚他们究竟应该前往何方。法国和不列颠分别在13世纪和14世纪驱逐了本国的犹太人群体；在德意志，许多城镇都把犹太人视作带来黑死病的罪魁祸首，为此驱逐了他们；而由于多位教皇和世俗统治者都持反犹态度，意大利也向犹太移民关闭了大门。

在地理和文化上都与西班牙比较接近的葡萄牙接受了最多的西班牙犹太人，大约有12万之众。[8]但是，以"摩尔人杀手"自居、曾经多次赞助葡萄牙探索西非的国王若昂二世，像西班牙君主们一样仇视并害怕犹太人。因此，他很快颁布了一系列政策驱逐这些难民。他命令犹太人购买价格高得离谱的入境和居留许可，且这些许可的有效期只有八个月。八个月时间一过，这些犹太人就不得不再次踏上逃亡的旅程。那些无力承担入境费的犹太人则被贩卖为奴。另外，这位国王还采取了一种莫名其妙的残酷举措，强迫一些难民与子女分离，再把这些孩子送到西非外海的大西洋岛屿圣多美（São Tomé）。这座位于赤道上的岛屿刚刚被葡萄牙人占领，"遍布蜥蜴、蛇和其他毒虫，渺无人烟"。[9]这些孩子被无情地从船上丢到了这座荒凉岛屿的海滩上，"几乎全被岛上的巨蜥吞噬。侥幸逃脱了这些爬虫的孩子，也因饥饿与遗弃而慢慢凋零"。

北非的伊斯兰国家接收的西班牙犹太人数量仅次于葡萄牙接收的，大约接收了17.5万名逃亡犹太人中的2万人。后来被葡萄牙国王若昂二世驱逐的犹太人中，也有许多人逃到了摩洛哥。也就是说，大约有数万名西班牙犹太人跟着他们的穆斯林邻居一起渡过地中海，来到了摩洛哥。在"国王仁慈的恩准下"，[10] 来自西班牙的犹太人得到了在非斯繁荣发展已久的犹太人族群的欢迎。考虑到西班牙的狂热、若昂国王的虚伪和欧洲大部分国家的反犹态度，对犹太人来说，生活在一个伊斯兰国家要比生活在任何基督教国家都要安全得多。

与前往葡萄牙的犹太人一样，试图在纳瓦拉（Navarre）、那不勒斯和马赛找到新家园的犹太人最终只不过让他们长达几十年的颠沛流离之旅变得更加漫长而已。在1500年前后几十年中，撒丁、阿普利亚（Apulia）、卡拉布里亚（Calabria）和那不勒斯驱逐了刚刚从西班牙逃难而来的犹太人，甚至把原本就居住在当地的犹太人也一同驱赶了出去。1492年，阿拉贡王室控制下的西西里也奉斐迪南和伊莎贝拉的命令，驱逐了当地2.5万~3万人的犹太人社群。[11] 许多来自西班牙和意大利的逃亡者定居在了亚得里亚海沿岸的杜布罗夫尼克*，但他们在1515年再一次遭到驱逐。流亡的犹太人绝望地寻求着自由与安全，乘船沿着地中海漂泊，从一个充满敌意的港口逃到下一个充满敌意的港口，通常是朝着东方航行。许多人死于意外或疾病，还有一些人落入了海盗或黑心船长的魔掌。

有一个关于一船犹太人逃离佩萨罗（Pesaro）的悲惨故事极具代表性。[12] 佩萨罗是位于意大利东部海岸的一座渔业小镇。1558年，当地的犹太人遭到驱逐，只好登上了一艘船，船主许诺说将把他们送到安全的地方。他们先是抵达了杜布罗夫尼克，但这座著名的城市拒绝他们入内。在被一座又一座港口拒之门外之后，船长最终在

---

* 杜布罗夫尼克（Dubrovnik），今属克罗地亚，当时的西欧人称其为拉古萨（Ragusa），是拉古萨共和国的核心区域。——译者注

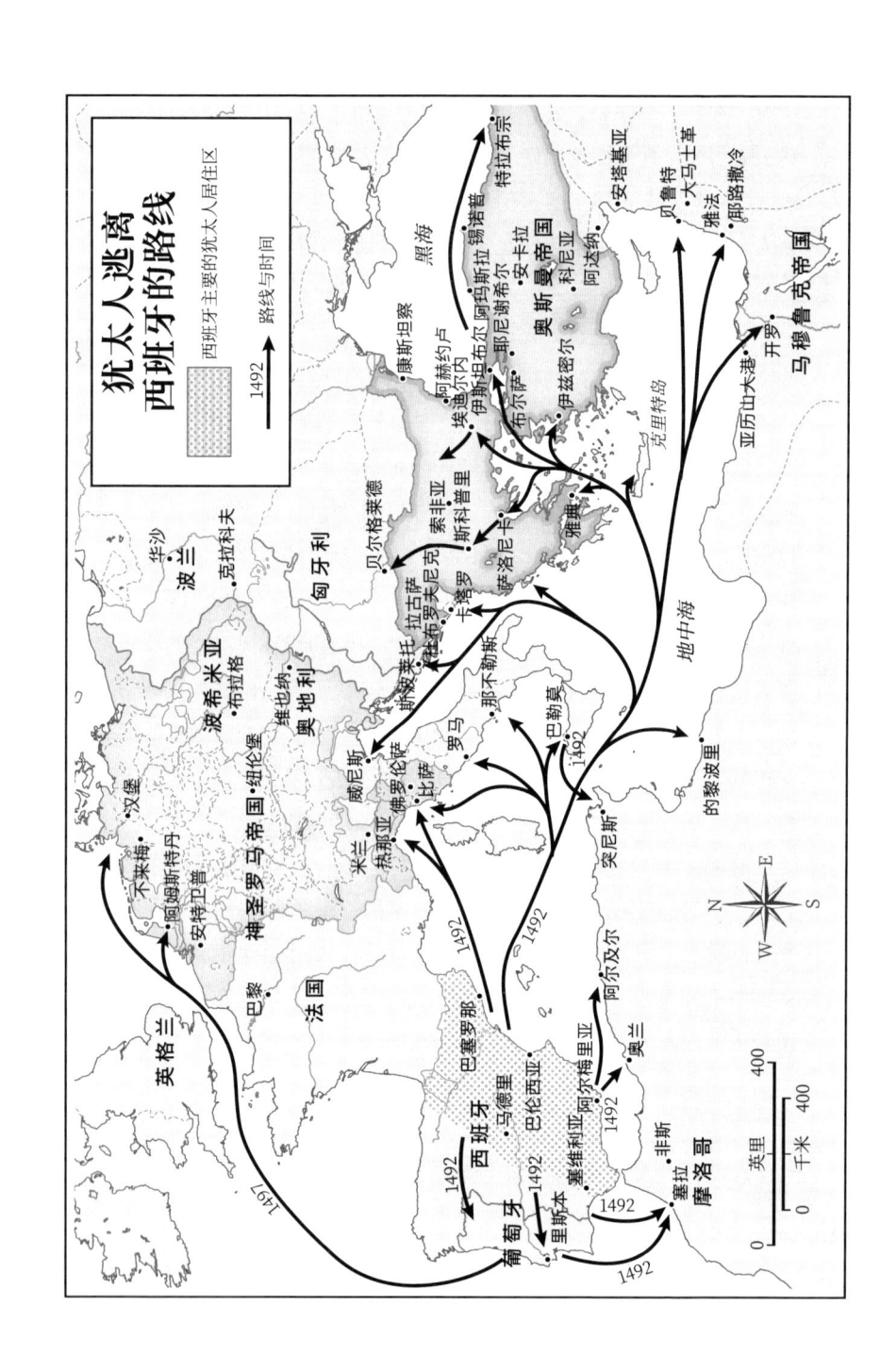

犹太人逃离西班牙的路线

位于意大利东南角"足跟部"、盛产橄榄的阿普利亚把他的犹太乘客们贩卖为奴。另一个例子是，有一群西班牙犹太人在 1540 年被迫逃离那不勒斯，他们登上了一艘以杜布罗夫尼克为母港的船只。一到海上，船长就从毫无抵抗能力的乘客身上夺走了他们仅有的一点财物，随后将他们遗弃在马赛。不久之后，这些人又被迫离开马赛。幸运的是，他们最终在奥斯曼帝国统治下的叙利亚获得了安全保障。

❈

用一位犹太流亡者的话说，奥斯曼帝国是他们在地中海地区唯一"可以停下疲惫的脚步"[13]的地方。1492 年 7 月，就在犹太人开始离开西班牙之后，塞利姆的父亲苏丹巴耶济德二世发布敕令，宣布欢迎犹太人来到奥斯曼帝国。他很清楚犹太人在过去几个世纪里为帝国做出过多大的贡献，因此相信接纳西班牙犹太人将带来巨大的战略优势。他甚至主动向西班牙犹太人抛出橄榄枝，派遣船只到伊比利亚海岸，以便把犹太逃亡者接到博斯普鲁斯海峡的海边来。他命令所有的地方总督欢迎并保护抵达他们领地的犹太逃亡者——有些犹太人甚至到了塞利姆治下的特拉布宗这么靠东的地方。

在其父穆罕默德二世征服了君士坦丁堡之后，巴耶济德亲眼看到了这座城市中蕴藏的种种机遇如何从萨洛尼卡和其他贸易中心吸引来了犹太人，以及这些犹太人在这座因奥斯曼围城而遭到巨大破坏的城市中参与重建的过程。这些犹太人在奥斯曼帝国的都城定居之后，迅速与当地的统治精英和商人阶层建立起联系，把自己的商业利益扩展到整个地中海地区，包括他们以前的家乡。在1453年之后，伊斯坦布尔无疑是全世界最适合犹太人居住的地方，犹太人在这里获得了他处无可比拟的繁荣与自由。在征服了君士坦丁堡之后，穆罕默德立即在他的御前会议中给该城的大拉比安排了一个位置，让他获得了堪与奥斯曼帝国大穆夫提相媲美的行政权力。大拉比负责向犹太人征税（包括吉兹亚税），在帝国的各座城市任命拉比，以及管理犹太人社群的内部事务。他还负责监督管理犹太人的民事法庭和对奥斯曼帝国境内犹太人的刑事处罚。因此，奥斯曼帝国成了"犹太人的天堂"，[14]他们在这里可以享有一定程度的自治权，可以自由生活、贸易，这里没有针对他们设计的限制性法律，他们也无须担心会像在欧洲时那样经常遭到集体迫害。

1454年，出生在德意志的法裔犹太人艾萨克·萨尔法蒂（Isaac Sarfati）在伊斯坦布尔给莱茵兰（Rhineland）、施瓦本（Swabia）、摩拉维亚（Moravia）、施蒂里亚（Styria）和匈牙利的犹太人群体写了一封信。[15]新近才抵达伊斯坦布尔的萨尔法蒂在信中对比了这里的新生活与他之前在德意志的生活（他将德意志称作"一座巨大的刑讯室"），号召他的犹太同胞们离开欧洲，到奥斯曼帝国的首都来。许多人的确这样做了，这座城市中的德意志犹太人人口增加了数千人之多。因此，即便在1492年之前，奥斯曼帝国就已经在欧洲犹太人群体中收获了良好的声誉，被他们视作躲避灾祸和寻求富足的理想场所。所以，当西班牙开始驱逐犹太人的时候，许多人决定前往奥斯曼帝国，也就不足为奇了。

许多流亡者相信，除了取得安全保障和重获新生的机会之外，移居奥斯曼帝国还可以帮助他们完成上帝的一项神圣计划——让全世界的犹太人都聚集到耶路撒冷。在15世纪，有一位名叫摩西·卡普萨利（Moses Capsali）的拉比。这位出生在克里特岛的学者在德意志完成了学业，在穆罕默德征服君士坦丁堡前后来到伊斯坦布尔，最终成了奥斯曼帝国的大拉比。他曾经说："自从我们被逐出西班牙，上帝就开始将散布在各地的以色列和犹太王国的子民从世界的各个角落聚集起来……这预示着正义的弥赛亚将要来临。"[16]不过，归根结底，大部分定居在奥斯曼帝国的犹太流亡者还是出于安全因素的考虑，而不是出于宗教目的。

对于奥斯曼帝国来说，犹太移民的到来是十分有益的。首先，尽管来自西班牙的逃难者总体上不像1453年从萨洛尼卡移居到伊斯坦布尔的那些犹太商人那么富有，但他们中的许多人属于遍布地中海区域的家族网络，这种强大的家族纽带可以带来重要的贸易机会，从而可以让奥斯曼人绕开盘剥成性、仍然掌控着地中海和黑海贸易的意大利商业家族。随着犹太移民的到来，效忠于奥斯曼帝国的犹太商人有机会取代信奉基督教的意大利商人，这让在诸如特拉布宗这样的贸易枢纽城市中生活的奥斯曼人对犹太移民的到来产生了极大的热情。[17]在特拉布宗，西班牙犹太人加入了当地原有的犹太商人群体，帮助他们扩大了在西方的贸易活动。[18]西班牙犹太人还对奥斯曼帝国各地的其他经济领域产生了影响。例如，在奥斯曼帝国统治下的保加利亚，塞法迪犹太人在皮革制造业中占据了重要地位；在北非，犹太人掌控了金银器市场；犹太人还在巴勒斯坦和伊斯坦布尔分别控制了丝绸生产和银行业。犹太人的迁徙在削弱了西班牙的同时，显著增强了奥斯曼帝国的经济实力。据说，巴耶济德曾忍不住说："斐迪南让他自己的国家陷入贫穷，让我们的国家变得富有，你们却将他称作一位明君！"[19]

塞法迪犹太人还为奥斯曼帝国在整个地中海地区的外交活动带

来了巨大的帮助。西班牙犹太人通晓多种语言，对欧洲林立的小国也比较了解，因而在奥斯曼帝国与其他国家打交道的过程中成了重要的中间人。不过，或许更重要的一点是，欧洲的政治家们普遍更愿意与犹太裔的奥斯曼外交人员打交道。尽管他们代表的是一个敌对的伊斯兰国家，但欧洲基督徒还是觉得这些犹太人要比穆斯林更可靠一些。在近代世界，宗教与政治难解难分。因此，考虑到这些犹太人代表的并不是一个犹太国家，欧洲基督徒更容易相信他们是诚实的中间人。在整个 16 世纪，犹太外交人员帮助奥斯曼帝国与法国等国家达成了多个重要的贸易协议。这些"穿梭外交"活动同时也增进了塞法迪犹太人社群的利益。为奥斯曼帝国服务的犹太外交人员经常从伊比利亚半岛将"秘密犹太人"，即那些仅在表面上皈依了天主教的改宗者，偷运到奥斯曼帝国。除了这些大胆的秘密行动，犹太人的外交活动还让奥斯曼帝国的犹太人可以与遍布地中海各地的家族成员和生意伙伴保持联系。

西班牙犹太人还为奥斯曼帝国带来了许多有用的技术知识。在 16 世纪早期，一位关注奥斯曼帝国塞法迪犹太人的欧洲观察者注意到："这些犹太人被驱逐出西班牙和葡萄牙后不久，就把多项发明成果、军事技术和装备教给了土耳其人，比如如何制造火炮、火绳枪、火药、炮弹和其他武器。这给基督教世界带来了巨大的危害。"[20] 奥斯曼人在战争中使用火炮已经有很长的历史，但塞法迪犹太人教会了他们许多关于制造弹药和火炮的新技术。在塞利姆于 1516—1517 年征服马穆鲁克帝国的战争中，他就带了一批犹太人帮助他生产火药，以提高火炮的性能。

除了枪炮之外，犹太人还带来了新的医学知识。有一个犹太人家族在这一领域格外突出：西班牙流亡者约瑟夫·哈蒙（Joseph

Hamon）[21] 先后担任过巴耶济德和塞利姆的首席宫廷医师，而当他于1518年去世后，他的儿子摩西又接替他的职务，先后成了塞利姆和苏莱曼的医生。摩西·哈蒙深得苏丹们的信任，甚至有机会在其他领域为苏丹效命，例如在1540年帮助苏莱曼与威尼斯展开和谈。他还在事关奥斯曼帝国境内犹太人利益的一些事务上在苏丹的宫廷里发挥影响力。例如，1545年，他促使奥斯曼帝国颁布了一道皇家敕令，谴责出现在阿马西亚的血祭诽谤*；他还推动奥斯曼帝国政府在萨洛尼卡和其他一些城市创办了多所学校。最终，他因为在治疗痛风的最佳方案上与其他医师产生分歧而失去了苏丹的部分宠信：摩西建议用鸦片来揉搓苏丹的双腿，但其他宫廷医师认为此举只能暂时减轻痛苦，并非治本之道。尽管如此，摩西仍然是深受苏丹信任的医学顾问，后来又将职务传给了自己的儿子。

1493年，塞法迪犹太人在伊斯坦布尔创立了一家希伯来文印刷厂，[22] 此时距离谷登堡（Gutenberg）开办印刷厂已过了近50年。不久之后，他们在萨洛尼卡也开办了一家希伯来文印刷厂。15世纪70年代，意大利出现了最早的印刷版希伯来文书籍。[23] 很快，这一技术就传到了西班牙和葡萄牙的犹太人社区。在奥斯曼帝国，伊斯坦布尔的希伯来文印刷厂成了帝国境内最早的印刷厂。假以时日，萨洛尼卡将成为全世界犹太人印刷事业的中心，为这座城市在知识与宗教领域的蓬勃发展打下了坚实基础。萨洛尼卡印刷厂最雄心勃勃的计划，就是要印刷整本的《塔木德》（Talmud）。为这一计划募资花费了多年时间，而单单是排版工作就耗时五年。要知

---

* 血祭诽谤（blood libel）是一则反犹谣言，声称犹太人谋害基督徒儿童，并用他们的血来举行某种宗教仪式。——译者注

道，在 16 世纪，完整的《塔木德》存世量很少，能够拥有一套完整的《塔木德》可以显著提高一处犹太会堂的声望。很快，萨洛尼卡在知识、文化和经济上的领先地位就获得了全世界犹太人社会的承认。1552 年，当罗马唯一的一套《塔木德》在一次反犹暴乱中被公开焚毁之后，正是这座位于奥斯曼帝国境内的印刷厂为罗马印制了替代品。

一些数字可以证明犹太人 1492 年之后在奥斯曼帝国境内的成功。[24] 1430 年，被誉为"巴尔干的耶路撒冷"的萨洛尼卡大约有 2 500 个犹太家庭。而到了 1519 年，这一数字增长到了 4 000 个。1553 年，一位来自德意志的旅行者估算，萨洛尼卡城中大约有 2 万名犹太男子。假设每名犹太男子拥有一个五口之家（这是很保守的假设），那么城中的犹太人口就会达到 10 万人，这一数字让城内的穆斯林和希腊人口相形见绌，大约占到了奥斯曼帝国犹太人总人口（25 万人）的近 40%。还有其他一些逸闻记述可以体现这一点。例如，有一份记述声称，在犹太人过安息日期间，整个萨洛尼卡都会陷入停滞。

从很多角度看，萨洛尼卡都成了全球犹太人生活多样性的一个缩影。这里有讲希腊语的犹太人，有来自德意志、波希米亚和匈牙利的犹太人，有讲土耳其语和阿拉伯语的犹太人，还有塞法迪犹太人，以及来自意大利和法国的流亡者。在萨洛尼卡的街头上，人们可以听到希腊语、土耳其语、意第绪语、德语、阿拉伯语，而且可以越来越多地听到拉迪诺语（Ladino），即一种混合了古西班牙语、罗曼语和闪米特语、使用希伯来字母的混合语言。拉迪诺语后来成了萨洛尼卡的通用语。这些移民群体虽然有着共同的信仰，但有着各自不同的传统与习俗。萨洛尼卡的一位拉比曾这样描述城中的犹

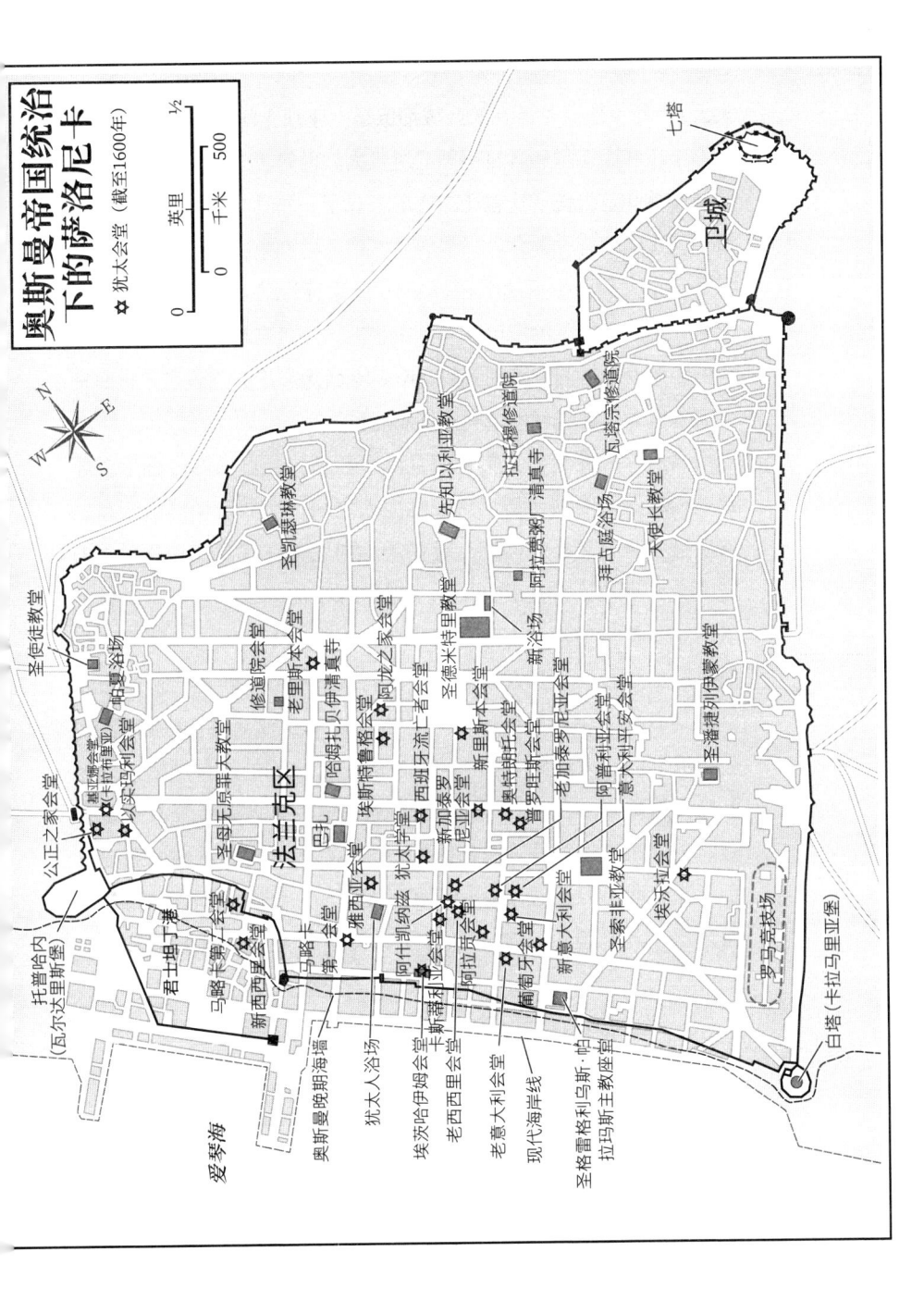

奥斯曼帝国统治下的萨洛尼卡

（截至1600年）

☆ 犹太会堂

太人:"每一座会堂所在的区域都像是一座独立的城市。"[25] 这里拥有几十座犹太会堂和各自不同的对犹太教的解读,再加上各个派系的穆斯林和基督徒,这就让萨洛尼卡成了一座社会和艺术层面的大熔炉。这座拥有种种令人兴奋的异域菜系的城市在随后的数百年里都是一个大都会生活的中心。在 16 世纪行将结束之际,萨洛尼卡成了一座独具特色的城市:只有在这里,一名来自叙利亚的犹太人才可能穿着定做的意大利套装,吃着希腊烤肉串,与一名来自西班牙的犹太人一起操着匈牙利语玩双陆棋。

当然,人性绝非完美无瑕,形形色色的族群的融合必然会导致一些问题。有些矛盾出现在犹太人之间,比如跨社群婚姻和如何度过安息日之类的问题;有些矛盾则发生在犹太人和非犹太人之间。西班牙犹太人引发了一个特别棘手的问题:如果一个曾经皈依过基督教的犹太人现在宣称自己重新成了犹太人,那么要如何决定他是否还算犹太人呢?拉比们就此展开了辩论。倘若两名以基督教仪式结婚的改宗者有了事关继承权或离婚的诉讼需求,萨洛尼卡的犹太法庭又要如何裁决呢?[26] 他们的这种婚姻究竟算不算合法婚姻?在有的拉比看来,这些犹太人改宗基督教只是暂时的生存策略;但另一些拉比认为,这些人当初是诚心诚意地改宗了基督教,只不过现在拒不承认罢了。一些拉比则坚持认为,无论出于什么原因,放弃自己犹太教信仰的人必须承担相应的后果。

当帝国境内的犹太人遇到关于财产、犯罪乃至习俗等更加世俗的问题时,他们通常会请伊斯兰法庭做出裁决。例如,犹太教教规对肉食有着自己的规定,而新近来到奥斯曼帝国的塞法迪犹太人对这些规定的遵守程度要远远低于萨洛尼卡本地的犹太人社群。[27] 在

萨洛尼卡的犹太男人

很大程度上，这是因为塞法迪犹太人曾经生活在信奉天主教的西班牙；在西班牙人的严格限制下，他们不得不保持一定的灵活性才能继续自己的宗教活动。但是，到了萨洛尼卡，他们又应当在何种程度上遵守教规呢？由于无法自行解决这一分歧，萨洛尼卡的犹太人决定把这个问题拿到当地的伊斯兰法庭上解决。任何涉及穆斯林的问题，例如跨族群婚姻或是刑事诉讼，都必须在伊斯兰法庭上解决；但是，如果案件只涉及非穆斯林，那么犹太人和基督徒可以选择本族群的宗教法庭。考虑到穆斯林只能使用伊斯兰法庭，奥斯曼帝国境内的非穆斯林实际上享有更多的法律选择。

萨洛尼卡是西班牙犹太流亡者最青睐的目的地，而在地中海东部的其他地区，犹太人的人口也出现了激增。在伊斯坦布尔，犹太居民从1477年的1 647户增加到了1535年的8 070户，几乎增长了400%（这一数字据说在1638年达到11 000户）。[28] 到16世纪末，在伊斯坦布尔，犹太人数量达到了希腊人的两倍，占全城总人口的五分之一。还有许多西班牙犹太人去了开罗，这让开罗成了塞法迪犹太人进行宗教教育的一个重要中心——位于巴勒斯坦的两个规模稍小的城市采法特（Safed）和耶路撒冷也是如此。单是采法特一地，就拥有21座犹太会堂和18所律法学校。[29]

犹太人在欧洲与在奥斯曼帝国待遇的巨大差异，可以在宗教、人口和政治层面上加以解读。在基督教的神学叙事中，犹太人非但拒不接受耶稣基督的福音，还最终谋害了他；他们只遵从《旧约》的律法，而不像基督徒那样接受耶稣基督带来的新王国的律法；他们只热爱真理的皮毛,却拒绝了真理的魂灵。没有任何权威的基督教文献试图在基督教信仰中与犹太人寻求和解。而由于伊斯兰教是亚伯拉罕诸信仰中最晚出现的一个,基督教的《圣经》中并没有提及它,因此在基督教经典中也就找不到有关基督徒应当如何对待穆斯林的记述。所以,在基督教的教义中,犹太人拒绝并杀害了耶稣基督,而穆斯林根本不存在。

作为后来者的伊斯兰教则必须要应对、适应另外两种宗教。伊斯兰教将自己视作一神教传统的顶峰,把自身的起源追溯到犹太教和基督教,并很认真地将犹太教和基督教变成了自身"族谱"的一部分。在伊斯兰教中,亚伯拉罕、以撒、摩西和耶稣*都是得到尊崇的先知。与《圣经》不同,《古兰经》明确规定了应当如何对待其他宗教的追随者,以及穆斯林领袖应当如何统治非穆斯林,尤其是犹太人和基督徒。作为"有经者",犹太人和基督徒的地位要高于其他非穆斯林。在成长过程中,伊斯兰教是一种被犹太教和基督教包围的小众宗教,因此必须面对现实的不利局面。固然,在战争期间,穆斯林会杀戮、奴役他们的基督徒和犹太人对手,并试图让他们改宗;但是,穆斯林,无论是政治领袖还是其他人,都有义务保护犹太人和基督徒,并承认他们的信仰和崇拜自由。伊斯兰教与基督教在本质上乃至在本源上的不同,永久地塑造了它们以及奉它们之名进行统治的国家对待其他宗教信徒(无论是在宗教上还是在政治上)的方式。

在超过200年的时间里,身为穆斯林的苏丹们都作为宗教上

---

* 《古兰经》称亚伯拉罕为易卜拉欣,以撒为易斯哈格,摩西为穆萨,耶稣为尔撒,其事迹与《圣经》所述略有区别。——编者注

的少数派统治着人口占大多数的希腊东正教徒。直到塞利姆完成1516—1517年的征服战争之后,穆斯林才成了奥斯曼帝国中的多数人口。因此,在此之前,奥斯曼帝国就必须确保在人数上占统治地位的基督徒臣民接受并支持穆斯林的统治。欧洲的基督徒统治者们从未面对过这样的问题,因为他们的大部分臣民总是与他们拥有相同的宗教信仰。随着奥斯曼人逐渐取代了信奉东正教的拜占庭帝国,他们也用种种诱惑赢得了被征服的基督徒的忠诚,这些诱惑包括:安全、更低的税收和基本的自治权。假使他们向基督徒征收严苛的税赋,或是采取歧视性的法律,抑或是试图强迫基督徒改宗伊斯兰教,他们很可能就会遭遇顽强的抵抗,为帝国招致灾祸。在人口构成几乎截然相反的欧洲,统治者则无须安抚国内的少数族裔:即便犹太人和穆斯林发动叛乱或是拒绝支付税款,他们也不会对基督教国家造成致命威胁。

在这几个世纪中,宗教裁判所制度让欧洲人的双手沾满了鲜血,奥斯曼帝国则在培育着一个多元性的社会。在此期间,奥斯曼人日渐占据了地中海地区的支配地位。在整个15世纪,特别是1453年之后,意识到了自身弱势的欧洲人不仅对奥斯曼帝国心怀畏惧,还害怕世界各地的所有穆斯林。欧洲人的这一警惕心理将在未来数个世纪之中对欧洲的文学、宗教思想和宣传产生影响。而鉴于1500年前后的全球实力对比情况,奥斯曼人并不会将基督教世界看作他们的敌人,自然也不会把世界各地的所有基督徒都视作他们的敌人。欧洲的分裂状态意味着奥斯曼人面对的只是一群形形色色的渺小的基督教敌人——匈牙利王国、西班牙的斐迪南和伊莎贝拉、威尼斯、热那亚等——而不是一个统一的、拥有辽阔版图的劲敌。更重要的是,作为生活在基督徒海洋中的宗教少数派,身为穆斯林的奥斯曼人并不会担心他们的基督徒臣民会成为"第五纵队",因为他们本来就必须为了维系自己的统治而与基督徒展开合作。正由于这样的现实情况,奥斯曼人并不会把他们与基督徒之间的战争视作伊斯兰与基督教之间的文明冲突,也不会把欧洲视作致命的威胁。因此,他们也不会像西班牙和其他欧洲强国那样妖魔化国内的宗教少数派。

不过,种种历史记录表明,我们也不能夸大奥斯曼帝国境内不同信仰间的和谐程度。在塞利姆治下的特拉布宗,初来乍到的塞法迪犹太人和长期居住于此的犹太人社群的经历都能证明这点。为数不多的西班牙犹太人抵达这座如此靠东的城市的时候,刚好遇到了一个政治稳定、人口结构正在发生变化的时期。在全世界都动荡不安的15世纪90年代,塞利姆的统治却为这座港口城市带来了相对的平静。此时,特拉布宗刚刚开始由一座东正教徒占多数的城市向一座以穆斯林为主的城市转变。在塞利姆统治期间,特拉布宗超过80%的人口是基督徒,[30]直到塞利姆离开特拉布宗几十年之后,伊斯兰教才成为这里的多数信仰。[31]在1492年前后的几个世纪里,犹太人只是特拉布宗城中的极少数。[32]在大约1500人的城镇总人口中,只有几十名技艺精湛的医生、手工业者和商人是犹太人,他们大体上也不会遭到骚扰。不过,暴力活动会时不时地打破这种平静。有人记载道,城中的基督徒和穆斯林时不时地会"杀掉他们看到的(犹太人)"。[33]实际上,在有些圈子里,特拉布宗可谓声名狼藉:"如果有人建议一名犹太人去特拉布宗,这个犹太人就会对他说你去死吧。"这份记录还记载了一个有关塞利姆担任总督期间发生的反犹暴力活动的故事——虽然这个故事很可能是虚构的。

这个故事的开头是年轻的穆斯林两兄弟在特拉布宗失踪了。在进行了彻底的搜索之后，男孩的家人和城市官员仍然无法确定他们的下落。多年之后的一天，一名伊斯兰教托钵僧在市场上仔细察看一红一黄的两块上好皮革时，发现皮子深层有一些奇怪的字迹。他费尽九牛二虎之力，终于解读出了字迹传达的信息："关心我们境遇的人们请知悉，我们在过去的20年中都被犹太鞣皮匠囚禁在地下。以真主与真主使者之名，请拯救我们，你们将看到奇异的景象。"这位托钵僧直接来到总督的官邸报告了这一情况。得知这一信息之后，塞利姆派遣士兵来到了城市边缘的犹太人鞣皮作坊。士兵们在鞣皮匠们储存染料的洞穴深处找到了失踪的两个男孩。故事接着讲道："两位年轻的受害者背上的皮已经被剥掉了。他们被背靠背地绑在一起，被迫做鞣皮工作。当其中一个人站起来工作时，另一个人也不得不站起来。"尽管故事中并没有明说，但托钵僧发现的那两块皮子应该就是从那两个男孩背上取下来的。当塞利姆的手下人继续调查鞣皮作坊时，他们找到了"几百个名叫穆罕默德的男孩"。消息很快传遍了全城：犹太人在奴役穆斯林男孩，还剥了他们的皮。一场暴乱随后爆发，有多名犹太人被杀。

在中世纪和近代欧洲，贩卖人口和关于贩卖人口的故事都十分常见。这些故事尤其喜欢描绘犹太人如何绑架其他族裔的孩童，还喜欢刻意强调其中的残酷细节。这个几乎可以断定为虚构的故事表明，奥斯曼帝国也存在反犹主义，并且反犹主义经常会引发反犹暴力，既包括言语的暴力也包括实际的暴力。但是，与欧洲的情况不同，奥斯曼帝国境内的犹太人并不能对帝国构成严重的威胁，因此奥斯曼人也无须彻底驱逐犹太人。最终让欧洲人驱逐犹太人的，其实并不是事关军事战略与领土征服的现实世界的政治因素，而是与纯净血统、腐蚀堕落、狡猾欺诈有关的一些夸张而不切实际的恐惧。尽管反犹暴力事件偶有发生，但是在15世纪90年代，我们还是看到犹太人在奥斯曼帝国实现了复兴；而且，在随后的数个世纪里，奥斯曼帝国一直是全球犹太文化的中心。

❈

在不平凡的1492年前后的几十年里，暴力、驱逐、强迫移民、日益扩大化的宗教战争、新世界民族的消亡与发展迅速的奴隶制度支配着近代世界。在这场冲突、征服与大规模死亡的飓风中，奥斯曼帝国有如风暴眼，它是一切风暴的核心，却令人惊异地成了人们寻求庇护的平静之所。

不过，奥斯曼帝国的领袖们也在为战争做着准备。对巴耶济德、塞利姆和他们的帝国而言，最可怕的威胁并非来自犹太人或基督徒，而是来自其他穆斯林——伊朗的什叶派穆斯林。对16世纪初的伊斯兰世界来说，最大的挑战并非来自外部，而是祸起萧墙之内。

第四章

远近之敌

(1500—1512)

塞利姆

12

东方异端

先知穆罕默德梦访萨菲

正当欧洲人在加勒比海地区疑神疑鬼地追踪着伊斯兰的鬼魂,将穆斯林和犹太人像花粉一样驱散到整个地中海的同时,一个新的伊斯兰强大政权正在东方崛起。在紧邻塞利姆统治下的特拉布宗的安纳托利亚东部内陆地区,白羊王朝崩溃引发的混乱绵延了整个15世纪90年代。在高加索地区和伊朗北部,部落军阀、宗教狂人和政治野心家都嗅到了获得土地、军队和金钱的机会。这些势力之间的争斗越发激烈,经常深入塞利姆的领地掠夺资源,在他们的马蹄踏过处播撒叛乱的种子。这让塞利姆十分紧张。不过,他决定暂时忍耐,等候最好的出击时机。

在林立的各方势力中,有一支实力强大的宗教团体。14世纪20年代,里海西岸附近的阿尔达比勒(Ardabil)诞生了一个由四处云游的禁欲者组成的宗教团体,该团体的创始人是谢赫·萨菲·丁(Shaykh Safi al-Din)。到1501年,这个宗教团体将演变为奥斯曼帝国在东方最主要的敌人——萨法维帝国。[1]萨菲和他的继承者们向信众们宣传虔诚祷告的力量和真主神秘莫测的一面,他们崇拜圣人、神灵和领袖的个人魅力。很自然,政治和社会局面的动荡不安通常会刺激离经叛道的宗教派别迅速壮大,那些被剥夺了权利、遭到迫害的人和其他社会边缘人往往会参与其中。于是，在安纳托利亚东部、高加索和伊朗北部这些陷入分裂的地区，萨菲教团找到了供其成长的沃土，在15世纪到16世纪稳步壮大。

崭露头角的萨菲教团不断扩大着地盘，吸纳着更多的追随者，同时发展出了一套十分活跃的意识形态，用以挑战周边最强大的对手——奥斯曼人。伊斯兰教什叶派信仰是萨菲教团意识形态的基石。7世纪，由于在穆斯林社会早期领导权问题上的分歧，伊斯兰教分裂成了逊尼派和什叶派。什叶派认为，伊斯兰教的政治和宗教领袖应当由先知穆罕默德的后裔出任；逊尼派则认为，伊斯兰教领袖的位置应当属于最有统治才能的人，而不应问其出身。从伊斯兰教诞生之始，直至今日，逊尼派的信徒一直比什叶派多。不过，这两个派系都融入了各种各样的政治实体之中，这些政治实体相互争夺着领土和意识形态霸权。无论是在特拉布宗的总督任上，还是后来在苏丹的宝座上，塞利姆都花费了大量的时间来对付在安纳托利亚东部活动的什叶派叛乱者和在伊朗与高加索地区日益壮大的什叶派政权。

萨菲教团并没有马上接受什叶派。起初，萨菲及其后裔接受的是在各大帝国鞭长莫及之处十分兴盛的"边疆伊斯兰教"。大约在1300年左右，仍然只是一个部落政权的早期奥斯曼人也曾接纳过一种与之类似、融合了多种宗教理念与文化、比较灵活多变的"边疆伊斯兰教"，以适应信仰林立、战争不断的外部环境。随着萨菲教团的实力日渐增强，他们开始越来越频繁地与奥斯曼人和白羊王朝发生接触和冲突；于是，他们也越来越倒向什叶派教义，以便与奥斯曼帝国和白羊王朝信奉的逊尼派分庭抗礼。最终，面对着白羊王朝的瓦解带来的动荡局面，萨菲的追随者们日

塞利姆的东方

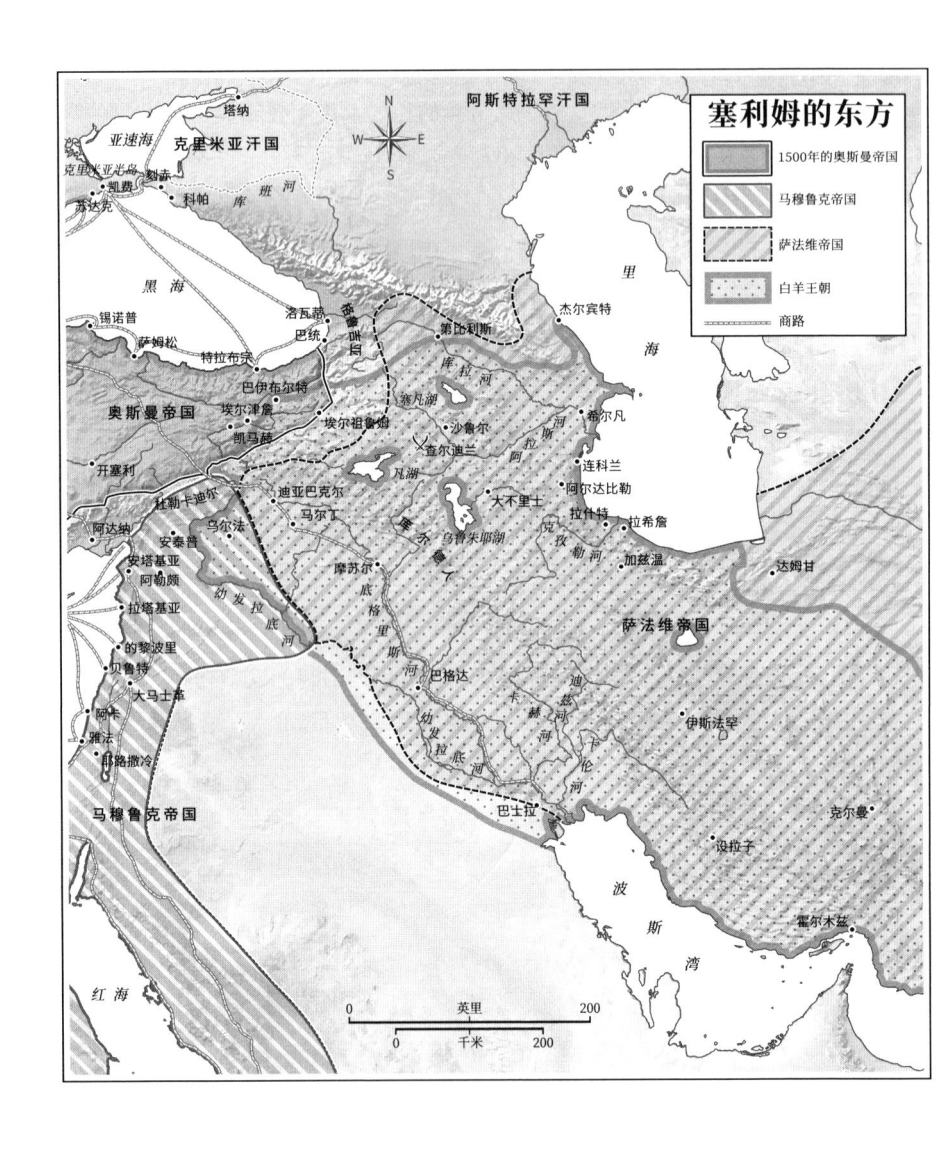

图例：
- 1500年的奥斯曼帝国
- 马穆鲁克帝国
- 萨法维帝国
- 白羊王朝
- 商路

主要地名：阿斯特拉罕汗国、克里米亚汗国、亚速海、塔纳、克里米亚半岛、凯费、刻赤、苏达克、科帕、库班河、捷列克河、里海、黑海、锡诺普、萨姆松、特拉布宗、巴统、洛瓦蒂、鲁姆哈伊、第比利斯、巴伊布尔特、埃尔津詹、凯马赫、埃尔祖鲁姆、塞凡湖、库拉河、杰尔宾特、希尔凡、沙鲁尔、查尔迪兰、阿拉斯河、连科兰、阿尔达比勒、拉什特、拉希詹、奥斯曼帝国、开塞利、阿达纳、杜勒卡迪尔、迪亚巴克尔、马尔丁、凡湖、乌鲁米耶湖、加兹温、达姆甘、安泰普、阿勒颇、拉塔基亚、马尔法、摩苏尔、底格里斯河、幼发拉底河、的黎波里、贝鲁特、大马士革、阿卡、雅法、耶路撒冷、巴格达、卡赫河、迪兹河、卡伦河、伊斯法罕、克尔曼、马穆鲁克帝国、萨法维帝国、巴士拉、设拉子、霍尔木兹、波斯湾、红海

比例尺：200 英里 / 200 千米

奥斯曼之影：塞利姆的土耳其帝国与现代世界的形成　　230

渐坚定了他们的什叶派信仰，将其转变为一种政治合法性和稳定性的来源。而对于塞利姆来说，什叶派就成了满足其军事野心的一个靶子。

※

1252年，萨菲出生在阿尔达比勒城中一户拥有大量土地的富裕家庭中。今天的阿尔达比勒位于伊朗境内，邻近阿塞拜疆；而在萨菲幼年时，它还是一座坐落在山谷中的静谧城镇。这里的冬季酷寒，但到了春天就随处可见灿烂的黄色毛茛、柔弱的红色罂粟和生气勃勃的粉色玫瑰。萨菲最喜欢的消遣活动之一是拜访当地圣人的圣祠。这个家境优渥的年轻人四处游荡，寻找着超越尘世的东西——更深邃、更有意义、更具超越性的东西。他长时间冥想，曾看到过天使和早已离开人世的圣人。[2] 为了解读自己所看到的幻象并找到自己应走的道路，他四处寻找精神上的指引。

在阿尔达比勒的圣祠周围聚集的苏非派神秘主义者中，极具人格魅力、时年60岁的扎希德（Zahid）最擅长解读萨菲看到的幻象。[3] 此人是一个以他的名字命名的教团——扎希迪亚（Zahidiyya）——的创始人。萨菲在对谈中表现出了极强的好奇心和理解力，同时，他也是扎希德的忠实追随者。很快，他就成了扎希德的得意门生和所在教团中最受信任的门徒。身为富家子弟的萨菲还在经济上资助教团，这自然让他获得了更多的支持。扎希德十分欣赏这位虔诚又慷慨的门徒，甚至把自己的女儿嫁给了他。在扎希德于1301年去世后，矮小敦实、年近五旬的萨菲成了他理所当然的继承人。这位苏非派大师在临终前对他的女婿耳语道："萨菲，真主已让你为人们所知,他要求你接受他的召唤……我已经折断了你所有对手的马球杆,并把球摆在了你的面前。随意挥击吧,这世界属于你。我度过了遁世的一生,但你不能如此。你必须去需要你的地方,使人皈依,为他们指点迷津。这是真主交给你的任务。"[4] 扎希德用一种起源于伊朗的运动做比喻,将一个既囊括世俗要求又包含宗教使命的任务交给了萨菲。于是,接受了这一任务的萨菲开始布道,试图让更多人接受他所发现的真理。他放弃了隐居生活,利用家族资源在阿尔达比勒及其周边地区扩大本教团的政治和经济影响力。有了"家族势力"这根马球杆,萨菲纵情驰骋,击打着被扎希德摆到他面前的球。他安排教团内的重要成员与伊朗北部的各大显赫家族联姻,从而增加了追随者的人数,并巩固了他的政治影响力。他还为了提高收入而购买了更多的土地。萨菲的教团还走出阿尔达比勒,与其他地方的势力结成联盟,建设新的圣祠,努力扩大教团可以利用的资源基础。这一切努力的目标都是为了实现教团的宗教使命,萨菲对此毫不掩饰。不久之后,教团就改用萨菲的名字为本教团命名,将其名称由扎希迪亚改为萨法维(Safaviyya)——它最终演变成了萨法维帝国。

当萨菲于 1334 年去世时,他的神秘主义教派已经有了十分深厚的根基。在接下来的一个世纪中,他的追随者们在萨菲打下的基础上继续将教派发扬光大。他们专注于维护圣祠、吸引更多信徒以及进行日常祈祷和仪式等活动。到 15 世纪 50 年代,这个教派的信徒人数已经急剧膨胀,成了伊朗北部和高加索地区一股强大的力量。在这 10 年中,萨法维教团做出了两个十分重要却看似相互矛盾的政治举动:首先,他们与逊尼派的白羊王朝联姻;而这一举动又让他们的第二个举动变得十分必要:他们循序渐进但又目标明确地正式接受了什叶派教义。

随着萨法维教团人数的增加和影响力的日渐提升，他们开始与当时地区内最强大的势力——白羊王朝产生了日益密切的接触，有时候甚至会发生直接冲突。公开对抗并不符合任何一方的利益，而在保持双方各自独立性的前提下，减少公开对抗可能性的最好权宜之计就是联姻。作为实力较弱的一方，萨法维教团尤为强烈地意识到了联姻的重要性。由于实力更强大、军事化水平更高的白羊王朝如同奥斯曼帝国一样信仰逊尼派伊斯兰教，萨法维教团就选择了什叶派，以彰显自己的不同、自主性以及对内部事务的管理权，哪怕在出于功利目的与白羊王朝建立了联姻关系之后也是如此。不过，尽管萨法维教团竭尽全力想要保持这种脆弱的平衡，他们选择什叶派的举动最终还是导致他们与白羊王朝分道扬镳。

1478 年，执掌白羊王朝近 20 年的强大领袖乌尊·哈桑去世。在他去世后，他的儿子兼继承人决定向日渐崛起的萨法维教团发动进攻。在这位年轻的君主看来，萨法维教团是一个相对容易对付的目标，同时也是对自己这位新君的威胁。为了从自己的家族中清除萨法维教团的"污染"，特别是清除他们可耻的什叶派信仰，他下令没收了萨法维教团的多处圣祠和大片田产，并拘禁了该教团的多位领袖，包括一些远在南方波斯湾附近的领袖。1494 年，白羊王朝从萨法维教团手中夺取了阿尔达比勒，迫使教团大部分成员四散奔逃。这是白羊王朝在 10 年的挫败中少有的几次重大胜利之一。萨法维教团的一伙人沿着里海西岸向南逃亡，其中就包括萨菲的直系后人之一、一个名叫伊斯玛仪的 7 岁男孩。

1499 年，流亡的萨法维教团开始谋划重返北方。在 15 世纪 90 年代，有两个同时发生的进程让萨法维教团有机会夺回伊朗北部大不里士（Tabriz）和阿尔达比勒之间的谷地。首先，接踵而至的继承权危机让白羊王朝陷入动荡不安，暴力活动肆虐整个地区，甚至向西波及塞利姆治下的特拉布宗。与此同时，事实证明，萨法维教团于1494年被逐出阿尔达比勒一事对他们自身其实是有利的，因为他们得以借此机会在里海南岸地区发展关系，寻找盟友。白羊王朝的劫掠和暴力活动引发了当地人的极大不满，萨法维教团利用他们的不满情绪，煽动当地人起来反抗，将白羊王朝的势力逐出他们所在的村镇。萨法维教团还许诺将率领人们北上进攻白羊王朝，并给予村民们自治的权利。毕竟，萨法维教团想要的是阿尔达比勒及其周边地区，而不是整个伊朗，甚至不是里海南岸地区。

到1500年底，萨法维教团已经做好了给予白羊王朝致命一击的准备。他们从伊朗北部的部落以及里海南岸、高加索地区乃至安纳托利亚东部的村庄里征召了大约7 000人，向极具战略意义的白羊王朝要塞沙鲁尔（Sharur）进军。这座要塞位于阿尔达比勒的西北方向，是多条商路的交会处。尽管在人数上居于劣势，萨法维教团及其盟友们仍充满了狂热的斗志。他们在几天之内就杀死了8 000名白羊王朝士兵，并一路追击残敌到大不里士。他们在大不里士附近大开杀戒，降伏了这座曾经接纳过马可·波罗和帖木儿的丝路古城。到1501年夏天，萨法维教团彻底夺取了大不里士。

在大不里士，连战连捷的萨法维教团的军事领袖们举行会议，商讨他们的下一步行动。在这次会议上，14岁的伊斯玛仪被选为萨法维帝国的第一位沙阿。伊斯玛仪生着一头红发，是个左撇子，唱起歌来声音浑厚洪亮。[5]他既是萨菲的继承人，同时也是一个崭新国家的开创者。此时，深受萨法维教团敬仰的创始人萨菲已经去世超过一个世纪了，他在这段时期内获得了神话般的地位。而作为

新近加冕的伊斯玛仪在大不里士聆听以他的名义宣读的星期五祷言

萨菲直系后裔的伊斯玛仪，完美地将具有对立意味的什叶派教义与萨菲的传承融合在了一起。萨法维教团的领导层对他寄予厚望，希望他可以同时成为政治上的统治者和宗教层面的导师。

虽然我们很难说清楚哪些是真实的故事，哪些只是传说，但有关这位新沙阿传奇般力量的故事还是广为流传。据说，伊斯玛仪有一次命人杀死了一头公羊，再将其尸体埋葬起来，只留一对羊角露出在泥土之上。[6] 接着，他骑马全力冲刺，探下身去，只用一只手抓住露出的羊角，就把整头公羊从土里拔了出来。接着，他把公羊举过头顶，甩了三圈，又向前扔了出去。

由教团演变而来的萨法维帝国一如既往地考虑着如何利用自身具有对立意味的宗教力量来赢得更多人的支持，而年轻而强壮的伊斯玛仪现在就是这种力量的化身。其中最为重要的举措，就是宣布什叶派伊斯兰教将永远是萨法维帝国的国教，这就让萨法维帝国成了近代世界最强大的什叶派国家。

正如几个世纪前奥斯曼人的逊尼派信仰一样，萨法维帝国早期的什叶派信仰看起来有些古怪，混杂了许多其他的思想因素，比如古代波斯人的君权思想、苏非主义、逊尼派乃至在边疆部落流行的异端邪说。不过，在宗教比其他一切因素更能确定身份认同的近代世界，明确宣布自己为什叶派国家可以让萨法维帝国宣示自身的独立性、主权、与众不同，以及与周边强权的对立姿态。更重要的是，1501年之后，当伊斯玛仪在宣布自己为全世界什叶派信徒的领袖之后，他实际上将奥斯曼帝国境内的什叶派信徒也当成了自己的臣民。

伊斯玛仪的诗作是萨法维帝国吸引追随者的主要手段之一。生活在伊朗北部、高加索地区和安纳托利亚东部的突厥语部落居民大部分目不识丁，因此，押韵而易于背诵的诗文更容易吸引他们。在小城镇和平原上，萨法维帝国的官员们会把牧羊人们召集起来，用沙阿的诗作来吸引他们的注意力。其中一篇诗作这样写道：

> 我是沙阿（阿里*）的信仰；
> 我是飞翔的鹦鹉，大军的领袖，苏非行者的同伴；
> 把我播撒在何方，我就在哪里生长；你在何时呼唤我，
> 我就在那时出现。我握着苏非行者的手。
> 我与曼苏尔†同在绞刑架上，与易卜拉欣同在火焰中，
> 与穆撒同行在西奈。
> 从夜晚走出，庆贺新的一年‡，加入君王的行列。[7]

只是短短几行诗句，伊斯玛仪就已经把诸多元素融入其中，包括：中东诸一神教的先知（易卜拉欣和穆撒）、波斯文化传统（波斯新年）、什叶派教义（阿里）和苏非主义（曼苏尔和鹦鹉）。把这么多的元素融入其中，他是有意为之的。伊斯玛仪的目标受众形形色色，他们在思想上并不成熟，同时背景又十分复杂。因此，伊斯玛仪用来传递信息的诗作本身包含的信息也十分复杂，融合了狂热的苏非主义、突厥语民族的文化特征和好战精神。

随着萨法维帝国对什叶派的理解越发深入，沙阿用作宣传的诗

---

* 阿里，即阿里·本·阿比·塔利卜，什叶派认为他是穆罕默德的正统继承者。什叶派一词的本意即"阿里的追随者"。——译者注

† 曼苏尔（Mansur），波斯神秘主义者、诗人、苏非主义导师。后因卷入阿拔斯王朝的权力斗争而被处死。——译者注

‡ 新的一年（Nau Ruz），即纳吾肉孜节，波斯新年。——译者注

作中也越来越多地融入了强劲有力的，有时甚至是异乎寻常的什叶派主题。伊斯玛仪并没有简单地宣称自己代表了阿里的信仰或是通过某种形式与先知们相识，他直接宣称自己就是真主：

> 我就是真主，真主，真主！
> 来吧，失途的盲人！真理就在此处！[8]

为了进一步将新近归附的追随者们与白羊王朝、奥斯曼人乃至其他所有人区分开来，伊斯玛仪为宣誓效忠萨法维帝国的入伍军人配发了鲜艳的红色帽子。帽子上有十二个向上竖立的尖角，象征着什叶派的十二伊玛目。因此，伊斯玛仪的部队也被称作"奇兹尔巴什"（Kızılbaş），即"红头"。很快，奥斯曼人就开始把这个词当作对所有什叶派穆斯林的蔑称，包括奥斯曼帝国境内的什叶派穆斯林，不论他们与萨法维帝国是否真的有关联。

❊

萨法维帝国宣示主权、建立一个敌对强权的行为，首先给全世界最强大的逊尼派政权——奥斯曼帝国——发出了一个十分明确的挑战信号。在审视一番位于西方的敌人之后，萨法维帝国决定效仿曾经在白羊王朝身上成功使用过的战略——他们与奥斯曼帝国境内安纳托利亚东部地区的什叶派信徒、苏非主义信徒和其他非逊尼派人口暗通款曲，试图从内部削弱敌人。这些渗透活动让萨法维帝国与塞利姆发生了直接冲突。塞利姆坐镇特拉布宗，把目光投向南方和东方。在他看来，安纳托利亚东部是他的势力范围，而在这里，萨法维帝国正从意识形态和军事斗争两个层面对他发起挑战。他绝不能允许有任何威胁存在。

1505 年，沙阿伊斯玛仪的兄弟易卜拉欣（Ebrahim）率领一支 3 000 人的军队去劫掠塞利姆管理的省份。塞利姆组织了一支成分混杂的大军迎击，其中包括了雇佣兵、心怀不满的近卫军士兵、少数族裔战士和部落勇士。塞利姆的军队从特拉布宗的南部出发，一路追击了大约 100 英里，一直把"红头军"赶到了幼发拉底河以北不远处的埃尔津詹（Erzincan）。他们杀敌众多，并缴获了大量的武器装备。接着，塞利姆又派出另外一支军队到高加索地区，洗劫了萨法维帝国的西部领土，以示报复。

通过这一系列行动，塞利姆清楚地向境外的敌人与国内的旁观者表明，他不仅要捍卫奥斯曼帝国的领土，还愿意为了扩大帝国的版图而战。他通过优势兵力以牙还牙，不放弃任何先发制人或是以牙还牙打击萨法维帝国的机会。他还在奥斯曼帝国境内劫掠什叶派村庄。随着奥斯曼帝国和萨法维帝国日渐将自己视为各自的伊斯兰教派系的保卫者，塞利姆开始把压制什叶派信徒视作自己的权利乃至责任，不论这些信徒身在何方。与此同时，塞利姆和伊斯玛仪还展开了一场十分激烈的宣传战：伊斯玛仪的武器是他自己的诗文，塞利姆的武器则是在阵前公开发表檄文。塞利姆在一篇檄文中写道，伊斯玛仪"这条异端恶狗"[9]，是自己在讨主人塞利姆的鞭打。

从塞利姆与萨法维帝国的对抗中，我们可以看出他和他的父亲在军事理念上存在着巨大鸿沟。为了保卫帝国的东部边疆，塞利姆曾经向伊斯坦布尔请求军事援助，但是一无所获。在 1505 年的战役结束后，伊斯玛仪派遣了一名特使到巴耶济德的宫廷，向他抱怨塞利姆毫无节制的劫掠活动，并要求巴耶济德归还被俘士兵的武器。巴耶济德当然拒绝了归还武器的要求，但他给予这位使者极大礼遇，还让他带着礼物与友谊的承诺回到了大不里士。巴耶济德从全局的角度审视着自己的帝国，认为自己的儿子头脑过热。因此，在与萨法维帝国的外交活动中，巴耶济德更愿意选择一条不那么咄咄逼人的路线，试图与萨法维帝国达成谅解。在巴耶济德看来，来自西方与南方的威胁迫在眉睫，所以他对在帝国的东线发动战争不感兴趣，因为这意味着要穿过条件十分艰苦的地区，把大量的部队和补给长途跋涉运送到遥远的东方。另一方面，塞利姆对事态自然有着不同的看法。远离地中海的塞利姆感受不到威尼斯人、西班牙人和热那亚人的威胁，对他来说，萨法维帝国就是奥斯曼帝国最主要的敌人。

萨法维帝国的威胁不仅体现在他们日渐增强的军事实力上，同时也在于他们志在建立另一个伊斯兰强国，这对奥斯曼帝国构成了根本性的威胁。比起基督教和犹太教，伊斯兰教什叶派对奥斯曼帝国尊奉的逊尼派构成了更深入骨髓的意识形态挑战。诚然，这一时期发生在奥斯曼帝国与萨法维帝国之间的对抗还远没有达到不久之后那种伊斯兰世界全面内战的程度，但它在日积月累地造成着损害。无论是在意识形态的层面上还是在领土的层面上，萨法维帝国都在蚕食着塞利姆未来希望继承的这个帝国，这让他不禁怒火中烧。在他看来，暴力是最有效的，可能也是唯一可行的外交手段。

这一观念上的分歧在奥斯曼皇室内部造成了分歧和直接的政治冲突。塞利姆要追杀萨法维人，巴耶济德却送给他们礼物，释放出和谈的善意。塞利姆倾向于发动进攻，他的父亲则主张隐忍。塞利姆认为，软弱的回应只会让萨法维帝国越发肆无忌惮；巴耶济德则担心儿子的举动和言辞只会激化奥斯曼帝国与其成千上万的什叶派子民之间的矛盾。苏丹斥责了儿子,命令他归还夺取的土地和俘虏,但塞利姆拒绝了。塞利姆原本就因为父亲更偏爱自己的两个兄长,并把自己派到了帝国最边远的地区而心怀怨恨,现在更是把父亲对萨法维帝国采取的政策视作其无能的标志。他决心在帝国的敌人面前毫不退缩,无情地捍卫奥斯曼帝国的领土。1510 年,沙阿伊斯玛仪又向塞利姆曾经在 1505 年成功保卫过的区域派出了一支军队。塞利姆再一次击退了伊斯玛仪的军队,并杀入萨法维帝国的领土,在埃尔津詹的东部发动了一场小型战争。但让塞利姆十分恼怒的事情发生了:巴耶济德出手干预,通过妥协谈判的外交手段解决了这场争端。

※

萨法维帝国的威胁让奥斯曼帝国皇室内部在如何看待帝国的力量以及如何在军事上运用帝国的力量等问题上出现了越来越大的裂痕,这些问题也在日后成了塞利姆与他同父异母的两个兄长——艾哈迈德和科尔库特——之间的继承权战争的主题之一。奥斯曼帝国的苏丹巴耶济德已经把最称心如意的总督职位(在奥斯曼皇室的老根据地阿马西亚)给了他最喜欢的儿子艾哈迈德,随后又在 15 世纪与 16 世纪之交帮他与帝国最高层的行政官员和军事统帅建立起联系,还让他参与到许多重大决策的制定过程之中。因此,艾哈迈德代表了其父统治方式的延续,其中就包括了巴耶济德避免与萨法维帝国发生对抗的保守姿态。

身在东方的塞利姆则代表了在军事上更加主动进取的路线。他坚信，像萨法维帝国这样的敌人只能用武力击垮，外交活动对此无能为力。由于军人们不赞同巴耶济德崇尚克制与耐心的解决方案，塞利姆得以在军方赢得了支持者。随着这对父子间的矛盾日益激化，整个帝国也在滑向战争。

13

宇内之敌

特拉布宗总督任上的塞利姆与萨法维军队交战

在 15、16 世纪之交，也就是欧洲人将第一批西非奴隶（其中既有穆斯林也有非穆斯林）运往新世界的同时，高加索地区也正日渐成为奥斯曼帝国奴隶贸易中的重要一环。长期以来，奥斯曼帝国独特的奴隶制度让帝国东部与作为重要奴隶来源的高加索地区保持着密切的联系。而在这一时期，随着帝国的西部边境暂时安定下来，高加索取代了巴尔干半岛，成了帝国最重要的边疆地带。边境地区的动荡局势给了奥斯曼人频繁发动突袭的机会，他们在这些突袭活动中掳获了大量的基督徒男孩，将其补充进近卫军中。由于特拉布宗是这些奴隶输送进帝国的主要枢纽，塞利姆获得了其他大部分总督都无法拥有的优势，被帝国的武装力量视作自己的代言人，从而让他进一步赢得了帝国上下士兵阶层的支持。塞利姆认为，近卫军的高层指挥官们正日益远离前线，因为他们更喜欢奥斯曼帝国行政体系内那些舒适的岗位；只有普通士兵还在充当着帝国坚强的卫士。在塞利姆看来，近卫军普通士兵与高层指挥官之间的裂痕正日渐加大。他决定设法扩大这一裂痕，以更好地利用普通士兵对他的支持。

塞利姆时常带兵出击，俘虏一些高加索人回来做奴隶。这些奴隶大部分是基督徒,多数是白人。这些奴隶被送到特拉布宗的市场上,然后转销到帝国各地,甚至运往国外。威尼斯和热那亚的商人们就经常在特拉布宗的市场上购买奴隶,就像购买丝绸和香料一样。在黑海沿岸的部分城市,来自奴隶贸易的税收可以占到年度财政收入的30%。[1]因此,塞利姆把大量时间花在奴隶贸易上——获取奴隶,对奴隶交易征税,清除市场中的腐败,确保奴隶源源不断地经由他的城市流动出去。

塞利姆与近卫军的关系日渐亲密,这促使他发动了在特拉布宗总督任上最野心勃勃的一次军事冒险。1508年,他率领一支大军向东北方向进发,进入高加索地区,进攻格鲁吉亚。这次入侵开启了一场长达10年的军事扩张行动。格鲁吉亚是一个基督教国家,以古老的教堂和高耸的山峰闻名遐迩。此时,格鲁吉亚已经与位于其南方的新兴什叶派帝国结成了同盟,有时甚至沦为它的附庸。格鲁吉亚是一个容易对付的目标,这个小国的实力完全无法与奥斯曼帝国相提并论。由于经常为了获取奴隶和战利品发动劫掠,塞利姆的部队对山地地形并不陌生。在召集部队的时候,塞利姆向他们许诺这将是一场闪电般迅速而且几乎不需要付出什么代价的胜利:"我要对邻近的格鲁吉亚异教徒发动一次袭击,热衷劫掠的年轻人和勇敢者来加入我们的行列吧。"[2]数以千计的人响应了他的召唤,长途跋涉来到特拉布宗,"(他们)来自被真主庇护的诸领地的城市、小镇和乡村,还有许多热衷于圣战、勇猛如狮子、住在帐篷里的游牧民"。塞利姆多年来联合各种力量的努力有多么成功,由此可见一斑。

塞利姆的混编大军击溃了组织混乱、晕头转向的敌军(《塞利姆传》中称他们是"不信真神、心怀仇恨的民族"),只花了不到一个星期的时间就在格鲁吉亚南部长驱直入150英里。在语气近乎谄媚的《塞利姆传》中，作者这样记叙远征格鲁吉亚一事，"迅如疾风的战马踏过这片广阔的土地，原本富庶且人丁兴旺的土地，如今已沦为死亡之枭的家园，满目疮痍。而造就这一切的，正是"塞利姆。

接下来，《塞利姆传》又描述了塞利姆的军队如何掳走了大约10 000名格鲁吉亚妇孺，而这些人的命运就是成为奴隶。[3] 奥斯曼军人因为入侵格鲁吉亚而获得了大量的财富和快乐。他们"劫掠财产和农庄，抢夺财富与货物，满载战利品而归，心满意足"。在完成任务之后，塞利姆的军队把秩序井然的军营变成了在可怜无助的格鲁吉亚俘虏身上肆意泄欲的秽乱之所：

  美丽、端庄、唇如花蕾的尤物，步态优雅，身材如柏树般挺拔，体味若玫瑰般芳香，
  却白白落入身穿铠甲的兵士武夫之手；
  茉莉花色肌肤的女孩被带到此处，她们到处播撒快乐，她们的美丽令人愉悦；
  她们面容姣好，长短卷发散发着香气，仿佛天堂中的美人，
  她们遍布军营之内，如无数明月、耀日与行星缀满天空。

这些华丽的辞藻并不能掩盖事实。战争几乎总是伴随着强暴。身为军事统帅的塞利姆给了他忠诚的战士们最想要的东西：激烈的战斗、大肆劫掠的机会以及强暴女性的许可。作为统帅，塞利姆本人可以分得全部奴隶和战利品的五分之一，但这一次他放弃了

这一权利，因而此次被士兵们收入囊中的战利品要比平时更多。按照《塞利姆传》的说辞，塞利姆十分纯粹，能够激励他向前的只有纯粹的思考和行动、野心和决心。我们也可以说，他的想法很简单，眼中只有他的目标。他要的不是金钱、享乐或奴隶，甚至不是土地。他想要的奖赏很快就要到手了。

格鲁吉亚战争是一场经过精心计算的政治行动，塞利姆发动这场战争是要服务于更大的个人、政治和战略上的目标。首先，他要给萨法维帝国传递一个再清晰不过的信号：他才是这一地区的铁腕人物。更重要的是，他要通过此举让自己与父亲以及父亲最喜爱的儿子艾哈迈德形成鲜明的对比。塞利姆要通过这次先发制人的进攻向奥斯曼帝国的军事精英们证明，自己是巴耶济德的儿子中最雄心勃勃的一位，因此也应当是他们最青睐的苏丹继承人。在格鲁吉亚对士兵发表的一场演讲中，塞利姆很明确地阐释了自己的意图。这场演讲虽然发表于深入敌境的战场，但演讲的对象并不仅仅是在现场聆听演讲的士兵，更包括他的父亲、与他竞争的兄弟们以及帝国上下的所有掌权者。在演讲中，塞利姆指出一直困扰着帝国的种种"病症"和可以"治疗"这些"病症"的方案，并且向与他角逐苏丹宝座的国内敌人发出了挑战：

> 我父亲官廷中那些贪恋财物的无能之辈、敛财之徒，奉贿赂为真神，对其顶礼膜拜，已然走火入魔。以往，常有能干而且杰出的自由民战士、声名出众的年轻勇士，在我先祖的帐下效力，现在此类英才却被这班贪官污吏弃如敝屣。我听闻，由于只有出身奴隶才能享受高官厚禄，国境内的贤能人才只好投向"奇兹尔巴什"（指什叶派）。

因此，在塞利姆看来，奥斯曼帝国既缺乏方向性，又在道德上破产，他断定这必然会导致帝国在政治和军事上的衰弱。他认为，帝国的统治精英已经偏离了"伟大先祖们"确定下来的虔诚道路，以至于奥斯曼人已经丧失了保卫国家的能力（这即便不是彻头彻尾的谎言，也是一个颇具误导性的论断。虽然有些争议，但很多人认为，此时的奥斯曼帝国比以往任何时候都强大）。那些从巴尔干和高加索地区掳来作为奴隶的基督徒男孩，皈依了伊斯兰教，并且在优渥的环境中成长起来，随后填满了奥斯曼帝国中的军政职位。塞利姆认为，比起帝国的福祉与安全，这些人现在更在乎如何垄断权力、权威与财富。他们并没有成为真正的战士，而是变成了可悲而且自利的官僚。在塞利姆看来，那些在格鲁吉亚与他并肩作战的人才是帝国真正的捍卫者。他认为，这些生而为自由民的穆斯林被帝国忽视，精英奴隶阶层获得的不可胜数的优待与他们无缘。这些武装起来的雇佣兵、农民、游牧民和一些心怀不满的近卫军士兵，为了对抗奥斯曼帝国的死敌挺身而出，甘冒矢石；而且，他们也毫不畏惧帝国真正的敌人，与之勇敢斗争，这些敌人有：从内部腐蚀着帝国的裙带关系、任人唯亲与自私贪婪。

于是，塞利姆提出了一个与其父不同的统治方式。他提出，要让帝国回归往日辉煌，取得道义上的正当性和军事上的安全保障。他认为，要实现这样的目标，必须靠纯粹的战士才能实现——他们要满怀激情地捍卫帝国，为的并不是追求财富和世俗权力，而是出于对奥斯曼家族及其辉煌历史的热爱与崇敬。塞利姆强调说，只有他本人才能让帝国从令人绝望的昏睡中苏醒过来。他直接对他手下的战士们说：

> 正是为此，我才选择对格鲁吉亚人发动这次攻击，并把你们带到此地。我关切你们的命运，我的关切将为你们带来福音。从先祖的时代起，我们就被告知，宫廷上的奴隶是愿意为了我们的事业牺牲性命的忠心耿耿的陪伴者与服务者。如果真主（赞美真主，他是最尊贵的）愿意让我，他的奴仆，获得人间的君主权力，我会把目光投向自由民，优待那些能干而杰出的勇武战士……只因为他们的奴隶身份，就把一些一无是处的人当作可信赖的仆人，这绝非人君当为之举。对自由民视而不见则更不应当。倘若这是崇高的真主的旨意，我必将坚守这一信念。

接着，塞利姆把他的"坚定"信念用在了为自己赢得"君主权力"上。"去吧，回到你们来的地方，"他继续说，"在你们各自所在的地方，让那里能干而杰出的勇士们知晓我的决心。"塞利姆让他的士兵们去传递这一政治信号，目的是创造一个与他所说的"一无是处"的当权精英——他的父亲、宫廷和奥斯曼帝国军方的最高层——不同甚至截然对立的权力根基，并利用他们与当权的精英阶层对抗。塞利姆要依靠那些被他的父亲忽略和轻视了太久的"自由民""能干而杰出的勇士"来重塑他心目中"真正的"奥斯曼帝国。

那些凭塞利姆的恩赐获得了战利品和奴隶的士兵对他野心勃勃、继续征伐的计划很感兴趣。据说，在他们回到家乡并把塞利姆的话告知他们的家人与朋友之后，所有人"都全心全意地成了那个宫廷的奴隶"。这位忠实的持亲塞利姆态度的记叙者精心选用了"那个宫廷的奴隶"这样的字眼，其实是把塞利姆当成了一位拥有属于自己的宫廷的苏丹,实际上把矛头对准了巴耶济德的政府。《塞利姆传》接着写道,帝国境内的人民得知了塞利姆的宣言之后,纷纷写下诗篇来赞颂他的光荣与美德,憧憬着他成为苏丹的伟大时刻,还把他描绘成"光荣且果敢的世界征服者"及"让世间臣民蒙福的统治者"。按照《塞利姆传》的说法,塞利姆在格鲁吉亚战役之后开始有了一位苏丹的样子。

当然,塞利姆的父亲依然是在位的苏丹。远在伊斯坦布尔的苏丹和他的廷臣们紧张地注视着在东方建立自己的权力根基的塞利姆。《塞利姆传》写道,他们因为塞利姆的"英勇果敢、刚毅雄健和高超技艺而满怀痛苦与妒意"。巴耶济德和他的廷臣们意识到,塞利姆的崛起让"那些曾经饱受轻视与贬抑之苦、充满了激情与勇气的人重获新生"。更重要的是,"随着这位为我们带来统治力与繁荣的君主(塞利姆在这里被视作一位君主)的到来,他们(指塞利姆的士兵们)聚到一起,重新集结起来"。拥有了私人军队的塞利姆,权势急剧上升。接着,《塞利姆传》写了一段言之过早的话:"(巴耶济德的)宫廷上的众人明白,他们的繁荣之日已经黯然失色,日暮西山。"

巴耶济德既是帝国的苏丹,更是塞利姆的父亲,他不能容忍如此傲慢无礼的态度,并加大了对艾哈迈德的支持。两大阵营日渐剑拔弩张,一场血腥的继承战争显然无法避免。《塞利姆传》中记载说,巴耶济德宫廷中亲艾哈迈德的一派"越发蠢蠢欲动,不择手段地诋毁天意所向的苏丹陛下(指塞利姆)的勇敢与博学,鼓吹苏丹艾哈迈德的伟大与光荣。在这件事上,他们竭尽全力,勤勉异常"。与此同时,同样已经对苏丹宝座充满兴趣的科尔库特也开始聚拢自己的人马。就这样,随着巴耶济德年岁渐长,他的三个儿子为接下来可能发生的事情做好了准备,而帝国的臣民们也等待着日渐临近的内战。

❖

很快,一场重大的危机把奥斯曼苏丹家族内部闷燃的矛盾变成了熊熊烈火。[4] 1501年,萨法维教团攻占大不里士,这让奥斯曼帝国境内的什叶派信徒大受鼓舞,他们认为自己可以从萨法维王朝获得强有力的支持,来对抗这个时常压迫他们的逊尼派帝国。面对什叶派信徒从内部削弱奥斯曼帝国的危险,奥斯曼帝国政府决定阻止萨法维王朝与奥斯曼帝国境内什叶派信徒结盟的任何企图。他们采取的手段是强迫什叶派信徒搬离受萨法维王朝影响的地区。为了让什叶派信徒尽可能远离萨法维王朝的势力范围,奥斯曼政府强迫他们从安纳托利亚东部长途跋涉,迁徙到安纳托利亚的西南部,有些什叶派信徒甚至被迫到了巴尔干。然而,这一行动产生了适得其反的后果。奥斯曼帝国官员的本意是要避免帝国境内出现一个亲萨法维王朝的核心区域,结果却把这种威胁散播到了帝国的各个角落。现在,他们不得不在从巴尔干到叙利亚的各个地区应对萨法维王朝带来的威胁。

安纳托利亚西南部的泰凯省位于托罗斯山脉与地中海之间,是陆地伸向大海的一块凸出部,东侧紧邻安塔利亚(Antalya)。这个省份接纳了大量外迁的什叶派人口。1511年,这些什叶派移民中出现了一位极具个人魅力的领袖人物,给帝国带来了一场危机。此人化名沙库鲁(Şahkulu),这个名字就显示了他的什叶派政治主张:他作为萨法维王朝沙阿伊斯玛仪的奴仆(kul),要举剑反抗奥斯曼帝国的统治。如同 16 世纪早期诸多白手起家的崛起于安纳托利亚的人物一样，沙库鲁起初也是一个拥有一小群信众、四处云游的神秘主义传教者。像萨法维教团早期的诸位沙阿以及在伊斯兰教、犹太教和基督教世界出现过的众多出身布衣的风云人物一样，沙库鲁也渐渐获得了越来越多的追随者，使得当地的奥斯曼帝国官员不得不给予其更多的关注。由于奥斯曼帝国奉行接纳政策，出身于土库曼部落的沙库鲁最初甚至还接受过巴耶济德的帝国政府发放的津贴。这一事实后来被人用来指责巴耶济德苏丹，因为不论他是否有意为之，他的确曾经资助过帝国的敌人。

声威日壮的沙库鲁越发高调，开始声称自己是一位什叶派先知。[5] 他的一些追随者开始宣称他就是救世主。他极具反抗性的主张和神启式的言论让他在奥斯曼帝国境内获得了众多对现实不满的人的支持。这一点似乎可以证实塞利姆在格鲁吉亚发表的演说中提出的一个略显夸大的论断：奥斯曼帝国境内的许多逊尼派教徒正在接受什叶派教义。关于沙库鲁的一些记述把他的追随者称作"安纳托利亚的众人"，这意味着他的影响力并不局限于泰凯一省，而是波及更远的地方。实际上，为了给他筹备中的叛乱争取支持，他甚至把信送到了希腊和保加利亚这样遥远的地方。[6] 1510 年，刚刚抵达萨洛尼卡的犹太人也接到了沙库鲁的信，在信中，他呼吁他们加入他的行列，共同反抗奥斯曼帝国（只不过响应者寥寥）。自然，沙库鲁谋划叛乱的行动招来了奥斯曼帝国的军事镇压。

在把东方的什叶派信徒重新安置在泰凯省之后，巴耶济德立刻任命科尔库特为该省总督，并要求他成为一名"威严强悍的指挥官"[7]，以应对什叶派信徒在该地区发起的任何挑战。当沙库鲁于 1511 年 4 月 9 日（这一天是伊斯兰教历一月十日，是纪念阿里之子伊玛目侯赛因殉难的什叶派节日)发动叛乱时,事态的发展很快证明科尔库特没能尽到他的职责。[8]科尔库特一心只想着即将到来的继承权争夺,因而早就放弃了泰凯省。为了有朝一日能赢得苏丹宝座,他在帝国境内四处奔走,争取支持者。1511年春天,他正在安纳托利亚西部重要的经济枢纽和主要城市马尼萨(Manisa)。这里邻近爱琴海,便于他在必要时尽快赶到都城。

科尔库特不在泰凯,这不仅让沙库鲁获得了战局上的优势,也让他获得了舆论上的优势。他可以借此强调自己一直以来的宣传内容:奥斯曼帝国的统治无效而且失败,它并不服务于民众的利益,灭亡指日可待。沙库鲁宣称,科尔库特之所以放弃了泰凯,是因为63岁的巴耶济德已经时日无多,而苏丹的死亡总会为帝国带来剧烈的动荡。沙库鲁还强调说,奥斯曼人不义、无能、怯懦、自私,整个帝国已经日薄西山。

1511年,沙库鲁率领部众在泰凯省境内与风景如画的港口城市安塔利亚附近取得了一系列重大胜利。[9]沙库鲁领导的叛军采用的战术与同时期的泰诺人和沃洛夫人在半个世界之外的伊斯帕尼奥拉采用的战术如出一辙。他们在安纳托利亚西南部林木繁盛的山区中找到理想的隐蔽点,居高临下地袭击奥斯曼军队的据点,焚毁军营,偷走食物与补给品,屠毁牲畜。巴耶济德接到报告称,叛军已经打入了奥斯曼帝国军队内部,甚至说服了一些士兵倒戈。苏丹明白,必须立刻将军队动员起来了。他派遣手下最优秀的军事将领之一、安纳托利亚总督卡拉格兹帕夏(Karagöz Pasha)率军前去平定这场什叶派叛乱。

卡拉格兹帕夏将沙库鲁逐出了泰凯省,在安纳托利亚西部一路追击。他在一个又一个城镇目睹了叛军肆虐后留下的狼藉场面。沙库鲁的什叶派武装有2万多人,四处劫掠杀戮,甚至还焚毁了逊尼派清真寺和《古兰经》。[10]城镇居民们讲述着叛军杀人、强奸、劫掠、破坏的故事。在位于安塔利亚以北200多英里的内陆山区城镇屈塔希亚(Kütahya),叛军"不分男女老幼大加屠戮,甚至将超出所需、无法带走的牛羊也屠戮殆尽。他们还杀死了猫和鸡。他们从屈塔希亚省的村民手中夺走了一切值钱的财物,包括毯子和所有能够找到的东西,然后将它们聚拢起来,付之一炬"。[11]4月底,在屈塔希亚以北100英里的布尔萨,一位法官恳求近卫军首领立即派遣军队来保卫这座城市。他写道,如果援军无法"在两天内抵达,此地就会陷落"。[12]布尔萨的居民是幸运的,因为卡拉格兹帕夏终于在屈塔希亚追上了沙库鲁。但是,沙库鲁叛军的人数远远超过了奥斯曼军队。寡不敌众、士气低落的帝国军队被轻而易举地赶出了屈塔希亚,卡拉格兹帕夏也落入了叛军手中。1511年4月22日,叛军在屈塔希亚要塞前公开对卡拉格兹帕夏处以穿刺刑,随后砍下他的头颅,并焚烧了他的尸体。[13]

对巴耶济德来说,形势已经变得既可怕,又不可容忍。由于安纳托利亚缺乏强有力的领导,一群叛乱分子已经在帝国的核心地带肆意妄为。在一个什叶派分子的率领下,他们肆意破坏,杀害帝国臣民(包括一位地位显赫的总督),同时把他离经叛道的学说散播到了帝国各处。为了阻止这支叛军,巴耶济德决定向他的大维齐尔哈德姆·阿里帕夏(Hadım Ali Pasha)寻求帮助。[14]哈德姆·阿里帕夏出身于波斯尼亚,现在是帝国境内第二有权势的人。巴耶济德命令他去消灭沙库鲁及其叛军。一方面,巴耶济德当然想要终结这次叛乱,并杀鸡儆猴,警示其他潜在的敌人;另一方面,他也认为自己对沙库鲁采取的措施可以帮助他达到其他的目的。

对于巴耶济德三个可能的继承人——塞利姆、艾哈迈德和科尔库特，奥斯曼帝国的军人已经不无道理地将塞利姆视作最具进取心的一个：他追击萨法维王朝派来的劫掠者和安纳托利亚的什叶派信徒，挥师入侵格鲁吉亚，还把本应属于他自己的战利品分给士兵们。因此，巴耶济德和艾哈迈德的支持者意识到，必须要设法证明苏丹最喜欢的这个儿子也是一位不逊色于塞利姆的专注且进取的军事统帅。这从一个侧面也表明，塞利姆已经成功地主导了如何使用帝国武装力量这一议题。大维齐尔哈德姆·阿里帕夏是宫廷中亲艾哈迈德一派的首领；因此，指派他去消灭沙库鲁，有助于提高艾哈迈德在军事上的威望。这实际上是一场精妙的表演：艾哈迈德其实留在远离前线的阿马西亚，但公开的报告中都说他与阿里帕夏保持着密切的联系。因此，艾哈迈德一方面无须暴露在任何风险之下，另一方面又可以被视作帝国平叛行动的主导者。这一出政治戏剧就是对塞利姆在格鲁吉亚战役期间对艾哈迈德和巴耶济德发出的挑战的直接回应。巴耶济德很清楚，近卫军中的许多人，既包括士兵也包括军官，仍然对艾哈迈德的军事能力持怀疑态度。由于他从未经历过战火的锤炼，很多人认为艾哈迈德软弱而且缺乏经验，甚至对帝国的防务漠不关心。在这一方面，艾哈迈德确实很像他的父亲巴耶济德，更倾向于采用外交手段来应对帝国的敌人。

然而，事情并没有朝预料中的方向发展。这对艾哈迈德和巴耶济德来说是一个坏消息，而对那位大维齐尔来说则更是一件非常不幸的事。在帝国军队与叛军在屈塔希亚附近遭遇之后，沙库鲁率众向东逃窜，希望从他们的什叶派盟友、统治伊朗的萨法维王朝那里获得必需的补给品和人员。依旧与艾哈迈德"保持着协同"的阿里帕夏继续向东追击，在矿产资源丰富的安纳托利亚中部山城锡瓦斯（Sivas）附近遇到了沙库鲁的部队。[15] 奥斯曼军队刚刚经历了长途跋涉，缺乏补给；与此同时，阿里帕夏手下的一些士兵可能也当了叛徒。相反，什叶派叛军则刚刚获得了补充与增员。这些因素都让阿里帕夏的军队处于十分不利的境地。战斗在7月份打响，帝国军队蒙受了惨重损失。几个星期之后，伊斯坦布尔的人们得知，阿里帕夏已经被杀。不过，奥斯曼军队还是抓获了一些什叶派叛军，并将他们中的大多数强行安置在了距离萨法维帝国十分遥远的伯罗奔尼撒半岛。[16] 与此同时，大部分什叶派士兵撤进了萨法维帝国境内。那年夏天的晚些时候，他们来到伊斯玛仪在大不里士的宫廷，获得了英雄般的热烈欢迎。但是，在来到伊斯玛仪宫廷的人员中，并没有沙库鲁。他可能已经在锡瓦斯的战斗中阵亡，或是死在了撤往伊朗的途中。[17]

无论沙库鲁的结局究竟如何，都不会改变他留下的历史遗产：他震动了奥斯曼帝国这个庞然大物，暴露了它的虚弱，并在其核心区域留下了一片废墟。正是沙库鲁为萨法维王朝日后挑战奥斯曼帝国打下了基础。他杀掉了苏丹最信赖的心腹，在安纳托利亚的城镇中获得了什叶派支持者，暴露了科尔库特的自私与无能，并且给了艾哈迈德的继位美梦以沉重一击。在奥斯曼帝国继承权的几位争夺者中，塞利姆无疑得益于沙库鲁的叛乱。[18] 这场叛乱印证了他在格鲁吉亚对军队发表的那个酝酿多年的看法：他的父亲和他父亲的政府十分软弱，而他那些同父异母的兄长更加软弱；他们的心中根本没有国家与人民的福祉，他们满心想的都是拉帮结派、裙带关系，以及谋取权力与金钱。科尔库特抛弃泰凯、前往马尼萨的举动，证明了他的无能，正是由于他让安纳托利亚西南部地区出现了权力真空，沙库鲁的叛乱才得以发生；而艾哈迈德怯懦、平庸的应对策略让沙库鲁取得了成功。作为苏丹的第一继承人,艾哈迈德首当其冲地经受了沙库鲁叛乱的考验,而他显然在这次考验中一败涂地。他(和阿里帕夏)的失败惊天动地,如同一发炮弹穿过了安纳托利亚高原的一个个山口。

统治精英阶层被危机感深深笼罩,试图找出这场大灾难发生的原因。作为公认的负责领导帝国镇压叛乱的领袖,艾哈迈德成了众矢之的。一些人抨击他的军事战略,坚称阿里帕夏及其部众之死应完全归咎于艾哈迈德未能及时派出援军;另一些人则直指艾哈迈德的人格弱点,认为他太过温和、平庸,不具备鼓舞帝国将士的能力。在平定叛乱期间,艾哈迈德曾要求近卫军向他宣誓效忠,但遭到了拒绝,理由是他并不打算亲率大军投入战斗。[19] 他躲在安全的后方,却因此失去了那些冒着生命危险保卫他的家族与帝国的将士的尊敬,甚至不再拥有他们的忠诚。显然,这一切对于他继承奥斯曼帝国苏丹宝座的计划而言都不是好兆头。

随后,艾哈迈德又遭到了另一个打击:他的儿子、苏丹的孙子穆拉德(Murad,也可能成为未来的苏丹)叛逃到萨法维王朝一方,[20] 戴上了显眼的奇兹尔巴什红帽子。[21] 如果连艾哈迈德的子女都不听他的话,他又如何能统治一个帝国呢?在艾哈迈德的批评者看来,这一丑闻再次证明了艾哈迈德和他的父亲巴耶济德非但没有能力捍卫奥斯曼帝国的领土,只能无助地看着什叶派势力渗透进帝国内部,甚至都无力阻止什叶派势力渗透进苏丹家族内部;在巴耶济德的统治下,帝国已经变得十分软弱、不堪一击。考虑到艾哈迈德在沙库鲁叛乱期间的所作所为,他成为下一任苏丹后的表现只会更加糟糕。

艾哈迈德之外的另一个显而易见的选择，就是塞利姆。这位冷酷无情的斗士，在奥斯曼与伊朗接壤的遥远省份同帝国的敌人对抗了几十年。他的父亲选择与帝国的敌人什叶派谈判，塞利姆则用毁灭性的武力去压制他们；艾哈迈德在沙库鲁叛乱期间躲藏在阿马西亚的宫殿里，塞利姆则亲自率众出征，驰骋在格鲁吉亚和萨法维帝国的领土上。塞利姆的强悍与家族里其他人的软弱形成了鲜明对比。在他父亲的所有儿子中，塞利姆的处境最不利，赢得宝座的希望最渺茫，因此他就必须变得比其他人更冷酷、更决绝。他必须证明自己比同父异母的兄弟及他们的支持者、他自己的父亲以及萨法维帝国更强大，因为他们所有人都会反对他。

塞利姆希望让帝国恢复往日的荣光与强大，以此鼓舞士兵和臣民。他将摒弃宫廷诡计、拉帮结派和贪财好利。他要让奥斯曼帝国的军队回到从前，让享有特权的奴隶阶层像以往那样舍生忘死地为帝国搏杀。与此同时，他构建了一支由相对而言并未享有诸多特权的穆斯林自由民、少数族裔和其他人群组成的武装力量。塞利姆需要那种怀着狂热与激情作战、随时准备牺牲自己的士兵，因而不问他们的出身。为了表明自己的诚意，他在格鲁吉亚战役中将所有战利品、赞美与掳夺的奴隶都给了士兵们。他唯一想要的奖品，就是苏丹宝座。

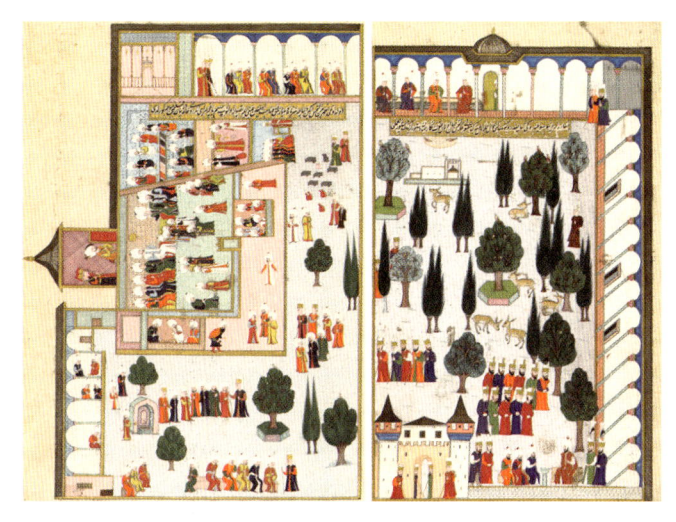

托普卡珀宫

穆罕默德二世征服君士坦丁堡

白羊王朝君主乌尊·哈桑的儿子会见穆罕默德二世

巴耶济德在普罗夫迪夫附近狩猎

奥斯曼皇家割礼庆典，16 世纪晚期

明里·格莱与巴耶济德

塞利姆猎虎

查尔迪兰战役，奥斯曼视角

查尔迪兰战役，萨法维视角

大不里士，16 世纪奥斯曼绘画

阿勒颇，16 世纪奥斯曼绘画

达比克草原战役后，塞利姆收到人们献上的马穆鲁克苏丹高里的人头

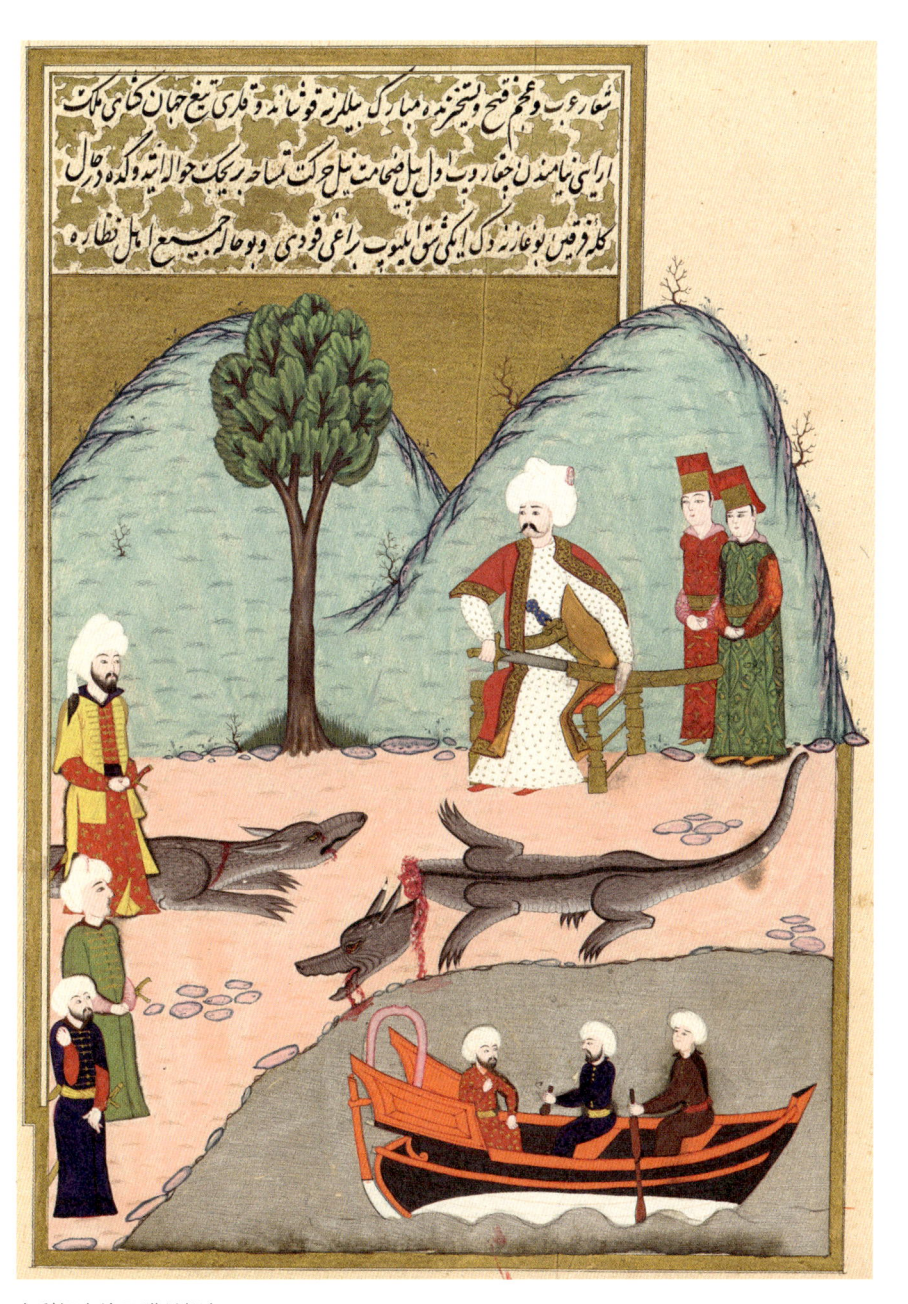

塞利姆在埃及猎杀鳄鱼

塞利姆在亚历山大港

一个摩里斯科人家庭

摩尔人被从西班牙驱逐

泰诺人烹饪

布阿卜迪勒投降，将格拉纳达献给西班牙人

奥斯曼帝国的咖啡馆

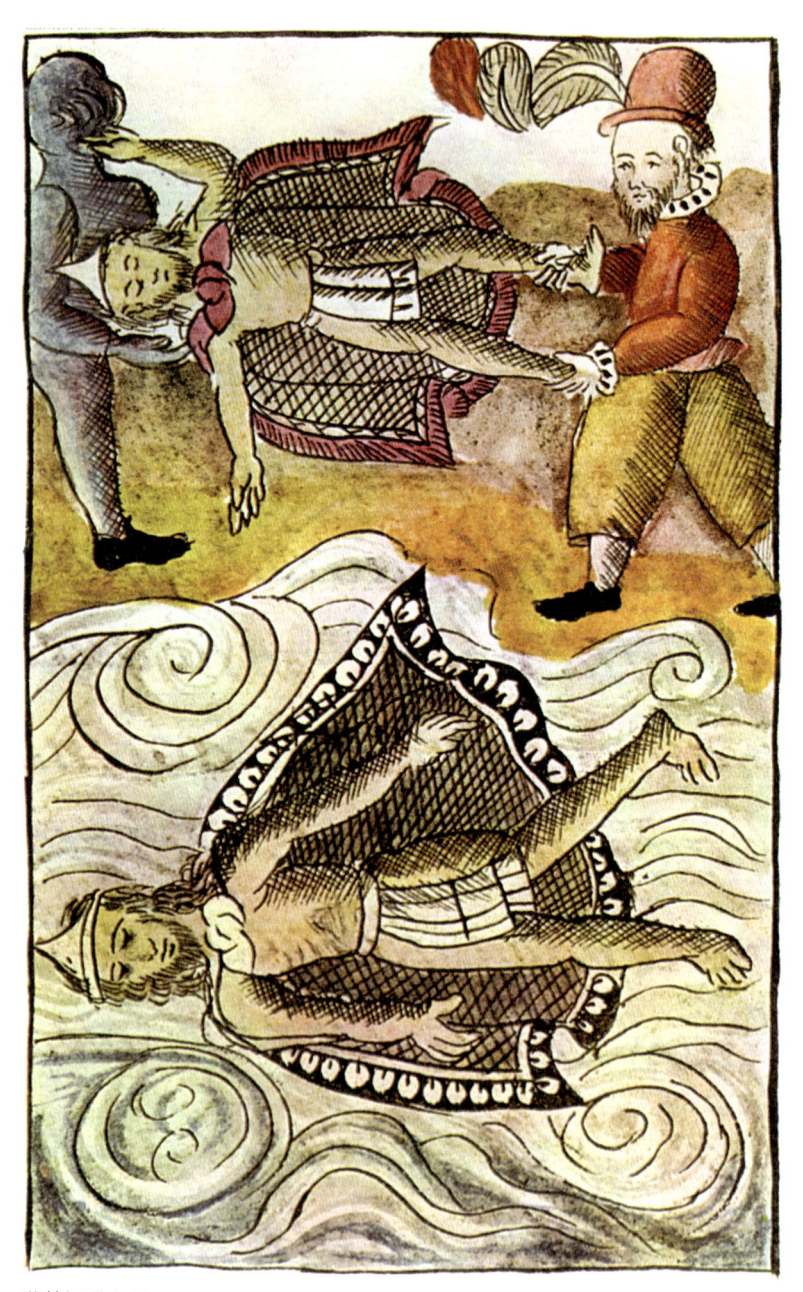

蒙特祖玛之死

14

克里米亚之夏

刂姆在克里米亚会见明里·格莱

在奥斯曼帝国600多年的历史上，所有的苏丹都是同一个人的后代，他就是第一位苏丹——奥斯曼。巴耶济德是这个苏丹世系中的第八位苏丹，而从第八位苏丹到第九位苏丹的过渡过程将格外艰辛。塞利姆将迂回着向父亲的宝座前进：从特拉布宗到黑海对岸、位于帝国最北方的克里米亚半岛，再南下穿过巴尔干半岛，最终抵达伊斯坦布尔。在这一路上，塞利姆展现了自己的多个面孔：一个两面三刀的儿子、一个机智狡猾的政治家、一个凶狠暴戾的兄弟和一个宠溺孩子的父亲。在奥斯曼苏丹的家族谱系之中，他本人的这一支地位并不稳固；而要在这样的位置上平衡好自己的多个身份，绝不是一件容易的事。

❈

1511年，也就是沙库鲁叛乱席卷帝国的那一年，塞利姆唯一的儿子苏莱曼满17岁了。正是在相同的年纪，塞利姆成了特拉布宗的总督。只不过，17岁的塞利姆十分冷峻严肃，而17岁的苏莱曼还是个被关怀备至的孩子。但是，苏莱曼也终于到了离开宅邸、进入凶险的帝国政治世界的年纪了。《塞利姆传》中描述道，步入成年的苏莱曼是"成功的果园中培育的一棵挺拔的幼苗、统御四海的帝国之树上结出的果实"。[1]我们前文提到过，苏丹的儿子们几乎都会出任总督，而且通常是在最具战略意义的地区出任总督。尽管算不上成规，但这些皇子的儿子往往也会成为总督，只不过分配给他们的通常不是最理想的地域。在塞利姆与其兄长们角逐的大战略中，十分重要的一步就是要为苏莱曼在合适的地区谋得一个总督职位，而这个地区应当有助于塞利姆与苏莱曼父子二人共同的事业。

早在苏莱曼尚未年满17岁的时候，塞利姆就曾试图让他出任邻近特拉布宗（这里可以算作苏莱曼的家乡）的两个小省份谢布哈内-卡拉希萨勒（Şebhane Karahisarı）和博卢（Bolu）的总督。[2]如果他的计划能够成功，塞利姆就可以教导苏莱曼处理政务，让他为将来承担更加重要的职责做好准备。但是，他的这两个请求都被巴耶济德驳回了。在塞利姆看来，这正是他父亲想要确保由艾哈迈德继承苏丹宝座的明证。

1511年，依然在为此前的挫折而感到苦闷的塞利姆又尝试了另一个方案。他请求给苏莱曼一个巴尔干地区省份的总督位置——它们堪称帝国内最被看重的职位。鉴于巴耶济德日渐衰老，艾哈迈德和科尔库特又毫不掩饰他们对苏丹宝座的野心，塞利姆清楚自己需要在距离伊斯坦布尔更近的地方寻找一个根据地。塞利姆知道他的这一请求很可能会被驳回，但他仍然为了两个目的而提出了这一请求：首先，这一请求是谈判战略的一部分，他要通过提出这一请求向巴耶济德施加压力；第二，他可以借此让世人清楚地看到巴耶济德对艾哈迈德的偏爱。

塞利姆为苏莱曼申请一个巴尔干地区省份总督的请求遭到了拒绝。于是，塞利姆开始为苏莱曼在其他地方争取职位，首先是在伊斯坦布尔附近的省份，接着是距离远一些的省份。最终，塞利姆对凯费（Kefe）省总督职务的请求获得了批准，这或许是因为，巴耶济德认为位于克里米亚西南部的凯费已经距离都城足够远了。身在凯费［后来改名为卡法（Kaffa），今名费奥多西亚（Feodosia）］的苏莱曼与伊斯坦布尔之间依然有一段距离，但最起码穿过黑海即可到达，相比特拉布宗，凯费距离苏丹的皇宫要近一些。考虑到沙库鲁叛乱依然没有结束，而三位皇子都在争取着有利的位置，塞利姆认为凯费已经是他能够为苏莱曼争取到的最有利的位置了。与此同时，从宫廷中传出了一个坏信息。塞利姆听说，巴耶济德打算在几周之内退位，将宝座让给艾哈迈德。据说，艾哈迈德已经得到指令，要他准备从阿马西亚动身前往伊斯坦布尔。仍然留在马尼萨的科尔库特也得到了消息，因而着手安排向首都进发，试图先人一步抵达伊斯坦布尔。塞利姆和苏莱曼意识到，留给自己的机会已经不多了。他们立即行动起来，开始组织渡过黑海所需的人手、船只。塞利姆打算先前往克里米亚，把苏莱曼留在那里，随后向西南方进发，目标是伊斯坦布尔。

由于塞利姆的船只都不是很大，他尽量避免在开阔的水面上行驶，因此选择了一条更慢但更安全的航线。他的船队沿着崎岖的黑海东岸航行了大约两个星期，之后驶入了凯费港。他和苏莱曼刚一登陆，就立刻被这座城市的异域风情吸引住了。克里米亚有着漫长的被外族统治的历史——斯基泰人、希腊人、罗马人、拜占庭人、蒙古人和热那亚人都来到过这里，因此，一位新总督的到来，在这里算不上是什么值得大书特书的事件。在名义上，奥斯曼帝国是克

14 克里米亚之夏

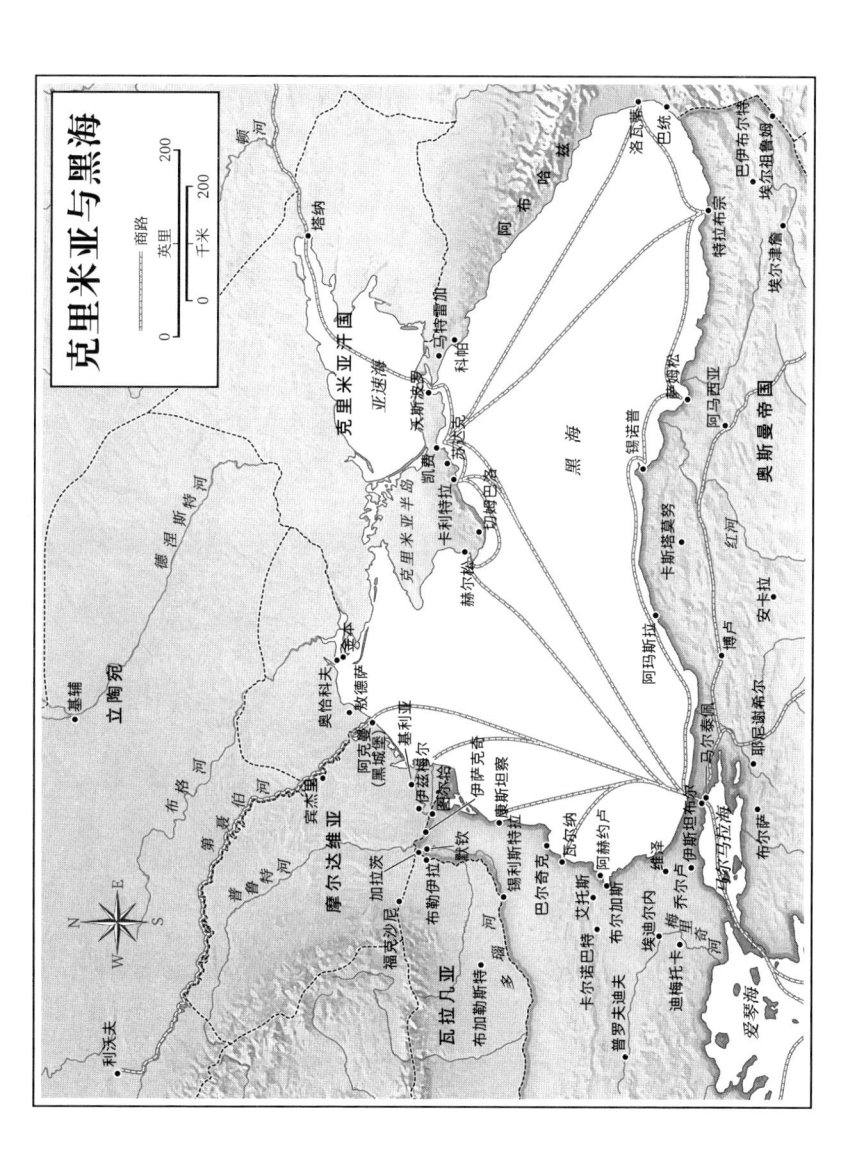

三艘奥斯曼船只在海上

里米亚半岛的主人,但实际上他们对当地的控制十分松散,当地事务基本上由地位稳固的地方统治者——鞑靼人可汗——决断。身在克里米亚的塞利姆、苏莱曼父子完全就是外来者。他们刚刚下锚,这座城市就给他们留下了这样的第一印象:

> 卡法这座防卫森严的城市,是快乐的鞑靼人所在地区的荣耀与桂冠。钦察(Kıpçak)草原的一侧是听惯了教堂钟声的俄国人的家园,另一侧是遥远而邪恶的歌革和玛各(Gog and Magog);对于在这片广袤区域生活的所有人来说,卡法既是庇护所、避难地,也是交通要道。它是大海边缘的一道巨大屏障,是紧邻世界最高点的坚不可摧的要塞,是充当天球转轴的伟大城堡……城中是以"法兰克人城堡"的名字闻名的漫长城墙,它的城垛高耸入云,与之相配的塔楼触及天界。美丽的宫殿傲踞海港之上,俯瞰着世界的边缘,向四方播撒着喜悦与欢乐;这样的宫殿在世间绝无仅有,完全不似凡间的存在。[3]

苏莱曼的母亲哈芙莎就出生在克里米亚,因此他从母亲那里听说过这一地区的一些事情。不过,在这个充斥着他无法理解的民族、语言和文化的地方,他还是会萌生格格不入之感,甚至感到危险。所谓"歌革和玛各",指的是一块位于人类居住的世界之外的地方,一个想象中的属于怪物与幽灵的国度。对于塞利姆和苏莱曼来说,克里米亚只是通往终极目标旅途上的一块垫脚石;不过,他们还是发现克里米亚社会就像在海岸边迎候他们的要塞高墙一样难以融入。

鞑靼人可汗将成吉思汗视作自己的祖先。实际上,他们是来自中亚的统治者的后代,他们的诸代先祖为了躲避蒙古人,逐渐向西迁徙。自15世纪初起,他们就开始统治克里米亚,而他们在这里的统治将一直持续到18世纪末。塞利姆和苏莱曼很清楚,如果想要在这里建立有效的统治,他们必须与鞑靼人可汗维持良好的关系。因此,在熟悉了凯费的情况之后,塞利姆就把苏莱曼留在了城中,自己则动身去会见克里米亚鞑靼人的领袖明里·格莱(Mengli Giray)可汗。他们会面的地点在克里米亚西部一座华美的宫殿,那是一个清真寺、后宫、墓地与花园等设施一应俱全的建筑群。[4]明里身材矮壮、敦实,留着精致的胡须。[5]他是个非凡的人物,扫清了蒙古帝国留在克里米亚的残余力量,确保了整个半岛都在克里米亚可汗的独立统治之下。在执掌政权之后,明里很快就把奴隶贸易变成了自己主要的收入来源之一。1450—1586年,单单是对乌克兰人居住的土地,克里米亚鞑靼人的军队就发动了86次以掳掠奴隶为目的的袭击,平均每18个月一次。[6]在1520年,也就是塞利姆去世的那一年,奴隶贸易一共为克里米亚可汗的府库贡献了高达1万枚达克特金币的财富。[7]利用奴隶贸易带来的收入,明里兴建了数座要塞,其中就包括在海岸上迎候塞利姆和苏莱曼的那一座。

这是明里与塞利姆的第一次会面,但他们早有往来:正是明里在15世纪90年代将哈芙莎献给了塞利姆,让她成了塞利姆的妃子和苏莱曼的母亲。[8]明里希望可以借此让格莱家族与奥斯曼皇室建立起永久的联系。如果哈芙莎能成为一位苏丹的母亲,她就会成为奥斯曼帝国最有权势的人之一,进而提高格莱家族的地位。因此,她就成了将这两个统治家族联系在一起的人,这再次证明了女性,哪怕只是后宫妃嫔,在近代帝国政治中的中心地位。虽然官方记录从未提到这一点,但巴耶济德有可能正是考虑到了哈芙莎与克里米

哈芙莎

亚之间的私人联系，才将她的儿子苏莱曼派到凯费的，因为巴耶济德一直以来都想加强自己与克里米亚可汗之间的关系。所以，塞利姆对明里的拜访，不仅是为了给苏莱曼的总督生涯铺平道路，同时也是他与这位某种意义上的"岳父"的第一次会面。塞利姆十分恭敬地称呼明里为"叔父"，以向自己儿子的这位"外祖父"表示尊重与亲近。正如奥斯曼家族的许多事情一样，家庭离不开政治，政治也离不开家庭。

鉴于明里是塞利姆和苏莱曼的保护人和支持者，塞利姆也尽其所能地扮演了"家属"和谦卑的客人的角色。根据《塞利姆传》（虽然成书于塞利姆死后几十年，但记载仍然可靠）的记载，塞利姆将明里描绘为一位"坚定、诚实、虔诚而且信实的穆斯林……有着可贵的人格……他是一位坚持正确信条的逊尼派穆斯林、一名成功的君主和一个有着圣人般天性和良好教养的人"。[9] 对于明里来说，会见一位未来可能成为奥斯曼帝国苏丹的人（或许是两位）也可以为他本人、他的家族与他的国家带来许多机遇。因此，他在塞利姆到访期间不遗余力地讨好他。《塞利姆传》记载道：

> （明里）率领一众洋溢着快乐情绪的鞑靼人迎接他：衣着华美的随从和跟班、明里所有的儿女和属下的王公、重臣与贵胄。他（为苏丹塞利姆）安排了极尽尊贵的欢迎仪式，用各种方式让塞利姆感受到一位帝王和世界统治者应当享有的尊重与荣耀。他为塞利姆提供了丰盛的食物，服侍周到，满怀敬意。他们的会面场合祥和、喜悦，让人们沐浴在极致的欢乐之中。[10]

然而，所有这些幸福与欢乐都无法驱散塞利姆头顶恼怒与愤懑的愁云。他来到克里米亚，并不是为了会见明里，而是要执行他夺取帝国、杀掉兄长的计划——如果有必要，他甚至不惜犯下弑父之罪。虽然塞利姆尚不知道自己的计划能否取得成功，但他已经踏上了一条可能会永久重塑奥斯曼帝国的道路。无论鞑靼人提供了怎样的盛情招待，他们都无法卸下他心中的重担。

※

在得知自己的同父异母弟弟抵达了克里米亚并且在谋划向皇宫进发之后，艾哈迈德大为光火。他曾经劝说巴耶济德不要给苏莱曼任何总督任命；而克里米亚虽然地处偏僻，但距离伊斯坦布尔仍然不算太远，有可能对他构成威胁。克里米亚不仅有几条陆路向西通往巴尔干半岛，还有多座港口提供了距离首都不远的海上路线。艾哈迈德迟迟没有等到父亲让他动身前往皇宫的命令，这让他越发失去耐心。他劝说巴耶济德给克里米亚与首都之间各省的总督下令，让他们监视境内道路，以防塞利姆向南进发前往首都。巴耶济德不仅下达了这一命令，还补充说，任何胆敢帮助塞利姆或苏莱曼的士兵都会被立刻处决。

与此同时，在父亲的支持下，艾哈迈德还动用了其他阴谋诡计。他以储君的身份给明里写了一封信，要求他将塞利姆和苏莱曼囚禁在克里米亚。作为回报，他愿意在凯费省境内给予明里独立的主权。他随信附上了这一敕令，正式将这一省份的主权交给了明里。

艾哈迈德的特使抵达明里的宫廷时，塞利姆恰好与这位可汗在一起。在看到塞利姆之后，特使要求他立刻返回特拉布宗。塞利姆对此报以冷笑。区区一名信使，居然敢对一位皇子如此无礼，足见巴耶济德的统治腐朽到了何种程度；倘若艾哈迈德夺得宝座，恐怕一样如此。塞利姆宣称，"哪怕是天使吉卜利勒（Gabriel）下凡、先知（穆罕默德）亲自下令"，自己也绝不会接受这样的命令。[11]他还让信使给苏丹带回去一个口信：他要求立即面见父亲，还要得到位于今天保加利亚、多瑙河平原上的锡利斯特拉（Silistra）省的总督职位。锡利斯特拉城坐落在巴尔干东部南北轴线之上的战略性位置，控制着经多瑙河入海的通路。该城以南大约300英里，是奥斯曼帝国的旧都埃迪尔内（Edirne）——1509年，在地震毁坏了伊斯坦布尔的宫殿后，巴耶济德曾暂居于此。塞利姆提出这个必定会被拒绝的要求，是为了向他的父亲传递一个清晰的信号：他绝不会放弃对宝座的争夺。塞利姆还让信使转告苏丹，他之所以要面见父亲，是要与他探讨一个迫在眉睫的问题——帝国的衰落。塞利姆用正式的措辞提出了一个请求，将威胁与羞辱包装了起来，这种委婉的方式反而让他的冒犯更具侮辱性。他实际上是在说："最亲爱的父亲，我谦卑地请求与您会面，探讨您的诸多谬误与弱点如何导致了帝国的衰败，以及我本人，您恭顺的儿子，将您推翻并取而代之的可能性。"

就在塞利姆斥责信使的时候，明里拆开了艾哈迈德的信件。据说，明里读到这封信的时候，"感到胸中郁结，心烦意乱"。独立统治权的承诺的确非常诱人，毕竟所有政治领袖的目标都是获得更大的独立性，但明里必须权衡与艾哈迈德做交易的利弊得失。抛开通过哈芙莎与苏莱曼的总督职位给他带来的与塞利姆的联系不谈，明里当然想为自己和自己的家族争取最有利的处境：站在最终可以赢得奥斯曼帝国苏丹宝座的那个皇子一边。但是，在1511年的夏天，他无法判断谁会胜出。

就在明里焦急地考虑着可能出现的种种情景时，他的一个儿子、当时也在场的穆罕默德·格莱（Mehemmed Giray）却不禁感到狂喜：格莱家族终于获得了掌控克里米亚的全部土地，以及统治当地所有民族、港口与要塞的机会。相比之下，将塞利姆和苏莱曼投入监狱或软禁起来，只是微不足道的一点代价。穆罕默德的长相酷似他的父亲，但二人性格迥异。年轻、野心勃勃而又冲动的穆罕默德催促他的父亲立即明确接受艾哈迈德的提议。明里要求他的儿子更谨慎一点。他告诉穆罕默德，他们至少应当问问塞利姆，如果他能够成为苏丹，是否也会给他们开出同样的条件。明里十分明智，他不愿意在这个时候就在这场皇室手足相争中选边站队。

第二天晚上,这位可汗以欢迎塞利姆和苏莱曼的名义,举办了一场奢华的晚宴。来宾们在温暖的烛光下享用着堆积成山的羊肉、米饭和秋葵,渐次站起身来向明里和两位贵宾致意。暮色渐深,宴席上的主角从肉食和蔬菜换成了甜品与水果,宾客们兴致盎然。在天色完全暗下来之后,穆罕默德站了起来。他先转向塞利姆,恭维了他一番,极尽吹捧之能事。他郑重地称颂了塞利姆、苏莱曼和他们两个家族的团结;他每说一段,在场宾客就大声喝彩,并欢饮一番。接着,按照《塞利姆传》的说法,穆罕默德又举起杯子说:"苏丹塞利姆,您的父亲已经时日无多。罗姆(指奥斯曼帝国)的君主宝座将是您的,您继承帝国大业已经指日可待。到那个时候,我希望您可以赏赐我们一样东西。"

塞利姆答道:"王子,你想要的是什么呢?"

穆哈默德望向父亲,看到他正会意地看着自己。于是,穆罕默德对塞利姆说:"请让我们拥有卡法及其周边的要塞和港口,并让我们在您统治期间可以自由支配这一切。"房间内的所有人都僵在了原地,宴会热闹欢快的氛围瞬间消失了。

塞利姆斟酌了片刻,答道:"王子,我们是统御帝国的君主。无论是在法律上、实际操作上还是遵照自古以来的惯例,帝国的君主都不会把领土送给别人。君主们只会征服领土,而不会把领土送给他人。如果你要的是别的东西,无论是珠宝、金银、红宝石以及其他宝石,乃至世间任何一种宝石与货币、商品、财产和皇室田宅,我都不会拒绝你,都会送给你。唯独不要觊觎城池和领土。"

穆罕默德十分尴尬,一个字也没说就坐下了。精于算计、在政治上永不知足的塞利姆绝不会接受傲慢无礼的要求,也不会把他的家族用血与火赢来的权力与土地拱手让人,尤其不会让给穆罕默德这样初出茅庐的毛孩子。经过了多年的谋划与忍耐,经历了战火洗礼、有着钢铁般坚定意志的塞利姆从未像此刻一样如此接近苏丹的宝座,但更大的危险还在前面。他之所以绕行克里米亚,是为了给战争做准备,而此行以及其间的所有挑战,对他来说至多只不过是必要的烦恼而已。

在塞利姆已经退席、这个漫长的夜晚行将结束之际,穆罕默德冲到了他的父亲面前,大嚷起来:"你难道没注意到这个混蛋说的话吗?"预计自己将登上苏丹宝座的艾哈迈德许诺要给克里米亚可汗土地、要塞、主权与权力,而享受着克里米亚可汗的款待与保护的塞利姆却拒绝开出同样的价码,甚至懒得加以考虑。穆罕默德不仅将此举视作侮辱和不尊重,甚至将其视作宣战行为。此时此刻的穆罕默德恼羞成怒、酩酊大醉,决心要给塞利姆一个残酷的教训。因此,他不顾父亲的反对,冲出门外去纠集军队。

明里意识到,穆罕默德的所作所为绝不会带来好的结果。于是,他叫来了另一个儿子萨阿代特(Sa'adet)。萨阿代特"年少无须,脸颊红润,眉毛弯得恰到好处"。他虽然比穆罕默德年轻,却拥有兄长缺失的东西:智慧与理智。明里担心,一旦穆罕默德袭击了塞利姆,可能会给格莱家族带来灾难性的后果。因此,他命令萨阿代特去与这位奥斯曼皇子做伴,保护他免受穆罕默德的伤害。同时,他还要求萨阿代特对塞利姆绝对服从。就这样,为了避免让自己的家族卷入另一个皇室家族的兄弟死斗,明里却让自己的两个儿子相互对立起来。这真是颇具讽刺色彩。

萨阿代特立刻带人出发前往塞利姆的大帐,帮助这位奥斯曼皇子及其随从安全离开克里米亚。他们打点行装,登上渡船,穿过黑海北部，前往德涅斯特河（Dniester River）河口处的港口阿克曼*。《塞利姆传》将巴尔干半岛称作塞利姆一行人的"安全区"，而此地就位于巴尔干半岛的北方。破晓时分，怒气难消的穆罕默德率领 3 万名士兵来到塞利姆的营帐，发现奥斯曼人的营区已然空空如也。穆罕默德恼火地朝塞利姆的营帐吐了口唾沫，无奈地遣散了手下兵士。

※

塞利姆在克里米亚停留期间，他的部众也做好了向南进发、推翻他父皇的准备。为了 1511 年的这个夏天，塞利姆已经做了十多年的准备。他与近卫军发展关系，与心怀不满的军人、雇佣兵和其他可能成为士兵并为己所用的人员结成同盟。现在，他的这些努力到了收获的时候。随着争夺苏丹宝座的战争日益临近，塞利姆急于将他多年来在东方积累的一切政治和军事资源派上用场。除了散布在帝国各地的武装人员之外，他还需要在巴尔干集结一支军队。于是，他派出了一些他最信赖的手下，向从凯费到伊斯坦布尔沿途各省的军事指挥官许以高官厚禄，以争取他们在他对抗父亲和兄长的战争中支持他。对于这些在巴尔干地区的潜在盟友来说，塞利姆对抗萨法维王朝以及在格鲁吉亚征战的经历足以让他们相信，他是一位值得信赖的军事统帅，是一个为了胜利不惜一切代价而且能够兑现诺言的领袖（正如他在东方所做的那样）。他们可以追随塞利姆

---

* 阿克曼（Akkerman），今名别尔哥罗德-德涅斯特罗夫斯基，属于乌克兰。——译者注

一起赢得辉煌的胜利。

1511年的夏天,塞利姆在巴尔干打造着属于自己的联盟,并为了向伊斯坦布尔进军准备着补给品和各类物资:一支拥有约100艘船只的船队、大量的补给品和兵器,以及3 000名士兵。由于自己的儿子仍然跟在塞利姆的身边,明里·格莱可汗也增加了给塞利姆的支持。[12] 他让萨阿代特辅佐塞利姆,还派出自己手下的300名士兵和1 000名克里米亚哥萨克支援塞利姆。

在离开克里米亚之后,经过了几天的海上行程,塞利姆和萨阿代特及各自属下人马于1511年6月1日平安抵达阿克曼。这座城市于1484年被奥斯曼人攻克,是最晚落入奥斯曼帝国手中的黑海港口之一。在距离伊斯坦布尔更近的阿克曼,塞利姆给父亲写了一封信。"很长一段时间以来,"他开头写道,"我都无缘见到您那幸福、高贵的面庞。看望至亲是为人的义务。正因如此,您谦卑的仆人先动身前往卡法,现在又来到了阿克曼周边。衷心希望可以陛见君上,恳请您的恩准。"[13] 在此之前,塞利姆曾通过艾哈迈德的信使要求面见父亲。这一回,塞利姆换了更柔和的语气,把自己装扮成一个渴望见到父亲以尽孝道的称职儿子,为了政治目的打了一张感情牌。塞利姆自己也是一位父亲,很清楚父爱的力量。虽然他的信件无疑会让人心生疑窦,但他还是希望这封信能恰到好处地拨动父亲的心弦。如果用感情牌可以铺就从阿克曼到伊斯坦布尔之间最便捷的道路,那么塞利姆就不介意扮演一次两面派。

作为战略的一部分,塞利姆继续给父亲送去谄媚恭维的书信,以便为自己的部队争取集结的时间。他在信中说,他此来巴尔干的唯一目的,就是要去亲吻父亲的手,向父亲表示敬意。他又一次要求获得多瑙河流域锡利斯特拉省的总督职务,以便尽可能接近年事已高的父亲。巴耶济德和他的臣僚们轻而易举就看穿了塞利姆含情脉脉的把戏。巴耶济德派出一位信使告诉塞利姆,他永远不会得到苏丹的接见。听到信使带来的消息,塞利姆前所未有地抠起了法律条文。"这位大人,"他问他父亲派来的代表,"拜访自己的亲属是一个人的义务。如果真主的一位仆人已经10年甚至15年没有见过自己的父亲,那么为了遵守至高无上的神圣诫命,这位仆人是否可以去拜访他的父亲?根据沙里亚法(şerī'at,即伊斯兰教法),是否可以阻止这位仆人去拜访他的父亲?我请求您就此问题赐下费特瓦(fetvā,即法律意见)。"

信使回答道:"根据沙里亚法,没人可以阻止他。"

塞利姆对这一回答心满意足,于是反驳道:"既然我的行为得到了沙里亚法的允许,而阻止我的行为又受到沙里亚法的禁止,那么他们为什么又要派您来呢?您此行的目的又是什么呢?"[14]说完,他就打发那人回去见他的父亲了。

※

就在塞利姆向伊斯坦布尔步步紧逼,而沙库鲁叛乱的余波还未平息之时,1511年,人们还见证了另一些将永远改变世界的政治整合和军事远征。在1500年前后的几十年中,世界上的各大帝国用战争和入侵对抗着其他帝国的侵略扩张,在全球范围内争夺着领土和具有战略意义的海陆交通线的控制权。就在1511年这一年,葡萄牙人在东南亚占据了马六甲,西班牙人入侵了古巴,泰诺人在波多黎各发动了叛乱,亨利八世则为他的海军打造了成军以来最大的一艘战舰——"玛丽玫瑰号"(Mary Rose),此举彰显了英格兰日渐膨胀的海外扩张野心。

在那个夏天，塞利姆比以往任何时候都更接近奥斯曼帝国的苏丹宝座。他不仅身在可以很快赶到首都的地方，同时还拥有了一支实力可观的武装力量以及克里米亚可汗和一部分近卫军的支持。不过，尽管支持他的人为数不少，但与他父亲能够在短时间内集结起来的帝国军队和军事资源相比，塞利姆的军队无论在质量上还是数量上都远远不如。而比起他在战场上的劣势，他还面对着一道更难逾越的高墙——先例。要想成为苏丹，他很可能要杀掉现任苏丹——他的父亲，而这在奥斯曼帝国是史无前例的。塞利姆明白，一旦失败，他必将死无葬身之地，沦为16世纪早期全球政治斗争中又一个被遗忘的失败者。

15
目标：伊斯坦布尔

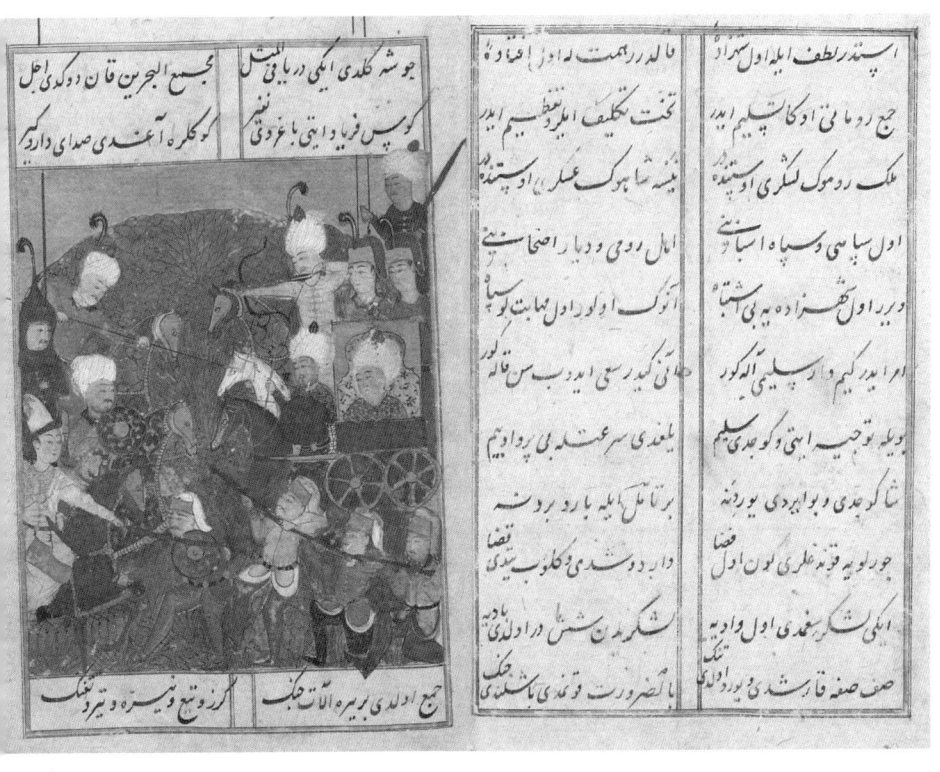

塞利姆与父亲交战

塞利姆越发感到不安和忧心忡忡，而战鼓的轰鸣声也日益临近。7月底，塞利姆开始从阿克曼出发向南进军，沿着黑海西岸向帝国的旧都、梅里奇河（Meriç）转弯处的埃迪尔内的市郊进发。[1]另有一些人员和补给沿水路跟随着大军。书信和信使往来的阶段就此结束。

一连串的信使给巴耶济德带来了塞利姆逐步逼近的消息。得知这一消息后，巴耶济德从最高级的军官中选出了一位最能干的心腹，命他去吓阻发动叛乱的儿子。他派出的是哈桑帕夏（Hasan Pasha），鲁米利亚（Rumelia）省的总督。[2]鲁米利亚省可能是整个帝国最重要的省份，因为它不仅包括了旧都埃迪尔内，还涵盖了帝国在巴尔干地区的大片富饶土地。哈桑帕夏率领十几名士兵，骑马来到了塞利姆的营帐。但塞利姆拒绝见他，而是让自己的大军说话。哈桑帕夏看到了塞利姆大军的规模，意识到这将对苏丹的统治造成重大的威胁。于是，哈桑帕夏没有再要求面见塞利姆，而是直接掉头南下。哈桑帕夏怯懦的退却让这位叛乱皇子的声名更盛，人们不仅将他视作一名可畏的军事统帅，更将他视作一个不惜对父亲动武的儿子。

不论塞利姆之前写过多少言辞谄媚的信件,他陈兵埃迪尔内城郊的行为足以打破一切可能的幻想,实际行动证明了他此行绝不是来尽孝道的。于是,巴耶济德决定派遣 15 000 名士兵来阻截塞利姆。只有到了双方兵戎相见的时候,父子二人才通过各自的代表开始了真正的交流。双方都希望为必将到来的最终决战保存实力,不想在一场虚张声势的战斗中白白损失士兵。因此,他们协商了一个和解方案:巴耶济德同意在巴尔干地区授予塞利姆一个总督职位,塞利姆则要从埃迪尔内撤兵。[3] 巴耶济德给了塞利姆三个总督管辖区的选项:波斯尼亚、伯罗奔尼撒和位于今天塞尔维亚中北部的斯梅代雷沃(Smederevo)。塞利姆选择了斯梅代雷沃。这里曾经是塞尔维亚的首都,于 1439 年被奥斯曼人征服。

更重要的是,巴耶济德发誓他不会提前退位并让位给任何一个儿子。对于塞利姆来说,这是一个重大胜利。这一誓言可以避免出现艾哈迈德立刻继位的情况,为塞利姆赢得了更多的时间。等到巴耶济德一死,艾哈迈德所能依靠的就只有他自己了。自信、自立又做好了军事准备的塞利姆深信,只要艾哈迈德失去了父亲的支持,无论在三兄弟之间爆发怎样的全面战争,他自己都可以在战争中获得优势。毕竟,在兄弟三人当中,他有着最丰富的军事经验和最精锐的武装力量。

❋

无论是巴耶济德还是塞利姆,他们在谈判开始的时候就知道,不管他们达成怎样的协议,这一协议的持续时间也只会像吃完果仁蜜饼(baklava)之后喝茶的时间一样短暂。事实也的确如此。双方立刻就破坏了协议。巴耶济德提出和谈，只是因为这是让塞利姆远离伊斯坦布尔的最简单的方法，他根本没想到要信守承诺。就在协议刚刚达成之后，巴耶济德就开始动员军队，准备进攻塞利姆，开启将帝国统治权交给艾哈迈德的第一步。不知感恩又一直十分惧怕塞利姆的艾哈迈德，对他的父亲曾经与塞利姆谈判一事都感到难以容忍。他给父亲写了一封信，恼火地抱怨在巴尔干给塞利姆一个总督职位会导致怎样糟糕的后果；他还语带嘲讽地问，巴耶济德何不再进一步，开始铸造有塞利姆头像的货币，并在星期五的祷告中吟诵塞利姆的名字。[4]

至于塞利姆，他也从未考虑过真的前往斯梅代雷沃出任总督。他在埃迪尔内以北的营地距离伊斯坦布尔更近，因此他无意放弃这一有利位置。而且，巴耶济德在动员军队的传闻也让他无法信任自己的父亲。不过，由于巴耶济德的部队返回了伊斯坦布尔，这就给了塞利姆一个可乘之机，使他可以率军深入防御空虚的埃迪尔内。于是，他继续徘徊在埃迪尔内城郊，偶尔派遣部队去劫掠食品和其他补给品。他还继续在帝国各地征募兵士，并向伊斯坦布尔和其他地方派遣间谍，以监视父兄与帝国军队的一举一动。塞利姆仍然留在埃迪尔内附近的行为激怒了巴耶济德，他发出了一连串威胁口吻越发强硬的命令，要求塞利姆立刻前往斯梅代雷沃。塞利姆却继续拖延，声称自己之所以留在埃迪尔内附近，是为了帮助帝国军队对付仍然活动在这一带的沙库鲁叛军。[5]

作为父亲，巴耶济德感到十分恼怒；而作为苏丹，他则感到越发不安。于是，他决定亲率一支部队回到埃迪尔内，把这个固执的儿子逐出该城。塞利姆又拖延了一段时间，随后率领士兵骑马离开埃迪尔内，前往斯梅代雷沃。巴耶济德以为自己靠展示军事力量吓走了儿子,暂时赢得了胜利,于是率领军队返回了伊斯坦布尔。然而,塞利姆其实只是虚晃一枪,在得知巴耶济德撤军的消息后,他又率军回到了埃迪尔内。对于塞利姆来说,他真正的目标是尽可能地靠近伊斯坦布尔,而不是远离它。

这一次,塞利姆正式进入了埃迪尔内。他强行驱赶了他父亲留下的代表,释放了被他父亲囚禁起来的自己的支持者,并宣布自己为埃迪尔内的统治者。在牢牢控制了埃迪尔内及其周边地区之后,塞利姆率领3万名士兵开始追击他的父亲。用《塞利姆传》中的话说,此时的塞利姆如"猎狮人"一般勇猛。[6]他很快穿越了色雷斯的平原,在埃迪尔内以东90英里的乔尔卢(Çorlu)追上了他的父亲。这座城镇平淡无奇,唯一值得一说的就是,它恰好处于埃迪尔内到伊斯坦布尔的中点上。

1511年7月底,父亲的军队与儿子的军队在连接帝国新老两座都城的道路上遭遇了。战斗很快打响。在有节奏的战鼓声中,巴耶济德的4万大军击溃了塞利姆的3万名士兵。比起塞利姆那支由退伍的近卫军、卡拉曼人和武装起来的牧民组成的杂牌军,帝国军队人数更多,组织更严密,也拥有更多的火炮。仅仅经过一天的战斗,塞利姆的军队就崩溃了。大部分士兵被俘或被杀,其他人则抛弃了塞利姆,逃回了自己的家乡,塞利姆身边只剩下了大约3 000人。塞利姆本人也险些丢掉了性命。[7]在这一天行将结束时,塞利姆和掩护他的一小队人马被苏丹的军队包围。在肉搏混战中,塞利姆被士兵们掩护着逃出了战场,迅速向北逃窜,前往风景如画的黑海海滨城镇阿赫约卢〔Ahyolu,今保加利亚波莫里埃(Pomorie)〕。[8]如果不是还有十分之一的士兵依然忠诚于他,塞利姆恐怕早已毙命。

这位皇子和他的追随者在阿赫约卢休养了数日，当地盛产的鲜鱼和桃子成了他们的主要慰藉。大约一周之后，塞利姆一干人登上了"手头能弄到的一些船只"，驶回凯费重整旗鼓，并计划下一步行动。[9]《塞利姆传》声称，"鱼群谦恭地为这位君王领路，在船的前方为他指引正确的路径"——这一描述表明《塞利姆传》有时并非可靠的史料。一些将领陪伴着塞利姆，而他的大部分人马则通过陆路行军。虽然塞利姆很高兴能够与苏莱曼重逢，但来到凯费的他却沉浸在了自怜与疑惧之中。那支他从自己成年以来就费尽心思组建的、他曾相信可以在宝座争夺战中为他赢得优势的军队，大部分在乔尔卢折戟沉沙。克里米亚可汗许诺将为他提供支援，但他承诺中的援军根本无法与塞利姆已经损失的部队相提并论。塞利姆还担心会欠下克里米亚鞑靼人太多的人情。[10]

乔尔卢之战是奥斯曼帝国历史上第一次皇子与身为苏丹的父亲兵戎相见。正是由于这场战役史无前例的性质，我们只知道战役的结果，而不知道具体的过程。这样的故事是官方史书不愿多谈的，而完全依靠诸如《塞利姆传》这样的记载也绝不足取。在奥斯曼帝国的政治文化中，举兵反抗在奥斯曼帝国境内拥有神授君权的苏丹，是绝无正当性可言的，自然也不合法、不道德。因此，即便在塞利姆的支持者中，也有人觉得很难为塞利姆挑战父亲的战争找到正当的理由，哪怕他们十分鄙视巴耶济德。皇子之间的战争可以确保为帝国挑选出最强大的继承人，但皇子对抗苏丹的战争却威胁到了帝国苏丹的庄严与神圣。苏丹应当是不容置疑、不可触碰、不可战胜的，因此对他动武是不可想象的事情。所以，无论是当时还是后来，奥斯曼帝国的史学家和赞助他们的苏丹都系统性地试图避免让有关塞利姆与巴耶济德之间残酷的父子相争的信息进入历史记载。

乔尔卢之战结束后,巴耶济德返回了伊斯坦布尔,深信他拥有的巨大军事优势已经为帝国恢复了秩序。他也终于派人通知艾哈迈德,要他尽快赶到都城。[11] 将艾哈迈德加冕为苏丹的时候到了。在过去几年中,奥斯曼帝国经历了种种风波——塞利姆的威胁、艾哈迈德的惊慌失措以及几场武装冲突,现在看来,奥斯曼的衣钵似乎仍将由艾哈迈德继承。艾哈迈德派了一位他最信任的幕僚去安排自己前往伊斯坦布尔的事宜。用词浮夸的《塞利姆传》记载道:"继承苏丹宝座的希望萦绕在他心中。他那被欲望填满的脑海中满是坐上宝座,成为堪比哈里发的统治者的景象,就如同铭文刻上了图章戒指一般。"[12]

孤悬黑海彼岸克里米亚的塞利姆,绝不会轻易接受这一切。现在,已经到了最后的紧要关头,是时候动用他最强大的武器了。从他刚到特拉布宗的时候起,他就一直试图争取近卫军中的普通士兵的支持。与跟随他在乔尔卢参战的非正规军和他在格鲁吉亚的演讲中嘲弄的那些军队上层不同,这些普通士兵不会在战火面前溃散。他们十分忠诚,总是渴望投入战斗。他们手中有武器,而且可以在整个帝国版图内相互协同。从 15 世纪 90 年代末开始,塞利姆在 10 多年的时间里一直在为了赢得他们的支持而给予他们钱财、尊重与权力。而近卫军士兵很清楚,他们最辉煌的未来只有在塞利姆成为苏丹的情况下才可能成为现实。如果塞利姆能够成为苏丹,他会把近卫军视作维持其统治的核心力量,为他们争取利益,在物质上给他们充足的支持。尽管有一些近卫军会继续效忠巴耶济德,但塞利姆知道大部分人是支持他的,他们会在塞利姆和艾哈迈德之间选择塞利姆。这一信念让塞利姆坚定了信心。

凭借近卫军强大的情报搜集能力，塞利姆哪怕身在凯费也能够对整个帝国范围内发生的事情了如指掌。在听说艾哈迈德开始向首都移动之后，塞利姆立刻行动了起来。[13]他一面派人跟踪艾哈迈德，一面迂回着穿过安纳托利亚向首都进发。与此同时，他还与近卫军敲定了最终的行动计划。为了对抗父亲将艾哈迈德送上苏丹宝座的计划，塞利姆决定在伊斯坦布尔公开展示自己的军事优势，让巴耶济德和亲艾哈迈德的势力看个清楚。

1511年底，近卫军和塞利姆的支持者涌上伊斯坦布尔街头，高声宣布他们不会接受除了塞利姆之外的新苏丹人选。巴耶济德派出了亲艾哈迈德的暴徒去对付他们。局势迅速恶化。士兵们开始在市场中偷窃食品和其他物资，这很快导致了肢体摩擦。亲艾哈迈德和亲塞利姆的势力把城市各处都变成了角逐的场地，整座城市中到处打起了游击战。局势日渐紧张，漫不经心的侧脸一瞥都可能会导致一场可怕的斗殴，留下数具横卧的尸体。有一则传言说，艾哈迈德的支持者把亲塞利姆的近卫军称作忘恩负义的狗。[14]结果这则传言引发了持续数日的全面巷战，5 000名近卫军士兵袭击了艾哈迈德支持者的家宅和产业。他们杀人放火，试图驱逐他们能找到的每一个艾哈迈德的支持者。《塞利姆传》记载道：

> 这些光荣的群众和士兵让伊斯坦布尔城中充满了欢乐的呼喊："安拉！安拉！"他们分散开来，分头袭击（亲艾哈迈德的）帕夏的住宅。他们如闪电般令人目眩，将房屋内外毁了个遍。但凡是货物、家具和镶嵌宝石的金银财物，他们都洗劫一空。这些人（帕夏们）趁着夜色逃脱了这些受到赐福的袭击，

逃到更靠近城市中心的地方躲藏了起来。[15]

塞利姆的支持者威胁说，如果巴耶济德继续为把艾哈迈德接入城中做准备，他们就会将暴乱和破坏升级。巴耶济德屈服了。塞利姆在黑海彼岸的凯费谋划的战略取得了成功。他在自己的"国中之国"里的强大动员能力让人们不禁怀疑，究竟谁才是帝国的主人？

※

此时的艾哈迈德，正在博斯普鲁斯海峡以东大约15英里的静谧的海滨城镇马尔泰佩（Maltepe）。得知巴耶济德屈服的消息后，艾哈迈德陷入了狂怒。[16] "原本即将登上苏丹宝座的他，心情有如一座美丽的花园，如今这花园却遍布荆棘。"[17] 他本来已经踏上了前往伊斯坦布尔的道路，去取走他认为生来就应当属于他的东西，现在这一切却被一群煽动叛乱的兵痞可耻地阻挠了。他当场杀死了给他带来这一消息的信使，生动演绎了一段有关倒霉信使的经典剧情。

巴耶济德原本已经把艾哈迈德带到了宝座的旁边，但苏丹这位最心爱的儿子现在感到，他的父亲已经无法为他做更多的事情了，是时候自己动手了。他认为，最好的选择就是自己集结起一支大军，尽可能地在安纳托利亚占领地盘，然后攻击那些支持他的同父异母弟弟的近卫军。换句话说，艾哈迈德也要效仿塞利姆，决心"成为一位独立的君主"，[18] 与自己的父亲对立，建立他自己的国中之国。

艾哈迈德先在马尔泰佩周边的城镇中劫掠了一番，然后退进了更安全的安纳托利亚内陆。他安排自己的人出任安纳托利亚各省的总督，试图取代他父亲的帝国政府。接着，艾哈迈德夺取了自己觊觎已久但父亲一直拒绝交给他的重要城市科尼亚。[19] 这是他的一次重大胜利。他击溃了帝国军队的防线，进入科尼亚城中，杀死了当地总督（他的侄子），夺取了这座城市的控制权。他宣布自己为这座城市的新统治者，接着开始以自己的名义发号施令。以科尼亚为根据地，艾哈迈德开始与一些游牧民部落合作，同时筹划着继续向安纳托利亚中部进军。

艾哈迈德的反叛恰好帮了塞利姆一个大忙。身在凯费的塞利姆成功说服了他的近卫军支持者，要他们阻止艾哈迈德进入伊斯坦布尔，从而诱使艾哈迈德与他们的父亲展开直接对抗。艾哈迈德拒绝接受巴耶济德让他停止进军、以待时机的命令。很自然，艾哈迈德轻率鲁莽的狂怒之举其实毁掉了他争夺苏丹宝座的事业，这一切行为让他看起来更像是一个"满心……饮酒作乐"、桀骜不驯的反叛者，而不是一个审慎明智的政治家。[20] 就在几周之前，他距离首都的大门只有短短几十英里；而今天，他已经杀害了一位行省总督，毁坏了大片农田，其所作所为像是一个土匪。更重要的是，由于艾哈迈德忽略了什叶派叛军在安纳托利亚造成的威胁，他在这一地区大肆破坏的举动实际上是在帮助什叶派叛军实现他们的目的。

对塞利姆来说格外有利的一点是，艾哈迈德现在把矛头对准了仍然留在马尼萨、无力召集进军伊斯坦布尔所需军队的科尔库特。[21] 他的两位兄长不停地削弱着彼此，让塞利姆在这场内乱中渔翁得利。艾哈迈德进攻了科尔库特所在的马尼萨，打了科尔库特一个措手不及——他完全没想到艾哈迈德会对距离首都这么远的地方发动攻击。的确，这一行为毫无理性可言，纯粹是艾哈迈德近乎幻想般的计划——在安纳托利亚打造一个新帝国——的一部分。科尔库特的部队全无准备，从一开始就处于劣势，很快就被轻而易举地消灭了。科尔库特逃到伊斯坦布尔，寻求父亲的保护，以躲避这个被父子二人均视作死敌的人。科尔库特在抵达皇宫后告诉父亲："我来到这里，是因为我惧怕苏丹艾哈迈德。"[22]

由于他们各自主动或被动的种种作为，艾哈迈德和科尔库特实际上让自己失去了继承苏丹宝座的合法性。艾哈迈德疯狂而且过于具有攻击性，无视国法与教法；科尔库特则表现得温暾软弱。在这对兄弟撕裂了帝国的同时，塞利姆和他的近卫军支持者却代表着力量、冷静和团结。在内战一触即发的时刻，能够得到帝国一部分常备军的支持显然是一个重要优势。与此同时，看到艾哈迈德在安纳托利亚横冲直撞，许多曾经支持艾哈迈德的军队高层和帝国行政官员也对他失去了耐心。因此，塞利姆在近卫军和官僚系统中的支持者都在增加。在他的父亲放纵艾哈迈德和科尔库特造成的混乱中，塞利姆脱颖而出，成了帝国急需的领袖——一位可以引导奥斯曼帝国这艘大船穿越风暴的船长。

❈

在远在凯费的塞利姆的授意下，他的近卫军盟友开始越发激烈地公开抨击巴耶济德的种种失败，并催促巴耶济德尽快平息安纳托利亚的乱局。最后，塞利姆在军方的支持者给巴耶济德下达了最后通牒：要么管住你那兴兵作乱的儿子，要么下台。

巴耶济德脖子上的套索变得更紧了。对他来说，最重要的目标就是不能变成奥斯曼帝国历史上第一个被迫退位的苏丹。于是，为了安抚塞利姆，也为了给自己争取更多的时间，他在1512年3月27日任命虽然并不在伊斯坦布尔的塞利姆为近卫军总司令。[23] 尽管这是一个重要的职位，但是这一任命此时已没有什么实际意义。由于塞利姆已经是奥斯曼帝国军队体系中大部分武装力量实际上的统帅，巴耶济德的这一任命实际上只不过是承认了既成事实而已。更重要的是，近卫军总司令的头衔并不能让塞利姆更接近他的终极目标——苏丹宝座。

这一任命虽然并不能让塞利姆满足，却让他得到了一个无须展示军事实力就可以顺理成章地回到伊斯坦布尔的理由。帝国政府的代表们来到凯费，护送塞利姆回首都就职。巴耶济德忖度，如果塞利姆能够以行政官员的身份回到伊斯坦布尔，那么他自己的苏丹地位或许还可以得到保全；而在塞利姆看来，尽管他一如既往地担心这可能是一个圈套，但他还是将此行视作自己登上苏丹宝座的第一步。因此，他的这次返都之旅就如同一次凯旋游行，一路上鼓号齐鸣。为了制造出他深孚众望的假象，塞利姆的支持者们召集了大量的士兵和平民他经过的每一个城镇夹道欢迎他，这些欢迎者在热烈鼓掌的同时还把鲜花与糖果丢到他的马蹄下。无疑，这一场面让巴耶济德的代表们备感不悦，但他们没有能力阻止这一汹涌狂潮。一贯热衷于歌功颂德的《塞利姆传》这样评价这位皇子返回伊斯坦布尔之旅："兴奋的宫廷翘首以望，恨不能早日看到他那双令人欣喜的脚踏起来的尘土；对这个国家红肿的眼睛来说，那尘土就仿佛是锑与锌制成的洗眼药一般。"[24]

在抵达伊斯坦布尔市郊之后，巴耶济德的手下把塞利姆及其随从留在了城墙外一片被称作耶尼巴切（Yeni Bahçe）的地方，让他们在此安营扎寨。这片区域位于一条早已被遗忘的古代河流的河道之上，拥有大量的菜园和果园（"耶尼巴切"即是"新园地"的意思）。曾经在皇宫中度过六年孩提时光的塞利姆，在成年后第一次回到首都。他曾与母亲一起居住在俯视博斯普鲁斯海峡的托普卡珀宫中，每天在那里学习课业，跑过铺满鹅卵石的庭院。现在，41岁的塞利姆站在都城之外，迫不及待地想要回到他年少时居住过的典雅的皇家宅邸——只不过，这一次他的身份将是苏丹。

第十六章

独一无二的苏丹

塞利姆的加冕典礼

1453年，在塞利姆的祖父穆罕默德二世攻打君士坦丁堡的过程中，最具决定性的武器就是一门可以把重量超过1 000磅的炮弹射出1英里多的火炮。[1]这门火炮在奥斯曼帝国当时的都城埃迪尔内铸成，由200人和100头牛牵引，花了两个月的时间才运到君士坦丁堡——要知道，从埃迪尔内到君士坦丁堡这段路程，骑马只需要两天时间。在火炮动身之前，一群工程师率先出发，以确保沿途的道路能够承受这门装了轮子的巨炮的重量。穆罕默德把这门火炮布置在了君士坦丁堡的西墙外。在他下达攻击的命令之后，火炮射出一枚炮弹，把古老的石墙炸成齑粉。接着，奥斯曼军队肆意涌进这座被围攻的城市，城中饱受饥饿与恐惧折磨的居民四处奔逃。

塞利姆在耶尼巴切的营地，就位于将近60年前他的祖父击毁的那段城墙以南几百米处——当然，那段城墙已经被修复了。从克里米亚远道而来的塞利姆先在"如天幕般高耸的帐篷中"[2]休息了一夜，随后便让人安排去面见父亲。塞利姆进入这座城市的方式要比穆罕默德容易得多。在一群宫廷侍从的陪伴下，塞利姆及其随从在当天下午进入城中，穿过一座座以喷泉或高耸的清真寺为中心的广场，从伊斯坦布尔从事各行各业的市民身边走过。他走过这座被称作"幸福之家"（Dersaadet）的都城，仿佛他已经成为七大地区的苏丹，"身披象征着庄严、壮丽与幸运的万道光芒"。[3]在黄昏的霞光下，塞利姆来到皇宫面前，接着又穿过了三道大门。他的心中无疑仍然存有一分恐惧，依旧担心这一切可能是一个圈套，但他始终专注思考着自己的策略。虽然他无须攻破伊斯坦布尔的城墙，但夺取皇宫这件事本身还是会震动奥斯曼帝国这座巍然挺立的大厦，并让整个世界随之颤抖。

在与父亲的第一次会面中，塞利姆对这位仍是苏丹的男人表现出极大的尊敬，对他"满是善意、怜悯与柔情"。[4]他向巴耶济德深深鞠了一躬，并亲吻了他那镶嵌了红宝石、镌刻着帝国印玺的金戒指。不过，他们的关注点很快就从这些繁文缛节过渡到了正事上。塞利姆轻声细语地给他的父亲出了一道极其无礼的选择题：要么主动、和平、有尊严地立刻退位，悄无声息地离开皇宫，开始舒适的退隐生活，要么等待塞利姆的近卫军用武力夺取皇宫和整个帝国，在城中大肆烧杀一番。塞利姆继续说，倘若巴耶济德选择后一条道路，那么他无法保证父亲的生命安全。面对这样的侮辱，坐在宝座上的巴耶济德居高临下地盯视着塞利姆，发出了一声冷笑。他把塞利姆召到伊斯坦布尔来，是要让他出任军事统帅的，并没有打算把整个帝国交给他。愤怒而且沮丧的巴耶济德要求塞利姆离开。

巴耶济德依旧相信，他可以用除了苏丹宝座之外的什么东西来安抚塞利姆。他或许还寄希望于他们之间的父子之情依然能发挥一些作用。怀着这样的想法，巴耶济德在次日再次召儿子进宫，探讨如何应对艾哈迈德在安纳托利亚的"恶行"。塞利姆很想对艾哈迈德开战，但他希望作为苏丹率领帝国军队讨伐自己的异母兄长，而不是仅仅作为另一位苏丹手下的总司令。结果，父子二人的第二次会面与第一次一样失败,两人最后相互侮辱了一番,甚至发出了赤裸裸的威胁。在接下来近一周的时间里,他们又多次见面,每一次会面的结果都比上一次更加糟糕。[5]在塞利姆看来,他父亲的苏丹生涯已然结束,这是尽人皆知的既成事实。无论巴耶济德是否愿意承认,他的帝国都已经分崩离析,并且已经掉转矛头反对他。剩下的问题只是,他到底是要被武力驱逐呢,还是愿意合作,和平退位呢?而巴耶济德拒绝接受这一侮辱,这倒也不令人奇怪。"只要我的身体还很健康,"他宣称,"我绝不会把苏丹宝座让给任何人。"

在塞利姆看来,父亲的这一答复意味着他拒绝接受可以避免武装冲突的方案。因此,他认为自己已经获得了动武的许可。几天之后,他率领一大群近卫军官兵冲进了皇宫。这些人一直以来都希望能拥立一位更具侵略性的苏丹,因而成了他的盟友。他们先在宫门口杀掉了守卫,随后席卷了宫中的各个角落。在控制了宫中的各个区域之后,他们开始向更深处的皇座大厅——奥斯曼帝国的"至圣之所"(sanctum sanctorum)挺进。这个地方从未见识过这样的暴力行径。在由深色大理石构成的、镶嵌着黄金装饰的柱廊之下,巴耶济德端坐在高高的宝座上。塞利姆拔出宝剑,威胁要取走他的性命。塞利姆面前的这个人,正是苏丹,是帝国上下最具权势的人,也是世界上最重要的政治人物之一,同时也是他的父亲。此时的巴耶济德,显得格外脆弱无助。他环视四周,渴望在现场的众人中找到能够给予他慰藉和帮助的目光,但他什么也没有找到。在此之前,只有顺从的幕僚和卑躬屈膝的仆从能够来到这座典雅的皇座大厅;而现在,巴耶济德仿佛看到了迫近的死神。根据《塞利姆传》的记载,苏丹哭了起来。巴耶济德痛苦而无可奈何地垂下了头，下巴贴向自己的胸口。他别无选择，只好把帝国交给塞利姆。

就在那一天——1512 年 4 月 24 日，星期六——奥斯曼帝国发生了深刻的改变。绝望而且虚弱的巴耶济德被塞利姆的手下带出宫去，成了奥斯曼帝国历史上第一位在世时就被迫放弃苏丹宝座的苏丹；与此同时，塞利姆则成了第一位既非长子又非宠儿，却继承了父亲的苏丹宝座的皇子。《塞利姆传》说，"每个人都像鸟儿或生了翅膀的生物一样"，为塞利姆夺得苏丹宝座的"消息而雀跃欢呼"。[6] 塞利姆的心中一时百感交集：如释重负、兴奋异常、心满意足、惶恐不安。奥斯曼帝国史无前例地同时拥有了一位苏丹和一位还健在的前任苏丹。没有任何先例能够证明一位苏丹罢黜另一位苏丹的行为是否合法，没人能告诉这两位苏丹应当如何对待彼此，也没人知道帝国的精英阶层和广大臣民对此会做何感想。一时之间，他还无法理解已然发生的一切究竟意味着什么。在那个晚风和煦的秋夜，唯一确定的事情就是塞利姆现在拥有了苏丹宝座。

皇宫内发生的事情不胫而走，伊斯坦布尔一片欢腾。"最耀眼夺目的太阳已经冉冉升起，一扫世间的阴霾……每个人的心中都充溢着喜悦。"[7] 由于帝国的前途存在着巨大的不确定性，再加上近卫军的公开叛乱，沉重的气氛已经笼罩都城数月之久，大部分人都选择待在相对安全的家中。城中的大街小巷一时间都成了塞利姆与艾哈迈德两派力量争夺不休的战区，双方放火烧房，偷窃有限的资源，还四处破坏。但现在，尽管帝国面临的最重大的问题依然悬而未决,且显然并非所有人都支持塞利姆,但随着1512年的4月步入尾声,伊斯坦布尔的居民终于可以松一口气了。

通常,新苏丹的登基都伴随着庆典;但这一次,新苏丹的登基却伴随着另一位苏丹的退位。同时,这也意味着这次不会像往常那样经历一场国丧。因此,无论是官员还是平民,大家都不知道究竟是应当感到悲伤还是应当庆祝——或许应当既感到悲伤,又同时举行庆祝?

即便塞利姆打算做任何庆祝的话,他的庆祝也必须是短暂的。在一些当时的帝国官员和后世的历史学家看来,塞利姆的行为其实构成了一场非法的政变。[8](当然,像《塞利姆传》这样的作品会试图驳斥这样的论调)。在此之前,新苏丹继位的合法原因只能是上一位苏丹自然死亡或在战场上阵亡。因此,塞利姆面对的最紧要的问题,就是如何处置被废黜的父亲。[9]将他处决似乎并不必要,也不适合用来对待一位君主,而且可能会成为一个危险的先例。不过,塞利姆还是需要巴耶济德离开帝国的舞台。塞利姆清楚自己会在统治期间面临缺乏合法性的指责,因此他希望尽可能地避免遭受抨击。当然,他可以除掉任何胆敢提出质疑的人,但这样做只会进一步损害他的声誉。最不容易引起麻烦的解决方案,是把他的父亲打发到一个遥远的地方去。在将巴耶济德囚禁于宫中几个星期之后,塞利姆的幕僚们为他选定了埃迪尔内以南、位于今天希腊境内的城市迪梅托卡*。他们认为,这座"气候宜人的迷人小城"是这位前任苏丹度过舒适的(被迫)退隐生活的理想地点。[10]

当然,这样做会产生一些风险。他的父亲可能会试图夺回宝

---

* 迪梅托卡(Dimetoka),今名季季莫蒂霍(Didymoteicho)。——译者注

座，塞利姆必须认真考虑这种可能性。塞利姆清楚，巴耶济德在帝国的很多地区仍然拥有广泛的支持，而且依然与一些军事统帅和行政官员保持着紧密的联系。他或许可以轻而易举地集结起一支军队来对抗他的儿子，尤其是在埃迪尔内周边地区，毕竟他曾经在这座城市的皇宫内居住过许多年。因此，塞利姆必须把巴耶济德的"隐退"变成一种安全且平静的软禁。塞利姆挑选了一批仆人陪同他的父亲去迪梅托卡，负责在他父亲的新家打理他父亲的起居。他要求这些仆人对他的父亲保持善意和恭敬，但绝不能允许他父亲与军人或帝国官员交流。为了让公众相信自己并没有任何不当之举，甚至让人们相信巴耶济德是自愿把苏丹宝座让给自己的，身为奥斯曼帝国第九位苏丹的塞利姆亲自骑马，护送着坐在封闭马车里的第八位苏丹离开了伊斯坦布尔。黎明时分，由落败的父亲和得胜的儿子组成的怪异队列缓缓地穿过城市，以便所有人都可以看到这一幕。[11]在城门口，塞利姆向父亲道别，并拥抱了他，随后目送他踏上通往埃迪尔内的道路，最后逐渐消失在视野之中。塞利姆的这一举动礼貌而怪异，仿佛站在自己家门口送别一位客人。

我们尚不清楚塞利姆当时是否意识到了这一点，但那是他最后一次见到自己的父亲。1512年5月26日，巴耶济德死在了前往迪梅托卡的路上。关于巴耶济德之死，《塞利姆传》以其一如既往的风格记述道："他残存在世间的部分已经如乞丐般少得可怜，与死亡无异。"[12]考虑到当时的局势，巴耶济德之死可谓十分可疑。[13]或许是塞利姆盼咐了陪同他父亲的手下，让他们用一种看起来仿佛自然死亡的方式杀害了他的父亲。当时的一些记载断言，塞利姆一定是给他的父亲下了毒。不过，巴耶济德也有可能确为自然死亡。毕竟，在把苏丹宝座丢给了公然反叛的、被自己斥责的儿子之后，他的精神已经垮了。不管真相到底是什么，巴耶济德死在前往迪梅托卡的途中，对塞利姆是很有利的。由于巴耶济德死在伊斯坦布尔之外，塞利姆可以否认自己与他的死有任何关系。后世的历史学家也不愿意承认任何一位苏丹的统治是非法的，哪怕是第一个废黜了在位的苏丹的塞利姆也不例外，因此，他们也不愿意把巴耶济德之死怪罪在塞利姆头上。

巴耶济德的遗体被包裹起来送回伊斯坦布尔，安葬在他多年前为自己兴建的一座"如天堂般的"清真寺里。[14] 塞利姆不吝重金，为父亲举行了一场与苏丹身份相符的繁复、奢华的葬礼，让父亲极尽哀荣。他下令在父亲的墓穴上兴建了一座装饰精美、高高耸立的拱形陵寝。[15] 他把对父亲的悼念变成了一场公共活动，规定了哀悼的时段，安排了诵念《古兰经》、隆重游行和为数众多的其他悼念仪式，极尽浮夸之能事。这一切的背后自然都是精明的算计：塞利姆希望可以用这些铺张的活动埋葬掉他以某种方式造成父亲死亡的种种传言。

※

接下来，塞利姆把注意力转向了更迫在眉睫的威胁——他的同父异母兄长们。塞利姆已经在武力和智力上胜过他们，夺下了苏丹宝座，但只要艾哈迈德和科尔库特还在伊斯坦布尔之外的某处徘徊，身在皇宫中的塞利姆就无法彻底安心。既然兄弟相争是奥斯曼帝国决定苏丹继承权的方式，手足相残就变得理所当然。最强者夺下了宝座之后，一定要杀掉其他竞争者，确保他们不会谋求报复和破坏国家的稳定。在与塞利姆敌对的两个兄弟中，艾哈迈德在军事

巴耶济德的葬礼

上的威胁更大，因此成了塞利姆的心腹大患。1512年夏天，艾哈迈德在安纳托利亚四处劫掠，试图瓜分一块领地，创造自己的独立王国，因而对帝国构成了持续威胁。

不过，塞利姆决定从更容易对付的目标——科尔库特下手。在动身前往安纳托利亚之前，塞利姆先将苏莱曼从克里米亚召来，让他在自己外出征战时负责帝国的行政事务。塞利姆刚刚成为君主几个月，身边只有寥寥几位经验丰富又值得信赖的顾问，因此他仍然需要依赖那些帮助他赢得宝座的人，尤其是已经年近18岁的苏莱曼。而且，让他的儿子留在宫里管理帝国事务本身也是一种有用的训练，可以为苏莱曼日后成为苏丹做准备。此外，在最坏的情况下，倘若塞利姆在战斗中不幸身故，他的独子和继承人既然已经身在宫中，自然就可以顺理成章地立刻继承苏丹大位。

塞利姆率领1万名士兵向伊斯坦布尔西南方向的马尼萨进军。从上一年沙库鲁叛乱的时候起，科尔库特就一直待在马尼萨。这里是著名的橄榄油产地，也出产皮革制品和棉花，是安纳托利亚西部最富庶的城镇之一。科尔库特在沙库鲁叛乱中丢掉了泰凯，随后就不断要求巴耶济德为他安排一个新的总督职位，例如莱斯沃斯或阿拉尼亚（Alanya）的总督。[16] 现在，他又开始向塞利姆提出同样的要求。塞利姆拒绝了他的要求，担心他会效法巴耶济德的弟弟杰姆，借道逃往地中海沿岸，再经由海路离开帝国版图寻求与外国势力结盟。（实际上，科尔库特在几年之前就曾短暂逃到埃及，像杰姆一样试图寻求马穆鲁克人的支持。）于是，科尔库特就被困在了地处内陆的马尼萨——此地虽然离海不远，但本身并非一个港口城市。经过10天的行军，塞利姆的军队来到了马尼萨城规模不大的宫殿门口。塞利姆的军队迅速击垮了科尔库特的卫兵，控制了整座宫殿，但科尔库特却设法逃了出去。在动身追击科尔库特之前，塞利姆不失时机地在卧室里杀死了科尔库特的儿子。

塞利姆的部队散开进入了城市以南托罗斯山脉那些植被茂密的山麓小丘之中。那里环境艰苦，布满了乱石与沟壑，不适合人类生存，但非常适于躲藏。在半天的搜索之后，一名士兵高喊，他在一处阴冷潮湿的洞穴中发现了躲起来的科尔库特。塞利姆跑过去，发现他的异母兄长躲在洞穴里，精疲力竭，脖子上架着一把剑。科尔库特很清楚自己即将面对的命运。塞利姆羞辱了他，骂他是叛徒和狗，科尔库特则乞求塞利姆保全他的性命。塞利姆一言不发，走出洞穴，命令手下抓住科尔库特。几个月之后的 1513 年 3 月 13 日，46 岁的科尔库特被绞死。[17]

※

消灭艾哈迈德要比追捕科尔库特困难得多。艾哈迈德在科尼亚附近建立起了坚实的根基，并以此为中心打造了一个名副其实的迷你帝国。在大片名义上属于奥斯曼帝国的领土上，他取代了奥斯曼帝国政府，开始征收赋税，招募军队。他与地方实权人物和游牧民部落联盟的头领达成协议，由他们为他提供士兵、补给和安全保障。[18] 不过，在巴耶济德的死讯和科尔库特被擒的消息传到东方后，艾哈迈德的许多支持者还是变得躁动不安，转而投向了新任苏丹。[19] 毕竟，塞利姆已经成了帝国及其资源的主人，而艾哈迈德被视作危害国家的叛乱分子。大部分人都意识到，这位皇子的命运其实掌握在那位与他一样冷酷无情但更有能力的弟弟手中。另一些人则对艾哈迈德（及出任总督的艾哈迈德的几个儿子）

第十六章　独一无二的苏丹

塞利姆与艾哈迈德的交锋

的高压统治不满，因而打定主意拒不接受他仓皇失措的求助。

艾哈迈德在 1512 年 6 月中旬派次子阿拉丁（Alaeddin）夺取了奥斯曼帝国曾经的首都布尔萨，又在 1512 年 11 月占领了他和塞利姆、科尔库特共同的出生地、位于科尼亚东北方向的阿马西亚。[20] 再看塞利姆这一方，他在追捕、囚禁了科尔库特之后，巩固了自己对马尼萨的统治。12 月，他再次向北进发，进攻布尔萨。塞利姆在布尔萨击败了艾哈迈德的军队，擒获了阿拉丁，并将其处决。一同被处决的还有他几位异母兄弟的另外几个儿子，他们都躲藏在布尔萨避难。[21] 接着，塞利姆的部队向东追击艾哈迈德及其败军，迫使他们更加远离奥斯曼帝国的首都。

1513 年最初的几个月，这位起兵造反的皇子及其追随者变得越发绝望，甚至开始讨论是否有可能与奥斯曼帝国的死敌萨法维王朝结盟。这一联盟最终并未实现，但艾哈迈德的一些手下的确如同他的儿子穆拉德在沙库鲁叛乱期间所做的那样，逃到了国界的另一侧，寻求萨法维王朝的保护。塞利姆曾经在特拉布宗花了大把时间对抗萨法维王朝及其盟友，自然对他们充满厌恶。所以，在塞利姆看来，艾哈迈德居然考虑与萨法维王朝结盟，这再一次证明了艾哈迈德显然不适合以任何身份来领导奥斯曼帝国。

与此同时，鉴于艾哈迈德在布尔萨城中依然有一些支持者，塞利姆设下了一个圈套诱捕艾哈迈德。[22] 塞利姆伪装成布尔萨城中一位依然忠于艾哈迈德的支持者，给艾哈迈德写了一系列谄媚的书信，并向他再三保证，他在布尔萨城中依然可以得到广泛的支持；布尔萨城中的"艾哈迈德之友们"希望他能够回到这座城市，他们承诺会帮助他重夺布尔萨的控制权。信中说，他们会为艾哈迈德提供军队和补给，甚至还列出了最容易突破的一些入城地点。事实证明，夺回布尔萨是艾哈迈德无法抗拒的诱惑。他咬钩了。1513年初春，艾哈迈德带着所剩无几的部队离开阿马西亚，向西进发。4月，他们抵达了布尔萨以东大约35英里的农业城镇耶尼谢希尔（Yenişehir）。塞利姆及其部众正在那里等着他。艾哈迈德的部队被打了个措手不及，惨遭屠戮。艾哈迈德本人跌落马下，随即被生擒。[23]

巴耶济德最疼爱的儿子因耻辱与恐惧而缩成一团，可悲的命运正等待着他。塞利姆最后一次出现在他的这位异母兄长面前。尽管相差4岁的二人曾在阿马西亚的后宫里一起学习波斯语和下象棋，但他们从记事起就一直相互对立。这场持续了一生的争斗现在即将结束。塞利姆是苏丹的第四个儿子，原本并无希望赢得这场角逐，但他现在却成了得意扬扬的胜利者。他来到囚禁兄长的监牢，羞辱了艾哈迈德一番，斥责他兴兵作乱，联络外敌（萨法维王朝），玷污了光荣的奥斯曼帝国；艾哈迈德则一脸憔悴，沉默地盯着冰冷的地面。随后，塞利姆满脸厌恶地离开了监牢。1513年4月底，也就是科尔库特被处决的一个多月之后，塞利姆也下令绞死了艾哈迈德。[24]

※

艾哈迈德死后，塞利姆又在东方停留了数个星期。他的部队涌入安纳托利亚东部，消灭了艾哈迈德的支持者，四处追捕艾哈迈德的儿子以及塞利姆其他的侄子，夺回了艾哈迈德此前窃据的领土。[25] 在艾哈迈德的几个儿子中，所有被捕的都被处决了，另外还有两个人——据说他们皈依了什叶派——投进了萨法维王朝的怀抱，成了仅有的幸存者。

1513年夏天，塞利姆从耶尼谢希尔平原回到了伊斯坦布尔。此时的他，已经消灭了竞争对手，把帝国牢牢掌握在了自己的手中。他的母亲已经在1505年去世了——如果她能亲眼看到自己的儿子登上苏丹宝座，该有多么欣喜；他的父亲现在也已经去世。42岁的塞利姆有生以来第一次成了家族及家族拥有的一切财产的无可争议的主人。他克服了种种不利因素，获得了胜利。

那年夏天，塞利姆大部分时间都躲在托普卡珀宫中享受难得的清凉，同时处理着纷繁复杂的新事务：为重要职位选贤任能，组织自己的内阁，确保军队可以得到足够的给养，设法让经历了混乱继承战争的帝国重回往日的安宁。他将自己的姬妾与女儿安置在后宫中居住，又为苏莱曼安排了一个更重要的新职位——马尼萨总督。在一个个漫长的夏日中，塞利姆和他的军事幕僚漫步在布满玫瑰与百合的御花园中，制定着军事战略。他还很喜欢描摹后宫和皇座大厅里随处可见的蓝白两色瓷砖组成的图形。不过，最让他满意的还是宫廷的奢华生活——众多的壁炉和亭台、巨大的图书馆、厨房准备的五花八门的食物，这座宫殿总能满足他突发奇想的需求。在无尽的可怕征战将他送进皇宫之后，他终于得到了一些安静的独处时间。在这些时候，他会从皇宫眺望博斯普鲁斯海峡，陷入沉思；他看到的景色几乎与孩提时让他沉醉的景色别无二致。

巧合的是，就在塞利姆击败自己的兄弟、巩固自己于前一年取得的苏丹地位的同一年，也就是1513年，对奥斯曼帝国充满敬畏的尼科洛·马基雅维利完成了他著名的政治哲学专著《君主论》。塞利姆正是典型的马基雅维利式政治家，而比起他此前观察过的另

第十六章 独一无二的苏丹

外两位奥斯曼帝国苏丹——穆罕默德和巴耶济德,马基雅维利也更推崇塞利姆。[26]无论是出生的次序,还是总督任职地,塞利姆在争夺权力的斗争中占尽了劣势。但他富于谋略,冷酷无情,最终战胜了不利的环境,取得了胜利。现在,已经成为苏丹的塞利姆终于拥有了足够的资源,可以用压倒性的力量去对付一个重要的敌人,即那个在他此前于特拉布宗出任总督的10年间曾给他带来诸多烦恼的敌人——萨法维帝国。

第五章

塞利姆的世界战争

（1512—1518）

战争中的塞利姆

17

"他们的归宿是火狱"

伊斯玛仪从奥斯曼俘虏口中获取情报

塞利姆一生见证和经历过的诸多战争，一直影响到我们今天的生活。西班牙人远航美洲，留下了种种遗产，塑造了今天西半球的人口格局和我们对奴役与自由的理解，还影响到了当今的地缘政治格局和资本主义的历史进程。美洲的重要性最终超过了欧洲、中东和亚洲，这一趋势也是从塞利姆的时代开始的。在 16 世纪的最初 20 年，莫卧儿帝国——英国人到来前南亚地区最显赫的帝国——的缔造者巴布尔（Babur）发动了一系列战争，最终征服了印度北部。与此同时，1497 年绕过了非洲的葡萄牙人在印度南部占领了多个港口。如同欧洲的统治者们一样，巴布尔的所作所为也受到了奥斯曼帝国的影响。巴布尔曾经联络塞利姆，希望塞利姆可以在中亚的战争中助他一臂之力。[1] 但是，塞利姆非但拒绝了他，还转而支持了他的敌人。或多或少，当时在全球范围内发生的军事活动都与奥斯曼人有着些许联系，而塞利姆本人亲自在中东发动的一系列战争，也对世界造成了深远的影响。今天，逊尼派和什叶派的强国仍然在中东争夺着地区霸权，而这一切就始于塞利姆的时代，发端于他与萨法维王朝之间的战争。

对于塞利姆本人和奥斯曼帝国的未来而言，萨法维王朝无论在军事上还是在意识形态上都是最大的威胁,超过了信奉天主教的西班牙、葡萄牙、威尼斯或其他欧洲基督教国家,也超过了犹太人、马穆鲁克人、摩洛哥人、命运凄惨的泰诺人、马里帝国、崛起中的莫卧儿帝国或任何其他伊斯兰政权。因此,在结束了兄弟阋墙的局面之后,塞利姆把视线投向了东方,要在这里发动他作为帝国苏丹的第一场重大的对外战争,意欲对生活在安纳托利亚东部可疑的什叶派臣民和一直心怀不轨支持他们的萨法维王朝实施致命打击。

※

塞利姆登上奥斯曼帝国苏丹宝座的时候,萨法维帝国的沙阿伊斯玛仪二十出头,他的帝国正牢牢控制着高加索一带的主要城市和周边地区。据一位曾经到访过他的宫廷的意大利人记载,伊斯玛仪"白皙、英俊、令人愉悦;个子不是很高,但体态轻盈、匀称;他十分结实,算不上纤细,肩膀宽阔。他的头发是红色的,只有上唇蓄着胡须"。[2] 的确,他的胡须是他最具标志性的特征,所有对他的描绘中都会提及这一点。[3] 在全力冲刺的马背上拔出埋在土中的羊听起来不像是真事,但几乎所有有关伊斯玛仪的记述都描绘了他巨大的力量和震慑人心的勇气。上文提到的那位意大利人还写道,伊斯玛仪"如斗鸡般勇猛,比他手下的任何贵族都强壮;众人在射箭比赛中一共射中了十个苹果,他独中七个"。[4] 除了军事方面的才能之外,伊斯玛仪还热衷于诗歌、演唱、舞蹈,甚至还拥有自己创作的波斯语和土耳其语的诗集。[5] 换言之,他绝非一个粗人。

塞利姆与伊斯玛仪有过兵戎相见的血腥历史。在安纳托利亚东部,奥斯曼帝国与萨法维帝国之间并没有明确的人工或天然边界,因而两国经常为了确立自身的地区霸权而相互袭击、报复。由于萨法维王朝将什叶派伊斯兰教确立为国教，两个帝国之间的争斗又平添了一分意识形态色彩。而且，沙库鲁叛乱让奥斯曼人意识到，受到萨法维王朝支持的境内什叶派势力也对帝国构成了巨大威胁。在奥斯曼人看来，沙库鲁只是一支长矛的矛尖，而挥舞着这支长矛的，是远在伊朗的萨法维王朝。为了彻底消除什叶派的威胁，奥斯曼人必须从萨法维王朝手中夺走这支长矛，将它粉碎。

在奥斯曼帝国的继承权争夺战中，萨法维王朝把宝押在了艾哈迈德身上。像几乎所有人一样，他们也认为艾哈迈德最有可能取胜，同时也是三兄弟中最可能对萨法维王朝抱有同情心，甚至是最容易受其影响的一个。艾哈迈德与他的父亲一样，总是尽可能避免发生军事冲突，至少在他肆虐安纳托利亚前是如此。这就意味着，比起塞利姆，他或许不会对萨法维王朝和奥斯曼帝国境内的什叶派信徒抱有那么强的敌意。在奥斯曼帝国继承权争夺战期间，萨法维王朝庇护了艾哈迈德的几个儿子，甚至还在一些重要关头发兵支援艾哈迈德。

艾哈迈德之死固然对萨法维王朝是一种打击，但他们依然在塞利姆执政的最初几年支持着奥斯曼帝国境内的什叶派信徒，试图借此削弱这位新苏丹的实力。甚至，萨法维王朝还拒绝派遣使者祝贺塞利姆即位。在16世纪早期，派遣使者祝贺新君主，哪怕是敌国新君主的即位是标准的外交礼仪。[6] 这是因为，萨法维王朝正忙着帮助艾哈迈德的儿子穆拉德制订计划，图谋推翻塞利姆。穆拉德此前从锡瓦斯逃到了伊朗，但萨法维王朝最终未能替他赢得奥斯曼帝国境内什叶派信徒的支持，最终不得不放弃了计划。不过，在1513—1514年的冬天，穆拉德依然是一个重要的威胁。因此，塞利姆特地派遣了一个代表团来到伊朗中部美丽的绿洲城市伊斯法罕（Isfahan，萨法维王朝的冬季宫廷所在）[7]，要求将穆拉德遣送回伊斯坦布尔。沙阿伊斯玛仪先是讥讽了塞利姆的使者一番，嘲笑他们的衣着和蹩脚的波斯语，接着又宣布穆拉德是萨法维王朝的贵宾，他的这一地位不会改变。[8]

塞利姆的使者还要求伊斯玛仪将安纳托利亚东南部的迪亚巴克尔城（Diyarbakir）及其周边地区归还给奥斯曼帝国。塞利姆声称，这一地区是奥斯曼家族的世袭领地，但实际上奥斯曼人此前并没有控制过这座城市或其所在省份。迪亚巴克尔城横跨底格里斯河两岸，是一座以库尔德人为主的城市。它是通往叙利亚、伊拉克和阿拉伯半岛的门户，还是数条东方商路的交会点，位置极其重要。在此前的10年间，奥斯曼帝国与萨法维王朝在这里展开了拉锯战，其控制权几度易手。塞利姆料想，萨法维王朝一定会拒绝他的这一要求，从而给他一个宣战的理由。果然如他所料，伊斯玛仪当场挑衅说，倘若塞利姆想要这块土地，就请他自己凭武力来取。1513年年末，塞利姆的使者在遭受了一番羞辱之后，两手空空离开了伊斯法罕。[9]

在这个重要的年头步入尾声之际，塞利姆在埃迪尔内的宫殿里度过了这个冬季，每天率众出猎，晚上则依偎着温暖的火炉休息。他的使者们从伊斯法罕归来，给他带来了预料之中的消息。有一团火焰已经在塞利姆的心中闷燃了多年。如今，萨法维王朝拒绝遣返穆拉德和拒绝撤出迪亚巴克尔的决定又给这团火焰加了一把干柴，让它燃烧得比埃迪尔内宫中的任何炉火都更加猛烈。他认为，他现在已经有了足以支持他宣战的政治理由。从他刚刚夺得苏丹宝座的时候开始，塞利姆就一直想要下手对付萨法维王朝，但他必须要拿出一个站得住脚的理由。塞利姆做了符合近代外交惯例的举动：他向沙阿伊斯玛仪提出了一个避免战争的选项，但遭到了拒绝。

除了政治上的小动作之外，为了进一步增加行动的合理性，塞利姆还为他即将发动的军事行动寻求了宗教上的支持。在大部分逊尼派穆斯林看来，萨法维王朝这些什叶派信徒与异教徒无异，但实际上他们仍然是穆斯林。一个伊斯兰国家向另一个伊斯兰国家宣战并不是一件简简单单的事情。根据伊斯兰律法，挑起穆斯林同胞之间的冲突要比向非穆斯林宣战复杂得多。在长达多个世纪的伊斯兰历史上，穆斯林之间时常爆发战争，他们也很少顾及教法规定的技术细节。但是，塞利姆矢志成为世界上最具权势的穆斯林，因而在发动他作为苏丹的第一场重大军事行动时，他希望严格遵守伊斯兰教的战争规则。他总是把自己描绘成一名虔诚的穆斯林，不希望被人指责违背了神圣法。而且，由于他获得苏丹宝座的方式并非无可指摘，塞利姆尤其希望可以让人们相信他对宗教十分虔诚，也让人们相信他乐于遵守一切世俗和宗教法律。

因此，塞利姆希望由奥斯曼帝国的宗教机构来批准他针对萨法维王朝的战争。[10] 1514年初，他从奥斯曼帝国地位最显赫的两位穆夫提——哈姆扎·萨鲁·格雷兹（Hamza Saru Görez）和凯末尔帕夏扎德（Kemalpaşazade）——那里获得了他所需要的费特瓦：他们宣布什叶派信徒为异教徒，准许塞利姆与他们开战。哈姆扎·萨鲁·格雷兹在他用奥斯曼土耳其语写成的费特瓦中明确表示，什叶派无异于"不信道者"和"异教徒"，理应遭到屠戮，他们的全部财产，包括妻子儿女，均可成为奥斯曼帝国的战利品。[11] 他补充说，什叶派这类怪物，哪怕是"皈依"了逊尼派教义之后也难逃一死。简单地说，什叶派信徒比犹太人和基督徒更糟，他们不应当享有犹太人和基督徒可以享有的安全保障。[12] 后来成为大穆夫提的另一位穆夫提凯末尔帕夏扎德则在用阿拉伯文写就的费特瓦中阐述了同样的观点,他宣称什叶派不仅不是穆斯林,甚至是反穆斯林分子,而身为苏丹的塞利姆有权利更有责任去消灭萨法维王朝的这些不信道者。凯末尔帕夏扎德在他的费特瓦中援引《古兰经》的词句说:"你当对不信道者和伪信者战斗并严厉地对待他们,他们的归宿是火狱,那归宿真恶劣!"(9:73)塞利姆长久以来对什叶派的反感此时已然达到了顶峰,如今又获得了政治上的借口和宗教上的许可,他已经做好了对萨法维王朝发动决定性一战的准备。

1514年3月20日,塞利姆从埃迪尔内起程。[13] 即便这可能是暂时的,但塞利姆的战争计划仍然标志着奥斯曼帝国的一次重大转变,就如同季节的变换一般。他即将开启的是一场全面战争,是两个拥有相互排斥的霸权梦想和截然相反的政治企图的军事化国家之间的一场毁天灭地的冲撞。因此,塞利姆要同时在多个方面做好战争准备。最重要的自然是战争的计划和战略。塞利姆有着几十年的军事经验,他事无巨细地研究每一个后勤细节,为这场战争调动了一切可用的资源。无论是在数量上还是在军备技术上,他的军队都远远胜过伊斯玛仪的军队。大部分历史学家认为,他当时集结了中东历史上规模空前的一支大军,其人数最多时达到了20万。[14] 除了这些重要的军事要素之外,塞利姆还设法干扰萨法维王朝重要的收入来源——丝绸贸易,以图在经济上对他们施加压力。[15]

正如在那两份费特瓦中所说的一样,在塞利姆看来,这场冲突也是两种敌对意识形态之间的史诗级对抗,是一场决定将由谁来领导伊斯兰世界的考验,只有一方能够在这场战争中幸存。战争双方都相信真主站在自己一方。正因如此，奥斯曼帝国与萨法维王朝发生的第一场战争势必成为中东历史乃至伊斯兰历史上最为激烈也最为重要的战争之一。这是历史上第一次为了争夺中东的地区霸权而在一个逊尼派帝国与一个什叶派帝国之间爆发的战争。

塞利姆于3月29日抵达伊斯坦布尔。[16] 他先在托普卡珀宫接见了在他远赴埃迪尔内期间留在都城的女儿与后妃们，接着又在御前会议大厅的巨大穹顶之下会见了军事将领和其他幕僚，与他们制定战略并讨论如何在帝国境内调动各项资源。对于塞利姆来说，这是他成为苏丹后经历的第一次重大军事考验，一场摧枯拉朽的胜利才是唯一可以接受的结果。

塞利姆还与他的行政班底一起研究实施经济封锁的具体方案。他宣布禁止从奥斯曼帝国向外出口伊朗丝绸，直击这一支撑了萨法维王朝上上下下的经济命脉。[17] 毕竟，要想把丝绸运到欧洲市场获得暴利，伊朗的丝绸商人必须经由奥斯曼帝国才能抵达地中海沿岸。塞利姆在两国之间的重要道路上设置了检查站，还派遣巡查人员到奥斯曼帝国境内的市场上搜查伊朗丝绸，并监视所有通过奥斯曼帝国港口进出的和行驶在奥斯曼帝国境内航路上的船只。塞利姆切断了萨法维王朝商人前往特拉布宗、布尔萨、伊斯坦布尔和安塔基亚（Antakya）的道路，不仅在经济上削弱了萨法维王朝的实力，也终将影响到萨法维王朝的军事实力。塞利姆从1514年初夏开始实施封锁，并在他的整个统治期内都维持了这一政策。除了个别的走私活动之外，他的封锁行动总体上十分成功。

在经济上扼住了伊朗人的喉咙之后，塞利姆又试图争取其他强国的支持，让它们在即将打响的战争中站在自己一边。他最担心的是南方的马穆鲁克帝国——当时中东地区的第三强国。奥斯曼人与马穆鲁克人之间的关系有着漫长的历史，他们时而合作，时而敌对。积极的方面是，这两个伊斯兰强国在贸易领域通力合作，共同构建起一道强大的贸易之墙，阻止欧洲商人经由地中海前往东方；消极的方面是，奥斯曼人为了争夺在伊斯兰世界的霸权，与同为逊尼派的马穆鲁克人产生了矛盾，正如他们与信奉什叶派的萨法维王朝产生矛盾一样。马穆鲁克苏丹国比奥斯曼帝国早崛起大约50年，同时还是至高无上的伊斯兰教圣地麦加与麦地那的保护者。此外，马穆鲁克帝国还拥有几座曾经的伊斯兰文明中心城市，例如大马士革和开罗，这就让他们在争夺全球伊斯兰世界领导权的时候获得了意识形态方面的优势。此外，马穆鲁克人还经常收留觊觎奥斯曼帝国皇位的叛乱分子，例如杰姆和科尔库特。马穆鲁克人反复无常，随时可能插手奥斯曼帝国与萨法维王朝之间的战争，从而改变战争走向。因此，塞利姆必须仔细考虑马穆鲁克人在即将到来的这场战争中可能扮演的角色。

在此之前，为了遏制奥斯曼帝国的迅速扩张，马穆鲁克人曾经倾向于支持萨法维王朝。因此，塞利姆必须避免马穆鲁克人与萨法维王朝再度结盟，更要避免在两条战线上作战。于是，1514年，塞利姆派遣一位特使抵达开罗，将他入侵伊朗的计划告知了70多岁的马穆鲁克苏丹阿什拉夫·坎苏·高里（Ashraf Qansuh al-Ghawri），并邀请他共同出兵参战。[18] 塞利姆知道马穆鲁克人会拒绝他的邀请。因此，虽然他在信中使用了满怀尊敬与友爱之情的动人语言，但他传达的其实是略加掩饰的威胁：如果马穆鲁克人不愿意帮助奥斯曼人，他们至少也应该置身事外；如果他们选择与萨法维王朝结盟，塞利姆就会用强大的军事力量去对付他们。为了展示奥斯曼帝国的实力，塞利姆派了他最信任的一位海军指挥官到红海去，帮助马穆鲁克海军对付入侵的葡萄牙人。[19]

塞利姆还联络了其他地区性强国，进一步扩大了这场战争的影响范围。中亚的乌兹别克人是萨法维王朝的东邻。于是，塞利姆给敌人的敌人的领袖——奥贝都拉汗（'Ubayd Allah Khan）——送去了一封信，建议他们发动一场钳形攻势，同时出兵进攻萨法维王朝。[20] 奥贝都拉汗对他的提议很感兴趣，但他自己的帝国内部纷争不断，同时还要举兵对付未来会成为莫卧儿帝国皇帝的巴布尔，因此无力发动真正具有威胁性的攻势。在距离奥斯曼帝国更近的地方，白羊王朝的残余势力依然在高加索的偏远地区拥有一些领土，夹在萨法维王朝与奥斯曼帝国之间。大体上看，正是萨法维王朝取代了白羊王朝，因此塞利姆很容易地就取得了白羊王朝残余势力的效忠。他还在安纳托利亚东部获得了另外一些部落联盟和小邦国的支持，其中最重要的一股力量就是库尔德人。早在他担任特拉布宗总督的时候，塞利姆就一直在培植自己与库尔德人之间的关系。他保障了库尔德人生活在世代居住的土地上的权利，还给了他们一定程度的地方自治权，以此换取库尔德人承认奥斯曼帝国的宗主地位，并为奥斯曼帝国提供军队。

❈

1514 年 4 月，塞利姆率领 14 万大军，离开了伊斯坦布尔。[21] 此时，他已经通过禁运措施对萨法维王朝施加了经济上的打击，让马穆鲁克人大体上保持中立，还取得了其他一些颇具实力的利益相关方的支持。塞利姆大军的第一个宿营地是耶尼谢希尔，也就是他在一年之前杀死艾哈迈德的地方。正是在安纳托利亚东部度过的岁

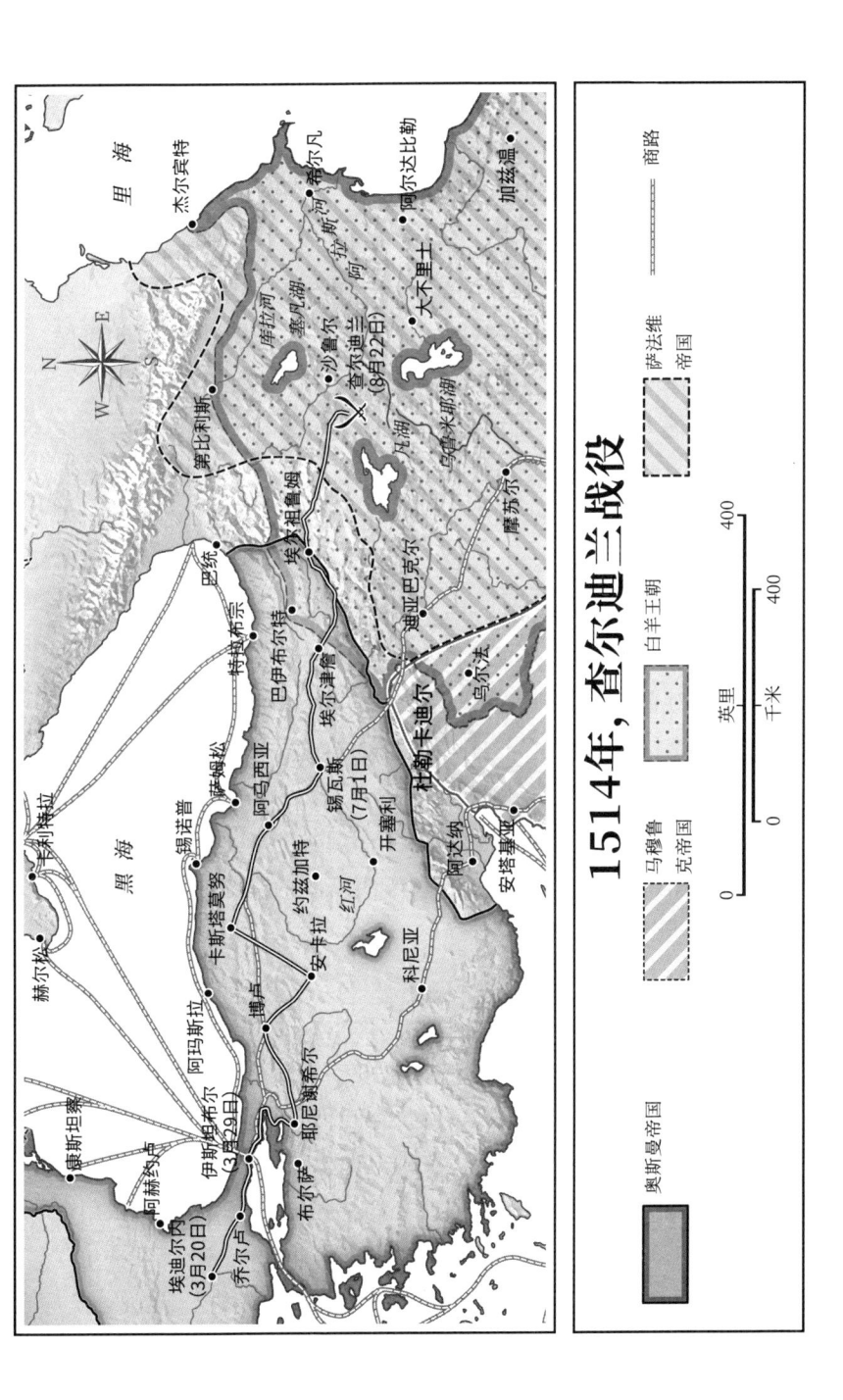

1514年，查尔迪兰战役

月让塞利姆历练成了一位行政管理者和军事指挥官,为他提供了夺取苏丹宝座所需的各项工具。因此,在他成为苏丹之后,他选择在东方开始第一场战役,也是十分合乎情理的。

塞利姆在出征路上给沙阿伊斯玛仪送去了正式的宣战书,尽管其他统治者经常忽略这一规则。这封宣战书用波斯语写成,以确保伊斯玛仪可以准确接收到塞利姆传达的情绪。塞利姆在宣战书中自称为"恶人与异教徒的终结者,高尚者与虔诚者的守护者;正途与正信的捍卫者;勇士与征服者;雄狮,雄狮之子,雄狮之孙;公正与正直大旗的擎旗者";至于伊斯玛仪,则被唤作"暴虐与堕落国度之主,行凶者之头目,作恶者之酋首"。接着,他细数了伊斯玛仪和他的什叶派信众对伊斯兰教犯下的可怕罪行:破坏清真寺、临时婚姻制度、违背《古兰经》,以及所有罪行中最可怕的罪行——对真正的穆斯林也就是逊尼派的屠杀。面对可憎的暴君,手握两个费特瓦的裁决,苏丹塞利姆宣称自己要履行捍卫正信、对抗什叶派腐蚀的职责:"我们的远大志向,就是履行彻底清除邪恶枝芽的古老职责……恣意横生的荆棘挡住了神圣律法的光辉之路,我们要手持雷电之剑将其连根拔起,再用大军的铁蹄将它们踏入最卑微的尘土之中。"

塞利姆给了伊斯玛仪最后一个拯救自己的机会:投降,将整个萨法维帝国,包括其领土、资源与人民,交给奥斯曼人,承认逊尼派教义的伟大光辉并诚心皈依,向伟大而且神奇的塞利姆输诚效忠。在那个缺乏宽容的时代,犹太人在西班牙、泰诺人在伊斯帕尼奥拉岛都面临着被连根铲除的威胁(当然,这些驱逐和铲除活动并不能彻底奏效),而塞利姆在他的这封信中也使用了西班牙人用在敌人身上的一些语言。他在写给伊斯玛仪的信中,还加上了一句自己创作的诗句：

> 屈服，拥抱我殿堂前的尘土，
> 青睐与公正的柔影就会将你遮盖

奥斯曼帝国苏丹威胁称，倘若伊斯玛仪丧失心智，误以为自己的光芒可以胜过塞利姆投下的阴影，那么他将"在每一棵可以用作绞架的树上挂上一颗头戴冠冕的苏非信徒（指什叶派信徒）的头颅，并把这个教派从大地上清除出去"。[22]

信使带着这封信率先前往伊斯玛仪的宫廷，塞利姆的大军则从耶尼谢希尔出发，缓缓前行。他故意让大军——穿过安纳托利亚东北部的主要城镇，包括博卢、安卡拉、卡斯塔莫努（Kastamonu）和他的出生地阿马西亚。他要利用这一机会让臣民们看到，他的统治已经为帝国带来了稳定。他还要让他们看到新君主及其麾下军队的权威和尊严，让他们不敢有丝毫的不臣之心。未见其人，当地居民就能先听到随军鼓手敲出的抑扬顿挫的鼓点。接着，数以千计的军人就会涌入他们的视线，再从他们面前走过，让他们惊叹于帝国的军事实力。最后，在随行兵士的簇拥下，身披上等绸缎、头缠高耸的白色头巾的塞利姆会出现在人们的视线中。塞利姆的行军队列往往要花上一整天才能全部通过一座城镇。对于生活在安纳托利亚的大部分人来说，这是他们第一次也是唯一一次见到他们的苏丹。因此，塞利姆在刚刚坐上苏丹宝座两年之后就向萨法维王朝发动战争，不仅是为了推行他的外交政策，同时也是为了进一步获取帝国臣民的忠心。

在行军路上，塞利姆的外交与内政方针结合，产生出了一颗更加血腥的果实：他主导了奥斯曼帝国历史上一场规模惊人的对内屠杀，共计杀害了 4 万名什叶派臣民。在刚刚成为苏丹的时候，塞利姆曾下令登记了所有"从 7 岁到 70 岁的"，[23] 居住在托卡特、萨姆松（Samsun）、锡瓦斯、阿马西亚和约兹加特（Yozgat）等城镇的什叶派人口。现在，当他的大军经过这些城市时，他们就会逮捕能够找到的每一个什叶派信徒，并将他们处决。此时发生的一切，与中世纪十字军东征中发生的现象如出一辙——当时的基督徒士兵在从欧洲向中东行军的过程中，经常会沿途屠杀犹太人。这些惨遭毒手的什叶派信徒大部分被斩首，也有一些人被处以石刑，或遭溺毙，以儆效尤。早在他出任特拉布宗总督的时候，塞利姆就曾经在沙库鲁叛乱期间和其他一些时候杀戮过什叶派信徒。现在，已经成为帝国苏丹的塞利姆拥有了更多的军事资源，这方便他采取格外血腥的行动。他统治的这个帝国，人口成分十分复杂，甚至基督徒依然还占帝国人口的大多数。在奥斯曼帝国的所有臣民中，什叶派信徒在政治上最为可疑，也最具潜在威胁。奥斯曼帝国境内的什叶派信徒的处境与基督徒、犹太人、库尔德人和帝国境内的其他族群都不相同，因为有一个外邦一直在呼唤他们向自己效忠，怂恿他们起来反抗自己的统治者。塞利姆将摧毁萨法维王朝视为己任，因而也不遗余力地要消灭可能在大军背后作乱的什叶派"第五纵队"。什叶派信徒以前在东方发动过多次叛乱，而他父亲迁移什叶派信徒的努力也以失败告终——不仅没能稀释、瓦解他们的反抗，反而让沙库鲁叛乱的规模更大，危害更重。从这些事情中，塞利姆吸取了教训。一直到 19 世纪末，塞利姆对什叶派信徒的屠杀都是奥斯曼帝国历史上规模最大的内部清洗，这次屠杀中的受害者直到今天仍为人们所铭记和悼念。

安纳托利亚东部城市锡瓦斯坐落在红河[*]畔,当地棉花产业蓬勃发展,还拥有数座亚美尼亚修道院和教堂。此地海拔超过4 000英尺[†],冬季严寒。在安纳托利亚中部跋涉了三个月之后,塞利姆大军于7月1日来到了锡瓦斯。[24]此时,夏季艳阳炙烤的天气让有关冬天的一切描绘都仿佛是荒诞的谣言。塞利姆在锡瓦斯休整,补给,检阅军队,与幕僚们一起制定作战方案。几天之后,大军再度起程,前往东方150英里之外的埃尔津詹。[25]埃尔津詹就位于特拉布宗正南方,在奥斯曼帝国能够完全行使主权的安纳托利亚的城市中,埃尔津詹是位于最东端的一个。埃尔津詹城本身属于奥斯曼帝国,但更东方的土地的主权归属则要混乱得多,奥斯曼帝国和萨法维王朝的势力在这里重叠交错。比起伊斯坦布尔,萨法维王朝的首都大不里士距离这里更近,因此他们对这里的控制力要更强一些,而越往东方,萨法维王朝的影响力就越强。

在1514年7月底抵达埃尔津詹之前,塞利姆接见了伊斯玛仪派来的使者。使者带来了萨法维王朝统治者对塞利姆宣战书的答复。伊斯玛仪用讥讽、挖苦的语气说,他十分怀念塞利姆的父亲统治帝国的时期,那时奥斯曼帝国与萨法维王朝还能够和平相处(实际上并非如此)。[26]接着,他又明褒暗贬,称赞塞利姆在特拉布宗总督任上的卓越成就。傲慢自大的萨法维王朝沙阿随即提到,他早就可以轻而易举挥师入侵安纳托利亚东部,但考虑到当地的大部分

---

[*] 红河,即克孜勒河(Kızılırmak)。——译者注
[†] 1英尺=0.3048米。——编者注

居民从各个角度看都已然是他的臣民,他认为此举毫无必要。他说,他觉得给塞利姆回信本身就是在浪费时间,因此一拖再拖,直到一次出猎之后才终于动手做了这件恼人的杂务。伊斯玛仪还说,塞利姆在信中咄咄逼人,反而暴露出他根本不适合做一国之主。他说,这封信莫不是"出自抽鸦片抽坏了脑子的秘书或写手之手"?伊斯玛仪用语带威胁的诗句结尾,挑衅塞利姆,甚至是刺激他前来入侵:

报应不爽,世界见证过那悲惨故事,
厄运难逃,冒犯阿里(指什叶派信徒)之人必遭倾覆。

阅罢信件,塞利姆勃然大怒,下令将伊斯玛仪派来的信使当场处决。

1514年8月初,塞利姆在埃尔津詹回信,用更多的羞辱与威胁答复了伊斯玛仪。他还随信给伊斯玛仪送去了一些"礼物"——一块破布、一根拐杖、一把牙刷、一串念珠和一个讨饭用的饭碗——这正是苏非派信徒的一整套行头。[27]塞利姆的弦外之音是,伊斯玛仪只不过像他的祖先一样,是一位四处行乞的潜修者而已。在收到这些令人厌恶的礼物之后,伊斯玛仪也回赠了一个礼物——一盒鸦片,再度暗示奥斯曼帝国的统治者不过是一群被幻觉支配了理智的瘾君子。[28]

在这段"双人舞"之后,塞利姆率领大军离开了埃尔津詹。出发前,他命令4万人向西撤回开塞利和锡瓦斯之间的地区,因为他的屠杀活动在那里引发了什叶派的叛乱,而这恰恰是他原本希望可以避免的内乱。[29]塞利姆率领主力继续东进,前往埃尔祖鲁姆

（Erzurum）。他在这里又给伊斯玛仪发去了一封尖锐挖苦、咄咄逼人的信。他在信中把伊斯玛仪当作女人，建议他不要穿着盔甲上战场，而应当戴着面纱。[30]

塞利姆的大军来到远离奥斯曼心脏地带的埃尔祖鲁姆附近，发现萨法维军队刚刚抛弃了这片土地，并在撤退前大肆抢掠焚烧。[31]他们的焦土政策削弱了奥斯曼军队，并将他们引向了更靠近东方、萨法维王朝势力更稳固的地区。到1514年夏末，塞利姆麾下大军已经从14万人减少到了大约12万人，而且缺乏补给。他们已经在炎热而且漫长的夏日中行军近六个月，不知道什么样的未来在等待着他们。[32]

早在大军出发之前，塞利姆就组织了一支补给舰队。现在，为了提振士气、加强补给，他命令该舰队从伊斯坦布尔起航，前往特拉布宗。随后，骡队再从特拉布宗出发，将补给品运送到150英里之外的埃尔津詹，然后再跋涉150英里来到埃尔祖鲁姆。这条路线对于背负重物的骡子和引领骡队的人来说都是艰巨的挑战，沿途山峦起伏，没有道路，行进起来十分缓慢。事实证明，通过这种方式根本无法为如此多的士兵提供补给。士兵们越发感到不满。塞利姆意识到，无论在身体上还是在精神上，他的士兵都支撑不了太久了。他想要开战，甚至亟须开战。而且，如果他不能迅速把士兵带到战场上，适合作战的时节就要过去了。

身在埃尔祖鲁姆的塞利姆得知，萨法维军队正在250英里以东一处名叫查尔迪兰（Chaldiran，位于今伊朗西北部）的平坦谷地中驻扎。海拔6 000英尺的崎岖山地夹在逊尼派和什叶派这两个帝国之间，查尔迪兰则是这片区域里的一块绿色孤岛。塞利姆推测，这里是伊斯玛仪的前线基地，而且伊斯玛仪经由此地将人员与物资转运到西方。于是，塞利姆决定以最快速度行军，在查尔迪兰袭击萨法维军队，而不是等待双方在查尔迪兰与埃尔祖鲁姆之间的某处遭遇。他开始集结部队，让他们准备继续向前推进，打响他们期待已久的战争。单是集中需要带到战场上的军事物资和食品，就花费了塞利姆一周的时间，比他预期的时间要长。

塞利姆的大军带着驮运物资的骡子，牵引着火炮，冒着8月的酷暑，迅速走完了从埃尔祖鲁姆到查尔迪兰的路程，把一路多石的缓坡抛在了身后。军队的士气时起时落，只有一触即发的大战带来的兴奋感在催促着他们前进。在距离查尔迪兰还有几天路程时，上天降下的异象提振了士兵们的情绪。8月20日下午，向来被视作吉兆的日食让奥斯曼大军暂时停住了他们的脚步。[33]

在奥斯曼帝国于1453年征服了伊斯坦布尔之后，伊斯兰世界四面八方的天文学家纷至沓来，在这座城市中研究地球转动、时间的本质、星球系统等课题，当然也包括日食、月食。他们的这些研究甚至对后来尼古拉·哥白尼（Nicolaus Copernicus）和第谷·布拉赫（Tycho Brahe）等人提出的理论都产生了影响。[34] 或许，塞利姆曾经在伊斯坦布尔见过一些天文学家，或是接触过他们的一些著作，但此时身在安纳托利亚东部的他根本无暇关注天象。在他的脑海中，只有尘世间的挑战——与宿敌迫在眉睫的战争——值得他关心。不过，对于他帐下的士兵来说，这一梦幻般的天象可以让他们获得激励，让他们鼓足气力走完余下的几天路程。

※

8月22日，奥斯曼大军终于抵达了查尔迪兰所在的谷地。[35]

经过在单调乏味环境下的艰难跋涉,奥斯曼帝国的士兵们一定会觉得查尔迪兰的富饶平原仿佛幻境一般。现在,穿越了整个安纳托利亚的塞利姆看到,他的敌人就在几千米之外。他要让敌人清楚地看到他已经来到了此地。他派遣一部分部队把守住谷地的西侧,再调遣其他部队进入北侧和南侧的山区。塞利姆曾揣测,他的部队人数要远远多于萨法维军队。[36]现在,他证实了这一点:他拥有超过10万人的大军,而伊斯玛仪的部队只有大约4万人。更重要的是,塞利姆拥有12 000名火枪手和300门装配了轮子的火炮,而萨法维军队只有骑兵和步兵。鉴于己方拥有的战略优势,塞利姆及其帐下指挥官们决定迅速出击,在萨法维军队有机会集结援军之前将他们打垮。

战斗在第二天——8月23日打响。日出时分,部署在山地的奥斯曼军队冲下谷底,与此前就部署在平原地带的奥斯曼军队一起夹击萨法维军队,将大部分敌人赶到了炎热干旱的东部山区。在进入了有高度优势的山区之后,伊斯玛仪的部队展开阵线,包围了处在"碗底"的奥斯曼军队。伊斯玛仪认为,鉴于塞利姆的军队处于明处,且已经被包围,因而自己已经获得了战争的主动权。只待他一声令下,他的士兵就会如滚滚洪流般涌入山谷,如一把铁钳将奥斯曼军队挤压在中间。在发动进攻之前,伊斯玛仪为士兵分发了好酒,让他们可以情绪轻松地向山下冲锋。[37]

事实证明,奥斯曼人在火器上的优势决定了这场战斗的走向。面对萨法维军队不断收紧的包围圈,奥斯曼人组成了紧密的阵列,火炮炮孔朝外布置,火枪手则布置在火炮身后。不一会儿,微醺的萨法维骑兵居高临下冲入谷底,步兵则跟随着骑兵一齐冲锋。在一阵战鼓声后,奥斯曼军队枪炮齐鸣,轻而易举干掉了他们的敌人。[38] 如果有人鸟瞰这一场景，就会看到好似一枚石块落入水中的景象：不断有子弹如波纹般向外扩散，构成了一个个同心圆。萨法维士兵的尸体渐渐堆积如山。就在一阵阵炮击将黑色的硝烟送入空中的同时，双方的骑兵也开始在谷底各处遭遇、碰撞。伊斯玛仪本人手刃了数名奥斯曼士兵，直到由于手部负伤而撤离战场。[39] 即便是在距火炮直射范围有一定距离的骑兵战场上，奥斯曼人也拥有优势。塞利姆大军的战马曾经在炮火中训练，而萨法维骑兵的战马则很容易因炮声而受惊。一位威尼斯大使在他转述他人现场见闻的报告中写道："这些可怕武器发出的巨响吓得波斯战马四散奔逃，完全不听骑手的指挥，一心只想远离这个可怕的地方……它们此前从未听到过这样的声响。"[40]

到那天下午，查尔迪兰已经血流成河。数以千计的士兵丧生，同样战死疆场的还有伊斯玛仪帐下的多名高级军官、数位他最信任的幕僚，还有一些投入了战斗的行省总督。[41] 伊斯玛仪率领残部退回了东方，但塞利姆并没有立刻追击他们。他之前尝过萨法维王朝的焦土政策的苦头，因而担心这次退却也可能是一个圈套。因此，他让己方得胜的军队在查尔迪兰又停留了数日，一边筹划下一步的行动，一边庄严地安葬了阵亡将士。[42]

※

遭遇惨败的伊斯玛仪残部一路奔逃，撤到了位于里海和厄尔布尔士山脉（Alborz）以南的加兹温（Qazvin）。当年，还是个孩子的伊斯玛仪曾经在这里筹划自己重返北方的计划。到了1514年，重返加兹温的伊斯玛仪，情绪比当年要忧郁得多。他制订了重整旗鼓的计划，四处寻找盟友来共同对付占据优势的奥斯曼人。不过，西班牙、匈牙利、威尼斯、教皇和圣约翰骑士团都没有理睬他的恳求，只有正在印度洋和波斯湾沿岸殖民、希望寻找盟友对付马穆鲁克帝国的葡萄牙人回应了他，但也不甚热情。他们仅仅给伊斯玛仪送来了两门小型火炮和六支火绳枪，而这些用来打猎都未必够用。[43]

与此同时，塞利姆在查尔迪兰接待了两名来自大不里士的使节。大不里士的统治者们认为，统率着强大军队的奥斯曼苏丹接下来一定会向萨法维王朝的这座都城进军，因此不如改弦更张，背叛他们的主子。他们主动向奥斯曼帝国输诚纳忠，保证塞利姆可以安全通过大不里士，甚至邀请他进占这座城市。[44] 塞利姆不免担心其中有诈，因而保持谨慎，不过他还是决定派遣一些幕僚随使者回到大不里士，一探虚实。大不里士的统治阶层隆重欢迎了塞利姆的手下，提出让他们掌管城中的市场运营，向他们展示了城中的防御工事和武器装备，还带他们参观了准备留给塞利姆一行人使用的宫殿。塞利姆的使者回报说，对方的提议看起来是真心实意的，大不里士人的确希望塞利姆占领他们的城市。

无疑，占据萨法维王朝的首都，相当于为这个帝国的尸首盖上最后一锹泥土。因此，塞利姆一面保持着警觉，一面开始向大不里士进发。他和他的大军于9月5日进入了这座投降的城市。[45] 塞利姆的军队安静地列队穿过城门进入城中，城中居民则在窗前和门口打量着这些涌上城市街道的陌生人，好奇地看着他们身上的绿色和红色制服，并对他们配备的长枪感到惊诧。奥斯曼士兵进入城中，让大不里士城的人口增加了一倍还多。

为了表明塞利姆已经在伊斯玛仪的地盘上确立了主权，在那一周的星期五，大不里士全城各处清真寺中的祷言都以塞利姆的名义宣读。[46] 塞利姆命令自己的幕僚们从大不里士给克里米亚可汗、马穆鲁克苏丹和威尼斯总督写信，告知他们自己已经征服了萨法维王朝的首都。[47] 与此同时，塞利姆的士兵们确保了对大不里士的绝对控制，随后开始在街头大肆庆祝。在忍受了几个月充满压力、疲惫与思乡之苦的艰苦行军之后，奥斯曼士兵们终于可以利用夺取大不里士的机会纵情狂欢了。[48] 这座文化名城拥有一座非凡的图书馆，里面满是来自中亚、高加索和中东地区的书籍；不同的诗歌流派在这里争奇斗艳；蒙古人为这里带来了中国文化的影响，催生出独特的细密画风格；还有一座座家庭作坊，制作着华美奢侈的挂毯。不过，对塞利姆帐下的士兵们来说，那些没这么高雅的东西——马术、摔跤、马球、射箭——似乎更能吸引他们；他们还恣意享用着大不里士著名的胡萝卜汤和烤肉串，自然也少不了开怀痛饮。此外，正如在大部分被占领城市中都会发生的那样，士兵们也对大不里士的女性和男性犯下了一系列性侵害罪行。

塞利姆下令将城中的一些富户和最优秀的手工业者、诗人和知识分子迁徙到伊斯坦布尔去。[49] 他甚至把伊斯玛仪的宠妻、据说美艳绝伦的塔日莉·哈努姆（Tajli Khanum）送回了伊斯坦布尔，并安排她嫁给奥斯曼帝国军队首席法官扎法尔·切莱比（Ja'far Çelebi），以夸耀自己的胜利。[50] 后来，伊斯玛仪派来四名心腹请求赎回他的妻子。他们带了大量的礼物，言语甚恭，还许诺将带来更多的财宝，这与他们之前书信来往时的态度形成了鲜明对比。塞利姆的回应是命人割掉这四个人的鼻子，让他们鲜血淋漓、肢体残缺，恰似伊斯玛仪受创深重的帝国一样，然后回到伊斯玛仪的身边。[51]

此时已是9月。很快，伊朗北部、高加索和安纳托利亚的天气就会转冷、降雪，这让奥斯曼士兵返回伊斯坦布尔的路途变得极为

大不里士的生活

艰辛，近乎无望。因此，塞利姆决定在大不里士过冬。更重要的是，这样可以让他在下一个适合开展军事行动的季节继续对付萨法维王朝。塞利姆认为，如果他的军队可以在如此靠东的地方休整、补给，并制订战略计划，那么奥斯曼军队就可以在第二年春天进攻加兹温，并尝试征服整个伊朗。然而，当士兵们得知塞利姆打算让他们在大不里士过冬并为明年春天的战役做准备时，他们差点发动了兵变。[52] 在此前的九个月中，他们从伊斯坦布尔出发，长途跋涉了1 000多英里，冒着暴雨或酷暑翻山渡河。他们甘愿如此，是因为当时抱着要与敌人一决雌雄的决心。而现在，他们无论在体力上还是在精神上都感到疲惫，一心只想回家。因此，塞利姆别无选择，只得撤军。鉴于天气很快就要转冷，塞利姆仅在大不里士停留了短短八天，就不得不满怀失望地率领躁动不安的士兵们打点行装，踏上了返回伊斯坦布尔的漫长旅程。

消灭奥斯曼帝国在意识形态和军事上的死敌，一直是塞利姆的梦想。在1514年底，塞利姆比以往任何时候都更接近实现这个梦想。[53] 令人厌恶的萨法维王朝已经困扰他和他的帝国多年。塞利姆深信，从大不里士出发，他可以直插伊朗腹地，一劳永逸地消灭这个劲敌。而现在，他不得不放弃这座城市，无限期搁置了这个野心勃勃的计划。

※

尽管被迫撤出大不里士一事让塞利姆沮丧不已，但在给"生疮的什叶派癫狗"（这是他最喜欢用在什叶派身上的绰号）[54] 拔掉了牙之后，奥斯曼帝国终于得以把注意力放在其他敌人身上，开始关注在其他地区的利益。击败萨法维王朝带来的最直接成果是,奥斯曼帝国在东部边境,尤其是在巴伊布尔特(Bayburt)、埃尔津詹和埃尔祖鲁姆等城市之间的乡村地区的控制力得到了前所未有的增强。[55]但更重要的进展是,奥斯曼帝国的主权延伸到了塞利姆觊觎已久的南部城市迪亚巴克尔。拥有这座城市为塞利姆日后的胜利铺平了道路,而那些胜利将比塞利姆继续向东打击摇摇欲坠的伊朗所能取得的任何战果都更重要、更持久。

在查尔迪兰的失败给沙阿伊斯玛仪带来了毁灭性的精神打击。[56]正如我们在他写给塞利姆的书信中看到的那样,此前从未在战场上输过的伊斯玛仪曾经自信满满,陶醉于自己无敌的光环。而到了1514年的秋天,萨法维王朝的这位沙阿却完全无心在军事上和精神上重整旗鼓,只知道整日穿着黑色的长袍、缠着黑色的头巾长吁短叹,还命人把所有军旗都染成黑色。奥斯曼人依然在西方威胁着他的生存,乌兹别克人和新兴的莫卧儿人也在东方侵扰着他的国度,但伊斯玛仪再也无心亲率部队投入战争了。他整日耽于酒色享受,坐视国家陷入混乱。伊斯玛仪的一位御用史官记录道:"他要么在打猎,要么在面色红润的少年的陪伴下一杯接一杯地痛饮紫色美酒,要么就是在欣赏音乐。"[57]很快,伊斯玛仪的糟糕状况就传得尽人皆知。塞利姆的一位史官颇为得意地写道,在查尔迪兰战役之后,伊斯玛仪"时常喝到烂醉如泥,全然荒废了国政"。[58]

很快,伊斯玛仪的个人危机就演变成了一场政治危机。在查尔迪兰战役之前,这位萨法维王朝的沙阿是一位被奉若神明的精神领袖,在战场和清真寺中指引着每一位士兵前进的方向。然而,在他被塞利姆击败之后,人们便不再信仰这位沙阿。伊斯玛仪不再是不可战胜的真主的使者,而是变成了一个会犯错误的凡人。萨法维王朝的军事精英阶层看到他们的领袖被彻底击垮，沦为醉鬼，不禁对他产生了怀疑和不敬，最后干脆丧失了对他的忠诚。在查尔迪兰战役之后，他们意识到萨法维王朝只有与马穆鲁克王朝联手，才有可能与在军事上占优势的奥斯曼人相匹敌。因此，他们敦促伊斯玛仪向马穆鲁克王朝抛出橄榄枝，谋求与他们组成联盟。但马穆鲁克人心怀顾虑：伊斯玛仪的精神状态让人担忧，他手下的军人对他失去了尊重，同时奥斯曼人还截断了萨法维王朝在南方进行军事活动的路线。因此，马穆鲁克王朝担心伊斯玛仪不会甚至根本没有能力兑现自己的承诺。马穆鲁克王朝的军事统帅们认为，与其与内部失和、难以依靠的萨法维王朝结盟，他们还不如独自对抗奥斯曼人。

※

查尔迪兰战役削弱了萨法维帝国，给另一个强权在中东的崛起留下了空间。1515年3月，葡萄牙人占领了战略地位十分重要的霍尔木兹岛。[59]这个小岛距离伊朗海岸不远，就位于波斯湾的入口处。这是欧洲人在波斯湾占领的第一个据点，葡萄牙人将占据它长达一个世纪之久。从航海家恩里克和哥伦布探索非洲西海岸和东大西洋诸岛的时代开始，到瓦斯科·达·伽马于1497年完成绕过好望角的壮举，葡萄牙人一直在世界各地建立沿海要塞堡垒，逐步打造一个全球性海洋帝国。在16世纪的最初几十年中，印度洋是葡萄牙人的主要活动舞台。除了在印度占领的据点之外，他们还夺取了马来半岛上的马六甲，在印度洋的另一侧留下了自己的足迹。除此之外，他们还在巴西及加拿大的纽芬兰和拉布拉多取得了一系列意义非凡的胜利。

1507年9月，葡萄牙船只第一次出现在霍尔木兹港。几个月之后，当地人与萨法维王朝联手，将葡萄牙人赶了出去。但是，在查尔迪兰战役之后，萨法维王朝将军队撤出了沿海地区，给葡萄牙人留下了再次入侵霍尔木兹岛的机会。这一次，葡萄牙人牢牢控制住了这座岛屿。这样一来，葡萄牙人不仅控制了所有驶离波斯湾港口的船只的必经海峡，也掌控了通往印度西海岸殖民据点的海路上的一处重要节点。

　　奥斯曼、西班牙和葡萄牙这三个帝国经常在北非和西地中海发生碰撞。由于奥斯曼人和马穆鲁克人截断了通往亚洲的商路，葡萄牙人和西班牙人不得不寻找前往亚洲的新路线。在查尔迪兰战役之后的许多年里，奥斯曼帝国与天主教列强在北非依然冲突不断，基督徒与穆斯林之间的冲突也漂洋过海来到了大西洋彼岸；与此同时，在世界另一侧的印度洋，葡萄牙人和奥斯曼人争夺世界霸权的斗争也愈演愈烈。

　　葡萄牙人的帝国几乎完全由一个个孤立的沿海据点构成。尽管葡萄牙在新旧世界的五个大洲都拥有殖民地，但葡萄牙人控制的领土加在一起其实十分狭小。而奥斯曼帝国恰恰相反，其领土集中在同一个区域，连成一片。虽然这一公式在后世会发生改变，但是在16世纪，土地就等同于实力。塞利姆在大地表面拥有的土地比任何一个欧洲国家和世界上的绝大部分国家都多。而在查尔迪兰战役之后，他还将在这个世界上获取更多的领土。

18

兄弟之国

马穆鲁克苏丹盖特贝伊的锁子甲

16世纪初叶，世界上所有的主要帝国都怀揣着带有些许宗教色彩的世界君主之梦。[1]萨法维王朝把自己的国家和什叶派信仰捆绑在一起，以区别于其他的伊斯兰国家。他们宣称，什叶派信仰才是真正信奉真主的信仰，因此萨法维帝国必将占领全世界，统治世界各地所有的穆斯林。与之相类似，西班牙人和葡萄牙人也把天主教信仰推向全世界，认为世人应当接受天主教信仰。他们宣称，自己才是这个世界神授天命的统治者。因此，他们在伊比利亚半岛清除了所有非基督徒，并向北美洲的异教徒、北非及西非的穆斯林和印度粗俗的不信道者传播基督教信仰。与萨法维王朝拥抱什叶派信仰的做法类似，几十年后，一些欧洲国家将基督教新教定为自己的官方信仰，直接挑战天主教一统天下的主张。

与这些国家不同，塞利姆不能宣称自己是逊尼派信仰在大地上当仁不让的捍卫者，因为圣城麦加和麦地那的守护者马穆鲁克王朝挡了他的路。因此，只有征服了马穆鲁克帝国，塞利姆才能证明自己是世界上所有逊尼派穆斯林的领袖，才能宣称真主已经选择他作为自己的影子，投射在世界的亿万造物之上，才能最终兑现他出生时的预言：他将统治世界上全部的七大区域。只有这样，他才能确立自己在伊斯兰世界的显赫地位，进而实现让信奉逊尼派信仰的奥斯曼帝国在全世界建立霸权的野心。塞利姆最想实现的目标是成为哈里发——一个仅供麦加和麦地那的统治者使用、此前从未有任何一位奥斯曼苏丹获得过的称号。

奥斯曼帝国与马穆鲁克帝国对哈里发身份的争夺愈演愈烈。[2] 而这一竞争初露端倪，竟然是在双方互赠礼物的时候，这乍一看似乎有些奇特。在近代世界，馈赠礼物是一种重要的外交活动。世界各国的君主不仅把馈赠礼物当作结交盟友的方式，有时候它还是相互竞争、相互威胁的对手之间压人一头的手段。在15世纪中期，马穆鲁克帝国与奥斯曼帝国的关系日益恶化，而通过它们相互馈赠的两个礼物，我们可以看到哈里发的称号在这两个帝国的激烈竞争中无与伦比的重要意义。1440年，马穆鲁克苏丹给伊斯坦布尔送去一部《古兰经》，声称它曾经属于奥斯曼·本·阿凡（'Uthman ibn Affan）。奥斯曼是伊斯兰历史上一位非凡的人物，在先知穆罕默德于公元632年去世后，他是统治伊斯兰世界的第三位领袖。他不仅与先知穆罕默德本人熟识，是先知去世后继承其位置的四大正统哈里发之一，也是最先编订了《古兰经》文本的人。在那之前的几十年中，穆罕默德将天使吉卜利勒赐予他的启示传授给追随者时都是采用口口相传的方法，因而启示的内容出现了多个不同的版本。奥斯曼将这些版本整合成了一个标准版，并销毁了之前所有的版本，使他编订的"奥斯曼本"成为《古兰经》唯一获得认可传播的版本。马穆鲁克王朝将如此珍贵且神圣的物品送给他们的对手，是要向奥斯曼人展示自己作为伊斯兰世界的哈里发和伊斯兰遗产的拥有者的富有与权势。在他们看来，即便是送出这样的礼物也在所不惜，因为他们可以借此表明自己拥有海量的珍宝，哪怕是奥

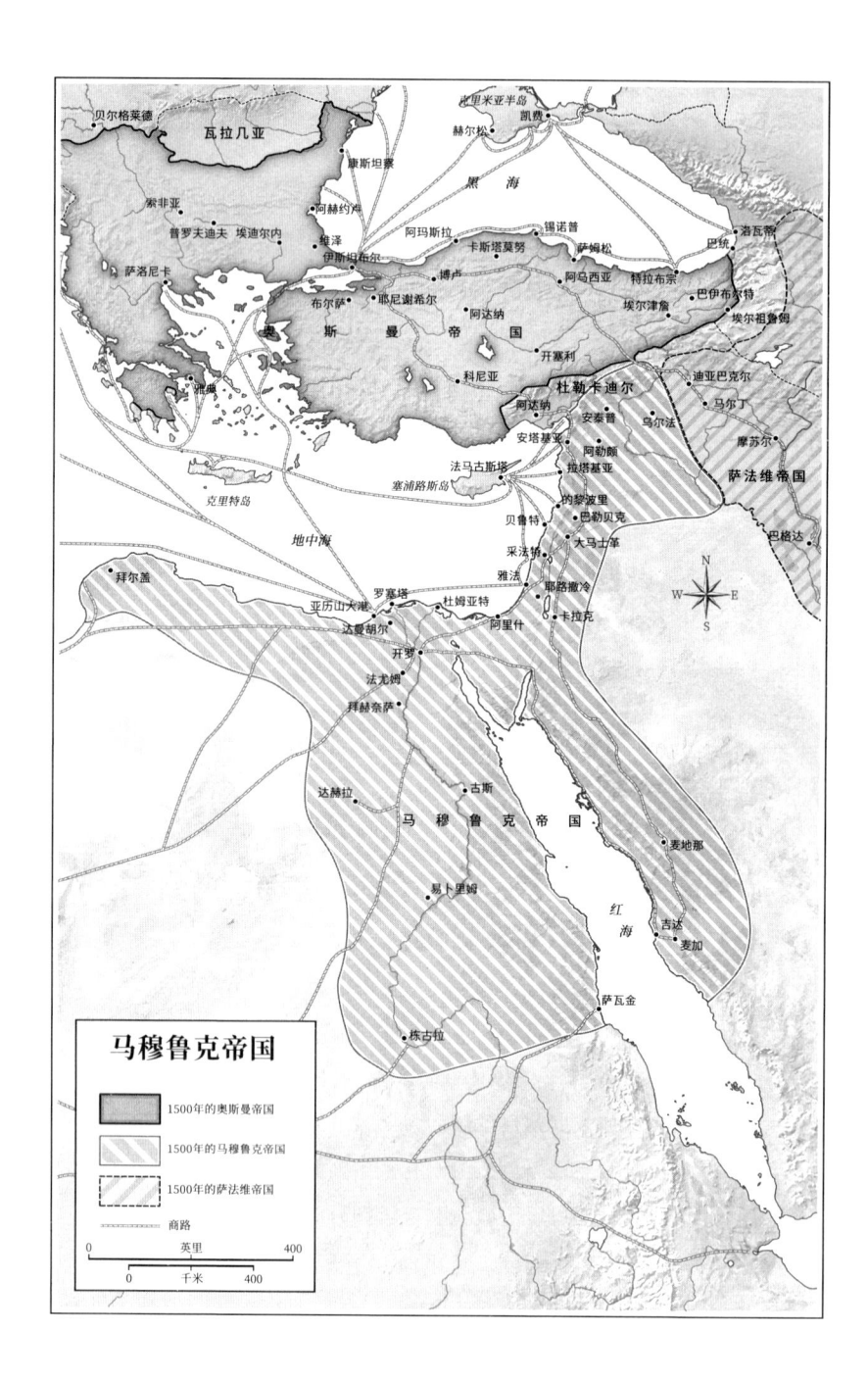

马穆鲁克帝国

图例：
- 1500年的奥斯曼帝国
- 1500年的马穆鲁克帝国
- 1500年的萨法维帝国
- 商路

斯曼本《古兰经》这样珍贵的物品也不妨赠予他人。

十几年之后的1453年，奥斯曼人夺取了君士坦丁堡。穆罕默德二世不失时机地给马穆鲁克王朝也送去了礼物，以此反唇相讥。他派出了一个帝国使团到马穆鲁克王朝去，告知他们自己的光辉胜利。其中一位特使直接去了麦加，给圣城中各圣地的守护者带去了穆罕默德二世的私人信件："我从征服君士坦丁堡获得的战利品中，给你们送去2 000枚纯金的弗罗林金币*，另外还有7 000枚弗罗林金币送给……麦加和麦地那的……穷人。"[3] 穆罕默德绕开了马穆鲁克苏丹（这本身就是对马穆鲁克苏丹不敬的行为），直接与麦加的统治者们接触，希望可以借此让这些重要的领袖人物感受到奥斯曼帝国的富有与伟大，从而站到奥斯曼帝国一边。在击败了罗马帝国的继承者、历史上最强大帝国之一拜占庭帝国之后，奥斯曼帝国成了唯一可以将罗马遗产与伊斯兰文明合二为一的国家。他们希望可以很快将伊斯兰世界最重要的一些地方纳入自己的版图，巩固自己在伊斯兰世界的地位。

在意识形态领域上的对抗导致了奥斯曼帝国与马穆鲁克帝国之间的"礼物外交"，而除此之外，两个帝国之间还有更具世俗意义的互动。在两个多世纪的时间里，马穆鲁克帝国与奥斯曼帝国相互塑造了对方。萨法维王朝只不过是该地区刚刚崛起的强国，且在查尔迪兰战役之后已然前途不卜；相比之下，马穆鲁克人与奥斯曼人是同时崛起、相互对抗的两个强权，两国之间的冲突与合作在某种程度上决定了它们各自的军事组织、地方政治与经济政策。马穆鲁

---

* 弗罗林金币（florin），13—16世纪佛罗伦萨铸造的一种金币，也被用来代指欧洲其他一些国家铸造的金币。——译者注

克帝国与奥斯曼帝国在 50 年内先后崛起，成了那个时代最强大的伊斯兰国家，基本上瓜分了地中海东部。[4] 在 14 和 15 世纪，这两大强国或战或和，时而争夺，时而分享着霸权与土地。[5]

事实证明，在这个地缘政治局势迅速变化、列强激烈争夺普世霸权的世界，这两个帝国经常可以通过合作取得双赢。这两个逊尼派伊斯兰帝国控制着中东、巴尔干和北非，一面在西方阻挡着基督教国家，一面在东方对抗着蒙古人的后裔和其他中亚强国。它们联手控制了东西方之间的贸易，在贸易、安全和交通管控等领域进行合作。马穆鲁克帝国地处缺乏森林的埃及，奥斯曼人为他们提供了来自安纳托利亚的木材；马穆鲁克商人则从印度洋和红海北上，把香料和织物送往布尔萨、伊兹密尔和奥斯曼帝国其他主要的贸易城市。奥斯曼人从高加索地区向马穆鲁克帝国输送奴隶，其中的许多奴隶最终会进入马穆鲁克帝国的精英阶层，正如奥斯曼帝国的近卫军那样；马穆鲁克人则在苏丹（Sudan）获取奴隶，输送给奥斯曼人。两个帝国有着共同的利益，都想要维系彼此之间商品、货币、奴隶和农产品的自由流通，因而都希望阻止欧洲人干涉地中海东部及红海和印度洋地区（有关这一部分我们将在下文中看到）。

除了共同的政治战略和意识形态世界观之外，这两个逊尼派帝国还通过通婚巩固了彼此的关系。例如，在 1422—1438 年统治马穆鲁克帝国的苏丹巴尔斯拜（Barsbay）就曾娶过一位奥斯曼帝国公主，[6] 这位公主与穆罕默德二世的父亲穆拉德二世有亲缘关系。*

---

* 这位公主是奥斯曼帝国苏丹巴耶济德一世的曾孙女，是穆拉德二世的堂侄女。——译者注

在查尔迪兰战役中击败了萨法维王朝之后，塞利姆转而将自己的军事重心南移。他相信，如果奥斯曼帝国想要完全掌控东部边境，就必须消灭马穆鲁克王朝，因为他们此时在领土和意识形态上均对奥斯曼帝国构成了最大威胁。只要马穆鲁克王朝还统治着中东地区，塞利姆就永远不可能成为全球伊斯兰世界的领袖。随着塞利姆的自信心越发高涨，他改变了与马穆鲁克王朝艰难共存的既定国策，转而寻求直接的军事对抗。

除了他本人好战的个性之外，还有几个因素促使塞利姆对马穆鲁克王朝下手。首先，马穆鲁克人在奥斯曼帝国继承权危机期间向他的对手科尔库特及艾哈迈德的一个儿子提供了庇护，塞利姆自然将这种行为视作背叛——这既是对他个人的背叛，也是在政治上对奥斯曼帝国的背叛。[7]由于塞利姆参与的继承权战争远比他父亲参与的那场更血腥、更复杂，对于马穆鲁克王朝支持他同父异母的兄长们一事，塞利姆也就比巴耶济德（他的弟弟杰姆也获得过马穆鲁克王朝的支持）更对马穆鲁克王朝怀恨在心。对塞利姆来说，敌人的朋友也是敌人。

此外，从全球地缘政治的角度看，塞利姆认为马穆鲁克王朝将长期与萨法维王朝联合起来共同对付他，因为它们都想阻止奥斯曼帝国的势力在地中海和中东地区继续迅速扩张。如果不是伊斯玛仪在1514年之后陷入困境，这两个帝国原本可以联手发动一场针对塞利姆的军事行动。因此，马穆鲁克王朝对查尔迪兰战役的结果哀叹不已。他们甚至违反常规，在查尔迪兰战役后没有派使团到伊斯坦布尔道贺，马穆鲁克苏丹还禁止国内庆贺奥斯曼帝国的军事胜利

（要知道，当年奥斯曼帝国征服君士坦丁堡之后，马穆鲁克王朝治下的开罗举行了持续数日的庆典）。[8] 几年之后，当奥斯曼帝国发兵入侵马穆鲁克王朝的时候，萨法维王朝也曾经计划出兵干预。

马穆鲁克王朝与萨法维王朝联手对抗奥斯曼帝国的态势，最明显地表现在安纳托利亚东南部地区。这里是三大帝国唯一的领土交会点，因而也在实际上成了整个区域的内陆中心点。从奥斯曼帝国于14世纪中叶出现在安纳托利亚时开始，在叙利亚北部和安纳托利亚南部的马穆鲁克王朝与奥斯曼帝国的边境地带，就有一串缓冲国协助维持着双方之间的长期和平。该地区自西向东分布着阿达纳（Adana）、安泰普（Aintab）、乌尔法（Urfa）、迪亚巴克尔和马尔丁（Mardin）等一系列城市，若干规模可观的部落邦国在奥斯曼和马穆鲁克两大帝国之间纵横捭阖，它们既从事劫掠也进行正当贸易，它们与两大帝订立条约，但又朝秦暮楚，但一直维持着和平与平衡，借此在很大程度上保持了独立。倘若两个大帝国中的某一个试图在此地建立直接统治，很可能会引发双方之间的冲突，但由于这一缓冲区远离奥斯曼与马穆鲁克两大帝国的统治核心，双方都并没有在此地投入建立直接统治所必需的大量资源。十有八九，这样的投入会引发对抗。

1466年，也就是塞利姆取得迪亚巴克尔的控制权（虽然在查尔迪兰战役刚刚结束后，他对该城的控制还十分不牢固）之前将近50年，奥斯曼帝国与马穆鲁克帝国之间的缓冲区开始遭到蚕食。[9]在这一年，穆罕默德吞并了安泰普附近的一部分土地。作为回应，马穆鲁克苏丹盖特贝伊夺取了远在北方、位于开塞利城附近的一处古老的拜占庭山顶城堡。[10] 随着双方逐渐蚕食这片缓冲区，两大帝国在这里的利益也越来越多。1481年，穆罕默德在一次出征时驾崩——据说，他此次出征的目的就是要在叙利亚北部与马穆鲁克王朝摊牌。在他突然驾崩之后，盖特贝伊利用奥斯曼帝国继承权纷争导致的暂时混乱，在迅速缩小的缓冲区内加紧扩大着马穆鲁克王朝的势力。接着，坐稳了苏丹宝座的巴耶济德在1485年发动了反击，在这片越发军事化的边境区域，支持了一次针对马穆鲁克王朝新夺取土地的入侵活动。[11]巴耶济德为当地一个名叫杜勒卡迪尔（Dulkadir）的部落邦国提供武器和其他资源，支持他们趁机挥师南下，从马穆鲁克人手里暂时夺取了叙利亚北部的土地。这一事件引发了奥斯曼帝国与马穆鲁克帝国之间一系列意义不大的边境战争。从1485年到1491年，两个帝国不断通过直接入侵或使用代理人的方式袭击对方，争夺领土，双方各有得失。

这一地区距离马穆鲁克帝国、奥斯曼帝国和后来崛起的萨法维帝国的首都都非常遥远，这一点对当地的游牧部落来说十分有利。不过，这也意味着，一旦哪一个帝国能够支配安纳托利亚东南部这片遍布岩石的地区，这个帝国就将取得显著的战略优势。马穆鲁克帝国与萨法维帝国敏锐地发现，这里正是奥斯曼帝国最薄弱之处，大体上是一片不设防的软肋。虽然此地距离马穆鲁克王朝的首都开罗与距离伊斯坦布尔几乎一样遥远，但马穆鲁克王朝已经控制了该地区的主要城市阿勒颇（Aleppo），这就给了他们一个发动军事行动的起步点。而对于萨法维王朝来说，安纳托利亚东南部总体上无人管治的局面也给他们留下了宣传什叶派教义、派遣什叶派武装进行渗透的空间，即便在查尔迪兰战役之后也是如此。

塞利姆深知中东的"肚脐"区域是自己的弱点，尤其清楚这里是马穆鲁克王朝与萨法维王朝联手对他采取军事行动的绝佳位置。这就可以在很大程度上解释为什么他在查尔迪兰战役期间十分关注迪亚巴克尔。[12] 这座城市是从安纳托利亚南下进入叙利亚的门户，占领这里就让塞利姆采取进一步行动、夺取更多战略要地成了可能。塞利姆加强了奥斯曼帝国对迪亚巴克尔及其周边大片库尔德人土地的控制，从而在暂时平静了的萨法维王朝面前巩固了自己的疆界，同时还向东、南两个方向推进了自己与马穆鲁克王朝之间的边界。正如此前对这一缓冲区的数次蚕食一样，塞利姆在1514年吞并迪亚巴克尔的行为进一步压缩了两大帝国之间的空间，让它们相距更近，大大增加了双方发生军事冲突的风险。

塞利姆决心入侵并摧毁庞大的马穆鲁克帝国，吞并其在中东、北非和红海地区的全部土地。这将是奥斯曼帝国历代苏丹都不曾筹划过的最庞大的军事冒险。无论是在可以调动的资源上，还是在历史传统上，马穆鲁克王朝都占据优势，习惯了以弱敌强的塞利姆深知面对一个实力比自己强大得多的对手意味着什么。虽然塞利姆经历了继承权战争中的种种密谋、诡计与暴力的考验与洗礼，但这场对逊尼派兄弟帝国的战争将更为艰苦。塞利姆必须克服诸多劣势，创造奇迹。

※

正如他以前表现出来的那样，塞利姆深知在战前保持耐心、仔细侦察有多么重要。为了获得敌方各项资源、军队数量和军事部署等方面的情报，塞利姆在马穆鲁克帝国内部招募了一支名副其实的间谍大军。我们在前文中已经看到，使用间谍乃至双重间谍在地中海和中东等地并不是什么新鲜事。不过，到了16世纪早期，随着地缘政治局势日益紧张，暗中收集情报也就变成了帝国政治之中越发重要的一环。威尼斯是其中翘楚，它建立了世界上分布最广也最活跃的间谍网络。而在成为奥斯曼帝国苏丹之后，塞利姆也继承了帝国的谍报网络，这些谍报人员可以为他持续带来有关敌对势力军事形势、准备情况和供应链状况的情报。无论是军队调动、指挥官之间的争斗还是筹措资金为战争做准备，马穆鲁克帝国的一举一动都逃不过塞利姆的耳目。当然，马穆鲁克帝国与奥斯曼帝国一样，也很担心自己身边的间谍。随着两国日渐走向战争，双方也都竭尽所能要找出并清除掉那些有被敌人收买嫌疑的人。

在马穆鲁克帝国境内为奥斯曼帝国服务的间谍中，有一位十分著名也非常有用的间谍，名叫哈伊尔贝伊（Khayr Bey）。[13] 此人是马穆鲁克王朝的阿勒颇[14]总督，是这座在过去10年中不断易手的重要城市的最高阶官员。与马穆鲁克帝国的所有统治精英和奥斯曼帝国为数众多的统治精英一样，他也是从奴隶一步步爬上高位的。哈伊尔出身于黑海沿岸的阿布哈兹（Abkhazia），因此很有可能是在少年时通过奥斯曼人的奴隶市场被输送到马穆鲁克帝国的。他沿着帝国的官阶一路高升。对于开罗政府而言，他从任何角度看都是一位出色的地方官员：他有能力高效地征收赋税，确保对外国商人的保护，并维护城中秩序。

拥有标志性山顶城堡的阿勒颇，是中东第三大国际贸易中心，仅次于伊斯坦布尔和开罗。阿勒颇是所有往来地中海的陆上商路的交会处，可谓是一座深处内陆的港口城市。阿勒颇拥有世界上最大的有顶巴扎（bazaar），其穹顶华美精致，内部街道总长度超过13千米，其中可以找到东至中国、西抵西班牙的世界各地的商品。外部的光线可以透过石质穹顶的孔洞洒进市场，孔洞同时为市场提供良好的通风。顾客与商人讨价还价，交易着毛皮、皮革、金属制品、鞋子、织物和数不清种类的食物。由于坐落在奥斯曼帝国与马穆鲁克帝国之间的缓冲地带，阿勒颇成了一座夹在两大帝国之间的边疆城市，是马穆鲁克帝国防御北方敌人的屏障。塞利姆深知，倘若他想在马穆鲁克帝国身上取得任何战果，就必须先夺取这座有城墙保护的贸易中心。为了进入阿勒颇及其周边地区，塞利姆可以不惜一切代价。而且，他有一个完美的内奸——哈伊尔贝伊。

由于阿勒颇相对靠近伊斯坦布尔，哈伊尔于 1497 年 9 月受命作为马穆鲁克帝国的官方代表前往奥斯曼帝国的首都，将盖特贝伊苏丹的死讯及其幼子穆罕默德·纳西尔（Muhammad al-Nasir）继位的消息告知巴耶济德苏丹。[15] 哈伊尔最终在伊斯坦布尔停留了一年多。这座城市的富足与种种乐趣让他惊异不已，帝国军人频频携带着数不清的战利品凯旋的场景也给他留下了深刻的印象。单是 1498 年底的一天，巴耶济德就接见了两位高级军官。[16] 其中之一是曾经的私掠船长、如今的帝国海军将领凯末尔·雷斯，他前来向巴耶济德汇报自己出使哈伊尔的主子——马穆鲁克王朝的经历。凯末尔·雷斯在从埃及返航途中，遭到了来自罗得岛的圣约翰骑士团的一支小舰队的袭击。他不仅保住了自己的船只，还夺取了五艘敌船。当着哈伊尔的面，凯末尔·雷斯向巴耶济德献上了来自这些船只的大量财物和数百名俘虏。同一天稍晚些时候，深得巴耶济德信任的一位边疆统帅马尔科乔卢·巴勒贝伊（Malkoçoğlu Bali Bey）从巴尔干凯旋，回到了伊斯坦布尔。他在巴尔干也获取了大量的金钱、财物和奴隶。这一切财富、奥斯曼帝国宫廷的奢华和苏丹的霸权让哈伊尔贝伊看花了眼，他轻而易举地就被金钱、奴隶，以及更多财富与权力的许诺所征服，背叛了他的君主。

哈伊尔究竟与奥斯曼帝国达成了怎样的协议，我们不得而知，但我们清楚地知道,哈伊尔一回到阿勒颇,就开始了与巴耶济德宫廷的秘密联络,向他们输送关于马穆鲁克王朝的有用信息。[17] 在塞利姆继位后,这一重要的情报渠道延续了下来。无论是巴耶济德还是塞利姆,两任奥斯曼帝国苏丹都源源不断地给哈伊尔送去礼物和金钱,用来换取他提供的情报。等到哈伊尔贝伊的背叛行为最终大白于天下,马穆鲁克王朝方面留下的史料故意嘲弄地把他称作"哈银贝伊"(Khain Bey)——"哈银"是叛徒的意思。[18]

※

1515年春天,从大不里士撤军并在阿马西亚过冬的塞利姆大军回到了伊斯坦布尔。此时,宫廷花匠们正开始种植这一年的郁金香,洋红色、腮红色、鲜黄色、石榴红色的花朵将争奇斗艳。喜讯传来,塞利姆有了第二个孙辈:一个名叫穆斯塔法的男孩,据说尚且年幼的他就表现出"天资聪颖"。[19] 这个男孩出生在马尼萨,也就是他的父亲苏莱曼担任总督的地方。有朝一日,穆斯塔法和他的父亲将再次上演在奥斯曼皇室上演过多次的故事——父子反目成仇,后来又有了多个儿子的苏莱曼,最终于1553年将对他最具威胁的对手穆斯塔法处以绞刑。

为了准备征服马穆鲁克王朝的战争,塞利姆必须设法帮助在东线征战了一年的近卫军恢复士气,并重获他们的支持。为此,他以庆祝查尔迪兰战役为名论功行赏,试图用盛大的排场与集体荣誉感重振近卫军的士气。他举办了盛大的皇家游行与宴会,夸赞他们面对萨法维军队时的勇气与战斗力。与此同时,塞利姆还下令用充足的弹药、甲胄以及新的火炮和刀剑重新装备他的部队。更重要的是，他重组了那些将使用这些新武器的部队。正如他此前所做过的那样，塞利姆再次扩大了军队的规模，在近卫军精英之外还征募了仅效忠于他本人的非正规军战士。对于那些成长于行伍之中、比起作战更擅长人际斗争的士兵，塞利姆向来充满鄙夷。他处决了一些人，又遣散了一些人，从帝国军队中清除了大量此类士兵，并代之以曾经在战阵中证明过自己的嗜血与忠诚的可靠战士。对这些人来说，帝国的利益高于一切，甚至高于他们自己的职业生涯和身家性命。

就在葡萄牙人巩固了霍尔木兹据点的同一个夏天，塞利姆也开始着手加强自己的海军。查尔迪兰战役暴露了奥斯曼帝国舰队的弱点。[20] 事实证明，那些前往特拉布宗为陆军提供补给的舰船完全不能胜任。在这次漫长的黑海冒险之后，奥斯曼帝国舰队更加需要帝国予以关注。要入侵马穆鲁克帝国，就必须以地中海东部的各港口为据点，保证船队可以稳定地为向南进军的陆军提供补给，并从海上为陆军的进攻提供火力支援。塞利姆认为，他的军队绝不能像查尔迪兰战役时那样变得心怀不满、疲惫不堪而且又无法得到足够的补给。但如果从陆路进发，此次战役最终的目标开罗要比查尔迪兰距离伊斯坦布尔更远。

塞利姆一面迅速做着战争准备，一面对马穆鲁克王朝发出了警告。在哈伊尔贝伊从阿勒颇发出的情报的指引下，塞利姆派遣一小支部队在安纳托利亚东南部缓冲区袭击了马穆鲁克王朝的一个代理势力。6月，奥斯曼军队轻松攻占了他们以前曾经支持过的杜勒卡迪尔部落联盟的土地，还逮住了其领袖"阿莱"·德乌莱（'Ala' al-Dawla）。[21] 塞利姆延续了互赠"礼物"的传统，毫不掩饰地表明了自己的野心：他把"阿莱"·德乌莱的人头送给了开罗的苏丹

塞利姆的军队进攻"阿莱"·德乌莱

阿什拉夫·坎苏·高里。为了避免对方误解自己的用意，塞利姆还遵照常规的外交礼仪，在人头上附上了一封正式的宣战书。

※

鉴于塞利姆的入侵只是时间问题，高里迅速采取了行动。他像塞利姆一样动员军队，整顿军备，还派遣使者到沙阿伊斯玛仪的宫廷，重提那个刚刚被他拒绝的建议：马穆鲁克王朝与萨法维王朝结盟对抗奥斯曼帝国。[22] 此时距离查尔迪兰的耻辱已过去了一年，伊斯玛仪已经可以保持足够长的清醒时间去制订联合军事行动的计划。但是，高里派到萨法维王朝的特使恰好又是一名为塞利姆服务的间谍。1516年春天，就在伊斯玛仪准备派遣军队支援高里的时候，塞利姆又给马穆鲁克苏丹发去了一封威胁信，告诉他说，自己对他和萨法维王朝的"秘密"计划已经了如指掌。他称高里为"愚蠢的懦夫"，威胁说自己将很快摧毁马穆鲁克帝国。

这封信让高里深感震惊。他决定尽快将部队向北方边界移动。在他看来，他的军队尽早抵达战场，就可以占据更具优势的位置。但是，战争准备工作十分繁复，因而拖延了大军离开开罗的时间。[23] 为了集结起叙利亚之战所需的大军，高里要求每一个村庄都要提供壮丁，无论农民还是商人，一律要应征。自然，这样的强征导致许多人逃亡，在帝国各地引发了骚乱，还让乡间出现了劳动力短缺，影响了粮食生产。与此同时，高里不顾粮食总产量减少的事实，比平时征用了更多的粮食。横冲直撞的士兵们四处夺取马匹，无论是官营磨坊还是村民私有的磨坊都不能幸免。失去了马匹的磨坊无法运转，导致埃及和叙利亚出现了普遍的面粉短缺。没有面粉，就没有面包。这一切导致从开罗到安纳托利亚的诸多城镇都陷入了几近饥荒的困境。

此外，在红海和印度洋对抗葡萄牙人的活动产生了巨大的支出，而普遍的财政管理不善又困扰马穆鲁克王朝已久，结果，这些年来马穆鲁克王朝一直国库空虚。这就意味着，大部分士兵领到的军饷只是许诺未来兑现的票据，而这显然不利于维持士兵的忠诚与士气。被征召入伍的士兵频频发动兵变，他们逃离军营，时常到处劫掠食物再带回各自的村庄。

接着，从伊朗也传来了坏消息。伊斯玛仪对高里的特使（同时也是塞利姆的间谍）承诺过的萨法维军队最终也没有到来。在查尔迪兰战役后，萨法维军队士气低落，以至于无法组织起足够数量的士兵。少数向南进发的士兵也无法通过奥斯曼人在迪亚巴克尔做过加强的防线。在维持了长达数个世纪不甚稳固的和平之后，既缺乏物资也缺少人手的马穆鲁克王朝将不得不独自面对比自己强大得多的对手——奥斯曼帝国。

19

征服"肚脐"

达比克草原之战

对于中东的所有主流信仰而言，耶路撒冷都有着非同寻常的宗教和历史意义。不过，在16世纪早期，耶路撒冷只不过是一座人口不到6 000的小城。[1] 早在先知穆罕默德去世短短6年后的公元638年，穆斯林就夺取了耶路撒冷，而欧洲基督徒在长达几个世纪的十字军东征之中，只短暂控制过这座城市。以十字军战士自诩的哥伦布从未到过耶路撒冷，但他也一直梦想着夺取这座圣城。他满怀着热情去追寻这一梦想，只不过他最终采取行动的地方是在大西洋的另外一侧。而对于塞利姆来说，他即将完成哥伦布和几乎所有十字军战士都未能完成的壮举——征服耶路撒冷。[2]

※

1516年5月17日，马穆鲁克苏丹高里终于率军离开开罗，前往叙利亚。[3] 他的出发时间比计划中的晚了很多。大军的第一个目的地将是耶路撒冷。在动身离开饱受疫病、食物短缺和财政危机折磨的首都开罗之前，高里指定他的高级幕僚图曼贝伊（Tuman Bey）留守摄政。

耶路撒冷

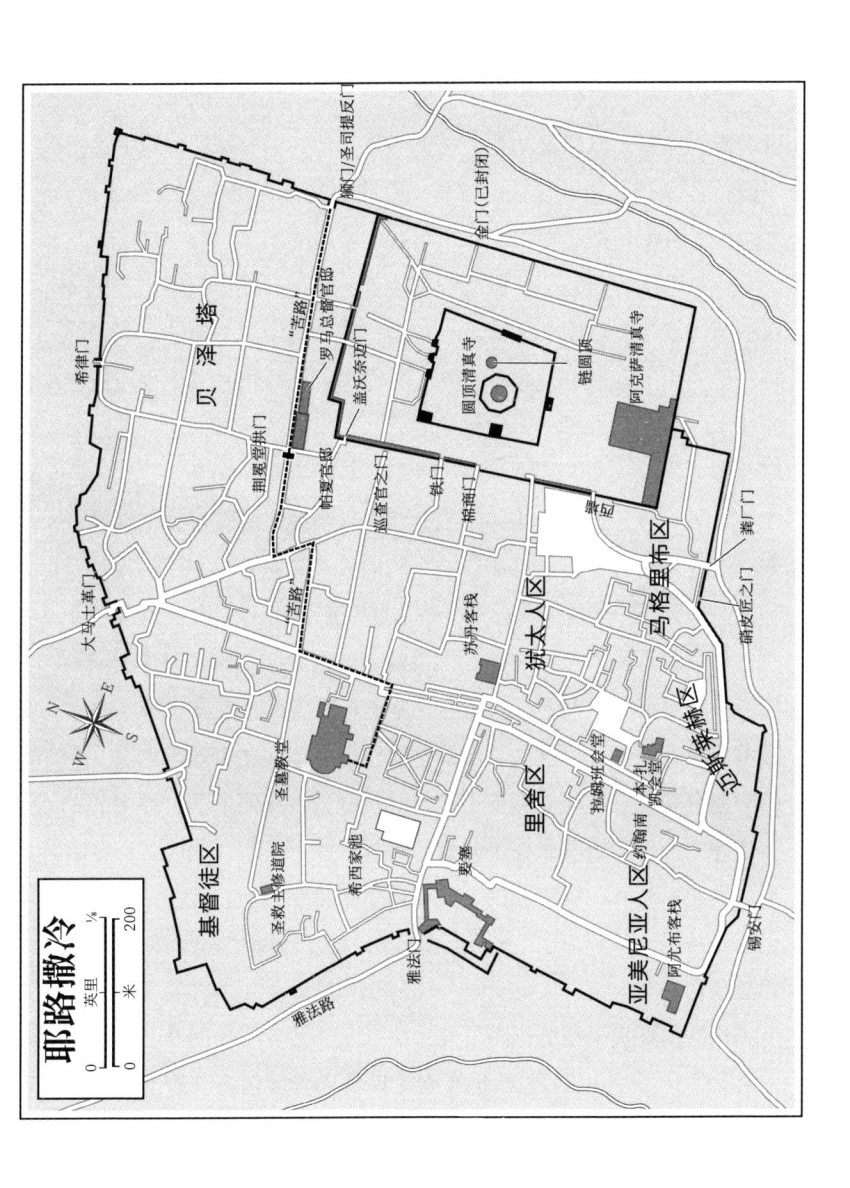

英里 0 ― ½
米 0 ― 200

希律门 / 大马士革门 / 纳布卢斯门圣司提反门 / 金门（已封闭）/ 狮门 / 粪门 / 硝皮匠之门 / 锡安门 / 雅法门 / 雅法路

贝泽塔 / 罗马总督官邸 / 盖沃奈迎门 / 哭墙岩拱门 / 拥冕营房 / 帕夏官邸 / 巡查官之日 / 铁日 / 棉商门 / 圆顶清真寺 / 链圆顶 / 阿克萨清真寺 / 摩尔人之门

基督徒区 / 贝泽塔 / 古路 / 扬轩客栈 / 犹太人区 / 乌格里布区 / 迈斯莱楠区

希西家池 / 圣救主修道院 / 圣墓教堂 / 牧羊拼会堂 / 约翰南・本扎凯会堂 / 要塞 / 亚美尼亚人区 / 阿尤布客栈

19 征服"肚脐"   357

在行经遍布橙色砂岩和褐色砾石的西奈半岛时，高里的军队尽量在夜间行军，以躲避初夏的炎炎烈日。他们也尽量沿着地中海海岸前行，以避开错综复杂的峡谷、危险的流沙和臭名昭著的匪帮。他们在6月中旬抵达耶路撒冷，宿营在城墙外。

像几乎所有行经耶路撒冷的统治者一样，高里也利用这一机会在圆顶清真寺和城中其他清真寺祈祷，并参观了历史遗迹。与此同时，他的手下则四处搜集补给品，并在附近的池塘和溪流享用清凉的饮水。在意犹未尽的短暂休整之后，高里继续挥师向北，逼近奥斯曼帝国边境，并继续沿途强征食品、各项资源和人手。自然，与在埃及时一样，这些做法并不能让他获得当地人的支持，但在他看来，这些粗暴的手段是迅速集结军队的最有效途径。

他们的下一站是大马士革。[4] 这是一座富裕的城市，以黑色玄武岩和白色石灰岩相间的高耸拱顶闻名。这座拥有约1万户人家的城市一直忠诚于马穆鲁克王朝。[5] 为了欢迎高里，大马士革举行了隆重的欢迎仪式，但这些活动并不能驱散笼罩在这座城市狭窄、弯曲的街道和坑坑洼洼的大街上空的战争阴云。按照惯例，城中的欧洲商人把金币和银币撒在了马穆鲁克君主脚下。就在此时，那些拿不到足额军饷又饥肠辘辘的士兵开始争相抢夺钱币，险些把马穆鲁克苏丹从马上掀下来。[6] 随着高里开始为了准备他的全面战争而大肆征调物资和人手，大马士革的居民也像这些士兵一样感受到了这个灾难性的夏天暗藏的绝望气息。

7月10日，也就是高里离开开罗近两个月之后，他的大军终于抵达了阿勒颇。[7] 他计划将大本营设在此处。阿勒颇的历史可以追溯到公元前第三个千年，是世界上最古老的城市之一。这座城市地处地中海与幼发拉底河之间，位置十分重要。城中最著名的宗教场所倭马亚清真寺（Umayyad Mosque），历史可以追溯到公元 8 世纪，据说施洗者约翰的父亲就埋葬在这里。（城中著名的宣礼塔始建于 1090 年，曾经是城市的最高点，但是于 2013 年在叙利亚内战中被毁。）疲惫的马穆鲁克士兵在弯弯曲曲的小巷中横冲直撞，打家劫舍，盗窃商铺，抢夺重要物资，奸淫杀戮。[8] 与其说这是一座准备欢送帝国军队出征的本国城市，倒不如说这是一座被敌人攻占了的城市。[9] 正在做战争准备的高里及其帐下军官并不知道阿勒颇的总督已经背叛了他们，转而把自己的命运与奥斯曼人捆绑在了一起。

就在马穆鲁克军队向北进发的同时，塞利姆也开始向南进军。他命令驻扎在东方的一位高级将领（此人早在他担任特拉布宗总督时就是他的军事幕僚，深得他的信任）集结他能征集到的全部兵力，到位于阿勒颇以北 180 英里、曾经属于杜勒卡迪尔邦国的要塞埃尔比斯坦（Elbistan）与他会合。[10] 7 月 23 日，塞利姆来到了奔腾的杰伊汉河（Ceylan River）岸旁的埃尔比斯坦，辅助部队则在一星期后抵达。现在，塞利姆与高里已经在缓冲区域的两侧对峙，不断派遣使者讨价还价或是相互谩骂威胁。他们传递给对方的信息是一样的：要么投降，要么灭亡。当然，两位君主都不愿意向对方屈服，也都斩杀了数位来使。到了 1516 年 7 月下旬，在经历了长达数月的军事动员和相互侮辱之后，两位远离各自都城的君主终于走到了战争边缘。

7 月 30 日，塞利姆在营帐中得知马穆鲁克军队已经开始向他的位置移动。高里的军队开赴战场时的场景十分不吉利：当马穆鲁克苏丹和麾下军队走出阿勒颇的城门时，对他们造成的破坏深感痛恨的阿勒颇人不禁对着他们诅咒谩骂起来。[11] 在离开阿勒颇之后，一则传言开始在高里的幕僚间流传：哈伊尔是叛徒，他不仅给奥斯曼人提供情报，还庇护奥斯曼帝国的支持者。[12]或许正是因为如此，哈伊尔才默许阿勒颇的居民对马穆鲁克军队不敬？高里拿不准主意是否要相信这则传言，但战争迫在眉睫，他现在无暇考虑此事。

8月5日，塞利姆在发表了一场激动人心的演讲之后率军离开了埃尔比斯坦。[13]从格鲁吉亚到查尔迪兰，塞利姆在一场场胜利中学到，在战场上取得胜利的关键是要保持士兵高昂的士气和坚定的意志。因此，他骑着马不停穿梭于行伍前后，尽可能多地与士兵们发生眼神接触。他告诉他们，击败马穆鲁克王朝，为奥斯曼帝国夺取最神圣的圣城，是真主对他们的期望。不过，在夺取圣城之前，还有美丽富足的叙利亚和遍布清真寺与精神圣地的耶路撒冷在等待着他们。塞利姆向士兵们保证，马穆鲁克王朝治下的臣民迫不及待地想要接受奥斯曼帝国的统治。他还一如既往地向士兵们承诺，他们不仅将获得胜利，还将享有全部的战利品。

他还告诉帐下的职业士兵们一个足以鼓舞士气的事实：他们的装备要好于马穆鲁克军队，他们拥有的枪炮在技术上要优于敌人装备的枪炮。从巴尔干的历次战争和1492年之后从西班牙逃到奥斯曼帝国的犹太火药专家那里，奥斯曼人获得了有关火器的宝贵知识。查尔迪兰战役的过程就能证明奥斯曼炮兵实力超群。相比之下，屡战屡败、虚弱不堪的马穆鲁克军队可谓十分无能。塞利姆告诉自己的士兵们，比起对手，他们可谓是心无旁骛，训练有素，久经考验，做好了大战的准备。

随着气温逐渐升高，装备齐整、士气高涨、对荣耀充满了渴望的塞利姆大军穿越了连绵起伏的山丘、艰辛危险的山谷和间或夹在其中的平原，逐渐接近阿勒颇。8月中旬，他们迫近了位于阿勒颇

奥斯曼-马穆鲁克战争

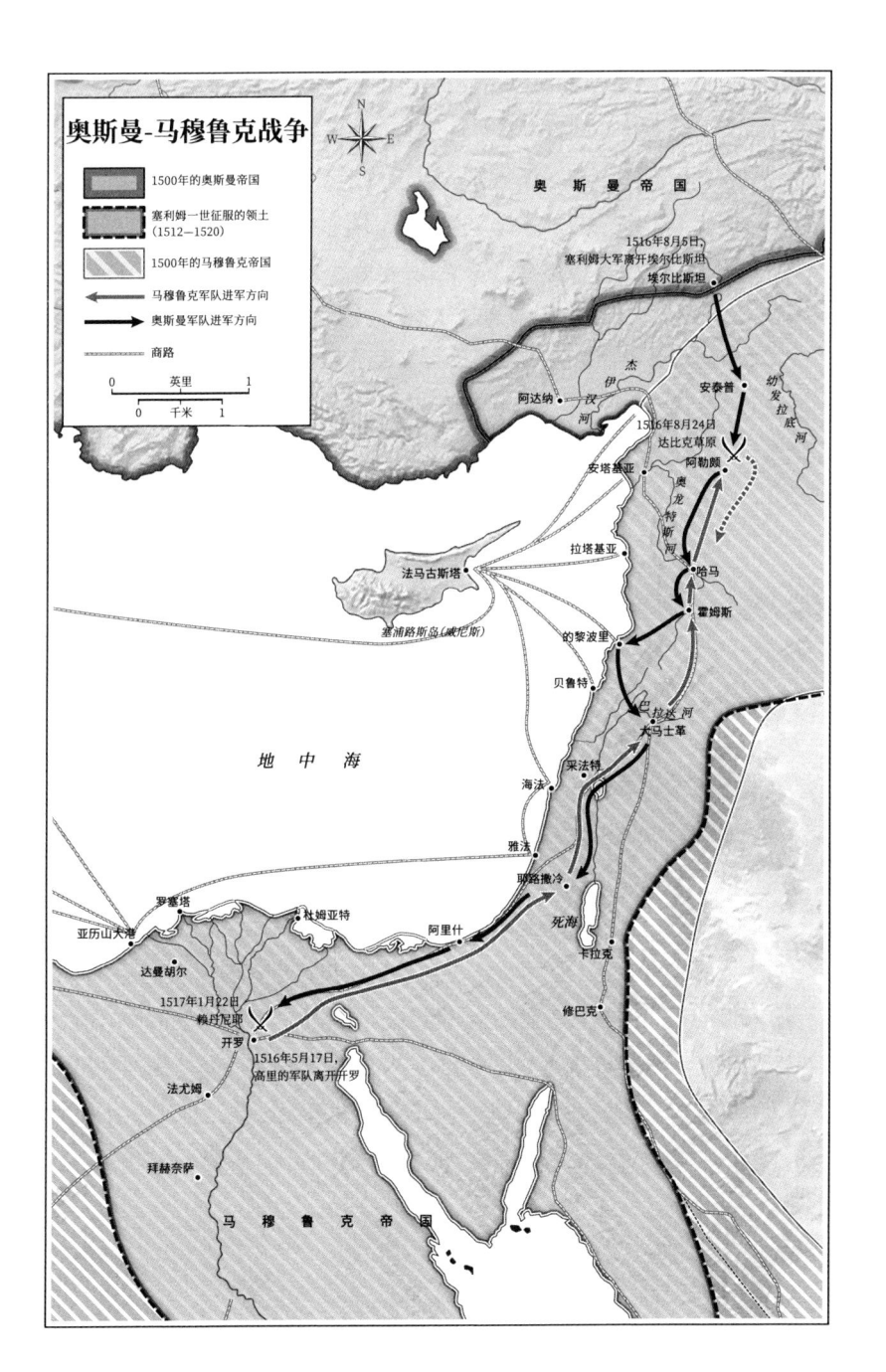

- 1500年的奥斯曼帝国
- 塞利姆一世征服的领土 (1512—1520)
- 1500年的马穆鲁克帝国
- ← 马穆鲁克军队进军方向
- ← 奥斯曼军队进军方向
- ⋯⋯ 商路

奥斯曼帝国

1516年8月5日，塞利姆大军离开埃尔比斯坦
埃尔比斯坦

杰伊汉河

阿达纳

安泰普

幼发拉底河

1516年8月24日 达比克草原

安塔基亚

阿勒颇

拉塔基亚

奥龙特斯河

法马古斯塔

哈马

塞浦路斯岛(威尼斯)

的黎波里

霍姆斯

贝鲁特

巴拉达河

大马士革

地中海

海法

采法特

雅法

罗塞塔

耶路撒冷

亚历山大港

杜姆亚特

阿里什

死海

达曼胡尔

卡拉克

1517年1月22日 赖丹尼耶

修巴克

开罗

1516年5月17日，高里的军队离开开罗

法尤姆

拜赫奈萨

马 穆 鲁 克 帝 国

以北大约100英里的安泰普。他们在这里遇到了马穆鲁克军队的一小股先头部队。在一场短促的遭遇战之后,奥斯曼人击退了敌军,并抓获了一些俘虏。接着,塞利姆继续挥师南下,来到了叙利亚北部的沃野之上。1516年8月23日傍晚,塞利姆大军来到了阿勒颇以北约30英里的达比克草原(Marj Dabiq)。[14] 马穆鲁克军队正在这里等待着他们。

※

第二天是一个星期日。这天早上,两支军队在平坦的达比克草原上展开激战,刀劈斧砍,血流成河。战斗从黎明一直持续到了傍晚。双方各自有大约6万人出现在战场上,但马穆鲁克军队中只有大约15 000人是训练有素的职业军人,其他都是被征召入伍的乌合之众——商人、心怀不满的农民、雇佣兵和城镇居民,其中很多人根本无心恋战。[15] 一些人想方设法逃避战斗,要么开小差,要么不愿意到短兵相接的第一线去,有些人干脆自残。至于那些投入战斗的人,他们也没经受过什么训练,不知道如何给火枪装填弹药,也不知道如何组成战阵,甚至不知道何时以及如何撤退。正如塞利姆所料,奥斯曼人凭借火器技术上的优势控制了战局,随后一拨又一拨的骑兵如割草一般放倒了可怜的马穆鲁克军队。就像查尔迪兰战役时一样,奥斯曼军队的火炮与火枪让马穆鲁克军队的战马受了惊吓,它们四处狂奔乱撞,而马背上的骑兵也缺乏训练和作战经验。[16] 对于马穆鲁克人来说,8月这炎热的一天就是一场彻头彻尾的混乱。

大约在中午,双方激战正酣,叛变的哈伊尔突然请求进入苏丹高里的大帐。多年以来，哈伊尔已经为奥斯曼人提供了诸多极具价值的情报，但他此刻的所作所为才是最让塞利姆及其大军受益的。[17]他告诉马穆鲁克君主——名义上还是他的君主——奥斯曼人已经包围了马穆鲁克军队，很快就要收紧包围圈。根据马穆鲁克王朝方面的记载，哈伊尔建言，高里及其指挥官们要想活命，就只有投降一个选择。高里早已怀疑哈伊尔不忠，因而对他的话将信将疑。但无论哈伊尔说的是否是真话，还是高里是否相信他，此时都已经不重要了。哈伊尔的话很快传遍了全军，一时间传言四起：马穆鲁克军队中了埋伏，很快就要惨遭屠杀，已经没有逃出生天的希望。马穆鲁克士兵——不论是职业军人还是非正规军——都陷入了恐慌，大部分人开始逃命。到午后时分，马穆鲁克军队已经全盘崩溃。少数幸存到傍晚的士兵也很快设法逃走了。随着硝烟与夏日黄昏的光线交织在一起，白日里充斥着惨叫声与爆炸声的达比克草原陷入了一片诡异的寂静中。黄昏的雾霭中只剩下马穆鲁克士兵的尸体和濒死者的呻吟声。

其中一具尸体是他们的统帅——苏丹阿什拉夫·坎苏·高里本人的。当他的士兵们开始逃走时，他曾试图阻止他们。"拿出勇气来！"他恳求士兵们，"战斗下去，我会奖赏你们！"[18]他鼓舞士气的努力失败了。战场上几乎只剩下了他孤身一人，8月的酷暑也让他疲惫不堪。75岁的高里意识到，他的帝国正在崩塌。马穆鲁克编年史作家伊本·伊亚斯（Ibn Iyās）对高里之死的记录最详细。他记载道："（或许是疝气导致）他的体侧一阵麻痹，他不由得大张着嘴。他要水喝，有人用金杯送了水来。他喝了一点水，拨转马头想要逃跑，但马刚走了两步他就从马上跌了下来。"[19]他栽倒在地上，一动不动。奥斯曼骑兵冲了过来，庆贺着自己的胜利，而马穆鲁克苏丹只不过是又一具半陷在泥土里的无名尸体，任由他们的马蹄践踏。

次日（8月25日），太阳从东方升起，照亮了塞利姆的惊人胜利。高里的人生画上了可悲的句号，他的军队被消灭，马穆鲁克帝国的大部分高级官员已经丧命，其中包括大马士革、的黎波里、采法特和霍姆斯（Homs）等地的总督。现在，整个叙利亚，那个战略地位重要、拥有富裕市场和肥沃农田的叙利亚，已经完全不设防地摆在了塞利姆面前。惨遭失败的马穆鲁克帝国看上去一息尚存，但已经遭受了致命的打击。

※

马穆鲁克军队的残兵败将拖着兵器，搀扶着伤兵，垂头丧气地从达比克草原回到了阿勒颇。他们又累又饿地来到了城市的外围，身上的衣服垂下来，仿佛西班牙苔藓*，有些人连鞋子都没有。阿勒颇人远远看到这些破衣烂衫的士兵后，马上关闭了该城九座巨大的木制城门。[20] 此时的哈伊尔贝伊，已经公开宣布效忠奥斯曼帝国。阿勒颇已经成了一座奥斯曼帝国的城市，这些不幸的士兵只能到他处寻求庇护。

阿勒颇的居民受够了马穆鲁克王朝多年来的暴虐统治，欣然接受塞利姆为他们的合法统治者。8月28日，阿勒颇城门大开，让塞利姆举行盛大的入城式：兴高采烈的士兵们伴着鼓点，拖着火

---

* 西班牙苔藓（Spanish moss），又称松萝铁兰，一种长在树上的附生植物，形态有如灰色的长胡须从树枝上垂下来。——译者注

炮，进入城中。在那个星期的星期五，城中的清真寺以奥斯曼苏丹的名义诵念了祷言。[21]

塞利姆在阿勒颇的中心要塞接见了他的间谍、对这场胜利厥功至伟的哈伊尔。[22] 这座要塞依山而建，自有一套壕沟、城墙，且只有一个入口，是阿勒颇这座城市皇冠上的明珠，也是地球上一直有人居住的最古老的建筑之一。[23] 谁控制了这座要塞，谁就能控制阿勒颇。塞利姆在城中精英阶层的面前感谢了哈伊尔，并任命他为奥斯曼帝国首任阿勒颇总督，正式接纳他进入帝国的行政体系。接着，两个人坐了下来，与塞利姆的军事统帅们一起研究奥斯曼帝国目前的战争形势，制定下一步方案，并指派官员根除城中任何潜在的马穆鲁克支持者。阿勒颇的所有财富——远达西非和东南亚的贸易通路，以及经营织物、香料和金属制品的繁华的巴扎——现在都落入了奥斯曼帝国手中。高里把他一路上强征的金银、食品、武器和补给都存放在了阿勒颇要塞之中，这一切现在也都落入了塞利姆的囊中。塞利姆旋即将这些物资分发给手下士兵，作为战胜的奖励，并借此鼓舞士气，为日后的战争做好准备。

在动身离开阿勒颇之前，塞利姆在城中按照奥斯曼帝国的模式建立了官僚和司法体系，确保奥斯曼帝国可以切实管理该城及其周边地区。来自周边城镇和乡村的总督、法官、部落酋长和社会名流纷纷骑着马骡或步行赶来，前来觐见时年 45 岁的苏丹。[24] 他们宣誓效忠塞利姆，塞利姆则准许他们中的大部分人保留自己的职务。当地的库尔德和土库曼部落，以及马拉蒂亚（Malatya）、安泰普和拉卡（Raqqa）等城市的统治者，也都承认奥斯曼苏丹的主权，愿意为了获取帝国的保护而缴纳贡赋。塞利姆还派了一支军队到萨法维王朝边境炫耀武力，以打消他们趁着奥斯曼帝国与马穆鲁克王朝交战之机进犯叙利亚或安纳托利亚的念头。[25]

马穆鲁克王朝在达比克草原遭遇了惨败，苏丹也身死沙场，但他们依然在中东和北非控制着大片领土和大量资源。在进军开罗之前，塞利姆必须填补马穆鲁克王朝溃败后留下的空白，加强对叙利亚重要城镇的控制。阿勒颇只是重要的第一步。9月16日，塞利姆离开阿勒颇，在四天后抵达哈马（Hama）。[26] 哈马坐落在叙利亚最长的河流奥龙特斯河（Orontes）岸旁，拥有17座古老的水车和数条高架引水渠。塞利姆及其大军在哈马停留了两日，随后又沿着奥龙特斯河向南方大约30英里之外的霍姆斯进发。霍姆斯富饶的田野为塞利姆大军提供了大米、葡萄、橄榄和其他作物等补给。接

阿勒颇要塞

着，塞利姆继续向南，来到了黎凡特地区的港口城市的黎波里。这里是地中海地区丝绸生产的重要中心。对外来者一贯持抗拒态度的当地人做了一番抵抗，但很快就被塞利姆击败。

如同在阿勒颇一样，塞利姆在确立了对哈马、霍姆斯和的黎波里的控制之后，立刻着手将其行政和司法体系纳入奥斯曼帝国的统治之下。根据帝国的既定国策，只要新征服地区的当权者愿意承认他的权威，塞利姆就乐于让他们中的大多数人继续各司其职。这种"用效忠换原职"的方式让新征服地区的主权转换变得更加简单，各方皆大欢喜。地方上的行政官员想要保住自己的职位，而塞利姆想要确保官员们可信、可靠，足以在战争期间维持地方秩序。

离开的黎波里之后，塞利姆开始率军向内陆进发，他的目标是叙利亚最重要的城市大马士革。大马士革人早已得知塞利姆取得一系列胜利和奥斯曼帝国确立了地区霸权的消息，他们也听说他比马穆鲁克王朝更加慷慨宽宏。就像在阿勒颇和其他北方城镇一样，马穆鲁克王朝也曾为了备战而在大马士革大肆搜刮钱财、人力和食物。因此，大马士革人对马穆鲁克王朝并无好感，早就做好了改朝换代的准备。10月9日，塞利姆迅捷且轻松地进入了大马士革。[27]他首先召开了一场会议，在会上向大马士革的头面人物保证，只要他们承认奥斯曼帝国指派的总督的权威，他就将保障他们的地位。为了证明奥斯曼帝国统治的优越性，尤其是与犯下种种掠夺行径的马穆鲁克军队截然不同，塞利姆设法确保手下士兵不会伤害城中居民，也不会破坏城中的贸易秩序。他甚至还给士兵们增发了军饷，以便让他们打消劫掠的念头。此外，塞利姆还将海关关税的税率从20%降到了5%，此举让大马士革城中的外国商人变得格外拥护奥斯曼帝国的统治。

在新征服一个地区之后，塞利姆会尽量维持当地既有秩序，同时让当地人感受到奥斯曼帝国霸权带来的好处，这已经成了他的惯用政策。在经济、司法和政治层面的考虑之外，他也经常顾及宗教层面。在夺取一片土地之后，他会挑选一处具有象征意义的宗教场所（例如分别位于阿勒颇和大马士革的两座倭马亚清真寺）做祈祷，随后再拜谒当地已故圣人的圣祠和在世圣人的居所，以公开表达自己的崇敬之情。[28] 此举不仅可以博得当地信众的好感（他们往往十分尊崇当地的已故圣人和还在世的宗教导师），还可以展示他自己对信仰的虔诚态度，便于他借助宗教的力量来实现自己当下和未来的目标。

安纳托利亚南部城镇安泰普流传的一则故事表明，帝国的政治活动必须要赢得当地宗教势力的支持，也显示了无法做到这点将导致怎样严重的后果。据说，在塞利姆夺取安泰普之后，当地的一位宗教领袖决定惩罚这位苏丹，让他患上严重的便秘。[29] 结果，在随后的几天里，塞利姆真的难受得在地上打滚。最终，他决定前去拜访这位圣人，为自己造成的所有不幸诚挚道歉，还亲吻了圣人的手，许诺将为他的教派组织提供物质支持。在得到应有的尊重之后，这位圣人才解除了诅咒。类似这样的故事向奥斯曼帝国和其他的帝国表明，它们必须入乡随俗，尊重当地的权威和现行体系。

在大马士革，奥斯曼帝国的帝国权威与当地传承已久的宗教传统以一种极具戏剧色彩的方式结合在了一起。在控制了大马士革之后，塞利姆决心要重新找到伊本·阿拉比（Ibn 'Arabi）的墓。伊本·阿拉比是13世纪一位著名的宗教思想家、哲学家和诗人，甚

大马士革

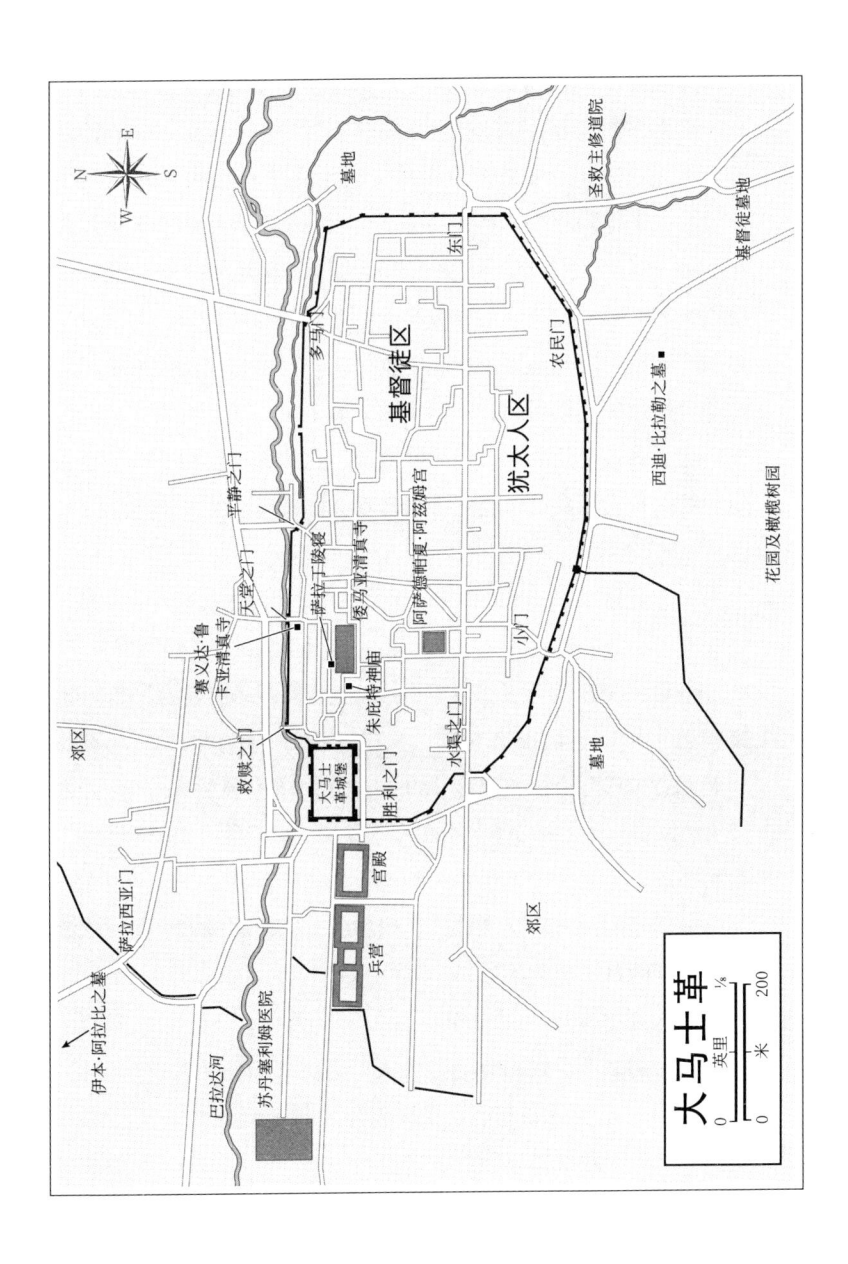

基督徒区
犹太人区

多马门
东门
平静之门
天堂之门
萨拉丁陵寝
赛义达·鲁卡亚清真寺
救赎之门
大马士革城堡
朱庇特神庙
胜利之门
水渠之门
小门
倭马亚清真寺
阿萨德帕夏·阿兹姆宫
农民区
西迪·比拉勒之墓
花园及橄榄树园
基地
圣救主修道院
基督徒墓地
伊本·阿拉比之墓
萨拉西亚门
巴拉达河
苏丹塞利姆医院
宫殿
兵营
郊区
郊区
墓地

0 英里 1/8
0 米 200

19 征服"肚脐" 369

至被直接唤作"最伟大的大师"。这位伊斯兰历史上最伟大的学者之一出生在西班牙,一生投身于写作、教导和为了追寻知识而四处游历的生活之中,著有一百多篇文献,最终于1240年在大马士革辞世。由于他晚年生活在大马士革,大马士革人将伊本·阿拉比视作本地圣人和代祷者。根据《塞利姆传》和其他一些为塞利姆歌功颂德的文献的记载,由于大马士革此前的历任统治者都陷入了道德破产和政治腐化的泥潭中,伊本·阿拉比的坟墓消失不见了。这位学者的遗体不知所踪,不知是被人偷走了,还是有人在他的坟墓上兴建了其他建筑。而在他去世之前,这位先知曾留下一句含义隐晦的对句预言了自己坟墓的失而复现:

当 sin 进入 shin,穆希·丁(Muhyal-Din)的坟墓就将浮现。[30]

穆希·丁指的就是伊本·阿拉比。"sīn"和"shīn"是阿拉伯文中的字母,它们形态相同,只是"shīn"上方多了三个点。塞利姆名字的第一个字母是"sīn",而大马士革的阿拉伯文名称(Shām)的第一个字母是"shīn"。所以,这句话可以被解释为"当塞利姆进入大马士革,伊本·阿拉比的坟墓就将浮现"。现在,既然第一部分的预言看起来已经实现,那么,距离伊本·阿拉比的坟墓被发现的日子也就不远了。

在塞利姆夺取大马士革后不久的一天夜里,伊本·阿拉比来到塞利姆的梦中,命令他第二天天一亮就立刻骑一匹黑马出行。[31]伊本·阿拉比告诉塞利姆,到时候不要握缰绳,而要让马带着他走。第二天,塞利姆就照着梦中得到的启示做了。黑马带他穿过城市,最终七拐八绕地走进了一片垃圾堆。黑马在垃圾堆中找寻了一阵,接着开始用前蹄在一处毫不起眼的地方刨了起来。塞利姆下了马,与马一起挖了起来。过了一会儿,他们在垃圾下面发现了一块石头;接着,又是一块石头。最终,塞利姆意识到,他找到了伊本·阿拉比之墓。他命人把现场清理出来,又不惜重金为这位穆斯林圣人兴建了一座壮丽的陵寝。

按照这个(很可能是杜撰的)故事的说法,伊斯兰历史上最神圣的人物之一在将近300年前预言了塞利姆进入大马士革一事。这样一来,塞利姆就不再是一位外来的征服者,而是摇身一变成了大马士革合法的继承者,甚至可以被视作一位光复者,他的到来让一个得到赐福的中世纪预言成为现实。塞利姆发现并重修伊本·阿拉比之墓,既标志着一段绵延数世纪的渊源,也体现了塞利姆对大马士革及其人民的尊重,凸显了其统治的合法性。

有些记载更是添油加醋,声称奥斯曼帝国的先祖奥斯曼的精神导师曾经在伊本·阿拉比门下学习。[32] 这就把伊本·阿拉比和奥斯曼家族的源头联系在了一起。这样一来,塞利姆就可以追溯历史,在自己和帝国的创始者之间建立起直接联系,进而证明塞利姆最喜欢的一个论调:他之前的历任苏丹都偏离了奥斯曼的道路,只有他让帝国回归了本源。

我们可以看到,征服一片土地不仅需要武器,也需要传说和英雄的力量。大约就在塞利姆发现伊本·阿拉比之墓的同时,远在地球的另一边,埃尔南·科尔特斯也借助故事和传说的力量来解释他在墨西哥的征服活动,比如锡沃拉七城的传说、上帝青睐基督徒的故事和阿兹特克人将白皮肤的欧洲人当作神明欢迎的经历。在近代世界几乎所有的帝国征服活动中,创造性地发明新的叙事(如科尔特斯在墨西哥所做的那样)和重构历史记载(如塞利姆在大马士革所做的那样)都是征服活动至关重要的组成部分。无论是在安泰普，还是在大马士革，乃至塞利姆进军开罗路上途经的所有城市，这样的故事和传说都让战争中的暴力显得不无道理、情有可原，并有助于奥斯曼人实现对新领土的吞并——不仅帮助他们实现对这些领土的实际占领，也有利于当地人在想象的层面接受奥斯曼帝国的统治。

作为一个人口结构复杂的大城市，大马士革比安纳托利亚和叙利亚的任何城市都更需要塞利姆的关注。他在大马士革待了两个月，从1516年10月中旬一直停留到12月中旬。在此期间，他接见了来自叙利亚各地的官员，谈判，施恩，竭尽所能巩固新占领的疆土，维护和平局面，以便让这一地区彻底服从奥斯曼帝国的统治。同时，他也不断地清除旧政权的支持者，在这一年的最后几个月里公开处决了上千名依然效忠于马穆鲁克王朝的顽固分子。他在大马士革签署文书，延长了与匈牙利之间的和约，以避免同时在帝国的西境开战。[33]塞利姆依然把开罗视作他的终极目标，同时他也深信叙利亚的局势已经基本安定。于是，他在年底率军继续进发，目标是伊斯兰教的第三大圣城耶路撒冷。当他的军队离开大马士革时，天空中飘起了雪花。[34]他深信这是吉兆。

※

1516年12月中旬，塞利姆的军队毫无波澜地进入了耶路撒冷。如同在大马士革一样，耶路撒冷的居民也十分期盼他的到来。他刚一进城，就承诺将保护耶路撒冷的基督徒和犹太人。倘若是哥伦布征服了耶路撒冷，鉴于他那么热衷于消灭伊斯兰教，他恐怕是不会采取类似的保护措施的。塞利姆还接见了耶路撒冷城中亚美尼亚教会、科普特（Coptic）教会和阿比西尼亚（Abyssinian）教会的代表，以及犹太教会的头面人物。[35] 他向他们保证，奥斯曼帝国不会干涉他们的宗教仪式、财产事务和教会内部事务。他甚至还给圣墓教堂的方济各会修士们增加了薪俸，并降低了基督徒朝圣者拜访耶路撒冷时所需签证的费用。[36]

塞利姆在耶路撒冷的停留很短暂，但也很愉快。像几个月之前高里所做的一样，塞利姆也拜访了耶路撒冷所有的圣地：复活教堂[*]、橄榄山[†]和圣殿山[‡]。塞利姆的随行人员控制住了耶路撒冷老城弯弯曲曲的街巷，使得他和他最亲密的幕僚们可以像观光客一样漫步在亚伯拉罕三大宗教共同的摇篮中，暂时无须考虑任何军事问题。他们在耶路撒冷的市场中度过了一段快乐的时光，享用了这里远近闻名的蜂蜜、面团和坚果，以及清凉宜人的12月微风。城中铺满鹅卵石的街道让塞利姆不禁想起伊斯坦布尔、阿勒颇和大马士革城中熟悉的景致。在拾级而上前往伊斯兰教第三大圣地圆顶清真寺的路上，塞利姆一定体会到了这里的神圣感——穆斯林相信这里是先知穆罕默德夜行登霄升上天堂的地方。

这座壮观的清真寺始建于公元7世纪，拥有标志性的青绿色、天蓝色和钴蓝色外观。圆顶清真寺俯瞰全城，有如通向天堂的通道。近距离观看，在灰白色书法的点缀下，整座清真寺的外观令人心醉神迷。虔诚的穆斯林相信，在圆顶清真寺内做一次礼拜，可以抵得

---

[*] 复活教堂，即圣墓教堂。——译者注
[†] 橄榄山，耶路撒冷老城东部的一座山，《圣经》中许多有关耶稣的事件就发生在这里。——译者注
[‡] 圣殿山，位于耶路撒冷老城，是犹太教、基督教和伊斯兰教共同的圣地。——译者注

圆顶清真寺

上 500 次普通的礼拜。实际上,早在麦加成为圣城之前,全世界的穆斯林在礼拜时都会面朝耶路撒冷的方向——更确切地说,就是圆顶清真寺的方向。来到圆顶清真寺内部的塞利姆垂下头,无疑在请求真主保护他的国家,以及在接下来的征战中赐予他平安与胜利。[37]

在此之前的历代奥斯曼苏丹,都作为穆斯林统治着一个基督徒人口占大多数的国家。而随着塞利姆在这个冬天征服了中东,为帝国取得了一大片新的领土,他逐渐改变了帝国的人口构成,将越来越多的穆斯林纳入了奥斯曼帝国的统治。不过,他还需要夺取马穆鲁克帝国的首都开罗,才能完成他的一系列军事目标——摧毁马穆鲁克帝国,打通前往非洲和印度洋的道路,赢得麦加和麦地那,保护红海免受葡萄牙人的侵蚀,夺取北非,以及将整个地中海东部统一在奥斯曼帝国的旗帜下。要实现这些目标,他必须拿出所向无敌的武力、决心和智慧。

1516 年 12 月末,塞利姆率领大军从南侧的硝皮匠之门(Tanners' Gate)离开了耶路撒冷老城。在动身之前,他派人回去给伊斯坦布尔送信,命令已经重新装载了补给的宝贵的舰队运载新的武器和援军到埃及与他会合。[38] 这支由 106 艘船组成的大舰队将在冬季的海面上航行几个月,才能到达埃及海岸。[39] 如果一切顺利,塞利姆的陆海军将在埃及会师,做好发动消灭马穆鲁克王朝的最后一击的准备。尽管在耶路撒冷做了一番休整,但自从夏天以来不断征战的士兵们已经疲惫不堪,多项基本的补给品也已经数量不足。不过,就在新年到来之前,他们占领了位于地中海东南角的加沙(Gaza)地区。[40] 这里富饶的沿海平原将为塞利姆大军提供足够的食物,供他们继续前进到开罗。

现在,摆在塞利姆大军面前的是一个严酷的挑战:如何通过西奈沙漠。这片山峦起伏、荒凉贫瘠的土地连接着叙利亚和开罗，难以通过。这里是古代世界最早的绿松石矿区，据说也是摩西在逃离埃及的途中得到十诫的地方。这片荒凉的土地位于马穆鲁克帝国的心脏地带，马穆鲁克人利用大体上沿着海岸线前行的陆路和地中海与红海上的航道来解决西奈沙漠的通行问题。而对塞利姆和奥斯曼人而言，西奈沙漠看上去一定如月球表面一般荒凉。他们从未遇到过如此严酷的环境：这里几乎没有明显的绿洲或歇脚处，只有几条溪流提供水源；与此同时，他们还要面对无时不在的贝都因人的威胁。幸运的是，此时已是冬天，至少沙漠中的温度尚可忍耐。即便到了 21 世纪，来自地中海北部的候鸟也会在冬季一路南下，在西奈筑巢。翼展可达 7 英尺的金雕和不时俯冲下来飞扑田鼠的隼一定让这一地区的景观显得更加新奇怪异。

对塞利姆大军而言，他们最迫切需要的就是可靠的水源。因此，在离开加沙之前，塞利姆集结了 15 000 峰骆驼来运输 3 万只水袋。[41] 这些吃苦耐劳的动物组成了他的第二支大军，成了他穿越西奈沙漠的关键。塞利姆知道，如果没有这些骆驼，他绝对无法进攻开罗。它们宽大的脚掌便于在沙上行走，而不会陷得太深，让它们几乎如同漂浮在沙上一般。与马不同，骆驼有着长长的睫毛，可以保护它们的眼睛免受风沙的侵害。它们可以在不饮水的情况下负重行走数个星期，逐渐损失掉接近 40% 的体重。塞利姆从加沙的贝都因人手里购买了一些骆驼，又从别处征用了一些。

1517 年 1 月中旬，塞利姆大军带着褐色的骆驼，以及马匹、枪炮和 12 门重炮，开始了穿越沙漠的旅程。幸运的是，冬雨让沙地变得坚实了一些。整支大军只用了五天时间就完成了 200 英里的旅程，穿越了西奈沙漠，来到开罗外围。[42]

在苏丹高里死后成为马穆鲁克苏丹的图曼贝伊,此刻正待在文明都市开罗舒适的宫殿中,仿佛身处在另一个世界之中,但他知道什么东西即将到来,他对此十分恐惧。他已经得知奥斯曼骑兵的铁蹄踏过了高里的遗体,他的帝国正在他大大的杏仁形眼睛前土崩瓦解。[43] 现在,奥斯曼人正在朝着他的都城进军。接下来的战斗将是决定性的:要么图曼和他的军队击退奥斯曼人,重新取得主动权;要么奥斯曼人夺取开罗,继而占领北非和汉志(Hijaz,红海另一侧包含麦加和麦地那在内的地区,位于现在的沙特阿拉伯西部),彻底终结马穆鲁克王朝的统治。

从1516年底到1517年,图曼全神贯注地征召军队,集中补给和兵器,并在开罗周围兴建防御工事。[44] 他的主防线设在赖丹尼耶(Raidaniyya),这个城镇在开罗东北方向大约10英里,是从西奈前往开罗的必经之路。图曼庞大的军营中有他从南方征召的埃及士兵,有他的精锐卫戍部队,还有一支驻扎在埃及的北非人部队——实际上,这里有他能驱使得动的所有士兵。有多支部队参加了长达六个月的失败的叙利亚战役,其中一些部队损失惨重,另一些则精疲力竭,但他迫使他们全部赶到了赖丹尼耶。此时的马穆鲁克军队已经丢失了近半国土,损失了成千上万的士兵和大量的补给、武器和资金,士气也同样低落。不过,图曼还是设法在赖丹尼耶集结了一只大军,人数比高里带去叙利亚的那支要多。[45] 他们装备了火炮、火枪、盔甲和马车,甚至还有作为礼物被送到马穆鲁克帝国的三头印度象。[46]

图曼还下令修建了一道石墙,马穆鲁克军队可以躲在石墙后面朝进攻的奥斯曼军队射击。在这道屏障前方还有一道壕沟，壕沟内竖直放置着长矛，可以将奥斯曼军队的马匹和骆驼刺穿。[47]图曼甚至亲自搬运沉重的石头，协助石墙的修筑，这让他的手下十分惶恐。[48]他们从未见过哪位君主干普通士兵从事的工作，苏丹连自己的晚餐都不端，更别说参与防御工事的修筑了。看到这一幕，只怕任何士兵都不会再心存侥幸，他们无疑都意识到已经到了十分危急的时刻。

开罗城中，曾经喧嚣的市场已经空空如也，商人们把从茄子到铜板材的各类商品都收了起来，运送到仓库里储存。[49]正如所有战争爆发前会发生的那样，有钱人开始把自己的财产转移到城外或家族墓地的附属建筑中掩藏起来。与此同时，逃避征兵和饥荒的乡间难民涌入开罗，他们相信当战斗打响时，躲在有城墙保护的开罗城中会更加安全。开罗的街头原本总是熙熙攘攘，遍布着往来工作的或是前往清真寺和巴扎的商人、挑水工、市场巡查员、法官、小贩和居民，但现在他们都不见了踪影，取而代之占据了开罗宽广的街道和广场的是紧张备战的士兵和无家可归的困苦农民。号角声不时打破城中诡异的静默，发出调动军队和宣布宵禁的命令，声响甚至盖过了呼唤礼拜的宣礼声和酸奶贩子的试吃叫卖声，这一切让50万开罗居民不禁感到大祸将至。

在赖丹尼耶，图曼和他的军官们正聚在营帐里，商议战略。图曼认为，远离家园的奥斯曼人很可能已经补给不足，他们的骆驼在穿越西奈沙漠之后也已经精疲力竭，因此可以主动出击，不给他们在沿途村庄休整和补充给养的机会。[50]但他的幕僚们反对这一提议，原因有三：他们已经投入了大量人力物力在赖丹尼耶兴建了防御工事，他们与开罗之间的补给线十分顺畅，他们已经在石墙背后集结了大量的军队和武器。因此，马穆鲁克军队的指挥官们认为，如果把奥斯曼军队吸引到他们强大的防御工事前方交战，己方将占据巨大的优势。图曼最终接受了他们的意见，决定在赖丹尼耶按兵不动。

塞利姆大军越来越近。他们走出了西奈半岛起伏不平的沙地，进入了埃及东部的广阔平原，来到了他们漫长征程中的第三个大洲。没有了沙地给他们带来的行走时深一脚浅一脚的烦恼，奥斯曼军队的行进速度加快了，塞利姆和手下士兵们也更容易把精力集中在即将到来的大战上。每个人都开始用常见的方式做战前准备，比如想念家人，思考自己的命运，整理武器，在精神上做好战斗准备，等等。当双方军队离得足够近了之后，两位苏丹都试图估测对方的实力。[51] 趁着夜色，图曼派出了一些探子，到奥斯曼军队营帐外围去刺探对方的军力。他得到的情报显示，奥斯曼军队的人数比他最初估计的要多，但仍然远远少于马穆鲁克军队。

塞利姆给图曼写了一封劝降信，开出的交换条件是愿意承认他为奥斯曼帝国的附庸。奥斯曼人经常用这种恩威并施的方式，试图在不动兵戈的情况下获得土地。这样的战略或许可以在一位保加利亚小邦的领主身上奏效，但图曼只会对这样的"提议"不屑一顾。他是一个穆斯林大帝国、世界上最强大的国家之一的首领，是哈里发，是伊斯兰最伟大圣地的守护者。他绝不会容忍塞利姆——一个次等帝国的苏丹来羞辱他，更不可能接受他的统治。

为了清晰表明自己的立场，图曼下令斩杀了一名早前俘获的奥斯曼士兵，并把自己写满愤恨言语的回绝书附在了人头上——正如塞利姆曾经把送给高里的宣战书附在"阿莱"·德乌莱的人头上一样。战争的大幕即将在通往开罗的路上拉开。

20

征服世界

丹尼耶之战

1517 年 1 月 22 日，争夺开罗的战斗终于打响了，而它结束得也非常之快。[1] 还不到一个小时的工夫，马穆鲁克军队就土崩瓦解，开始向开罗方向撤退。

这一失败部分要归咎于图曼贝伊本人。他几乎没有任何军事经验，担任苏丹和帝国军队的统帅也只有五个月的时间。或许他的军官们原本应当提出更好的建议，又或许马穆鲁克军队应当像图曼建议的那样早些出击。身为战术大师的塞利姆注意到了赖丹尼耶的防御工事，于是决定利用马穆鲁克人最强大的防御工事来对付他们自己。他率军从侧翼包抄了马穆鲁克军队，使得原本用来阻挡奥斯曼人的坚固石墙变成了切断马穆鲁克军队后路的障碍物。此外，奥斯曼军队使用的火器要远远优于马穆鲁克人使用的过时的、破旧的火器。[2] 马穆鲁克火炮给奥斯曼军队造成的伤亡，可能还不如奥斯曼军队手中的火器偶尔炸膛造成的伤亡严重。奥斯曼人在赖丹尼耶杀死了超过 25 000 名马穆鲁克士兵。[3] 就这样，奥斯曼人还没有看到开罗，开罗争夺战就已经结束了。

马穆鲁克帝国的首都现在门户洞开。[4] 从赖丹尼耶到开罗，沿途村庄的大部分居民早已逃之夭夭，奥斯曼军队因而可以随意取用这些村庄储存的物资。在叙利亚之战后还留在马穆鲁克帝国手中的土地，现在全部落入了塞利姆手中。当然，奥斯曼人还要再过几个星期才能彻底占领开罗，另外还要再花费几个月的时间才能彻底完成政权更替。与西班牙人夺取那座被他们命名为"大开罗"的墨西哥城市仅相隔几个星期，塞利姆就为奥斯曼帝国征服了埃及的开罗。马穆鲁克帝国就此灭亡。

塞利姆在赖丹尼耶的胜利改变了世界，这绝非夸大其词。[5]随着马穆鲁克帝国的覆灭，塞利姆统治的版图覆盖了三个大洲，他把奥斯曼帝国的疆域扩大了几乎两倍，使得帝国的人口也增加了几乎两倍。在将近半年的征战之后，塞利姆在率军向开罗稳步进发的路上，一定回想了他所取得的成就。他利用早年的时光学习必备的技能，拓展必要的关系，最终克服种种不利条件，力挽狂澜成为苏丹。现在，他又消灭了奥斯曼帝国最大的敌人。他在遥远的地方为帝国获得的土地比以往任何一位苏丹为帝国获得的都多（实际上，在后世的苏丹中，也无人能够匹敌他在开疆拓土方面的成就）。此时，塞利姆控制的土地面积超过了世上的任何一个人，他拥有世界上的两座大都市——伊斯坦布尔和开罗，以及一堪与世间其他任何一支军队相匹敌的大军。在吞并了马穆鲁克帝国的领土之后，奥斯曼帝国苏丹有史以来第一次成了一个以穆斯林为主体的国家的统治者。不久之后，塞利姆就将获得麦加和麦地那，从而成为奥斯曼家族第一位实至名归的哈里发（以前的苏丹们曾经自称哈里发，但有名无实），这让他距离实现出生时的预言——据有世界七大区域——又近了一步。1517年之后的塞利姆拥有了在16世纪称霸全球的钥匙——他控制了世界的中部，垄断了地中海与印度和中国之间的商路，在旧世界所有的主要海洋上都拥有港口，获得了在伊斯兰世界无可匹敌的宗教权威，还拥有数不胜数的财富、土地和人口资源。塞利姆成了世界上最有权势的君主，真主在大地上的无瑕之影。

※

然而，事实证明，开罗并不是一个适合自我陶醉、白日做梦的地方。作为曾经的马穆鲁克帝国首都，开罗及其周边地区此起彼伏的抵抗活动让埃及要远比叙利亚的任何地区都更难征服。开罗是一座拥有超过 30 万人口的大城市，一座座清真寺和宣礼塔点缀着这座城市的天际线。从 1517 年 1 月底开始，一直到当年春天，图曼和他的一些在赖丹尼耶幸免于难的手下向奥斯曼人发动了一场游击战争。[6] 许多惊魂未定的开罗市民给予他们帮助，为他们提供避难所、食物和武器。塞利姆十分明智地选择暂不入城，而是在城墙外更加安全的军营里度过了数个星期的时间。在此期间，塞利姆准许他的士兵们在开罗劫掠。[7] 攻克一座城市后，塞利姆有时候会准许士兵们下手劫掠，以奖励他们的勇敢，并加强他们的忠心。是否洗劫一座城市，取决于他想给敌人和忠诚的士兵们传递怎样的信息。正如后来的一位历史学家所写的那样，塞利姆在 1516—1517 年击败马穆鲁克帝国的战争，对于奥斯曼帝国的意义甚至要大于帝国 1453 年对君士坦丁堡的征服。[8] 当年，塞利姆的祖父准许士兵们洗劫了君士坦丁堡。因此，至少在塞利姆看来，他手下的士兵也应当被准许为他们征服开罗的伟业庆贺一番。

与此同时，塞利姆对劫掠的许可还有另外一个战略目的：此举可以让那些反对奥斯曼帝国统治、为马穆鲁克残余抵抗力量提供庇护的居民感到恐惧。1517 年 2 月中上旬，奥斯曼军队追捕、屠戮了许多马穆鲁克王朝的支持者，迫使图曼及其手下远遁埃及南部。[9]虽然奥斯曼军队歼灭了马穆鲁克军队，占领了他们的都城，但低烈度的暴力活动还将持续数月之久，奥斯曼军队追捕抵抗分子的活动还将延续多年。一直到当年4月，图曼才被捕获、处决。他的尸体被挂在开罗的城门上，示众三天。[10]

在开罗与马穆鲁克人作战

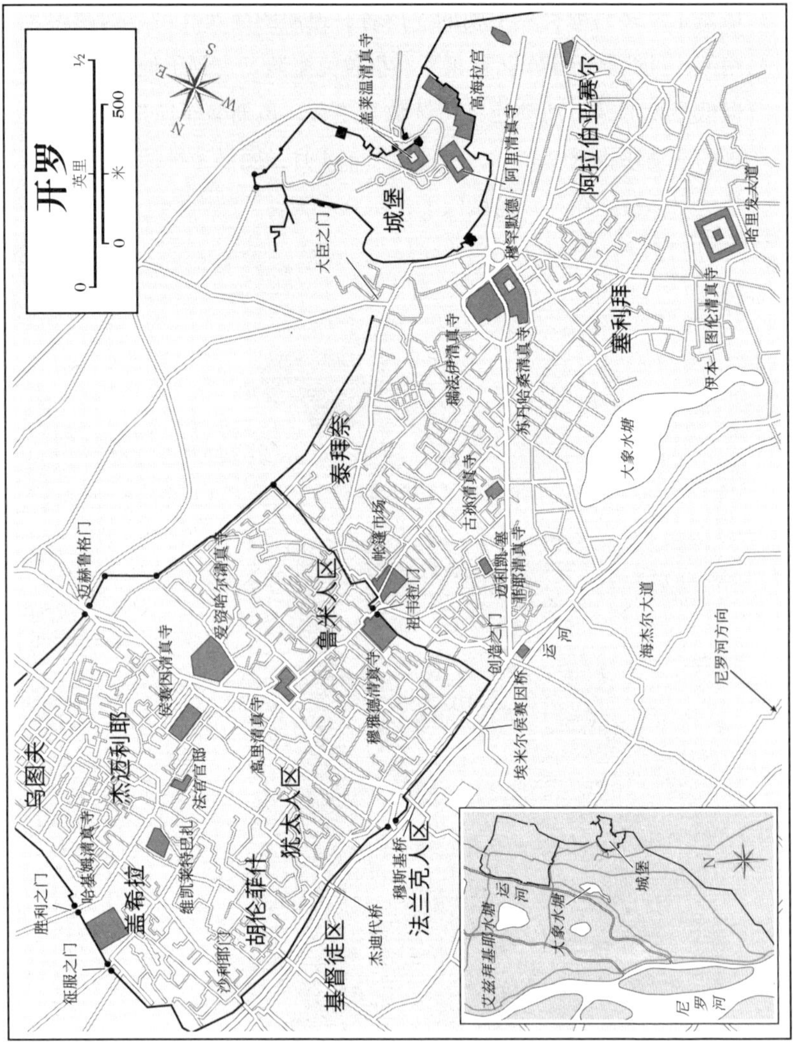
开罗
英里
米
0
500
½
城堡
盖莱温清真寺
高海拉宫
穆罕默德·阿里清真寺
阿拉伯亚赛尔
大臣之门
塞利拜
伊本·图伦清真寺
哈里发大道
瑞法伊清真寺
苏丹哈桑清真寺
泰拜奈
大象水塘
古孙清真寺
帐篷市场
迈赫鲁格门
爱资哈尔清真寺
鲁米人区
祖韦拉门
迈利凯·塞菲耶清真寺
创造之门
运河
海杰尔大道
尼罗河方向
埃米尔侯赛因桥
穆雅德清真寺
侯赛因清真寺
高里清真寺
法官官邸
犹太人区
乌图夫
杰迈利耶
哈基姆清真寺
维凯莱特巴扎
胜利之门
盖希拉
征服之门
沙利耶门
胡伦菲什
基督徒区
杰迪代桥
穆斯基桥
法兰克人区
艾兹拜基耶水塘
尼罗河
N

1517年2月15日，星期日，塞利姆进入开罗，同时举行了盛大的入城庆典，庆祝和平的降临。[11] 在经历了数年的紧张、困苦、战争和混乱之后，开罗终于可以再一次享受一点正常的生活了。塞利姆身着深蓝色的袍子，头戴镶嵌着宝石的白色头巾，缓慢而且庄重地骑马从城中穿过，他那高高耸立的头巾在人群十分显眼，许多人在他从旁经过时都垂头致意。全副武装的幕僚、顾问排成两条长长的队列，气宇轩昂地跟在他的身后，让围观者震撼于奥斯曼帝国带来的新秩序。"战无不胜的苏丹塞利姆万岁！"队列两旁的许多人高喊道。[12]

在城中要塞和最大、最重要的清真寺的俯瞰下，身处中心广场的塞利姆承诺将恢复整个帝国的秩序与繁荣。从此刻开始，士兵不许再骚扰市民，也不得非法抢夺财物。开罗的市场将恢复运营，安全也将在所有新征服的领土上得到保障。塞利姆的政府将公允地评估和征收税款，勘察道路和公共设施并加以必要的修缮，禁止强迫劳动和强征入伍。欢呼声响彻全城。在接下来的星期五，开罗城中所有的清真寺开始按照惯例以塞利姆的名义宣读礼拜祷言。[13]

※

马穆鲁克政权业已被推翻，开罗的街头恢复了秩序，商业活动也重新开始运转。此时，塞利姆终于可以把精力放在一项艰巨的任务上了：在他新征服的辽阔领土上建立统治。打仗是一回事，行政管理是另一回事，但塞利姆对这两件事情都很在行。现在，他把自己在特拉布宗和新近在叙利亚积累的诸多经验都用在了埃及：他确认了既有的财产所有权，保留了市场监督和其他关键职位的既有人选，还在大体上维持税率不变。在利比亚、突尼斯和阿尔及利亚等北非省份，塞利姆保留了当地原有的统治者，以换取他们对奥斯曼帝国的效忠。[14]先知穆罕默德的后裔、负责维护伊斯兰教最高圣地麦加的诸位谢里夫（Sherif），也接受塞利姆为他们的新任统治者。[15]作为回报，塞利姆承诺将为他们提供一切必要的资源，用于支持每年的朝觐活动和维护数量众多的壮丽华美的建筑。在所有的新征服地区——叙利亚、埃及、北非和汉志——塞利姆都沿用了奥斯曼帝国一贯的策略：大体上维持现状，确保当地人欣然接受新政权的统治。

不过，考虑到埃及的特殊情况，塞利姆需要采取一些特别的手段。阿勒颇的哈伊尔贝伊在击败苏丹高里的达比克草原战役中发挥了重要作用，他被塞利姆任命为埃及总督。[16]哈伊尔已经证明了自己对奥斯曼帝国的忠心，也证明了自己是一位能干的行政管理人员。在两大帝国的对抗中，他颇具耐心而又冒着风险把自己的命运押在了奥斯曼帝国这一方，而这一任命就是对他的慷慨奖励。在1517年之后并入奥斯曼帝国的所有地区中，埃及是最富庶也最具战略价值的；[17]因此，埃及总督也是版图扩大后的奥斯曼帝国最重要的总督之一。同时，奥斯曼人在这一笔新得到的宝贵财富身上也倾注了大量的精力。凭借其发达的农业，埃及提供的税收比奥斯曼帝国境内的其他任何一个省份提供的都多，而且很快就为这个西起阿尔及利亚、东至特拉布宗的帝国提供了其所需粮食总量的大约四分之一。[18]在所有新征服的省份中，埃及是人口最为众多的，同时它也为奥斯曼帝国提供了通往红海、印度洋、北非、撒哈拉以南非洲和阿拉伯半岛的道路。将如此重要的区域交给哈伊尔治理，足见塞利姆对他的高度信任。

然而，事实证明，在阿勒颇的哈伊尔有多狡猾，在开罗的哈伊尔就有多冷酷——这或许并不让人感到惊讶，因为他毕竟是一个靠背叛主子上位的人。[19] 有一次，他下令绞死一个农民，只因为此人从他的田地里偷了一点黄瓜。许多关于他任总督时期的记述都提到他悭吝、贪杯，有时甚至公然醉醺醺地出现在幕僚面前。不过，哪怕时常酩酊大醉，哈伊尔依然是一位堪用的管理者，因为他的主要任务只不过是维持埃及被征服前原有的行政体系。

※

在奥斯曼帝国于1516—1517年获得的所有土地中，有一个地方格外与众不同，那就是汉志。奥斯曼帝国接管麦加和麦地那，并不仅仅意味着给帝国带来更多的土地和收入，还让塞利姆成了"圣城的保护者"，也就是哈里发——伊斯兰世界无可争议的领袖。

1517年春天，塞利姆在开罗完成了成为哈里发的仪式。[20] 按照先例，他需要在两国统治精英面前完成一个仪式，这样，哈里发的身份从一位君主到另一位君主的象征性转移才算完成。[21] 马穆鲁克苏丹需要正式认可奥斯曼苏丹为"两圣城的仆人、所向披靡的君王塞利姆沙阿"[22]，以此来承认自己的失败及哈里发[23]身份的转移。由于上一任马穆鲁克苏丹兼哈里发图曼已经不在人世，他健在的亲属中年龄最长的穆塔瓦基勒三世（Mutawakkil III）在仪式中替代了他。由于这种转交世俗与宗教权力的仪式往往发生在战争之后，由他人代替身故的哈里发的场景时常出现。开罗仍然没有一处正式的奥斯曼帝国官邸，塞利姆也不愿意使用敌人留下来的宫殿。于是，他就让他的政治和宗教幕僚们和穆塔瓦基勒一起聚集在开罗城堡的宏伟圆顶之下。这是一场安静的仪式。塞利姆跪了下来，从穆塔瓦基勒手中接过先知穆罕默德的剑和上衣。塞利姆在成年后极少下跪，但这一次他跪拜的对象并不是普通人，而是他的真主。他获得的这些圣物，将他这位政治领袖与先知本人联系在了一起。当塞利姆肩披白色的山羊毛上衣，手握那把造型简单的铁剑站起身时，他就将宗教权威与政治权力合二为一，史无前例地把奥斯曼家族与先知的家族联结在了一起。塞利姆心中充满了喜悦，他傲然站立，在大地上投下一道长长的影子——那是真主的影子。

时年46岁的塞利姆同时拥有了宗教的权威和世俗的权力，统治着从亚得里亚海一直绵延到阿尔及利亚的地中海海岸，成了地中海东半部的主人。在罗马帝国之后，还从未有任何一个政治实体曾经同时拥有黑海、红海、里海和地中海的海岸。塞利姆成了近代世界的恺撒。

※

1517年的一个春夜，塞利姆正在被他当作开罗官邸的大帐中热切地讨论埃及的税收体系问题，侍从突然通报有人求见。[24] 尽管天色已然不早，但塞利姆依然接见了来人。曾经做过海盗、现今在奥斯曼海军中成了一名船长的皮里·雷斯（Piri Reis）[25] 缓步走了进来，手中还拿着什么东西。就在塞利姆率军开拔之后，皮里·雷斯紧随其后起航前往埃及，他所率领的船是最早停泊进亚历山大港的奥斯曼船只之一。他头上紧紧地缠着白色头巾，还留着一把茂密的大胡子，与其说是水手，看起来更像是一名学者。在塞利姆面前，皮里始终把眼睛低垂，看着铺了地毯的地面——没有哪位帝国臣民有资格直视真主之影的面庞。

几年之前，塞利姆与皮里曾经在伊斯坦布尔见过面。当时，皮里代表海军来到皇宫，向塞利姆汇报近期在北非探险的经历。塞利姆早已不记得这次会面了，但皮里当然还记得。塞利姆的一位随从从焦躁不安的皮里手中接过了他捧着的物件———一个卷轴。塞利姆展开了浅褐色的羚羊皮卷轴，随即被其五颜六色的内里吸引住了。[26] 紫色、橙色、银色和深红色墨水勾画的直线和曲线构成了整个已知世界的地图。绘制这张地图一共花了三年的时间。塞利姆以前就对美洲和西印度群岛有所耳闻，但此时他才第一次看到了它们的形状（至少是当时人们认知中的形状），也第一次看到它们距离自己熟知的地中海和中东——他刚刚征服的世界——有多远。

根据皮里的记载，塞利姆一边看着地图上的海岸、城堡、大洋和岛屿，一边向皮里不断发问。皮里给塞利姆讲述了他在航行于地中海的漫长岁月里研读数十张地图的经历。[27] 阿拉伯和意大利的制图师早已描绘了地中海弯弯曲曲的海岸线，而葡萄牙人绘制的西非地图也让皮里受益匪浅。而他带来的这张地图，最大的革新之处在于它将新世界补充了进来，从而构成了一个完整的世界。皮里献上的这张地图，是第一张将美洲涵盖在内的世界地图。

塞利姆津津有味地听皮里讲述他是如何从其叔父凯末尔·雷斯那里得到哥伦布的多张大西洋地图的。当年，正是凯末尔·雷斯俘获五艘医院骑士团船只的功绩给拜访巴耶济德宫廷的哈伊尔贝伊留下了深刻的印象。1501 年，在一次对巴伦西亚（Valencia）海岸的劫掠活动中，凯末尔抓住了一些基督徒，其中一人曾经参与了哥伦布四次跨大西洋远航的三次。[28] 凯末尔的手下在搜查此人的物品时，发现了那几次远航中用过的数张地图。[29] 此外，他们还找到了一顶羽毛头饰和一块奇怪的黑色石头（可能是黑曜石）。[30] 据这位俘虏说，这些东西是他从新世界带回来的。

受到这些发现的激励，凯末尔于1501年8月从巴伦西亚出发向西航行，穿过了直布罗陀海峡。他所率领的船因而成了第一艘进入大西洋海域的奥斯曼船只。[31] 据说，凯末尔及其手下沿途劫掠了伊比利亚沿岸的港口，接着转向西南，朝着加那利群岛驶去。随后，他们又沿着摩洛哥海岸返航，回到了地中海。

皮里将自己制作旧大陆地图的专业知识与叔叔传给他的地图中提供的知识相结合（他甚至可能与他叔叔抓到的那名西班牙俘虏深入交谈过），画出了从中国到加勒比海的世界的形状。[32] 根据他献给塞利姆的地图上的注释和后世关于这张地图的记述，皮里将100多张地图上的要素集中在了这一张地图上。[33] 被皮里当作素材使用的地图包括哥伦布使用过的地图（皮里把哥伦布称作"热那亚异教徒哥隆-波"）、阿拉伯人绘制的中国和印度地图（当时能弄到手的最好的关于中国和印度的地图）、葡萄牙人绘制的西非和印度部分地区的地图，以及土耳其人和意大利人较早绘制的地中海地图。正如皮里所写的那样："由于使用了此前在奥斯曼帝国版图内没人见过甚至没人听说过的关于中国及印度海域的新地图，我绘制的地图上提供的信息是同时代地图所提供信息的两倍。"[34] 与此同时，他还借用了西班牙人和葡萄牙人对新世界的记述文字，他很可能是让其他水手翻译了这些记述，因此他的地图上有介绍美洲及当地人民的文字。[35] 比如，他的地图上写道，新世界的人们拥有"白、红、绿、黑四种鹦鹉。鹦鹉肉可供食用，人们戴的羽毛头饰也完全出自鹦鹉的羽毛"。[36] 他还提到了西班牙人对在新世界寻找黄金的浓厚兴趣，[37] 以及哥伦布寻找金主资助其远航的经历。[38] 地图上还写道，"葡萄牙异教徒在他们的地图上记录了""白毛怪物"、"六角公牛"和"独角兽"。[39] 皮里还保留了哥伦布在新世界命名的地名，只不过把它们翻译成了奥斯曼土耳其语。[40] 此外，他还按哥伦布地图上的原样描绘了新世界的形状，把古巴画成与北美大陆相连的样子，还把伊斯帕尼奥拉岛画成了南北走向的。描绘美洲原住民的绘画四周都是奥斯曼土耳其文字，而西非看起来距离南美也非常之近。皮里的地图把原本分离的世界联系在了一起，比哥伦布乃至任何人拥有过的地图都更为丰富、细致。可以说，在当时，皮里的地图是有史以来最完整的世界地图。

在开罗的那一个深夜，已经把影子洒在三片大陆上的塞利姆，固然陶醉于自己已有版图之辽阔，但他也忍不住设想，还有哪些土地有朝一日可以据为己有。他先对着西方大洋彼岸的陆地沉思片刻，继而又把目光投向了地图的东侧，思考奥斯曼人是否有可能派遣大军穿过中亚，抵达中国的古老都市。就在一年之前，当他在叙利亚行军的时候，他在一位曾经从伊朗前往中国的奥斯曼商人那里得到了一些第一手资料，这些信息引发了他的好奇心。[41] 接着，他又看了看非洲向南还会延伸多远，以及大西洋究竟有多么广阔。皮里的地图展示了塞利姆的洲际帝国的广袤宽阔，也清楚地告诉塞利姆，如果奥斯曼人想支配整个世界，他们面前还有着诸多的挑战。

塞利姆注意到，皮里把加勒比群岛和美洲大陆的部分地区标记成了"安提利亚*行省"（Vilayet Antilia）。奥斯曼人把行省称作

---

* 安提利亚，人们在 15 世纪大西洋探险中虚构出的一个岛屿，传说它在大西洋中，在伊比利亚半岛以西很远的地方。有一种说法是，锡沃拉七城就在安提利亚岛上。——译者注

Vilayet，例如 Vilayet Aleppo（阿勒颇省）或 Vilayet Trabzon（特拉布宗省）。[42] 因此，皮里似乎故意把加勒比和美洲大陆的部分地区看成了奥斯曼帝国的一个省份，这一点颇为出乎意料。是不是在他的脑海中，新世界有朝一日必将成为塞利姆日渐扩张的帝国的一部分，从而让西班牙人和葡萄牙人最害怕的事情变为现实？或许，他是故意把一个艰巨的挑战摆在塞利姆面前，表明他意在追随凯末尔·雷斯的脚步，离开地中海，将帝国的势力范围延伸到大西洋，甚至新世界？

塞利姆尽管兴奋不已，但也感到了疲倦。他突然把地图撕成了两半，然后将绘制了新世界的那一半交给了惊慌失措的绘图者。[43] 接着，塞利姆一边把另一半地图——描绘地中海、非洲和亚洲的地图——塞进了自己的袍子，一边起身离开了大帐，回去休息了。

塞利姆缘何把皮里费尽艰辛绘制的地图毁掉，只留下东侧的一半（这一半地图后来再也没有现身过），我们不得而知。穿过大西洋、把奥斯曼帝国的影响力延伸到新世界，固然是塞利姆可以考虑的选项，但是，他为什么要这样做呢？他在战场上未尝一败，坐拥几乎无可匹敌的广袤领土、众多的商路和经济资源。奥斯曼人在旧世界取得了无与伦比的成功，这让他们完全没有远渡重洋的迫切需求。在征服了开罗之后，塞利姆已经拥有了在 16 世纪建立世界霸权的所有必备要素。

或许，这就可以解释塞利姆为什么撕毁了皮里的地图。漂浮在大洋彼岸的新世界充满了未知与风险，也没人说得清它是否蕴藏了巨大的财富。与弱小的欧洲国家不同，塞利姆没有理由去做这样孤注一掷的赌博。西班牙人无意间发现了新世界，只是因为奥斯曼人和马穆鲁克王朝迫使他们不得不这样做。相反，没有哪一股政治力量有能力将雄霸旧世界的奥斯曼人赶出地中海。比起在大体上仍然未知的大西洋做昂贵而凶险的冒险，塞利姆选择在资源和战略地位均已十分明了的地区，也就是皮里的地图东半边所绘制的地区巩固奥斯曼帝国的霸权，显然是更合理的战略选择。

❈

在征服了马穆鲁克帝国之后，塞利姆在名义上也拥有了位于红海东南岸的也门。也门连接着印度洋，可以为奥斯曼帝国的贸易活动开辟一个全新的市场。此外，也门也是防卫红海周边地区，包括刚刚获得的麦加和麦地那的战略要地。塞利姆知道，他必须抓紧时间夺取也门，以免葡萄牙人乘虚而入，在红海建立起稳固的落脚点。

自从瓦斯科·达·伽马（他也是以号称"摩尔人杀手"的主保圣人圣雅各命名的圣地亚哥骑士团的成员）[44]于1498年抵达印度，葡萄牙人与马穆鲁克王朝之间的冲突就变得越发频繁而且激烈，因为这些欧洲人试图取代马穆鲁克人，成为印度洋地区最重要的贸易霸权。例如，1500年，葡萄牙人在马拉巴尔海岸（Malabar Coast）重要的香料贸易港卡利卡特*烧毁了10艘马穆鲁克船只。[45] 马穆鲁克王朝在印度发展了丰富的关系网络，尤其是当地数量众多的穆斯林小邦经常请求马穆鲁克王朝帮助它们对付不断渗透的葡萄牙人。无论是在印度西海岸的重要港口古吉拉特（Gujarat）和果阿（Goa），还是在阿拉伯半岛上的亚丁（Aden）和马斯喀特

---

* 卡利卡特（Calicut），今名科泽科德（Kozhikode）。

中东、东非与印度洋

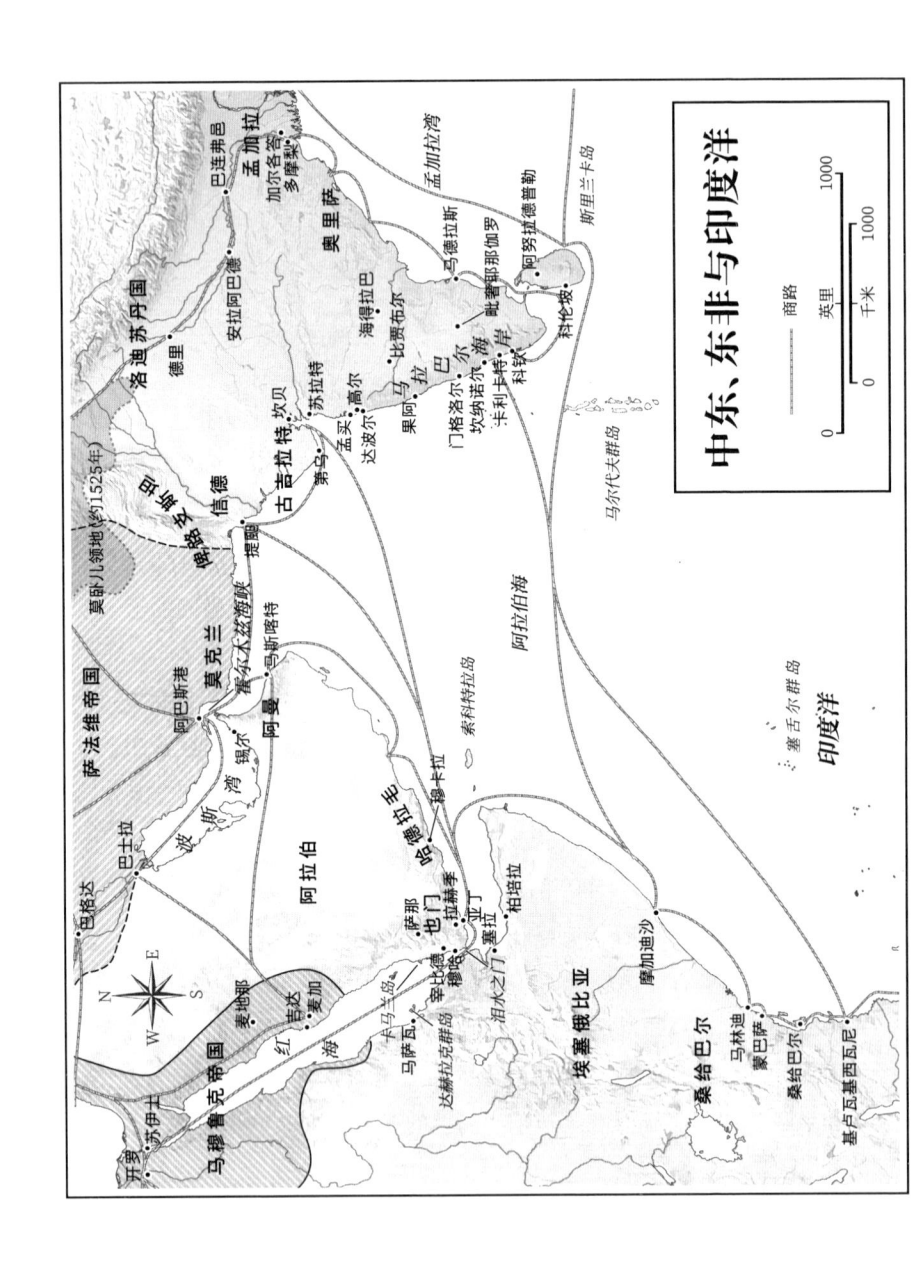

（Muscat），当地的穆斯林统治者都要仰仗马穆鲁克王朝的军事支持。为了对抗这些由于宗教因素结成的联盟，葡萄牙人也在印度和其他一些地方结交盟友。1502年，在靠近印度最南端的科钦*，葡萄牙人与当地信仰印度教的统治者达成协议，要驱逐城中的穆斯林商人，主要原因就是这些人与马穆鲁克王朝关系密切。

1504年，葡萄牙人封锁了红海的出口[46]——由于许多船只曾经在这个狭窄的海峡沉没，此地被称作"泪水之门"[†]。一年之后，葡萄牙人又袭击了麦加和麦地那的海上门户吉达（Jeddah）。1507年，19艘从印度驶来的葡萄牙船只进入红海，摧毁了数艘马穆鲁克船只。[47]此外，这支船队还占领了极具战略价值的岛屿索科特拉岛（Socotra）[48]。索科特拉岛与非洲之角[‡]隔海相望，葡萄牙人希望在此地建立据点，控制红海的出口。索科特拉岛也被称作"印度洋上的加拉帕戈斯群岛"，景致奇特，岛上三分之一的植物是该岛独有的。其中最著名的要数有着绯红色树脂的龙血树，其树枝向上方分叉，看起来像雨伞一样。但是，这座岛屿缺乏水源，环境恶劣，葡萄牙人不得不在短短几个月之后就放弃了这里。

1513年，一支由24艘船、超过2 500人组成的更具威胁性的葡萄牙船队出现在位于也门西南角和红海出口处的亚丁港。[49]这次远航可谓是基督教世界发动的又一次十字军远征活动。像许多南下探索西非海岸或是横渡大西洋的伊利比亚人一样，大部分乘船进入印度洋的伊比利亚人也是在北非和地中海沿岸对抗奥斯

---

* 科钦（Cochin），又名柯枝（Kochi）。
[†] "泪水之门"，即曼德海峡。——译者注
[‡] 非洲之角，即索马里半岛，位于非洲东北部的半岛，构成了亚丁湾的南岸。——译者注

曼人和其他穆斯林的行动中开始了自己的海员生涯。葡萄牙人在印度的总督阿方索·德·阿尔布克尔克（Afonso de Albuquerque）[50]本人就曾经在北非与伊斯兰势力作战10年之久。他曾经给教皇利奥十世（Leo X）写信说，葡萄牙船只可以北上红海，夺取被他称作"穆斯林的耶路撒冷"的麦加。这样一来，欧洲的天主教国家就可以与马穆鲁克王朝讨价还价，挟麦加以换取耶路撒冷，实现多个世纪以来的梦想。阿方索还说，富有的埃塞俄比亚基督徒国王"祭司王约翰"（Prester John）将协助葡萄牙人进攻麦加。"祭司王约翰"的传说与中国大汗的故事异曲同工——这位神秘的基督徒领袖，远在具体位置不明的东方，时而被说成是黑人，时而被描绘成白人，欧洲人相信可以与他联手，包围并摧毁伊斯兰世界。的确，正如在东亚某些地方存在着基督徒一样，埃塞俄比亚也的确有基督徒，但并没有任何历史证据能够证明"祭司王约翰"真的存在。但阿方索依然信誓旦旦地向教皇保证，只要与这位非洲的基督徒国王联手，欧洲人就可以在埃塞俄比亚的尼罗河源头开凿一条运河，将河水向东引入红海，让马穆鲁克王朝治下的埃及丧失其最重要的水源，从而令他们的农田因缺水而减产。这样一来，统治耶路撒冷的穆斯林就会饱受饥荒之苦，不得不放弃这座城市。在1513年，阿方索摧毁了亚丁的一部分，并给位于红海更北方、邻近也门海岸的卡马兰岛（Kamaran Island）的港口造成更大破坏。葡萄牙人本打算继续向北直扑吉达，但不利的风向迫使他们改变了计划。

对于无力抵抗葡萄牙人进犯的马穆鲁克人来说，这真是再走运不过了。就在1509年，另一位在非洲久经战阵的葡萄牙老将弗朗西斯科·德·阿尔梅达（Francisco de Almeida）将马穆鲁克舰队焚毁在了印度西海岸第乌岛（Diu）的码头上，严重削弱了马穆鲁克海军的实力，同时也为葡萄牙人在印度迅速取得一系列胜利铺平了道路。取胜之后的葡萄牙人抓住时机扩大了自己的沿海据点。由于在葡萄牙人面前节节败退，马穆鲁克人只好向与他们拥有相同信仰的奥斯曼兄弟求助。

此时的塞利姆正在制订进攻马穆鲁克帝国的计划，且这项工作已经进入收尾阶段，但他还是对马穆鲁克人的请求报以积极回应。1515年，他派出手下资历最深的海军将领之一——长髯飘飘、双腿粗壮、出生在莱斯沃斯岛的塞尔曼·雷斯（Selman Reis），带着物资和水手前往红海，帮助马穆鲁克人重建他们的海军。[51] 当然，

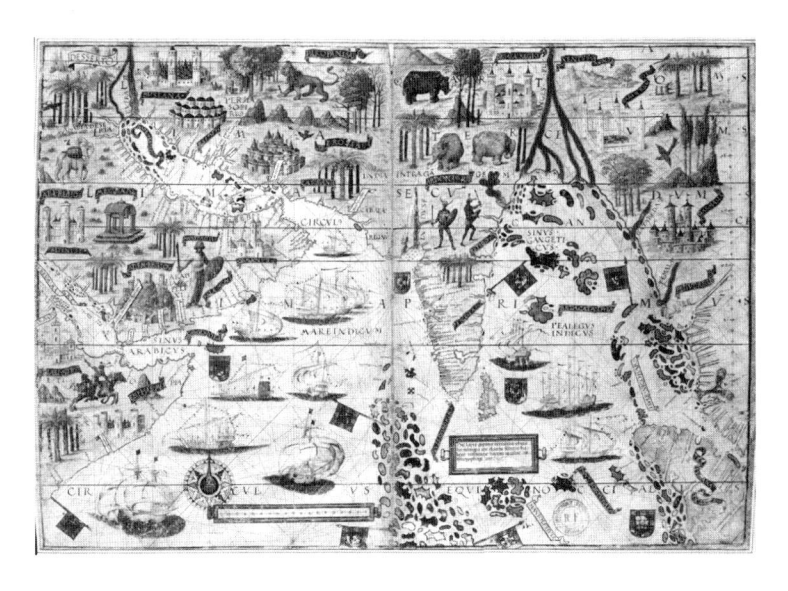

葡萄牙人的印度洋地图

塞利姆此举并非出于宗教上的手足情谊，而是希望通过抑制葡萄牙人在东方蓬勃发展的贸易活动来保护奥斯曼人的经济利益。此外，塞利姆也是在为未来谋篇布局：一旦他击败了马穆鲁克帝国，红海沿岸的土地就会进入奥斯曼帝国日益扩张的版图。

1517年，身在开罗的塞利姆接到了塞尔曼·雷斯的来信，他在信中焦急地恳求塞利姆给他送去更多的物资、水手和资金。"葡萄牙人尚未进入'托尔之海'（Tor，即红海），"他警告说，"但他们一旦得知我们的船只缺乏人手、不能使用，肯定会派遣一支强大的舰队前来进犯。毕竟，我们的船队是唯一能够抵御他们的力量。"[52] 接着，他的语气变得更积极了一些："只要（奥斯曼人）征服了它（也门），我们就可以控制印度的土地，每年将大量的黄金和珠宝送到伊斯坦布尔。"

苏丹下令在苏伊士（Suez）建造50艘船只，用来对付"背信弃义破坏"[53]印度洋贸易的葡萄牙人。他还派了"难以计数的军队"从陆路出发，他们的任务是先占领也门，再在海上对抗葡萄牙人。不过，由于这一计划的目标十分遥远，再加上塞利姆在战胜马穆鲁克人之后要面对整合帝国的艰巨任务，整个计划要花费多年时间才能完成。即便在塞利姆去世后，他的继承者们为了守护帝国的最南端也费尽了心思。

也门的山区条件恶劣，生活着诸多不愿受他人管辖的独立部落。正因如此，直到今日，任何政府想要彻底控制也门都绝非易事。首都远在另一个大洲的奥斯曼人清楚，他们永远都无法对也门直接行使主权，但他们决心至少要控制住也门在红海和印度洋岸边的主要港口城市。而即便是这样的目标，也并不容易实现。曾经被马穆鲁克人和塞尔曼·雷斯雇用来对付葡萄牙人的切尔克斯人（Circassian）和叙利亚雇佣兵，现在趁着马穆鲁克帝国覆灭、奥斯曼帝国尚未接手的权力真空期，相互厮杀，争夺土地和诸多资源的控制权。海盗和部落头目也加入战团，一起把也门推进了混乱的深渊。一位当地的历史学家认为，在1520年前后，也门"一直处于无政府的混乱状态，举目四望，只见得废墟与血泪"。[54] 一直到1527年，奥斯曼人才集中起足够强大的海军力量，控制住了也门的沿海地区。在这一年，奥斯曼人在葡萄牙人于15年前肆虐过的卡马兰岛上建立起了永久性的海军基地和海关。[55] 在接下来的一个世纪里，也门将时断时续地处于奥斯曼帝国的统治之下。

❈

1517年，正当塞利姆"难以计数的大军"从叙利亚南下，沿着红海东岸行进的时候，他们遇到了一种谁也没见过的东西——一种长着奇怪的鲜红色浆果的灌木。在塞利姆征服马穆鲁克帝国所造成的诸多影响中，他们发现的这种植物无疑造成了最深远的影响，这一发现甚至可能比为奥斯曼帝国占领耶路撒冷和开罗、继承哈里发称号或是创造伊斯兰历史上最大的帝国都更为重要。塞利姆大军在也门发现的这种植物，就是咖啡。

至少在西方，很少有人意识到是一位奥斯曼帝国苏丹让咖啡成了一种风靡全球的饮料。正是由于塞利姆在1517年创造了一个跨大洲的大帝国，咖啡才能成为一种被人们日常饮用、塑造了当代生活、种植面积达上百万英亩*、贡献了数十亿美元企业利润、在全世

---

* 1英亩 = 4046.86平方米。——编者注

界范围内出现于几乎各种社交场合的作物。在罗马帝国之后，塞利姆是第一个将也门——一个从埃塞俄比亚获得了咖啡的地方——并入了一个南抵阿拉伯半岛，北至保加利亚，东起伊拉克，西达阿尔及利亚的单一政治实体的君主。借助塞利姆在旧世界塑造的商业、制度、政治和文化体系，咖啡才得以广泛流传。它先是从也门扩及整个中东，再抵达伊朗、印度和奥斯曼帝国治下的东欧，最终到达了西欧、美洲和东南亚。16世纪80年代末，威尼斯成了在奥斯曼帝国疆域之外最早提供咖啡饮料的地方。[56]

随着咖啡豆在帝国境内变得广受欢迎，奥斯曼人产生了一些关于这种饮料的基本理念。许多当时产生的理念今天依然适用，其中最显著的就是遍布全球、由塞利姆馈赠给人类的场所——咖啡厅[57]。奥斯曼人培育了一种消费品，将其扩散到各地，并围绕它发展出了一种消费文化。可以说，奥斯曼人引领了世界上较早的一次消费革

咖啡树

命。他们将奥斯曼帝国的一部分播撒到全球，甚至真的植入我们每一个人的身体里，从 1517 年开始，直到今天，都是如此。

咖啡是第一种真正意义上的全球商品。塞利姆征服也门的时候，新世界才刚刚与旧世界联系在一起。很快，咖啡树就开始在全部五个已知大洲的土壤上落地生根。海洋将咖啡的生产者与消费者联结在了一起，从而造就了从美洲到马六甲的共同市场。[58] 在推动近代世界经济发展方面，咖啡发挥的作用超过了香料和织物；而主宰了咖啡贸易的奥斯曼人，也因此获得了优势，最终可以在印度洋经济圈中胜过他们的早期对手葡萄牙人。除了最初的地理分布格局和后来的普遍种植之外，咖啡让人上瘾、耐储存和高额利润的特性也让它比任何其他商品更能促进全球资本与文化的融合。

从塞利姆征服马穆鲁克帝国开始，一直到 18 世纪 30 年代为止，奥斯曼人都控制着世界上的咖啡贸易。他们每年生产高达 12 000~15 000 吨咖啡豆，通过穆哈*和一些规模较小的也门港口向外运输、分销。[59] 在 16、17 世纪，在近代世界最大的进口市场——阿姆斯特丹的进口市场上，来自穆哈的咖啡一直占据着全部咖啡进口量的大约 90%。[60] 咖啡贸易让大量的金钱不停地流入流出奥斯曼帝国，为帝国政府贡献了大笔的税收。

在 18 世纪即将到来的时候，美洲和东南亚的咖啡种植者逐渐从也门手中抢走了市场。到 18 世纪 20 年代末，爪哇取代了也门，成了阿姆斯特丹咖啡市场上 90% 货品的来源地。[61] 1750 年，在阿姆斯特丹的市场上，来自美洲的进口咖啡在数量上已经可以与来自

---

* 穆哈（Al Mukhā），西方称摩卡（Mocha），摩卡咖啡的称谓就源自该城之名。——编者注

爪哇的相媲美。而到了 1840 年，来自也门的咖啡只占全球咖啡生产量的 2%~3%。[62] 在 18 世纪和 19 世纪，大部分也门咖啡依然像此前几个世纪一样由小型家庭农场生产。在美洲的奴隶种植园和荷兰东印度公司这样的殖民地公司面前，也门的生产方式落了下风。到 18 世纪 70 年代，对于开罗人来说，从伊斯帕尼奥拉岛进口来的咖啡已经比从也门运来的咖啡更便宜了。[63] 在独领风骚两个世纪之后，奥斯曼帝国治下也门的咖啡贸易的黄金时代结束了。但是，此时的咖啡已经成了"历史上最具价值的国际贸易农产品之一"，[64] 而这要归功于塞利姆。到了今天，咖啡依然是世界上第二大贸易品——排名第一的是中东出口的另一种产品，即石油。

第六章

最终的边疆

(1518—1520)

交谈中的塞利姆

21

普天之下，莫非王土

行猎中的塞利姆

历史上杀人最多的东西是什么？恐怕并不是某个国家、某种武器或是某种理念，而是瘟疫。几千年来，鼠疫杆菌（*Yersinia pestis*）及其近亲菌种曾屡次让社会陷入瘫痪，摧垮整个帝国，为一个个历史时期画上句号。即便是今天，可以造成疫病的细菌依然存活在啮齿类动物身上，而跳蚤可以将疫病从这些小型哺乳动物身上带到人类身上。如果一只跳蚤先后叮咬了一只感染了疫病的啮齿类动物和一个人，鼠疫杆菌就会进入这个人的血液循环之中，然后开始迅速增殖。淋巴将这些病菌从血液中过滤出来，这些病菌随即开始在淋巴结中继续增殖、积聚，让受害者的颈部和腹股沟出现著名的深色肿块，即淋巴结肿块（bubo）。经由这条"从鼠类到跳蚤再到人类"的传染路径，瘟疫让一个个人类个体和世界上的整片地区都遭受了难以衡量的痛苦和劫难。公元6世纪，查士丁尼大瘟疫杀死了地球上将近五分之一的人类，几乎摧垮了拜占庭帝国和萨珊帝国。14世纪的黑死病杀死了欧洲三分之一的人口。作为连接全球贸易和交通的枢纽地带，中东地区自古以来就是地中海与亚洲之间疫病传播的关键桥梁。因此，历史上几乎所有的疫病暴发事件，中东地区都参与其中。实际上，疾病本身就是中东历史一个常见的组成部分。

1517年7月，被塞利姆视若珍宝的海军舰队终于从伊斯坦布尔远道而来，抵达了埃及，为奥斯曼大军送来了他们在漫长归途中所需的给养。[1] 等到一年中最热的时候过去了之后，塞利姆于1517年9月13日下令起程。[2] 在他出发之前的那个星期，他的舰队已经开始了返回伊斯坦布尔的旅程。[3] 来时装满给养的船舱，现在住进去了一支名副其实的"脑力大军"：800名来自埃及的学者、手工业者、宗教领袖和商人，以及马穆鲁克王朝的一些达官贵人，[4] 比如将哈里发之位传给塞利姆的穆塔瓦基勒——他在抵达伊斯坦布尔后被软禁，就此度过余生。[5]

　　这样一来，塞利姆不仅将中东的农产品和经济财富聚拢在了帝国的中心，同时也将中东地区的知识、艺术和文化财富也都聚集在此——这或许是更有意义的一件事。通过此举，奥斯曼人就可以从长久以来一直是伊斯兰学术中心与全球经贸枢纽的开罗、大马士革、大不里士和阿勒颇吸收养分。在独占这些人力资本之后，伊斯坦布尔进一步巩固了自身作为伊斯兰世界新中心与哈里发所在地的地位，而这将在未来的数个世纪中对奥斯曼帝国产生深远的影响。[6]

　　在离开近两年之后，塞利姆于1518年7月抵达伊斯坦布尔，他的舰队在此前很久就已经抵达了。在返回都城的路上，塞利姆途经耶路撒冷，又一次拜谒了那里的诸多圣地，随后又在大马士革和阿勒颇停留了几个月，监督当地的行政权力更迭。[7] 他在大马士革参观了刚刚落成的伊本·阿拉比圣殿，十分心满意足。[8] 在阿勒颇，他花了几天时间打猎，还在阿勒颇城堡中举行了几次会议，并再一次被俯瞰下的阿勒颇美景深深打动。

从查尔迪兰战役到对马穆鲁克王朝发动的战争，塞利姆在他成为苏丹后的六年中，把超过一半的时间都花在战争上。当他回到伊斯坦布尔之后，他做的第一件事就是前往紧邻托普卡珀宫的阿亚索非亚清真寺。在这座遍布精美的大理石和黄金马赛克、曾经是一座拜占庭教堂的清真寺中，塞利姆为自己的平安归来和取得的所有胜利感谢真主。接着，他回到皇宫，接见了他的后宫姬妾。他召来一贯为他服务的老理发师，替他理发、剃须。随后，他又洗了一个漫长的热水澡。

就在两个月之后，塞利姆得到了伊斯坦布尔发生瘟疫的消息。苏丹的身份固然不能让人对瘟疫免疫，却可以让他比大多数人更不容易染病。要预防疾病，最简单的也是最有效的方法就是远离发生瘟疫的地方。于是，塞利姆和他的随从们离开了瘟疫肆虐的伊斯坦布尔，前往帝国以前的首都埃迪尔内。[9] 塞利姆并不知道，这将是他最后一次踏上伊斯坦布尔的鹅卵石道路，最后一次看到博斯普鲁斯海峡。

※

正如美国总统喜欢去戴维营一样，奥斯曼帝国苏丹最青睐的休假地就是埃迪尔内。[10] 这里距离伊斯坦布尔不远，却安静得多，别有一番田园风味。在这里，苏丹可以远离宫廷阴谋和官僚琐事带来的压力，远离不断索饷、争宠的近卫军和各地总督。塞利姆十分喜爱埃迪尔内的广袤视野、参天大树和静谧安宁。从1518年秋天到1520年夏末，他一直居住在埃迪尔内。自然，他仍然要处理紧急公务,会见外国政要,视察军队,但他同样也能找到时间放松身心。塞利姆当然很清楚待在伊斯坦布尔的重要性,但他实际上更愿意在其他地方打发时光。终其一生,他在奥斯曼帝国首都度过的时间并不算长。因此,对他来说,这座城市依然十分陌生,而那座被宫墙环绕的宫殿固然华美,但也令人窒息。因此,他并不介意在停留短短几个月之后就离开伊斯坦布尔。实际上,埃迪尔内在诸多方面可以让他想起特拉布宗,这两座小城都被大自然拥在怀中。在忙于公务之余,他也可以在远离后宫和幕僚的地方度过一些时光。

塞利姆在埃迪尔内的主要乐事是打猎。他经常带着一小群幕僚躲进森林中,一去就是一个星期。对于他这样一位能征惯战的苏丹而言,打猎是十分重要的事情。他可以在打猎中模仿战争中的诸多战术,而又不必冒被杀或被俘的风险。比起喧嚣的城市和尔虞我诈的宫廷,森林可以为塞利姆提供平静的环境,让他思考智慧、公正和道德这些伟大的理念。新鲜的空气和静谧无垠的天空可以让人集中精神、净化心灵。在乡间,塞利姆有机会检验自己的头脑与身体,保持健康的体魄,磨炼军事技能,增强身体的耐力。远道而来的来访者有时候不得不在埃迪尔内等上几天,才能在塞利姆结束了一次远行之后见到他。[11] 有些人抱怨说,比起重要的军国大事,他更喜欢玩他的追猎游戏。[12]

塞利姆对打猎的热爱甚至还在奥斯曼帝国与威尼斯的外交活动中有所体现。1519年底,塞利姆从埃迪尔内向身在伊斯坦布尔的威尼斯大使(这一职务被称作"bailo")提出要求,让他送两条全副行头的意大利猎犬来。[13] 他还要求威尼斯人给他送来"两条毛茸茸的乖巧小狗",很可能是要放在家里做宠物。"战争贩子"、世界七大区域的主宰者苏丹塞利姆,显然对小狗狗情有独钟。

从 1518 年到 1520 年，塞利姆采取了一系列措施，以确保版图显著扩张后的帝国可以得到妥善的治理和保卫。他在全国范围内指派总督和法官，更新、扩充法典，统一市场规定，还发布了数不清的行政命令，管理税收、清真寺和教堂重建、蔬菜价格等各项事务。1518 年 8 月，叙利亚的燕麦和蔬菜价格暴涨，在市场和巴扎中引发了抗议。[14] 同样是在那一年夏天，曾经在苏丹争夺战中支持塞利姆的近卫军，决定为自己的支持寻求回报，他们要求塞利姆提供更高的军饷，分配更好的任务，还要求在帝国的经济和政治事务中获得更大的话语权。[15] 塞利姆很清楚这支军队在他登基过程中发挥了多么重要的作用，也明白他们在未来仍然至关重要。因此，他竭尽所能安抚他们，赐给他们金钱、官职和各种所需。与此同时，还有源源不断的来访者请求得到塞利姆的接见，为他的胜利向他道贺，巴结讨好他，并恳求他给予保护和资助。还有些官员从印度和匈牙利之类的地方远道而来，他们先抵达伊斯坦布尔，再来到埃迪尔内，就为了面见世界上最有权势的人物之一。[16] 而塞利姆本人也很享受这种众星捧月的感觉。

经贸政策一直是帝国地缘战略中的重要一环。塞利姆深知，对于未来任何的军事冒险而言，经贸政策都将是具有决定性作用的因素。奥斯曼人在全球贸易中扮演中间人角色已有数个世纪之久，现在，他们又把阿拉伯半岛纳入囊中，从而将自己的势力范围延伸到印度洋区域，进一步扩大了自身的影响半径。当皮里·雷斯在开罗为塞利姆献上世界地图时，苏丹十分明智地把赌注压在了东方，而非西方。尽管新近开辟出了大西洋航路，但世界贸易的重头依然在地中海与亚洲之间（这一贸易活动也带来了瘟疫的传播）。直到一个多世纪之后，大西洋贸易才开始赶超欧亚贸易。由于塞利姆控制了整个东地中海,他现在对东西方之间的贸易几乎拥有了绝对的主宰权,从而让奥斯曼帝国成了世界经济领域中最具地缘重要性的强国。

在拥有了也门之后,塞利姆得以进一步阻遏全球丝绸贸易。他延续了在1514年查尔迪兰战役之前采取的陆上丝绸禁运政策,迫使伊朗的丝绸商人转向东方,寻找从海上前往欧洲和从陆上前往印度的其他道路。[17]而现在,他在东方的海军又可以直接阻断这些商业网络。这在不经意间让欧洲海洋强国葡萄牙与萨法维王朝结成了更紧密的联盟。葡萄牙人开始运输更多的伊朗丝绸,他们从波斯湾出发,绕过非洲之角,再进入欧洲。随着塞利姆越来越关注印度洋事务,特别是在他夺取了也门并从咖啡贸易中获取了更多利益之后,他迅速意识到,把萨法维王朝推入葡萄牙人的怀抱有损奥斯曼帝国的利益。于是,他提出要与印度的穆斯林统治者们签订一系列条约,与他们联起手来对付葡萄牙人。身在南亚次大陆的葡萄牙人在写给里斯本的国王的信中焦急地说:"第乌岛(的港口)张开双臂迎候奥斯曼人。"[18]一位葡萄牙使节从马六甲返回印度后这样描述印度穆斯林:"我此次回来后发现,(印度穆斯林在)听到奥斯曼帝国的消息之后,正到处发动叛乱。"[19] 1518年10月,尚未从伊斯坦布尔起程前往埃迪尔内的塞利姆将葡萄牙人的噩梦变成了现实——他接见了卡利卡特的地方统治者派来的使节。[20]此人由海路转陆路,跋涉数千英里,就为了与奥斯曼帝国签署协议,共同对付葡萄牙人。1519年2月,塞利姆十分热切地履行了盟约,不惜血本从红海调遣了奥斯曼帝国海军的30艘船和数千名水手。[21]与此同时,他还在亚历山大港和奥斯曼帝国的其他港口城市对葡萄牙商人课以重税——这一措施也有利于来自威尼斯、杜布罗夫尼克和其他地方的商人。[22] 塞利姆采取这些措施，试图让来自印度的商品继续经由地中海输入西方，而不是由葡萄牙船只经由非洲输入西方。

随着 16 世纪早期全球贸易战愈演愈烈，就连奥斯曼帝国在西方的敌人——威尼斯人——也开始游说塞利姆，试图对他的贸易政策施加影响。尽管塞利姆在埃及给了威尼斯商人一些特权，但他对经过红海和埃及运输的香料和其他来自东方的产品课以重税，这给威尼斯商人造成的负担甚至超过了给葡萄牙人造成的负担。此外，与葡萄牙人不同，威尼斯人没有能力绕过非洲，走南方航路运输货物，因此奥斯曼帝国对伊朗丝绸的禁运让威尼斯人怨声载道。[23] 到 1519 年 3 月，威尼斯商人在埃及港口的贸易活动已经近乎停滞。[24] 最终，由于在与威尼斯商人的贸易中获益匪浅的奥斯曼商人不断向苏丹呼吁，两国最终达成了一项协议。塞利姆响应了本国商人们的请求，但也开出了一些条件。他同意为在奥斯曼港口经商的威尼斯商人提供一些税收优惠，交换条件是威尼斯必须保证以优惠的价格向奥斯曼帝国出口商品。

※

在帝国的西侧，威尼斯和匈牙利依旧是最强大的存在，而塞利姆与它们分别签订了新的和约，消除了它们的威胁。[25] 他曾经在 1513 年与威尼斯签署了一项和平协定，以防止这个岛屿共和国与沙阿伊斯玛仪联手。1517 年，塞利姆续签了和约，同意毗邻叙利亚和安纳托利亚的塞浦路斯继续作为殖民地向威尼斯纳贡。[26] 奥斯曼帝国与威尼斯经常通过讨价还价就能保证地中海诸岛屿上的和平，但在奥斯曼帝国与匈牙利之间漫长的边境线上，事情就没有这么简单了。虽然塞利姆与匈牙利国王乌拉斯洛二世[*]于1513年达成了一项协议，但双方在边境上经常因为税收和领土主权争端而发生冲突。[27]因此，双方不得不频繁修约，以恢复和平。[28]例如，双方曾经在1518年冬天和1519年夏天分别签订过和平条约。1519年，塞利姆还重新签订了帝国与波兰之间的和约。[29]

实际上，真正保证了奥斯曼帝国与其欧洲敌人之间稳定关系的，并不是它们之间的和平条约，而是文艺复兴时期的欧洲的内部纷争。法国国王弗朗索瓦一世（François Ⅰ）和神圣罗马帝国皇帝查理五世（Charles Ⅴ）都自诩为全欧洲乃至全世界的统治者。他们各自拉拢了一批盟友，让欧洲大陆的大片地区陷入对抗之中；他们还经常发动代理人战争相互征伐。在16世纪第二个十年的中期，欧洲本已出现了和平的希望，但马丁·路德于1517年发起的宗教改革又使其破灭了。就在塞利姆于同一年战胜了马穆鲁克帝国之后，教皇利奥十世几乎如同条件反射般地号召对奥斯曼人发动又一次十字军东征。据威尼斯人的记载，塞利姆在得知这一消息后不禁笑了出来。[30]毫无疑问，塞利姆与教皇本人都非常清楚，内部四分五裂的欧洲根本不可能团结起来发动一场足以撼动奥斯曼人的有力攻势。

在大体上稳定了欧洲一侧的局势之后，塞利姆于1518年秋天开始筹划一次新的进攻——这将是他在消灭马穆鲁克帝国之后的第一次对外出击。对于奥斯曼帝国来说，在兼并了埃及之后，通

---

[*] 乌拉斯洛二世，波希米亚国王、匈牙利国王。他作为匈牙利国王被称作乌拉斯洛二世（Ⅱ. Ulászló），作为波希米亚国王被称作弗拉迪斯拉夫二世（Vladislav Ⅱ）。——译者注

往北非的海路变得更为重要，而位于伊斯坦布尔和亚历山大港之间中间点的罗得岛也是如此。这座石灰岩构成的岛屿有着多石的海岸和松柏树林，依然掌握在圣约翰医院骑士团手中。现在，它成了塞利姆的首要目标。在帝国的首都和帝国最大且最富裕的省份之间，奥斯曼人的船只需要一个中转地补充给养，重新休整，随后再驶离爱琴海，进入开阔海域。如果能拥有罗得岛这样一个位于爱琴海出入口、安纳托利亚一角的岛屿基地，奥斯曼帝国就可以迅速救援遇难的船只，掌控进出爱琴海的船只的活动，更好地防范持续不断的海盗活动，从而将奥斯曼帝国的海上霸权向地中海进一步延伸。而且，在拥有罗得岛之后，奥斯曼帝国可以更好地保护森林资源丰富的安纳托利亚西南部地区——高大、挺直的木材是造船必需的材料，而这里是奥斯曼帝国为数不多的造船木材产地之一。极具海上野心的奥斯曼人像威尼斯人一样，将他们的森林视作珍贵的资产，小心看护着。[31]

1518年底，在埃迪尔内附近打猎之余，塞利姆开始制订入侵罗得岛的计划。[32]他下令准备船只、桨手、武器和补给品。颇具讽刺意味的是，塞利姆的这些活动实现了任何一位欧洲领导者都无法实现的目标：让欧洲各国暂时团结在一起。塞利姆进行战争准备的消息立刻让威尼斯人警觉起来，同样警觉起来的自然也包括罗得岛的统治者——医院骑士团。其他许多国家也希望能阻止奥斯曼帝国对罗得岛开战，以避免奥斯曼人在地中海的势力迅速增强。1519年春天，深陷财政危机之中的匈牙利又一次与塞利姆签订和平条约。在埃迪尔内，匈牙利使节试图在和约文本中添加一段文字，要求奥斯曼人保证不会入侵罗得岛，并且与欧洲所有的基督教国家都维持和平。[33]自然，处于优势地位的塞利姆拒绝做出这样的表态，他更愿意与实力居于下风的欧洲国家逐个谈判，分别达成协议。

1482年，塞利姆的叔叔杰姆曾经为了争夺奥斯曼帝国苏丹宝座而逃到了罗得岛。与杰姆不同，塞利姆本人并没有机会亲眼看到罗得岛。1519年夏天，塞利姆推迟了入侵罗得岛的计划，因为他的宿敌萨法维帝国卷土重来，正在安纳托利亚东部煽动什叶派信徒发起叛乱。在塞利姆看来，压制萨法维王朝和他们在奥斯曼帝国境内的什叶派支持者，是比夺取罗得岛紧迫得多的任务。因此，1519年7月，心有不甘的塞利姆只好与匈牙利签订了和约，让罗得岛获得了暂时的喘息之机，也让其他那些神经紧张的欧洲统治者得以暂时放松下来。[34] 直到1522年，苏莱曼才终于完成了他父亲的计划，把罗得岛收入奥斯曼帝国囊中。

❈

在遥远的东方，萨法维王朝终于从四年前查尔迪兰的惨败中恢复了过来。什叶派力量依然威胁着塞利姆。1514年，由于手下的部队决意返乡，塞利姆不得不把前进的步伐停在了大不里士，未能彻底消除什叶派的威胁。到了1518年的秋天，身在埃迪尔内的塞利姆再一次把注意力放在了困扰他已久的萨法维王朝身上，准备再对他们发动一场战争。[35] 假如塞利姆真的如当时的人们常说的那样是一个战争贩子，那么在他战争贩子生涯中扮演最重要角色的莫过于伊朗和安纳托利亚的什叶派信徒。比起塞利姆为摧毁萨法维王朝而做的努力，征伐罗得岛一类的军事冒险只能相形见绌。

像以前一样，塞利姆采取的第一步行动是在帝国内部清除萨法维王朝的支持者。此时，塞利姆面对的任务比1514年时更为艰巨。

除了原有的生活在安纳托利亚中部和东部的什叶派信徒之外，整个中东还分布着对他们的逊尼派新统治者心存不满的什叶派信徒。塞利姆在埃迪尔内发布命令，从阿勒颇驱逐了几个被怀疑是萨法维王朝支持者的什叶派富户。[36] 在黎巴嫩的地中海之滨，有一座名叫的黎波里的城镇，当地的什叶派人口数量可观，这也让塞利姆十分忧虑。[37] 尽管这座坐落在山地之中的城镇距离萨法维帝国十分遥远，但塞利姆还是向那里派遣了200名士兵和16门火炮，以威慑当地潜在的什叶派煽动者。[38] 什叶派信徒经历了沙库鲁叛乱期间的镇压和塞利姆向查尔迪兰进军期间的清洗，但是在版图急剧扩张后的奥斯曼帝国，什叶派信徒依然为数众多。当年，塞利姆的父亲巴耶济德为了平息什叶派叛乱，曾经将安纳托利亚东部的人口迁移到西部；而到了巴耶济德已经去世六年后的1518年，塞利姆依然在收拾他父亲留下的烂摊子。坐落在安纳托利亚西部绵延的雪山山麓下的布尔萨是奥斯曼帝国最古老的城市之一，也是帝国的第一座都城；当地官员清除了200户被怀疑同情什叶派信徒的市民。[39]

巴格达邻近伊朗和许多重要的什叶派宗教圣地，因而塞利姆在这里面临着十分严峻的挑战。与地势起伏的安纳托利亚不同，巴格达地处底格里斯河与幼发拉底河冲刷了数千年而形成的平原地带。巴格达位于塞利姆帝国版图的最东端，是夹在逊尼派的奥斯曼帝国与什叶派的萨法维帝国之间的一座重要的边境城市。巴格达拥有大量什叶派人口，他们构成了抗拒奥斯曼帝国统治的主要力量，帮助萨法维王朝在16世纪的最初三十几年中占得了上风。在多次失败的尝试之后，奥斯曼人才终于在1534年取得突破，夺取了巴格达。也就是说，我们今天熟知的伊拉克逊尼派与什叶派之间漫长的军事与政治冲突，早在16世纪上半叶就开始了。

1518 年 11 月，沙阿伊斯玛仪派遣 12 000 名士兵来到巴格达，打算利用这些重整旗鼓的军队向西发动进攻，趁敌人立足未稳，入侵奥斯曼帝国刚刚获得的东部边境。[40] 相应地，塞利姆也开始在叙利亚集结部队——要知道，他是在埃迪尔内指挥遥远的边境保卫战，这绝非易事。1519 年初，塞利姆与伊斯玛仪的部队在刺骨的严寒与纷飞的大雪中发生了正面冲突。[41] 伊斯玛仪在安纳托利亚的最东端和叙利亚北部夺取了一些被遗弃的山顶城堡。[42] 伊斯兰文明发迹前的政权、短命的十字军国家和强大的阿拔斯帝国（它以巴格达为首都）修建了这些山顶城堡，用来观察敌情；伊斯玛仪将它们当作观察哨和部队躲避严寒的避难所。1519 年 3 月，随着天气转暖，奥斯曼人开始尝试夺回这些城堡，但是被萨法维军队击退。[43] 萨法维军队配备了新近从葡萄牙人手里购买的火器，杀死了大约 1 000 名奥斯曼士兵。据说，甚至有些奥斯曼士兵叛逃到了萨法维王朝一边。[44]

就在双方开始全面动员、投入战争的同时，这场发生在遥远的中东核心地带、在两个伊斯兰帝国之间爆发的军事对抗也逐渐将欧洲国家吸引了进来。[45] 这些欧洲国家很清楚，这场战争的走向将影响到它们在印度洋和波斯湾的贸易利益。葡萄牙人为萨法维王朝的军队提供军备，威尼斯间谍则带来消息说，塞利姆打算亲赴前线，率军在 6 月进入叙利亚，夺回被萨法维军队占领的土地。[46]（在那段时间，威尼斯人的侦察报告对这场战争的记录是最为详尽的。）时年 49 岁的塞利姆依然十分后悔当年从大不里士草草撤退的做法，决心将萨法维军队逐出叙利亚，并一路追击到他们的都城，第二次夺取这座城市，彻底将其据为己有。那年 6 月，他将 1 000 名炮手和另外 1 000 名士兵派到了东方。[47] 就在此时，他接到报告说，萨法维军队洗劫了伊拉克北部的摩苏尔（Mosul）。[48] 这座古城坐落在底格里斯河畔，十分顽强地坚持着自己的独立地位。在这里，萨法维军队屠杀了他们能够找到的所有土耳其人。那年夏天，萨法维军队在巴格达如法炮制，杀死了大约12 000名奥斯曼士兵和平民[49]——他们是在奥斯曼帝国此前发动的一次不甚成功的军事行动中来到巴格达的。侥幸逃回奥斯曼帝国的人报告说，伊斯玛仪在伊拉克部署了大约6万到8万名骑兵[50]、多门从葡萄牙人手中购买的火炮，[51]还有大约1 500名变节的奥斯曼人为他效命[52]。此外，他还招募了格鲁吉亚人与鞑靼人同他的军队并肩作战。[53]由于塞利姆在担任特拉布宗总督期间曾经劫掠、得罪过格鲁吉亚人和鞑靼人，他们十分乐意拿起武器听从伊斯玛仪的差遣。

此时的塞利姆依然待在埃迪尔内，正准备动身前往伊斯坦布尔。在得知这些令人不安的消息之后，他命令一支由100艘船只组成的舰队从多瑙河出发，向东渡过黑海，将增援的士兵和补给品运抵特拉布宗。[54]他要求帝国的高级神职人员再次发布费特瓦，重申什叶派信徒的异端身份，并批准他向这些异端分子开战。[55]他还动员了一支将近15 000人的大军，从阿勒颇出发向东行进，前往与萨法维王朝接壤的边境地区。[56]这些士兵沿途一直受到当地居民的讥笑和骚扰，因为当地人饱受瘟疫和饥馑之苦（那一年发生了旱灾），并认为奥斯曼人的到来加剧了他们的苦难。自然，奥斯曼军队的报复活动和强征食物的行径进一步引发了当地人的怒火。[57]正在叙利亚北部活动的萨法维军队抓住时机，将自己塑造成帮助当地人民抵抗奥斯曼统治者压迫的保卫者——在此前的几个世纪里，奥斯曼人也惯用这一伎俩，借此来争取心怀不满的民众的支持，共同对抗拜占庭帝国或马穆鲁克帝国。

从1519年底到1520年初，塞利姆的军队不断镇压被他们怀疑为萨法维王朝支持者的内部敌人。[58] 1520 年 3 月，安纳托利亚中北部城镇阿马西亚和托卡特发生叛乱，有大约 1 万人参与其中。[59] 其中许多人确系支持伊斯玛仪的什叶派信徒，但也有许多人并非为了意识形态参加叛乱，而只是为了反抗奥斯曼帝国近来对他们家乡的大肆掠夺。帝国的横征暴敛和战时采取的安全管控措施让一些原本对帝国十分忠诚的逊尼派信徒也变成了帝国的敌人。

※

与之前的历代苏丹不同，塞利姆的军事活动几乎都发生在东方。正如他在诗中所写的那样：

> 在伊斯坦布尔的宝座上，我指挥着征服伊朗的大军；
> 金色的头颅（指萨法维王朝）在耻辱的血污中沉浮。
> 卑贱的奴隶（指马穆鲁克人）欣然接受我成为埃及之主：
> 皇家的旌旗招展，直抵九霄云巅。
> 大军如潮，从伊拉克向汉志奔腾，
> 欢宴贺凯，我拨动琴弦感恩神助。[60]

不过，虽然塞利姆在东方"欢宴贺凯"，但到了 1520 年春天，他已经把注意力转向了西方的一片土地——摩洛哥。在打败马穆鲁克王朝之后，塞利姆获得了北非沿岸的大片地区，领土向西延伸至阿尔及利亚，而他想把帝国的疆界进一步扩大。非洲的西北角与伊比利亚半岛隔海相望，其战略意义甚至有可能要胜过非洲大陆的东北角，也就是他刚刚征服的埃及。

因此，即便是在帝国的最东部发动另一场战争的时候，塞利姆也一直关注着在北非新开辟的西部边疆。倘若奥斯曼人可以从阿尔及利亚向西推进到摩洛哥，他们就可以在大西洋沿岸获得第一个据点，并且把自己的势力范围推进到伊比利亚半岛的门户，威胁半岛上的王国。我们可以想象，在埃迪尔内静谧的森林中，塞利姆在打猎的间隙端坐在马匹之上，脑海中却思索着如何像公元 8 世纪时的穆斯林征服者一样渡过直布罗陀海峡，夺回格拉纳达，或是回想着他在开罗与皮里·雷斯见面时的场景。或许，把皮里献上的地图描绘大西洋的一半丢掉是一个错误？如果能够占据摩洛哥，塞利姆就将比他的所有先祖更接近于将"安提利亚行省"化为奥斯曼帝国的一部分。

22

大西洋之柱

16 世纪的北非地图

1492年，伊莎贝拉和斐迪南"奉主旨意"，完成了对格拉纳达的征服，在伊比利亚半岛上彻底终结了穆斯林的统治。他们相信，要想保住这座城市和伊比利亚半岛南部漫长的海岸线，就必须把北非也纳入西班牙的控制范围之内，[1]否则，格拉纳达和半岛南部就会永远面临穆斯林反攻的威胁。对他们来说，伊斯兰化的北非一直是心腹之患，比起哥伦布对未知的新世界的探险，征服北非是更加紧迫的任务。而在15世纪90年代，奥斯曼人在地中海的活动范围也一再向西延伸，让伊斯兰文明的威胁显得越发咄咄逼人。伊莎贝拉和斐迪南在1497年不得不短暂分心于其他事务（法国人入侵了他们在意大利半岛上的领土），之后，他们立即发动了对北非伊斯兰文明的"新十字军远征"。[2]

1497年9月，西班牙人发动了第一次武装行动，迅速夺取了位于摩洛哥三叉岬（Cape Three Forks）上的海岸城市梅利利亚（Melilla）。[3]这场胜利来得轻而易举，让西班牙人中的"鹰派"大受鼓舞，他们主张在北非采取更凶猛的攻势。在西班牙宫廷中，一些人希望伊莎贝拉和斐迪南把精力放在半岛的内部整合上，而不要在海外穷兵黩武。但以伊莎贝拉本人为首的"鹰派"占据了上风，他们坚称那些在 1492 年被逐出西班牙的伊比利亚穆斯林满怀仇怨，正在与北非穆斯林合谋渡海袭击西班牙。[4] 他们声称，要想保护好西班牙本土，就必须建立一个缓冲区。

在西班牙的这些帝国主义者看来，1499 年到 1501 年之间发生在西班牙本土的一系列起义活动，即"阿尔普哈拉起义"（Rebellion of the Alpujarras）[5]，充分证明了发动一场志在必得的北非战役是十分必要的。由于西班牙人强迫穆斯林皈依天主教，在格拉纳达周边南部山区生活的穆斯林发动了一系列叛乱。西班牙王室始终想要消除伊斯兰文明的残余影响。[6] 他们焚烧《古兰经》和其他阿拉伯文文献，禁止当地人书写或讲阿拉伯语，禁止穿着穆斯林长袍。自然，他们的这些举措遭到了当地人的坚决抵制。阿尔普哈拉的穆斯林发动的反抗活动愈演愈烈，很快演变成了一场全面战争。斐迪南亲自出马，重新拿出在围攻格拉纳达期间积累的大量武器，并亲率一支军队镇压。

就在斐迪南率军南下的时候，伊莎贝拉的身体开始变差。[7] 她时而病上几个月，随后好转，但接着又病倒下去。到了 1504 年的秋天，她已然卧床不起，饱受水肿和发烧的折磨。1504 年 11 月 26 日，这位历史上最显赫的君主之一结束了她的统治，时年 53 岁的伊莎贝拉去世了。欧洲向美洲的扩张，宗教裁判所的建立，在伊比利亚半岛驱逐犹太人和穆斯林，以及西班牙的统一，都发生在她的治下。一位对她充满感情的宫廷史学家写道："在所有地方，人们都怀着巨大的悲痛悼念她的离世，不仅本国的臣民如此，世人皆然。"[8] 在伊莎贝拉去世前几个月，哥伦布刚刚完成他的第四次也是最后一次远航，他也为这位赞助人的离去感到深深的悲痛。[9] 对于西班牙人来说，伊莎贝拉之死的确造成了巨大的损失。在她去世之

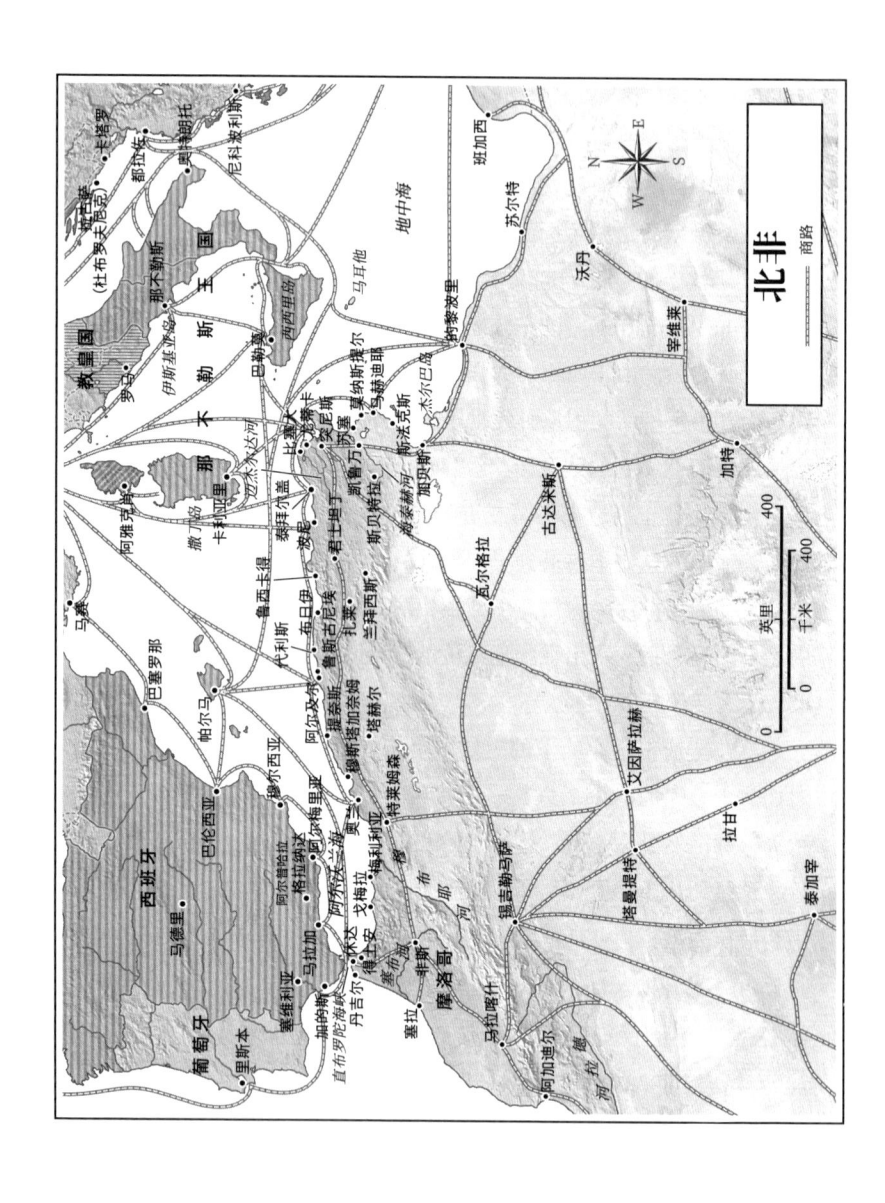

奥斯曼之影：塞利姆的土耳其帝国与现代世界的形成

后，加勒比地区的局势急剧恶化。用拉斯卡萨斯的话说："在我们最尊贵的伊莎贝拉女王的死讯传来之后，野狗们就开始蚕食这些岛屿。"[10]

从伊莎贝拉的遗愿中，我们可以清晰地看到她想要留下怎样的遗产：征服非洲的伊斯兰世界，向伊斯兰文明发动十字军远征。她宣称，为了让西班牙免于被穆斯林再度入侵，直布罗陀应当成为"王室的永久财产和代代相传的遗产"。[11] 她还下令将出售个人财产所得的部分财富用于从穆斯林异教徒手中赎回200名基督徒俘虏，其他资金则用于救济穷人和修缮教堂、修道院。[12] 伊莎贝拉还要求将自己安葬在格拉纳达的阿尔罕布拉宫——这里既是这座城市先前的穆斯林统治者的宫殿，也是西班牙收复失地运动的象征和伊莎贝拉击败伊斯兰势力的最重要地点。[13] 正因如此，她的这一决定在不同的人看来，或是无比恰当，或是充满了讽刺色彩。为她送葬的队伍在冰雨和泥泞中步履蹒跚，但她最终还是来到了她心仪的安息之所。1521年，后人违背了她的遗愿，将她的遗体迁葬到了新落成的格拉纳达皇家礼拜堂。尽管如此，我们还是可以从她的遗愿中看出，伊莎贝拉想要永久占据一座由穆斯林兴建的建筑，哪怕在死后，伊莎贝拉也要继续与伊斯兰文明作对。[14]

伊莎贝拉之死让主张在北非采取侵略性政策的一派失去了最重要的靠山。为了扭转这一局势，斐迪南任命佩德罗·纳瓦罗（Pedro Navarro）[15] 为西班牙军队在前线的指挥官。纳瓦罗曾经是一名私掠船船员，其职业生涯的大部分时间是在意大利为阿拉贡王室而战，还曾经参与对希腊西部海岸一座在奥斯曼人控制下的岛屿的围攻战。1509年秋天，他开始执行斐迪南但实际上是伊莎贝拉的方案。他率领4 000人从马赛出发，渡海来到阿尔及利亚，进攻独立港口布日伊[*]。[16]这一地区的主要居民是当地的卡拜尔人（Kabyle）。在15世纪80年代晚期，奥斯曼海军将领凯末尔·雷斯曾短暂占据过布日伊，并将这座港口当作他在地中海西部进行军事活动的避风港。[17] 现在，纳瓦罗出于同样的原因盯上了布日伊：安全的海港和居于地中海中线的战略位置。到1510年底，纳瓦罗不仅夺取了布日伊，还占领了数座较小的北非沿海城市提奈斯（Tenes）、代利斯（Dellys）、穆斯塔加奈姆（Mostaganem）和戈梅拉岛（Peñon de Vélez de la Gomera）。[18]

纳瓦罗继续向东推进，一直打到利比亚，来到了拥有别具一格的瞭望塔楼的的黎波里城下。的黎波里的城墙成了一道分水岭，西班牙人在北非的扩张在这里达到了东侧的极限。[19] 势力日益深入地中海西部的奥斯曼人连同其他势力一起，逐渐消解着西班牙人在北非的影响力。伊莎贝拉毁灭伊斯兰文明的遗愿，斐迪南终其一生也没有能够完成。

※

西班牙人在北非开疆拓土，而当地居民几乎全是穆斯林，他们当然对天主教王国的殖民统治毫无好感。这些基督徒的据点散落在穆斯林的汪洋中，非常难以防守，也很难获得补给和军事装备，那些距离西班牙本土最远的据点尤其如此。即便在伊比利亚本土，西班牙王室也难以统治那些在1492年之后留下来的穆斯林。一直到17世纪早期，他们始终想要强迫穆斯林皈依基督教。[20] 即便如

---

[*] 布日伊（Bougie），今名贝贾亚（Bejaia）。——译者注

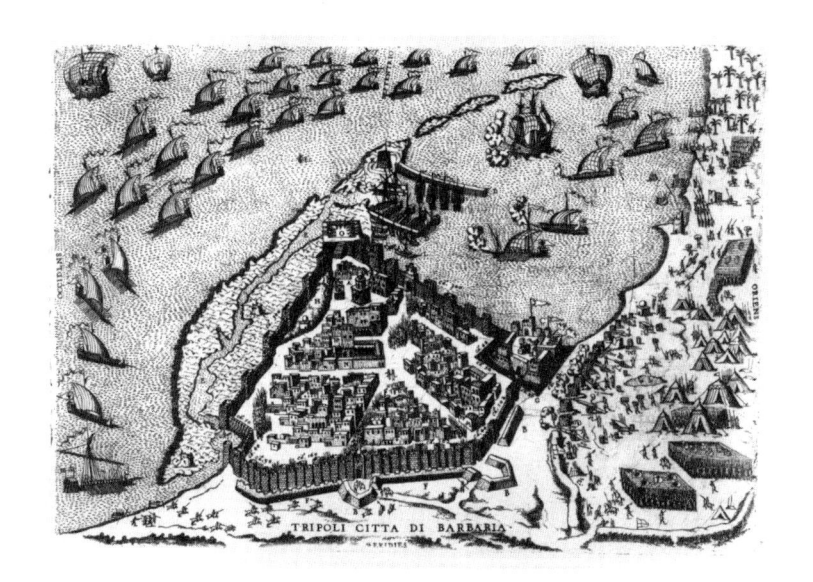

的黎波里

此——或者，更确切地说，正因如此——穆斯林发动了多场叛乱，而阿尔普哈拉起义只是其中的一次而已。叛乱的战火将在伊比利亚半岛燃烧多年。

自从凯末尔·雷斯在 15 世纪 80 年代晚期的一系列活动之后，奥斯曼人开始留意西班牙和北非的穆斯林人口的生活境遇，并最终成了他们的主要支持者，为他们提供武器装备、资金和其他资源。[21] 奥斯曼人还与彼此之间缺乏联系、时常相互对立的北非穆斯林小邦结成了同盟，其中既包括了仍旧保持着独立地位的小邦，也包括在名义上臣属于西班牙王室的小邦。只要这些穆斯林城邦获得了奥斯曼人的支持——有时甚至只是传说它们得到了奥斯曼人的支持——西班牙人就不敢再用武力胁迫这些国家。毕竟，对西班牙人来说，最重要的事情就是避免与奥斯曼人开战。

奥斯曼人和马穆鲁克人已经迫使西班牙人把目光转向了西方。随着奥斯曼人在旧世界——北非、欧洲东南部、印度西部和其他地方——获得了越来越多的土地，西班牙人只能通过在墨西哥和加勒比地区获得新的土地，试图弥补在北非突然失去大片领地的损失。正如我们在前文中看到的，对于西班牙人而言，在新世界作战要比在旧世界容易得多。不过，即便如此，直到科尔特斯在16世纪第二个十年征服墨西哥的时候，西班牙人才终于部分弥补了将土地丢给奥斯曼人造成的损失。

1518年，科尔特斯为新登基的卡洛斯一世国王（即神圣罗马帝国皇帝查理五世）献上了墨西哥的200万平方千米土地。欧洲人渴求已久的黄金和白银开始从美洲流向伊比利亚半岛。仅仅在1511年到1520年间，就有9153千克的黄金从美洲运抵塞维利亚（Seville）。[22] 在16世纪后半叶，世界上将近三分之二的白银产自波托西（Potosí，今属玻利维亚）的银矿。其中一些白银涌入奥斯曼帝国，导致奥斯曼帝国出现了灾难性的货币贬值。在伊斯坦布尔、阿勒颇和索非亚，商人们每天带到巴扎市场的皮包越来越大，因为完成基本交易所需要的银币数量在不断增加。虽然直到一个世纪之后新世界的贸易活动水平才开始赶超欧亚贸易，跨大西洋的奴隶贸易也直到那时才兴盛起来，但早在16世纪早期，西班牙人就逐渐意识到自己的"机遇蕴藏在新世界，而不是在非洲"。[23] 西班牙王室希望贝尔纳尔·迪亚斯记录中的新世界的"大开罗"未来能比真正的开罗更具价值。

尽管塞利姆在1516—1517年完成的征服迫使西班牙人继续远

离北非并转而把目光投向加勒比和墨西哥,但西班牙王室依然无法轻易放弃地中海,毕竟他们已经在这里投入了太多的心血。而且,西班牙王室明白,一旦伊斯兰势力征服了整个地中海,他们或许会试图夺回在西班牙的失地,甚至继续向北进军,通过伊比利亚半岛深入欧洲。同时,在美洲获得的新财富也让西班牙人有了一定的底气。因此,西班牙在16世纪第二个十年加大了在北非的投入。北非成了两个强大帝国直接发生碰撞的区域,两大帝国对抗的区域现在已经从印度洋、地中海一路延伸到了大西洋。为了对付他们的穆斯林劲敌,西班牙人甚至从美洲召回了许多战士,其中许多人早年就是在与旧世界穆斯林异教徒的战争中开始自己的军事生涯的。两个帝国即将在摩洛哥发生冲撞——这将是它们在北非的最终一战。

※

塞利姆在北非的战略很大程度上要依赖于一对兄弟:奥鲁奇·巴巴罗萨和海雷丁·巴巴罗萨(Oruç and Hayreddin Barbarossa)。[24] 兄弟俩在15世纪70年代出生于莱斯沃斯岛上的米蒂利尼(Mytilene)。莱斯沃斯岛在爱琴海上,距离安纳托利亚沿岸不远,岛上最著名的人物要数出生于近2 000年前的抒情诗人萨福(Sappho)。这座山峦起伏的岛屿遍布橄榄树和松树,从荷马史诗《伊利亚特》的时代起就是爱琴海上极具战略价值的要地。巴巴罗萨兄弟(得名自他们的红色胡须)很可能出身于基督徒家庭,他们所在的家族是水手世家,有多名成员曾活跃于爱琴海和东地中海的私掠船上。兄弟二人也都是水手,由他们的雇主差遣,参与商业运输、劫掠活动乃至战争。在兄弟二人出生前几年,奥斯曼人刚刚将莱斯沃斯岛纳入帝国的版图，因此，他们经常受雇于奥斯曼帝国政府或奥斯曼商人。塞利姆的同父异母兄长科尔库特曾将他们招入麾下，让他们帮助他对抗圣约翰骑士团和其他海上势力。[25]当科尔库特在苏丹继承权争夺战中落败之后，巴巴罗萨兄弟为了保住性命逃到了其他地方。毕竟，像他们这样的雇佣兵总能在某处找到工作。

1513年，也就是塞利姆登上苏丹宝座后的第二年，巴巴罗萨兄弟俩来到了当时拥有超过10万人口的突尼斯，为哈夫斯帝国的苏丹效命。[26]突尼斯地处一个位置十分重要的海岬上，扼守着西西里岛与北非之间的海路，还可以截断东西地中海之间的交通。突尼斯人在北非沿岸，即欧洲人所谓的巴巴里海岸（Barbary Coast）从事海盗活动，也因此变得日渐强大、富裕（前文中提到过，哥伦布曾经在1472年来到突尼斯，试图为安茹国王勒内夺回一艘被俘获的船只，但没有成功）。狡猾、高效的巴巴罗萨兄弟成了被突尼斯官方承认、赞助的海盗，事业异常成功，声名远播。

巴巴罗萨兄弟技艺娴熟，经验丰富，还拥有大量的枪炮武器，因而成了北非各穆斯林城邦统治者争相延揽的对象。1514年，布日伊的长老们向巴巴罗萨兄弟求助，请求他们从西班牙海军将领佩德罗·纳瓦罗手中夺回这座在1510年丢掉的城市。[27]巴巴罗萨兄弟不断炮轰这座小城，终于在布日伊的坚实城墙上打开了一个缺口。巴巴罗萨兄弟手下的水手们随即涌入布日伊，与驻扎在这里的西班牙士兵展开了枪战和白刃战。不过，他们很快就打光了弹药，还要掩护左臂中弹的奥鲁奇，只好撤了回来，将布日伊暂时留在西班牙人手中。在16世纪第二个十年中期，穆斯林与西班牙人在北非不断爆发这样的冲突，而冲突的主角往往就是巴巴罗萨兄弟和纳瓦罗。纳瓦罗及其手下沿着北非海岸向东扩展着西班牙帝国的版图，而受雇于形形色色的穆斯林小邦的巴巴罗萨兄弟则不断向西用兵，双方因而不可避免地发生了正面冲突。

随着巴巴罗萨兄弟越来越深地卷入穆斯林在北非对抗西班牙人的战争，他们自己的野心也越来越大。他们意识到，自己需要一个坚强有力、拥有堪与西班牙王室相媲美的资源与权势的靠山。否则，他们或许可以阻挠西班牙人的个别进攻，但永远也不可能取得可以防范敌人进攻的据点，并依托这些据点在海上采取行动，尤其考虑到他们面对的是像纳瓦罗这样获得了西班牙和教皇利奥十世全心全意支持的敌人。[28] 突尼斯的统治者准许巴巴罗萨兄弟从他们在海峡中劫掠船只所得的战利品中分一杯羹，但突尼斯人有限的影响力决定了这一安排并不足以让兄弟俩成就一番大事业。巴巴罗萨兄弟将找到一个强大得多的资助者——苏丹塞利姆。

1514年，巴巴罗萨兄弟围攻布日伊失败，随后便派人来到伊斯坦布尔，请求拜见奥斯曼帝国苏丹。[29] 他们派来的这位特使不是别人，正是在数年后的开罗的大帐中为塞利姆献上地图的皮里·雷斯。皮里·雷斯初识巴巴罗萨兄弟，还是他们一同随皮里的叔叔凯末尔的船队在地中海西部航行的时候——皮里很可能就是在这一时期获得了他后来用于绘制世界地图的哥伦布远航图。在他叔叔的海上冒险结束之后，皮里依然需要找些事情做，于是他偶尔会来到突尼斯，加入巴巴罗萨的私掠船队。

1514年底，皮里抵达伊斯坦布尔。他为塞利姆带来了巴巴罗萨兄弟献上的礼物和表示顺从的书信，他们还请求塞利姆宽恕他们在1512年之前支持科尔库特的愚蠢罪行。不过，最重要的是，皮里还带来了一个提议。巴巴罗萨兄弟提出为塞利姆效力。他们不想再当为小城邦效力的微不足道的私掠船船长，而想要为塞利姆效命，成为奥斯曼帝国的战士兼海盗，加入塞利姆在地中海西部的舰队。他们承诺将全心全意、矢志不渝地效忠于塞利姆，并为塞利姆献上他们在海上的一切所得。他们请求奥斯曼帝国为他们提供给养、更多的船只和充分的支持，以便他们可以更好地为塞利姆效力，在北非抗击西班牙人的入侵。塞利姆立刻明确接受了他们的提议。

于是，在1515年初，也就是塞利姆打赢了查尔迪兰战役但尚未开始向埃及进军之际，塞利姆让皮里·雷斯带着两艘桨帆船、两柄镶嵌了宝石的宝剑、大量的补给品、武器弹药、通行文书和金钱返回突尼斯。就这样，巴巴罗萨兄弟获得了一位帝国君主的资助；塞利姆也如愿以偿，获得了一支可以进袭地中海西部的海军力量。

正如巴巴罗萨兄弟所期望的那样，塞利姆给他们提供的支持让活跃在北非的各方势力——北非当地政权、奥斯曼帝国、西班牙人和马穆鲁克王朝——开始重新洗牌。在得到了奥斯曼帝国的强有力支持之后，巴巴罗萨兄弟可以像以前的凯末尔·雷斯一样，与北非的穆斯林统治者们结成同盟，只不过，他们结盟的规模要比当年的凯末尔·雷斯结成的大得多。兄弟俩让北非的大多数穆斯林统治者相信，奥斯曼帝国是他们自身利益的最大保障。兄弟俩还从北非当地人和新近从西班牙逃亡而来的穆斯林之中征募人手，甚至还派遣船只到格拉纳达去解救生活在伊比利亚半岛的穆斯林，并将他们重新安置到北非生活。[30] 在执行这些任务的时候，巴巴罗萨兄弟的手下亲眼看到，穆斯林在完成了"收复失地运动"后的西班牙过着多么凄惨的生活。他们报告说："不信道者掳走年轻的妇女和儿童，把他们交给基督徒，以免他们嫁给穆斯林。他们就是想让穆斯林与自己所属的社会隔绝。"[31] 塞利姆甚至允许巴巴罗萨兄弟从安纳托利亚征募年轻的男孩到北非作战，就如同组建了一支私人的近卫军一样。[32]

巴巴罗萨兄弟的活动逐渐架空了地中海西部港口城邦的原有统治者，这自然而然引发了一些对他们的敌意，但也为他们和他们的资助者创造出了新的机遇。在1515年与塞利姆达成了协议之后，巴巴罗萨兄弟小心翼翼地施展着外交手腕，或是结盟或是树敌，重塑着从北非到地中海沿岸地区的政治与军事格局。虽然他们得到了地中海地区一个重要帝国的支持，但塞利姆要到一年之后才能击败马穆鲁克帝国，而他控制北非大部分地区（马穆鲁克帝国原来的版图和一些独立地区）就更是数年之后的事情了。在1517年年底之前，奥斯曼帝国在北非的势力仍然较为薄弱。因此，巴巴罗萨兄弟要想在北非沿岸地区活动，依然需要当地人的支持，也需要赢得该地区至少一部分统治者的支持。

1515年8月，奥斯曼帝国对巴巴罗萨兄弟的支持迎来了第一次考验。当时，巴巴罗萨兄弟准备对布日伊发动第二次进攻。[33] 就在一年之前，布日伊被废黜的穆斯林统治者曾经请求巴巴罗萨兄弟帮助他从西班牙人手中夺回城市。然而，鉴于巴巴罗萨兄弟如今已不再是雇佣兵，而是效忠于可能别有企图的奥斯曼帝国，他担心巴巴罗萨兄弟不仅会从布日伊赶走西班牙人，还可能会赶走自己。结果，布日伊的穆斯林统治阶层居然与他们的宿敌西班牙人结成了联盟，联手对付奥斯曼帝国支持下的巴巴罗萨兄弟。1515年夏天，巴巴罗萨兄弟第二次在布日伊吞下了失败的苦果。

1516年春天，也就是塞利姆正在筹备进军叙利亚的时候，与布日伊类似的情况又发生在一座规模大得多的城市——阿尔及尔。

阿尔及尔位于北非中部，位置十分重要，拥有规模可观的避风良港。塞阿利拜（Tha'āliba）部落的头人是这里的穆斯林统治者，[34]他向巴巴罗萨兄弟求助，请他们帮忙把西班牙人赶出去。巴巴罗萨兄弟同意了。战斗只持续了一天，就以巴巴罗萨兄弟获胜而告终。但是，双方很快就为这座城市的统治权起了争执。[35]个人野心日益膨胀的巴巴罗萨兄弟认为，作为奥斯曼帝国的代表，他们理应为击败西班牙人获得相应的回报，在阿尔及尔获得一定的政治权力。阿尔及尔的统治者拒绝了他们的要求。于是，巴巴罗萨兄弟决定诉诸武力，他们杀死了当地的统治者，为自己（至少在表面上也是为了塞利姆）强夺了这座城市。

奥斯曼帝国对阿尔及尔的占领，给北非的地缘政治环境带来了根本性的改变：这是第一块以奥斯曼帝国的名义征服的北非土地。这表明，奥斯曼帝国不再满足于仅仅在地中海地区建立军事、经济联盟和资助西班牙的敌人。塞利姆的扩张野心已经昭然若揭。[36]就在阿尔及尔落入巴巴罗萨兄弟手中的时候，塞利姆已经进入叙利亚，这就意味着奥斯曼帝国可以同时从北面和西面进攻马穆鲁克帝国。

1516年1月23日，就在塞利姆准备对马穆鲁克帝国发动进攻的时候，63岁的斐迪南去世了。[37]对于塞利姆来说，这简直就是他获得了真主垂青的明证。斐迪南之死意味着，塞利姆在进攻马穆鲁克帝国的北非领土时无须再担心来自伊比利亚半岛的干预了。在伊莎贝拉死后，斐迪南并没能取得什么实质性的成就。他还违背了伊莎贝拉的遗愿，把卡斯蒂利亚的王冠留给了自己，而没有传给他们的女儿胡安娜（Joanna）。[38]而且，在伊莎贝拉去世还不到一年的时候，他就打破了在伊莎贝拉临终前许下的诺言，续弦了比他小

36 岁的富瓦的热尔曼（Germaine of Foix）。[39] 不过，尽管如此，他在死后还是被安葬在伊莎贝拉身边。1521 年，他们的遗体又被一起迁出了阿尔罕布拉宫，改葬在格拉纳达新落成的教堂里。由于欧洲王室之间错综复杂的甚至是神秘的联姻关系，卡斯蒂利亚和阿拉贡的统治权在斐迪南死后落入了北方的哈布斯堡家族手中。随后，一场继承权危机发生了，西班牙的统治权经过一番动荡之后落入了查理五世之手，同时，权力中心北移，离开了地中海，因此，由哈布斯堡家族统治的西班牙帝国在接下来的数年中都把注意力放在了大西洋彼岸，而忽视了北非的局势。这样一来，巴巴罗萨兄弟就获得了机会，继续蚕食西班牙人的北非据点，将它们纳入不断扩张的奥斯曼帝国版图。

在此之前的数年间，由于马穆鲁克帝国不得不把注意力和军事资源都拿去对付奥斯曼人（在叙利亚北部和安纳托利亚南部）和葡萄牙人（在红海），他们在北非的影响力日渐下滑。巴巴罗萨兄弟长袖善舞，塞利姆纵横捭阖，他们的共同努力让奥斯曼帝国夺取北非的过程十分顺利。阿尔及利亚成了奥斯曼帝国最西边的边境省份，也是接下来进攻摩洛哥的前进基地。海雷丁·巴巴罗萨被任命为阿尔及利亚的总督，并负责统领整个西地中海地区的事务。[40] 巴巴罗萨兄弟在西地中海活动多年，与当地的许多当权者建立了良好的关系，同时又因为向塞利姆效忠而赢得了对手们的敬畏，因此，任命巴巴罗萨兄弟之一（奥鲁奇于 1518 年去世[41]）管辖这一地区是十分恰当而且有效的。塞利姆又为海雷丁补充了更多的军队、船只和火炮，海雷丁把这些东西都派上了大用场，把奥斯曼帝国的势力范围扩展到了阿尔及利亚的内陆地区。他甚至在此期间完善了一种技术：给装了轮子的火炮加上风帆，以将它们更便捷地运过撒哈拉沙漠。[42]

如果卡斯蒂利亚的伊莎贝拉地下有知,看到她无能的丈夫斐迪南竟允许这样的事情发生,恐怕她也会因为恐惧和恼怒而战栗不已。

海雷丁·巴巴罗萨与塞利姆

1518 年，塞利姆打算入侵摩洛哥，于是向海雷丁·巴巴罗萨寻求建议。对于这一计划，海雷丁远不像奥斯曼帝国苏丹那样热心。他告诉苏丹，摩洛哥与北非其他地方不同，非常难以征服。[43]

与北非的其他地区不同，人口稠密、气候多样的摩洛哥内陆地区由一个稳定、强大的农业国家统治着。摩洛哥的内陆地区山峰高耸，河谷深邃，景色壮美而且难以逾越。许多个世纪以来，这里经历了数个王朝——穆拉比特王朝（Al-Murābiṭūn）、穆瓦希德王朝（Al-Muwaḥḥidūn）、马林王朝（Al-Marīniyyūn）和瓦塔斯王朝（Al-Waṭṭāsīyūn）——的统治，成功抵御了西班牙人、葡萄牙人和马穆鲁克帝国的入侵。[44] 在塞利姆的时代，统治这一地区的换成了萨阿德帝国（Saadian Empire）。萨阿德帝国崛起于 1509 年，并在随后的 10 年里打退了多股外来入侵者。海雷丁向塞利姆汇报说，如果奥斯曼人发动入侵，他们也很可能会重蹈覆辙。凭借巴巴罗萨兄弟的航海技能，奥斯曼人征服了摩洛哥北部沿海的一连串城市，但与此同时，他们却无法深入内陆。因此，正如奥斯曼帝国新版图上的另一个边缘之地——也门——一样，位于非洲西北角的这片土地，也是一块在历史上一直保持着政治独立的顽固地区。

而且，与那些统治着海边小城邦的暴发户式的新贵不同，萨阿德帝国继承了摩洛哥历代王朝的优点：常备军、忠诚的臣民、广袤的土地、难以攻克的山地要塞和充足的资金。萨阿德帝国与奥斯曼帝国在许多方面有着相似之处：由税收支撑的经济、相似的军事组织结构和家族政治。海雷丁还告诉塞利姆，萨阿德帝国在过去 10 年间一直在扩充军备，而近年来曾经在北非活动过的人都清楚摩洛哥的军事实力，通常也不愿意招惹他们。而且，就像在也门一样，要向如此遥远的地方运送部队和补给，对奥斯曼人来说又是一场严峻的考验。自然，这些因素都让萨阿德帝国的统治者艾哈迈德·阿拉杰（Ahmad al-A'raj）充满了自信。[45] 他甚至直接羞辱奥斯曼人，说他们就是一群渔夫，根本不知道如何离开海岸。[46]

虽然听到了海雷丁·巴巴罗萨的告诫，塞利姆依然决定开始制定入侵摩洛哥的战略。塞利姆是个热衷于迎接挑战的人，他也十分希望可以借此彻底将西班牙人逐出非洲大陆，让奥斯曼帝国掌控住地中海的出口——迄今为止，只有包括凯末尔·雷斯在内的为数不多的奥斯曼水手曾经亲眼看到过那里。如此，地中海就真的有可能变成奥斯曼帝国的内湖。只要奥斯曼帝国能够征服摩洛哥，真主之影就可以延伸到大西洋，甚至实现在短短两年前还不敢设想的伟业——将帝国的势力范围扩展到大洋彼岸，为塞利姆的帝国带来一个截然不同的未来。

以往，进攻摩洛哥的人都是从海上发动进攻，但都遭到了失败。塞利姆不打算效仿他们，他计划先控制住内陆地区。塞利姆准备从阿尔及利亚派遣一支军队，由陆路进入摩洛哥，随后再转向北方和西方，分别占领地中海和大西洋沿岸地区。[47] 要选择这一路线，塞利姆的军队就必须穿过十分难走的阿特拉斯山区。在此之前，西班牙人从未占据过整个阿尔及利亚，因此无法像塞利姆一样采取这种由里及外的进攻战略。而在征服了马穆鲁克帝国之后，塞利姆拥有了整个阿尔及利亚，因此具备了采取这种战略的地理条件。塞利姆认为，特莱姆森（Tlemcen）是最合适的越境地点。这座城镇位于地中海以南约 40 英里的一处河谷中，背靠沿海的山丘。1517 年底，在刚刚征服了阿尔及利亚之后，奥斯曼人曾经从特莱姆森出发,试探性地向西方发动了一系列进攻,但都不甚成功。在发生了几次战斗之后,奥斯曼人几乎一无所获,只好撤了回去。

这些冲突让塞利姆意识到,如果他想对萨阿德帝国在摩洛哥的腹地发动真正具有威胁的进攻,就必须调动更多的部队和补给。距离首都伊斯坦布尔的遥远距离和特莱姆森位于内陆的地理位置都未能打消塞利姆的决心,他开始用船只运送人员和武器,还不惜代价从叙利亚通过陆路,途经荒芜的西奈半岛、埃及灌溉三角洲上的城镇和广袤的撒哈拉沙漠来运送物资。(无疑,海雷丁用风帆运输火炮的技术在此期间又一次发挥了作用。)

奥斯曼人开始在北非西部集结部队,整个西班牙都为之惊恐。[48] 诚然,西班牙人在新世界有了许多新的利益,但他们也意识到,奥斯曼人对摩洛哥的图谋会对自己产生巨大的威胁:一旦奥斯曼人夺取了摩洛哥,那么伊比利亚半岛就可能成为他们的下一个目标。因此,西班牙人立即重新部署了自己的军事资源。数以千计的西班牙士兵放下了他们在美洲针对新的异教徒的战争,迅速赶了回来,到北非去对付他们最早的异教敌人。甚至在1541年,就连埃尔南·科尔特斯也从墨西哥赶到阿尔及尔,把他漫长且充满戏剧色彩的军事生涯的最后一战留给了与海雷丁·巴巴罗萨的战斗。[49] 以科尔特斯为代表的这一代西班牙军人,以征服者的身份在新世界取得了崇高的声望,但他们军事生涯的开端和结尾,都是在旧世界与穆斯林作战。

在1517年之后,这些"十字军征服者"纷纷从美洲回到旧世界,但发现这个世界已经与他们当初离开时大不相同。在天主教欧洲的心脏地带,马丁·路德把自己变成了这个世界的内部敌人,让基督教世界陷入了一场宗教内战,而奥斯曼帝国在地中海沿岸拥有的土地已经比1492年时多了许多，兵锋直指西班牙的大门。1497年发现的绕过好望角的航线和欧洲人在印度洋沿岸建立的一系列据点，也彻底改变了欧洲列强争雄的地理格局。而新世界存在美洲原住民这一事实也对基督徒在过去1 000多年里深信不疑的神创论构成了挑战。

因此，摩洛哥的意义，绝不仅仅是两大帝国之间的边境地带，而是充当了过去与未来、伊斯兰教与基督教、欧亚世界与大西洋世界之间的连接轴。摩洛哥之战，将决定天主教世界及其敌人的命运，决定全球霸权的钥匙究竟是在旧世界还是新世界，以及决定到底由谁，是奥斯曼人还是欧洲人，来主宰16世纪初及以后的世界历史的走向。

※

1518年初秋的摩洛哥，奥斯曼人、西班牙人与萨阿德帝国之间的混战一触即发。9月20日，一支西班牙舰队离开本土，前往他们在北非的据点，但疾风让其中12艘船撞在了摩洛哥海岸的礁石上。[50]在遇难的12艘船里，有6艘搭载了3 000名西班牙士兵，另外6艘则负责运输马匹，这些船上的士兵和马匹全部葬身大海。不过，这只是西班牙人派出的第一支运输船队。很快，效忠于西班牙王室的军队开始源源不断地进入摩洛哥。

就像在布日伊发生的那样，面对奥斯曼帝国的巨大威胁，西班牙人和北非穆斯林竟然抛下往日仇怨，结成了同盟。[51]基督徒与穆斯林之间的同盟，自然是十分罕见的。几十年前，杰姆曾试图让马穆鲁克帝国与圣约翰医院骑士团结成这样的同盟。能够让另外两方放下宗教上的分歧并结成特殊的政治同盟来共同对付自己，足见奥斯曼帝国在近代的地中海世界已经拥有了怎样的霸权。

鉴于他的敌人们已经在摩洛哥联手，塞利姆意识到他必须在西地中海投入大量的军事物资和人员。所以，就像他的对手们一样，塞利姆也必须在战争准备过程中做好多个目标之间的权衡。最为重要的一点是，他对摩洛哥的入侵活动不能影响到他对付萨法维帝国及其在奥斯曼境内的什叶派支持者的行动。到 1519 年 2 月，塞利姆已经命令 6 万名奥斯曼士兵从巴尔干半岛南下，前往希腊西海岸的尼科波利斯（Nicopolis）。[52] 这座港口城市是奥斯曼帝国发动北非战役的绝佳起点。奥斯曼人牢牢控制着尼科波利斯周边的所有地区，因而可以安全、快捷地通过陆路从伊斯坦布尔、巴尔干和希腊本土向这里运输人员和物资。从尼科波利斯出发，奥斯曼人可以避开海岸线和海盗活动猖獗的西西里、马耳他等地，直接穿过地中海的中心，抵达利比亚的的黎波里——这个遍布着沙滩和潟湖的地方此时是奥斯曼人的重要据点。到 3 月时，塞利姆还在爱琴海上集结了一支强大的舰队：120 艘重型桨帆船、150 艘轻型桨帆船、30 艘运输船、68 000 支火器和足够武装 112 艘桨帆船的火炮。[53] 与此同时，他还命令北非沿岸的奥斯曼军队巩固自己的驻防地。例如，奥斯曼海军在 7 月控制了位于突尼斯海岸一角的杰尔巴岛，他们在这里可以有效控制的黎波里到突尼斯的交通。[54]

与此同时，西班牙继续源源不断地将士兵和物资运送到北非。1519 年 11 月，西班牙派出了一支规模惊人的舰队，到那不勒斯附近的火山岛伊斯基亚（Ischia）接上当地的军队，同时还在西班牙控制下的其他意大利领地动员军队。[55] 塞利姆得知这一消息时，正要命令他的军队起程。塞利姆决定先让他的船队停留在港口中等候,直到他对敌人的兵力调动做出更准确的判断。他甚至询问了威尼斯驻伊斯坦布尔大使,看他是否在威尼斯人遍布地中海的间谍网络中得到过任何有关西班牙军力情况的情报。[56] 军队如此宝贵,塞利姆不愿意无谓地向北非派遣过多的军队,尤其是在他开始考虑向东线派遣更多援军以对抗萨法维帝国之后,但他也知道,如果派到北非的军队太少,可能会有危险。1520年3月,他终于下定决心,下令派遣8万名士兵参与北非的远征。[57]

不过,即便在双方调兵遣将、紧锣密鼓地做着战争准备的同时,它们也依然在尝试外交接触。奥斯曼帝国和西班牙的使者们不停穿梭于塞利姆设在埃迪尔内的大本营和查理五世不断移动的行营之间——由于帝国的版图太过辽阔,查理五世总是在低地国家、西班牙、德意志和意大利之间移驾,料理国事。[58] 不过,由于双方都认为己方拥有军事优势,认为自己可以在战争中获利,谈判活动最终停滞了下来。西班牙人的信心缘于他们在西地中海的历史霸权和与萨阿德帝国的同盟关系;塞利姆则坚信,奥斯曼帝国的强大实力、帝国新近获得的领土和他审慎明智的调动部署将让自己获得胜利。

仿佛是为了证明这些谈判有多么无用一样,双方并没有花太多时间探讨他们之间一触即发的军事冲突,而是专注于讨论一些无关紧要的问题,比如基督徒到耶路撒冷朝圣的问题。西班牙人声称,要维系双方之间的和平,就必须保证基督徒朝圣者可以安全抵达耶路撒冷;[59] 塞利姆则反驳说,他早已做出了这一保证。自从他在三年前,也就是1516年底征服耶路撒冷之后,他就授予了基督徒和犹太人对自身事务的完全自治权,并且向全世界的基督徒敞开大门,欢迎他们作为帝国的客人造访耶路撒冷。但是,情况在1517

年发生了变化，因为教皇利奥十世宣布向奥斯曼人发动一场新的十字军东征，这就让塞利姆对帝国境内的欧洲基督徒来访者越发抱有戒心。毕竟，以往就有过十字军士兵伪装成朝圣者的事情发生。于是，塞利姆设置了朝圣者人数限额，还要求他们的船只和住所必须接受检查。不过，塞利姆对奥斯曼帝国的军事优势充满了信心，因为他知道，哈布斯堡家族治下的西班牙帝国的首要目标总是在不断变化，此外，欧洲人也不可能团结起来发动十字军运动。因此，塞利姆最终又一次同意给予前往耶路撒冷朝圣的基督徒以安全保障和自由通行许可。双方都意识到，这样的讨论正在变得没有意义。毕竟，随着双方日渐走向战争，真正重要的事情并不是朝圣者，而是士兵。

❈

随着塞利姆最近完成的领土扩张，奥斯曼人的脚步已经来到了也门、古吉拉特、阿尔及利亚和埃塞俄比亚，奥斯曼的船只开始进出地中海、红海、黑海和印度洋的各个港口，奥斯曼军队在从东欧到中亚的前线与基督徒和穆斯林作战，奥斯曼商人在巴库、阿曼和印度尼西亚经商。现在，奥斯曼人要为帝国在大西洋沿岸获得第一片土地。

1520年5月，西班牙人正在发动叛乱，反抗他们的哈布斯堡主子，追随路德的新教徒也在挑战天主教会的秩序，整个欧洲正因为这些因素而痉挛不已。与此同时，塞利姆手下一位名叫阿里贝伊（Ali Bey）的翻译来到埃迪尔内，为他的苏丹带来了一个礼物：一张用意大利文和拉丁文标注的崭新的世界地图。[60]据威尼斯人的记载，就像 1517 年皮里·雷斯于开罗在塞利姆面前展开的那张地图一样，这张地图也让苏丹大为着迷，只不过，这张地图并没有像皮里的那张地图那样获得历史学家应有的重视。塞利姆刚看了这张地图第一眼，就立刻从宝座上站起身来，以便看得更清楚些。他把地图铺在桌子上，像参观圣物一样围着它看来看去，还与他的幕僚们一起研读这张地图。他的目光扫遍了地图上的海岸线，仔细观察着各大洲的形状，把已知的世界从西到东、由北至南都好好看了一遍。

这回，塞利姆没有把地图撕成两半。在那个温暖夜晚的摇曳烛光下，他命令一名文书把地图上所有的意大利文和拉丁文地名都替换成奥斯曼土耳其文名称（正如皮里 1517 年献上的那张地图所标的地名那样）。这名文书一点点地把整个世界从意大利文和拉丁文换成了奥斯曼土耳其文，仿佛在这张地图上完成了一场想象中的征服。君士坦丁堡变成了伊斯坦布尔，埃及变成了迈斯尔（Mısır），伊斯帕尼奥拉岛变成了安提利亚行省（Vilayet Antilia）。在埃迪尔内的这张地图上，塞利姆拥有了世间的一切造物。

从他对待两张地图的不同态度上，我们可以看到塞利姆的世界观在 1517 年到 1520 年之间发生了何等重大的变化，但很少有学者注意到这一点。在征服了马穆鲁克帝国之后，塞利姆越发深信自己的帝国位居全球强权的前列。在 1517 年，他准确地意识到，主宰世界就意味着要控制住地中海及地中海以东的土地；相比之下，皮里地图上所描绘的大西洋彼岸就成了可有可无的地方，只有更弱小、更绝望的欧洲人才会冒险去征服那样的地方。而到了 1520 年，塞利姆似乎下定决心，想要掌控那片"可有可无的"土地——美洲。鉴于摩洛哥是前往美洲的必经之路，塞利姆更坚定了征服摩洛哥的决心。阿巴斯·哈姆达尼（Abbas Hamdani）是少数认真审视塞利姆对大西洋的兴趣的历史学家之一。他写道："奥斯曼人在印度洋和地中海面对着十字军的威胁，而与他们对垒的敌人刚好是那些新土地（美洲）的发现者。因此，奥斯曼人似乎做好了到大西洋乃至大西洋彼岸追击敌人的准备……奥斯曼人对北非充满了兴趣，千方百计地想要沿着马格里布（Maghrib，即北非）海岸向西推进，这些行为本身就能体现出（苏丹的）帝国政府的意愿。倘若奥斯曼人无法抵达美洲，那一定是因为他们无法控制大西洋沿岸。"[61]

到 1520 年，塞利姆已经习惯了自己的新角色——全世界最大帝国的统治者、苏丹兼哈里发、真主在人间的影子。现在，不仅东半球，就连西半球也进入了他的视线。在夺取摩洛哥之后，他就可以北进入侵西班牙，或者渡过大洋前往美洲，也可以把帝国的版图沿着非洲西海岸向南扩张。无疑，塞利姆现在开始设想，要把皮里地图西半边的所有土地——那一半还没有落入他的手中，此前被他忽视了的土地——也纳入囊中。塞利姆知道，帝国版图的扩张将是自己最持久的遗产。因此，他想要把他在地图上完成的伟业化为现实，真的让世界上所有的地名都用土耳其语书写。他要把整个世界都化为奥斯曼帝国的领土。

23

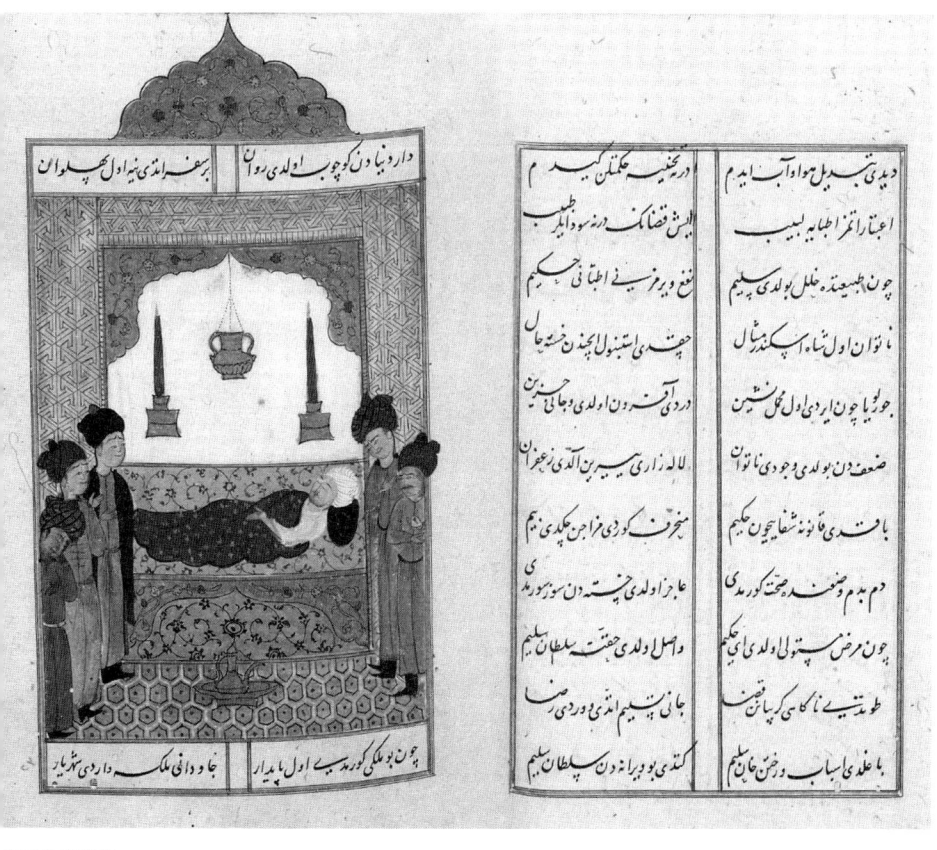

永恒

临终的塞利姆

埃迪尔内位于希腊文化、保加利亚文化和土耳其文化交会带的中心。它不仅是奥斯曼帝国的第二座都城（从14世纪60年代末到1453年），同时也是世界上历史最悠久而且从未中断过的一项竞技赛事的故乡。自1346年以来，埃迪尔内每一年都会举办一项橄榄油摔跤锦标赛。顾名思义，在这项比赛中，全身上下只穿着皮短裤参赛的男子会在身上涂满橄榄油，然后在草地上摔跤，直到一方把另一方按倒在油污、泥泞的地面上，或是把对手举过肩部。摔跤是世界上最古老的体育运动之一，人们在希腊、罗马、亚述、埃及和伊朗都能找到涂油摔跤运动在古代地中海世界存在的证据。在奥斯曼人进入中东地区之后，他们也继承了这一传统，正如他们继承了古代地中海大帝国的诸多遗产一样。

塞利姆很像一位摔跤手。终其一生，他都是一名斗士：先是与自己的家人争斗，接着与萨法维帝国和马穆鲁克帝国争斗，现在又分别在地中海和印度洋与西班牙人和葡萄牙人争斗。不过，他对摩洛哥的野心给他带来了前所未有的严峻挑战。显然，涂油摔跤比赛中的一大难题就在于如何抓住对手。你不能直接去抓对方滑溜溜的胳膊和腿，而必须采取一套策略：首先要避免自己脚步不稳，接着要试图引诱对手进入不利的位置。要想取得胜利，必须善于借力、保持平衡和声东击西。在 1520 年夏天的埃迪尔内，塞利姆就很像是一名摔跤手。他必须平衡自己的多个军事目标，预判敌人的动作，并据此筹划自己的反制方案。他看到欧洲各国在内斗中削弱了自身；他在阿尔及利亚集结了大量的部队和物资，准备从内陆发动一场攻势；他还让地中海北部的部队整装待发，随时可以迅速进击摩洛哥。

如果塞利姆真的夺取了摩洛哥，那么他将彻底改变世界历史在 1520 年之后的走向。对于天主教欧洲来说，这将是末日般的情境：塞利姆或许可以与欧洲大陆上的反天主教力量结盟对抗西班牙，甚至与马丁·路德发起的方兴未艾的新教运动合作，包围西班牙，进

埃迪尔内的涂油摔跤运动

而征服整个欧洲。伊斯兰文明将战胜基督教世界，奥斯曼人的宗教融合态度将压倒欧洲的宗教不宽容。哥伦布和瓦斯科·达·伽马完成的航行，让非洲西北部免于沦为地中海区域一个被人遗忘的角落，而是成了一个横跨大洋的新世界的战略要点。在16世纪，摩洛哥成了打开全球霸权大门的钥匙之一。

※

塞利姆在埃迪尔内的宫廷花园中漫步，与幕僚们探讨着入侵摩洛哥的方案。他坐了下来，想缓解一下背部的酸痛。每次打猎时，塞利姆总要在马背上度过很长的时间，这经常让他感到关节僵硬。他以为这次的背部疼痛像往常一样只是暂时的，稍加休息就可以缓解，他坐下来伸展了一下，并没有把背痛放在心上。他要再看一下世界地图，还要求属下汇报罗得岛的最新情况，因为他正在考虑入侵罗得岛的计划。1520年的夏天，正当阿兹特克人与西班牙人在墨西哥交战的时候，塞利姆正在埃迪尔内与他的姬妾们饮宴，享受着漫长夜晚的清凉微风。

他感到这次的背痛有点不同寻常，有一些"针刺感"，于是在8月询问了他的医生。[1]他的首席医师哈桑·詹（Hasan Can）在他的背上发现了一个顶端呈白色的小脓包，随后给他拿了一些药膏。[2]经过几天的治疗，塞利姆依然感到疼痛。塞利姆失去了耐心，想要赶紧消除疼痛。于是，他命令一位浴室侍从用温暖的蒸汽把脓包烘软，然后再帮他把脓包刺破。[3]这位侍从依命行事，结果让塞利姆疼得打起滚来。剧痛持续了数日。几个星期之后，塞利姆已经疼得无法骑马。不过，他并没有因此改变每天的日程，依旧召开御前会议，与幕僚们商讨事宜，接见外国政要和来宾。

塞利姆竭尽全力不让人们知道他正忍受着剧痛，但消息还是不胫而走，谣言四起。[4]有人说，他的眼睛正在变黄。[5]还有人说，塞利姆命不久矣，因为他背上的脓包其实是鼠疫的表征，[6]他肯定是在1518年伊斯坦布尔瘟疫大流行期间就染上了瘟疫，前往埃迪尔内并不是为了躲避，而是为了在田园风光中养病。但并没有任何证据能够支持这种说法。

帝国最好的医生们——一个包含了穆斯林、犹太人和基督徒的团体——从伊斯坦布尔赶到了埃迪尔内。他们就治疗方案争论了一番，建议塞利姆静养，还开出了各种各样的局部治疗方案。但这些方案都没有效果，塞利姆的疼痛越发剧烈。尽管他正变得日益虚弱，但医师们还是强烈建议他立刻返回伊斯坦布尔，在那里接受更好的治疗。塞利姆同意了，但要求返回都城的队伍必须看起来没有什么异样，就好像平常回宫时一样。不过，塞利姆疼得太厉害，他只能坐着马车回去。[7]

苏丹躲在他富丽堂皇的大帐中，被幕僚和军人簇拥着，以确保没有任何一位帝国子民看到他此刻不堪的样子。塞利姆一行人在埃迪尔内和伊斯坦布尔的中间点乔尔卢停了下来，好让不胜旅途辛劳的他得以休整。上一次来到这个在地图上都不标注的地方时，塞利姆正率领着他的非正规军对抗当时的苏丹——他的父亲。彼时那个充满活力、杀气腾腾的他，现在已经变得虚弱不堪，就连前往伊斯坦布尔的旅途也快让他吃不消了。他停留在乔尔卢，时不时失去意识，单单是召见他的医师、最亲密的幕僚和军官到床边就几乎耗尽了他所有的体力。他屏退了后宫姬妾，命令手下背诵《古兰经》中的《雅辛》（Yā-Sīn）。他们忠实地执行了这个命令，并不知道这将是苏丹的最后一个命令。塞利姆与他们一同默念着经文，尽可能地用模糊的神志思索着经文中关于死后世界与复活的内容。在那一刻，塞利姆或许在设想苏莱曼成为帝国下一任苏丹的情景，或许在回忆挚爱的母亲为自己的成功付出的努力，或许在回想那位令他鄙夷的父亲和已故的兄长们，抑或在思索他未能实现的称霸世界的美梦。当然，我们无法确知他究竟在想些什么。他闭上了双眼。幕僚们凑了过来，近距离观察着他们虚弱得无法动弹的苏丹。在他们的注视下，塞利姆胸部上下起伏，嘴角一阵抽搐。

几分钟之后，一切都归于静寂。真主之影死去了。

❀

1520年9月22日清晨，还有几周就将迎来50岁生日的塞利姆停止了呼吸。死因很可能是瘟疫，也有可能是从他的坐骑身上感染的炭疽。[8]就在6月份，被科尔特斯形容像是一位苏丹的阿兹特克统治者蒙特祖玛也死去了，年龄与塞利姆相仿。相隔短短几个月的这两起死亡，极大地改变了世界历史的进程。蒙特祖玛之死为西班牙人打开了向阿兹特克首都进军的大门，他的帝国在第二年（1521年）就迎来了彻底的毁灭，进而打开了欧洲人涌入新世界殖民的闸门。倘若西班牙人败给了蒙特祖玛，那么过去500年的世界历史将会大不相同。与之类似，如果奥斯曼帝国在摩洛哥赢得了胜利，那么世界历史也将驶入一条全新的轨道，但塞利姆之死永远消除了这种可能性。他对摩洛哥的图谋、他对加勒比海的野心、他对抗萨法维帝国的战争，乃至他针对中国的宏大计划，全部戛然而止。奥斯曼士兵留在了早已落入奥斯曼帝国囊中的阿尔及利亚，塞利姆的海军也停留在了希腊西部的港口中。奥斯曼帝国统治下的摩洛哥、奥斯曼帝国统一北非、伊斯兰文明重夺西班牙、奥斯曼帝国在大西洋沿岸建立据点乃至安提利亚行省，这一切都化作了泡影。

❀

在乔尔卢的营帐中，塞利姆手下的六七名大臣一面对着苏丹的尸体祈祷，一面下定决心，要在抵达伊斯坦布尔之前秘不发丧。在塞利姆死后的第二天，他们照常举行了常规的御前会议，并传令诸营帐，要他们准备好在当天下午继续起程。他们小心翼翼地藏好苏丹的遗体，装作一切正常，继续向首都行进。不过，就在离开乔尔卢之前，他们向马尼萨派出了一名信使。[9]这名信使发誓将严守秘密，他的任务是将苏丹的死讯告知塞利姆唯一的儿子苏莱曼。按照计划，苏莱曼应当在苏丹的死讯传开之前安全抵达伊斯坦布尔，并彻底接管政权。这些一直以来都效忠于塞利姆的人担心，群龙无首的帝国可能会在新老苏丹更迭之际发生变乱。

在塞利姆的首席医师哈桑·詹的监督下，数名入殓师和清洗师对遗体做了一番清洗和准备，以便开始从乔尔卢到伊斯坦布尔的旅程。哈桑·詹事后汇报说，在清洗遗体的过程中，塞利姆两次移动右手，遮住了他裸露的阴茎。[10]看到这一奇观的人深感惊异，也因此对塞利姆充满了敬仰。他们还向真主祈祷，恳求他们的君主可以获得永生。显然，这个不足采信的细节是为了表现塞利姆的谦虚、虔诚和正直，证明他哪怕在死后也拥有权势与威严。考虑到他夺取苏丹宝座过程中的种种疑点，我们不难想到这样的故事只是为了证明他永世长存的高贵品行。

苏莱曼赶在他父亲的灵柩抵达之前就赶到了皇宫。他的幕僚们赶忙让他乘上一艘小船，沿着金角湾向北，来到艾郁普清真寺。从公元前17世纪开始，这个被称作金角湾的河流入海口就一直扮演着伊斯坦布尔的经济和政治枢纽的角色。金角湾位于皇宫所在半岛的北侧，而博斯普鲁斯海峡和马尔马拉海就在金角湾的出口处交汇。公元674年，先知穆罕默德的伙伴艾郁普在阿拉伯人第一次围攻拜占庭都城的战斗中，战死在金角湾的岸边。由于艾郁普与先知本人的亲密关系，围绕艾郁普之墓建成的清真寺就成了一片圣地，也是举办苏丹加冕典礼的传统地点。

登上码头时，苏莱曼尽可能地拿出了苏丹的威严。在那一年，威尼斯大使这样描绘时年25岁的苏莱曼："他身材纤细、修长，但看起来十分坚毅，面颊清瘦，棱角分明，脸上有明显但稀疏的胡须。"[11] 在队列的恭迎下，苏莱曼拾级而上，步入清真寺。清真寺内的地面上铺着装饰有精美蓝色花朵刺绣的暗红色地毯。巨大内厅上方的圆顶装饰有比下面的地毯更加华美的白、蓝、红三色交织的图案。人们抬头注视圆顶时，仿佛可以体会到天堂的威严。苏莱曼扫视着这个让人感到震撼与敬畏的圣地，看到帝国全部的精英阶层已经聚集于此。在人们的护卫下，他来到开阔的内厅的一端，拿起摆在他面前的奥斯曼之剑，将它高高地刺向空中。齐集一堂的大臣、显贵和文吏鞠躬致敬，表示对他们的君主苏莱曼的效忠。[12]

奥斯曼帝国迎来了它的第十位苏丹。

※

正如塞利姆期望的那样，苏莱曼成了奥斯曼帝国历史上第一位

登基后的苏莱曼接见帝国政要

没有经过手足争斗就顺利继位的苏丹。现在，已经牢牢掌握了帝国大权的苏莱曼公开宣布了苏丹的死讯。这一消息在欧洲引发了一阵狂喜。在欧洲人看来，那个在西地中海、巴尔干和印度洋威胁基督教世界的恶魔消失了，而取代塞利姆的，只是一个养尊处优、未经历练的年轻皇子。基督教世界的领袖们知道，苏莱曼从未参与过他父亲频频发动的战争。现在，这位毫无军事经验的年轻人成了奥斯曼帝国的苏丹，这让他们欣喜不已。[13]美第奇家族的御用史学家、《利奥十世传》(Life of Leo X)及一本关于奥斯曼帝国的著作的作者保罗·乔维奥（Paolo Giovio）写道："狂暴的雄狮留下一只温顺的羊羔作为他的继承者。"[14]

在帝国内部，塞利姆的批评者们在他死于乔尔卢这件事上大做文章。就是在这里，塞利姆与他的父亲兵戎相见，公开对抗，最终，他史无前例地废黜了自己的父亲，登上苏丹宝座。即便到了八年之后，依然有许多人认为塞利姆靠武力夺取奥斯曼帝国苏丹宝座的行为是非法的。[15]在他们看来，塞利姆死在他开始罪恶之旅的地方，恰恰证明了真主对他的厌恶，足以证明他的统治是非法的，也是真主对他种种恶行的惩罚。

在得知塞利姆的死讯后，近卫军的许多指挥官和军官都伏地恸哭，[16]有些人甚至以头抢地，因为他一直是他们坚定的支持者。随着消息逐渐传开，帝国军队中弥漫着悲愁的气氛。"军队像一条静谧的河流，流入都城"，[17]前来向已故的君主致敬，向新的苏丹表示效忠。

平民也哀悼这位离世的君主。成群的民众聚集在伊斯坦布尔的埃尔迪内门，等候塞利姆的遗体到来，其中很多人十分悲伤，但也有些人只是出于好奇。[18]当护送遗体的队列抵达城下时，新任苏丹已经做好了迎接父亲灵柩的准备。苏莱曼跪在他父亲的棺椁旁，一边哭泣一边诉说着自己对他的敬爱。他的母亲哈芙莎陪在他的身旁。塞利姆的遗体将被送到法蒂赫清真寺，安放在他的祖父穆罕默德二世身旁。在送葬队伍前往法蒂赫清真寺的路上，苏莱曼扶着灵柩，表示自己的敬意。[19]他的父亲给了他那么多，或许比历史上任何一位苏丹给皇子的东西都更多。因此，苏莱曼情愿放低姿态，向父亲表达自己的爱、感激与忠诚——这些都是在奥斯曼皇室成员中间少见的情感。

塞利姆之前的大部分苏丹都会在自己的统治期间兴建以清真寺

为中心的庞大建筑群。然而，塞利姆在位的时间并不长，而且在他在位的八年中，他在伊斯坦布尔度过的时间就更短了。因此，他始终没有机会像以往的苏丹一样大兴土木。于是，这一任务就落在了苏莱曼的肩头。苏莱曼下令在城中最显眼的位置——位于法蒂赫区、伊斯坦布尔的第五座山丘的山顶——为他的父亲兴建一片清真寺建筑群。[20] 沿着陡峭的山坡攀登到这座清真寺面前，映入眼帘的将是一片壮丽的景观：极具历史意义的金角湾、托普卡珀宫和伊斯坦布尔城的大部分区域。城中最大的罗马蓄水池——阿斯帕蓄水池（Cistern of Aspar）就位于这座山的东北坡。献给塞利姆的这座清真寺由花岗岩和大理石建成，拥有一座半球形的穹顶和两座细长、呈铅笔状的宣礼塔。清真寺外的庭院中有一片柱廊，柱廊上顶着24座小一些的穹顶。这片建筑群中还包括了一座学校、一座收容接待所、一座花园和一个可以远眺的平台。

塞利姆清真寺

1528年，苏莱曼将塞利姆的棺椁从法蒂赫清真寺迁葬到新落成的清真寺的花园中。苏莱曼的母亲、他的几个孩子和最亲密的臣僚参加了这个小规模的私密仪式。处于统治初期的苏莱曼依然觉得自己立足未稳，因此不想让公众把注意力转移到他的父亲身上，故而他并没有安排游行队伍、悼念仪式或是有军队出席的典礼。塞利姆被安葬在一座俯瞰托普卡珀宫的八边形陵寝中，仿佛要在接下来的四个世纪里继续注视着他的后人们一样。颇具讽刺意味的是，虽然塞利姆与萨法维帝国争斗了一生，但是他的永恒居所上的装饰瓷砖却是由来自伊朗、现居奥斯曼帝国的工匠们制成的。

将近六年之后的1534年3月19日，哈芙莎去世了，年纪很可能刚过60岁。[21]哈芙莎在皇宫内外都深受爱戴。"人们得知哈芙莎的死讯后，泪水如急流般……四处奔涌。"在塞利姆死后，哈芙莎在法律上获得了自由的身份，并且成了第一位与苏丹共治天下、权倾一时的母后——在她之后，还有数位这样的苏丹皇太后出现。从她在15世纪90年代的特拉布宗第一次获得行政管理职责，到她在伊斯坦布尔去世，在这40多年的时间里，哈芙莎一直在帝国的统治中扮演着至关重要的角色。她被描绘为"君主的母亲、世界的庇护者、无比虔诚的伟大女性、无一丝杂念的纯粹完人"。她在15岁那年生了苏莱曼，她的这个儿子对她怀着"极大的尊崇与爱戴"，而她也一直陪伴在他的身旁。哈芙莎去世之后，苏莱曼将他的母亲葬在了塞利姆身边。

当他的父母在世时，苏莱曼与他们的关系都十分亲密，与母亲则格外亲密；在他们去世之后，他在情感上也依然十分依恋他们。他经常拜访他们的陵寝，向他们表达敬意，在他们的墓前思考，并在精神上寻求他们的建议和庇佑。他还安排人在他们的墓前诵念

《古兰经》，并在他46年的统治期内多次翻新他们的陵寝所在的建筑群。

※

苏莱曼为自己的父亲兴建了属于他的清真寺建筑群，塞利姆则为自己的儿子打下基础，使他有机会成为奥斯曼帝国历史上最杰出的苏丹。塞利姆只有苏莱曼这一个儿子，从而确保了苏莱曼继承苏丹的过程几乎是帝国全部36位苏丹中最轻松的。除此之外，塞利姆还极大地扩张了帝国的版图，为苏莱曼日后的成功奠定了基石。在1517年之后，奥斯曼帝国对世界历史产生了巨大的影响，其中最重要的原因就是塞利姆将帝国的版图扩大了两倍。作为奥斯曼帝国历史上在位时间最长的苏丹，苏莱曼大帝的"伟大"很大程度上得益于奥斯曼帝国在地缘政治上的强大实力。当苏莱曼走上苏丹宝座时，他继承的是一个世界性帝国——这在奥斯曼帝国的历史上还是第一次。

塞利姆完成的扩张让奥斯曼帝国来到了近代世界外交舞台的中央。由于四面八方的国家都想设法地试图抗拒奥斯曼帝国无与伦比的军事实力，这就让其他国家留下了大量关于奥斯曼帝国的文献档案。苏莱曼继承了帝国在全球外交事务中的巨大影响力。实际上，历史学家们之所以能在苏莱曼身上做那么多的研究，正是由于世界各国都保存了大量关于奥斯曼帝国的记载，再加上苏莱曼与欧洲国家和世界其他国家之间经年累月的书信往来，以及其他国家——主要是把情报像香料和丝绸一样贩卖的威尼斯——提供的秘密侦察报告。[22] 其中许多资料都是用欧洲语言写成的，并保存在欧洲的图书馆中，从而成了欧洲历史学家撰写关于奥斯曼帝国的书籍时最早可以采用的资料。因此，在欧洲人逐渐增进对奥斯曼帝国及其历史的了解的过程中，苏莱曼就比塞利姆更容易成为他们关注的焦点。

威尼斯人对这对父子的性格做了一番对比。当苏莱曼于1520年登上苏丹宝座时，威尼斯大使形容他"友善而且开朗"，是一个"热衷阅读、学识渊博、有着良好判断力的"年轻人。[23] 相比之下，前一任威尼斯大使笔下的塞利姆就要冷酷得多了："他经常陷入沉思，此时没人敢发出一点声响，哪怕是常伴左右的帕夏们也不敢多嘴。他乾纲独断，完全按照自己的想法行事。"[24] 后来，到了16世纪50年代，那位曾把塞利姆形容为狮子、把苏莱曼形容为羊羔的意大利史学家乔维奥依然维持这一看法，称塞利姆"在他八年的统治期内造成的流血比苏莱曼在位三十年期间造成的都多"。[25] 正如乔维奥的调侃所展示的那样，在苏莱曼统治期间，对他的军事能力和侵略性的怀疑一直存在。因此，为了打消这样的怀疑，苏莱曼在即位之初就发动了两场成功的战役，分别于1521年和1522年攻占了贝尔格莱德和罗得岛。

在继承了这样一个大帝国之后，苏莱曼有可能变得如同尼禄一样肆无忌惮或挥霍无度，把他父亲打下的江山拱手让人。但他并非如此，反而如同奥古斯都一样，保住了帝国新近征服的领土，并将其中绝大部分地区都变成了奥斯曼帝国的稳固版图。在贝尔格莱德和罗得岛的胜利之后，他又赢得了一系列胜利：在1526年的莫哈奇（Mohács）之战中击败了匈牙利，又在1555年签订《阿马西亚和约》平定伊拉克。他还沿着父亲开创的道路，继续在印度洋对抗葡萄牙人，并且与萨法维王朝进行了几场旷日持久的战争。他还试图在北非继续西进，但未能成功；摩洛哥依然只有咫尺之遥，

苏莱曼围攻罗得岛

却无法被收入囊中。不过，我们可以说，苏莱曼的大部分"伟大"之处，都源于他守住了他那位"冷酷"的父亲征服的领土。

塞利姆将奥斯曼帝国打造成了一个具有全球影响力的政治和军事强权。在这一点上，塞利姆胜过了苏莱曼，甚至可以说胜过了奥斯曼帝国600年历史上其他35位苏丹中的任何一个。正如历史学家莱斯利·皮尔斯（Leslie Peirce）所说的那样："一些评论奥斯曼帝国的人后来会说，塞利姆统治的时代是一个黄金时代。"[26] 自从塞利姆将自己长长的影子投向整个世界，时间已经过去了500年。时至今日，中东和地中海的格局大体上依然像他留下的一样，被他捏合在一起的几个大洲依旧沿着他开辟的道路前进着。可悲的是，他开启并主导的逊尼派（奥斯曼帝国）与什叶派（萨法维帝国）之间的战争在某些意义上依然没有结束。他，而远远不是苏莱曼，才是奥斯曼帝国历史上最伟大的苏丹。

第七章

后裔

（1520年之后）

从塞利姆陵寝望出去的景观

24
塞利姆的宗教改革

伊斯兰教法的四大学派

自然，塞利姆最直接的后人就是他唯一的儿子苏莱曼和六个女儿。不过，从地缘政治的角度看，我们所有人都是他的后裔。今天，世界上影响最大的宗教是基督教和伊斯兰教，两大信仰的信徒总人数合在一起超过了地球上总人口的一半。塞利姆在伊斯兰历史上的地位是显而易见的，但他对基督教历史的重要影响，尤其是对宗教改革的巨大作用就没有那么明显了。在塞利姆击败马穆鲁克帝国的1517年，发生了另一件具有全球影响力的事情——基督教的宗教改革。奥斯曼帝国对宗教改革的催化作用时常被人们忽视，但除非正视这一作用，否则我们不可能正确理解这起给基督教造成根本性裂痕的事件。当太阳从东方升起，阳光照耀在塞利姆敦实的身躯上时，他的影子却投射到了易北河畔一座名叫维滕贝格（Wittenberg）的德意志小镇。

正如我们在前文中看到的那样，在16世纪的前25年里，世界上的伊斯兰帝国和基督教帝国都有意利用宗教的力量来增强自身在政治和意识形态上的合法性。[1] 奥斯曼帝国夺取了麦加和麦地那，从一个基督徒人口占主体的国家转变成了一个穆斯林人口占多数的国家，塞利姆又把奥斯曼帝国的苏丹与哈里发合为一体。所有这些事件，都让逊尼派信仰成了奥斯曼帝国的核心特征和用来对付帝国的非逊尼派敌人的武器。相应地，萨法维帝国把自己的国家与什叶派信仰融为一体，主要就是为了在争夺伊斯兰世界霸权的过程中让自己区别于奥斯曼帝国（和其他的逊尼派国家）。与之相类似，在基督教欧洲，非天主教徒不仅在地位上低人一等，甚至被视为敌人。在把犹太人和穆斯林变成他们的目标之后，天主教徒又把其他基督徒当成他们在欧洲的敌人，把美洲原住民当成他们在美洲的敌人，把异教信徒和穆斯林当成他们在西非的敌人，把印度教徒当成他们在印度的敌人。

塞利姆对萨法维帝国和马穆鲁克帝国的胜利，给欧洲带来了军事和意识形态两方面的挑战。在16世纪的第二个十年，奥斯曼帝国完成了大规模的扩张，这就给欧洲人提出了一个十分紧迫的问题：为什么奥斯曼帝国的实力能够如此剧烈地提升，而欧洲各国似乎对此无能为力？一些人开始提出，欧洲人在政治和军事上的劣势可能源于他们在道德上的衰败。在末世论者看来，这种国家运势的逆转恰恰体现了上帝的旨意。奥斯曼军队的强大实力在欧洲引发了恐慌，进而促使欧洲人开始反思自己的存亡问题，这就为欧洲人向一成不变、根深蒂固的社会、宗教和政治秩序发起挑战提供了肥沃的土壤。

此时，波及范围最广、影响最深远的批评来自一位名叫马丁·路德的年轻的德意志牧师。[2] 在这位曾有机会成为一名律师的年轻人向天主教会发动论战的过程中，伊斯兰文明为他提供了至关重要的弹药。在攻击天主教会的时候，路德经常拿欧洲的"穆斯林他者"做对比。奥斯曼帝国的苏丹——先是塞利姆，后来是苏莱曼——成了路德的绝佳工具。他对出身于美第奇家族的教皇利奥十世大加挞伐，声称正是这位教皇在道德上的腐化堕落给了奥斯曼人在全世界传播伊斯兰教的机会。路德的最终结论是，这位教皇要比奥斯曼帝国的苏丹更加邪恶。[3]

尽管路德仍然把奥斯曼人视作敌人，将穆斯林视作不信道者，但他也试图理解他们。他经常写到奥斯曼人，称他们为"土耳其人"。[4]他深入研究了伊斯兰教，甚至考虑过资助他人翻译最早的德文版《古兰经》。[5]我们将看到，路德的一些宗教主张深受伊斯兰理念的影响。一位学者曾解释说："在路德的一生中，'可怕的土耳其人'和他的宗教一直潜伏在阴影之中。"[6]

※

就在奥斯曼人于1514年击败了萨法维王朝之后，利奥十世立刻就号召发动一场新的十字军运动。[7]自从1453年君士坦丁堡陷落以来，每一场能够增强奥斯曼帝国实力的胜利，即便发生在远离欧洲的地方，都会引发欧洲人的担忧，因为奥斯曼帝国的实力每增长一分，他们对欧洲的威胁就加强一分。（前文曾提到，在15世纪末，威尼斯曾试图与雄踞安纳托利亚东部和高加索地区的白羊王朝结盟，共同对付奥斯曼帝国。）在塞利姆于1516年和1517年战胜马穆鲁克王朝后，这一消息通过由间谍、外交官和使节组成的网络如野火般在欧洲各国的首都流传，给欧洲人带来了更强烈的震撼。尽管天主教欧洲在过去的几个世纪中一直在组织或试图组织针对伊斯兰世界的十字军运动，但双方其实已经有几十年没有发生过大规模的军事冲突了。鉴于实力对比的天平已经急剧偏向奥斯曼人一侧，欧洲的统治者并不愿意发兵与他们为敌。实际上，尽管在君士坦丁堡于1453年陷落后欧洲人亟须对奥斯曼帝国加以反击，但事实是，除了1456年在贝尔格莱德发生的一场小规模战争，欧洲人并未对伊斯兰世界发动大规模的十字军运动。[8] 所谓对奥斯曼帝国还以颜色根本就是一句空话。因此，从1453年到1517年，奥斯曼帝国没有受到任何实质性的限制，肆无忌惮地在地中海扩张着自己的势力。

在这个文艺复兴的时代，欧洲人花费在奥斯曼人身上的精力实际上要多过他们花费在重新发现古典文明上的精力，也多过他们花费在建筑装饰或是人类形体的艺术之美上的精力。正如研究文艺复兴的著名史学家詹姆斯·汉金斯所说的那样："比起那些更知名的人文主义话题，诸如真正的高贵、博雅教育、人的尊严和灵魂的不朽，人文主义者们实际上更经常也更长篇累牍地书写着土耳其人的邪恶与发动十字军东征的必要性。"[9] "人文主义者大部分有关十字军东征的文章，"他补充道，"是在君士坦丁堡于1453年陷落之后才开始出现的。"在奥斯曼帝国取得一系列重要胜利，例如在1480年夺取意大利南部的奥特朗托之后，这一主题作品的数量又增加了数倍，并且随着塞利姆于1516年和1517年完成的征服而达到了顶峰。1571年，爱奥尼亚海爆发了史诗般的勒班陀海战（Battle of Lepanto），欧洲人在这场战役中打败了奥斯曼人，取得了在整个16世纪都十分罕见的一场胜利，莎士比亚的《奥赛罗》和威尔第后来根据这部戏剧改编的歌剧都描绘了这场战役。随着欧洲人取得勒班陀海战的胜利，十字军题材的作品的数量才开始减少。

基督教世界从未如此无能过。在利奥十世和天主教会身上，无力感很快变成了恐慌和彻头彻尾的歇斯底里。在梵蒂冈，各种关于奥斯曼人和他们可能的军事进犯的谣言甚嚣尘上。梵蒂冈的间谍们报告说，塞利姆正在阅读亚历山大大帝的传记，希望从中获得灵感和启发。[10] 作为新的亚历山大大帝，塞利姆似乎随时准备将两个罗马统一在奥斯曼的新月旗帜下。对于基督教世界而言，这显然是一个（或许难以置信的）末日场景。1516年4月，有数份报告声称，已经有27艘奥斯曼船只抵达了距离罗马不远的、刚刚组建了守备队的港口城市奇维塔韦基亚（Civitavecchia），吓得利奥十世从梵蒂冈仓皇出逃。[11] 实际上，根本没有任何证据可以证实这一传言，而且考虑到奥斯曼帝国那年春天正忙于叙利亚战事，这一传言似乎就更站不住脚了。1517年初，几乎就在塞利姆进入开罗的同时，利奥十世把袭击罗马的一场雷暴当成了末日将至的征兆。[12] 几个月之后，也就是塞利姆刚刚完成对马穆鲁克帝国的征服的时候，又有人声称看到40艘奥斯曼船只（几乎可以肯定是看错了）穿过了科西嘉岛与撒丁岛之间的博尼法乔海峡（Strait of Bonifacio）。[13] 随着奥斯曼人在地中海周边占领了越来越多的土地，他们也越来越频繁地占据了欧洲人的头脑，让欧洲人变得疑神疑鬼。

1518年初，以肥头大耳的相貌著称的教皇利奥十世又一次给欧洲各国的统治者写信（正如他在将近四年前，也就是塞利姆在查尔迪兰战役中战胜萨法维王朝之后所做的那样），希望他们团结起来，对奥斯曼帝国发动一次新的十字军东征。[14] 他派遣数位枢机主教，分别前往英格兰、法国、西班牙和神圣罗马帝国，希望欧洲列强能够达成一个为期五年的和约，以便他们全神贯注地应对来自奥斯曼人的威胁。[15] 然而，正如1514年时的情况一样，他找不到情愿参加十字军东征的盟友。对于欧洲各国的君主而言，与其对东方的那个强大敌人发动一场规模庞大、耗资不菲，又很可能是自杀式的战争，还不如筹划一下针对其他欧洲国家的战争，况且在过去的几年中，这个敌人的实力又进一步增强了。神圣罗马帝国的查理五世和法国的弗朗索瓦一世是死对头。15、16世纪之交的意大利战争导致了成千上万的人丧生。继承权纠纷困扰着卡斯蒂利亚、苏格兰和巴伐利亚。更重要的是，大多数欧洲统治者十分蔑视肆意妄为的教皇利奥十世，宁愿有朝一日自己攻取意大利。比起四分五裂的欧洲，奥斯曼帝国却是一个地跨三洲的统一的庞然大物。正如教皇在写给一位主教的信中所说的那样："正当我们在谈判和案牍工作中荒废时日的时候，那个土耳其人却在做着实事，把他的计划付诸行动。不等我们得到他发兵的消息，他就已经夺取基督教世界的某个港口了！"[16]直到塞利姆于1520年去世，教皇利奥十世一直在号召发动十字军东征，但欧洲团结起来对抗"恶魔般的伊斯兰狂暴"[17]的局面始终也未能实现。

欧洲在政治上的僵局不仅让他们连认真考虑对奥斯曼人采取军事行动都做不到，也给了路德这样的人骤然崛起、在缺乏阻力的情况下向欧洲既有秩序发起根本性挑战的机会。当时的政治局面，正如学者埃吉尔·格里斯利斯（Egil Grislis）所描述的那样："与其说惧怕土耳其人，路德反而有充足的理由去感谢土耳其人。正是由于土耳其人发动入侵的威胁一直存在，（神圣罗马帝国）皇帝才不敢对路德的宗教改革采取严厉手段。在对抗土耳其人的战争中，帝国需要信仰新教的贵族的支持，因而不得不搁置消灭路德的计划。从强权政治的现实角度看，宗教改革运动安全与否，实际上取决于土耳其军队的实力。"[18]欧洲版图的分裂局面实际上证实了路德对教会腐败的指控，也让他号召改革的主张更具有紧迫的现实意义。如果没有奥斯曼帝国对欧洲的潜在威胁，新教的宗教改革运动不可能取得如此大规模的成功。

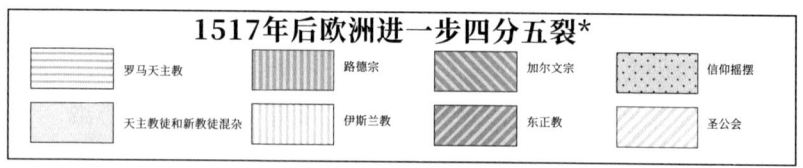

1517年后欧洲进一步四分五裂*

图例		
罗马天主教	路德宗	加尔文宗	信仰摇摆
天主教徒和新教徒混杂	伊斯兰教	东正教	圣公会

*16世纪中叶的粗略宗教信仰归属

地名（自北向南，自西向东）：

挪威、瑞典、哥德堡、丹麦、奥尔堡、哥本哈根、北海、波罗的海

苏格兰、爱丁堡、赫尔、切斯特、英格兰、威尔士、布里斯托尔、伦敦、南安普敦

汉堡、不来梅、明斯特、梅克伦堡、波美拉尼亚、但泽、勃兰登堡、柏林、维滕贝格、波兰、莱比锡、萨克森、德累斯顿、布鲁日、安特卫普、科隆、法兰克福、沃尔姆斯、纽伦堡、布拉格、克拉科夫、波希米亚

巴黎、斯特拉斯堡、乌尔姆、巴伐利亚、慕尼黑、萨尔茨堡、维也纳、布达、匈牙利、莫哈奇

法国、巴塞尔、瑞士联邦、奥地利、萨格勒布、贝尔格莱德

里昂、萨伏伊、米兰、威尼斯、奥斯曼帝国

拉罗谢尔、艾格莫尔特、热那亚、佛罗伦萨、比萨、斯波莱托、杜布罗夫尼克、卡塔罗、都拉佐

巴约讷、马赛、阿雅克肖、罗马、教皇国

西班牙、巴塞罗那、帕尔马、那不勒斯、那不勒斯王国、卡利亚里、巴勒莫

巴伦西亚、穆尔西亚、阿尔梅里亚、提奈斯、阿尔及尔、波尼、泰拜尔萨、突尼斯、马赫迪耶、奥兰

地中海

1516年，就在塞利姆向叙利亚进军的同时，教宗派了一位名叫约翰·特策尔（Johann Tetzel）的"平凡无奇的多明我会修士"到德意志去兜售赎罪券，以此为极尽奢华的圣彼得大教堂工程募集资金。[19]特策尔言简意赅的兜售宣传语成了历史上的名句："铜板叮当作响，灵魂升入天堂。"[20]当时，购买赎罪券几乎已经成了人们司空见惯的行为，但时年33岁的虔诚的奥古斯丁会（Augustinian）修士和牧师马丁·路德却公开对此提出质疑。他指出，根据教义，赐福与宽恕只能因终生的善行由上帝赐予，现在却可以由罪人或罪人的后代即刻买到，这显然是让人难以接受的。更让路德感到厌恶的是，教会向教区内的一个个信徒出售赎罪券获得资金，目的是去修建极尽奢华（如果还不至于称作放荡败坏的话）的圣彼得大教堂和欧洲各地的教堂。

这种根深蒂固的做法成了马丁·路德抨击教会的核心议题。有趣的是，赎罪券本身与对抗伊斯兰世界的斗争也有关系。赎罪券的理念问世于12世纪，当时正值十字军运动的高峰期。[21]在十字军战士们背井离乡前往中东与穆斯林作战之前，考虑到他们可能会在解放耶路撒冷的战斗中丧生，神父们会提前向他们保证宽恕他们的罪。这种救赎的承诺（而非经济上的补偿）正是这些战士在圣地勇敢作战得到的回报。一种原则由此树立起来，即救赎也可以用虔诚之外的其他东西来换取。以此为发端，赎罪券发展成了一种商品，为教会创造了海量的财富。到了路德的时代，人们无须再投身战争，只需要付给教会钱财，就可以换取对一般罪行，例如撒谎和色欲的宽恕。信徒可以自行查阅自己所犯的罪，然后按价付钱，现世甚至永恒（他们希望如此）的罪愆都可以免除，就像在屠户的肉店里购买明码标价的肉一样。因此，即便不考虑奥斯曼帝国的崛起，赎罪券的出现也与伊斯兰文明有关，它进而导致宗教改革的兴起。

1517年，路德在写给他的主教的一封信中，总结了自己对赎罪券和教会其他一些做法的顾虑。这封信后来成了《九十五条论纲》，也是宗教改革运动的开端。《九十五条论纲》很快被从拉丁文翻译成了德文，又在欧洲最早的一家印刷厂印刷，随后在整个德意志广为流传。[22]（然而我们几乎可以肯定地说，它并没有像人们普遍认为的那样曾经被张贴在维滕贝格教堂的大门上。[23]）在不到一个月的时间里，路德对教皇利奥十世和天主教会的猛烈抨击就又被从德文翻译成了其他几种欧洲语言，进而传遍了整个欧陆，制造了一场神学上的大风暴。

路德对教会最强烈的谴责之一，就落脚在教皇利奥十世号召发动新的十字军运动这件事上。在路德看来，天主教会发动十字军运动的历史，是其腐化堕落与贪恋世间财物的体系的一部分——在很大程度上，正是因为十字军运动与赎罪券有着长期的关联。天主教会对战争的关注，表明其更重视肉体而非灵魂，更在意现世而非身后。[24] 路德认为，教会之所以经常发动十字军运动，无非是为了聚敛钱财；他还认为，教会发动圣战的根本原因是其自身的贪欲和并不存在的威胁，而不是虔诚的保卫信仰和信众的信念。[25] 路德用他更熟悉的神学语言来表达自己对欧洲圣战的反对："教会的'巨轮们'现在满心只有与土耳其人的战争。神说，如果我们不为自身的罪恶惩罚自己，他就要通过那鞭来惩罚我们；而教会现在想要对抗的并非罪恶，而是要对抗责罚罪孽之鞭，也就是要反对上帝。"[26] 在路德看来，奥斯曼人是上帝的"责罚罪孽之鞭"，是他用以惩罚

马丁·路德

基督教世界罪恶的工具。而教会的领袖们故意忽视了这些罪恶,甚至允许人们轻而易举地用购买的方式赎罪,实际上是在鼓励罪恶的发生。

因此,尽管路德显然认为奥斯曼人是邪恶的,比如他说,上帝有时候"用邪恶的人来惩罚虔诚的子民"[27],但在他的理念中,此时的奥斯曼人又是基督徒"最好的帮手"[28],因为他们在无意中促使基督徒在精神生活上自我改进。即便没有奥斯曼人,上帝也会把其他灾祸当作自己的工具。基督教世界真正的问题并不是奥斯曼人,而是基督徒自己。因此,基督徒应当承认并乐于接受上帝为他们安排的挑战——奥斯曼人的威胁。只有在教会克服了自身的罪恶之后，上帝才会放下他的奥斯曼之鞭。

路德在批判教皇号召十字军运动的举动时写道："由于邪恶是精神上的，人们无法靠铠甲、火枪和战马去战胜它。"[29]只有精神上的力量才能克服精神上的邪恶。而且，"由于土耳其人是我主上帝的怒火之鞭和狂怒的恶魔的奴仆，我们必须先战胜土耳其人的主人——恶魔本身，才能让上帝放下手中的鞭子。失去了恶魔的帮助与上帝的支持，土耳其人就只剩下自身的力量可以依靠了。"因此，在路德看来，要想获得和平与安全，真正重要的并不是与奥斯曼人作战，而是在基督教世界内部抗击它自身的罪恶。如果欧洲的每一个基督徒都能洗刷自身的罪恶，上帝就不再需要利用奥斯曼人作为鞭子去责罚欧洲人了，这个伊斯兰帝国也就会从大地上消失，被经过净化的基督教世界击败。

奥斯曼人对天主教会权威的削弱，为欧洲社会创造了空间，让基督徒们可以增进自身的个人信仰，让路德有机会将自己的看法广为传播。在路德看来，伊斯兰文明对基督教世界的威胁，就是伊斯兰文明对基督教世界做出的贡献。对于虔诚的基督徒来说，伊斯兰文明就是用来清除天主教中腐朽成分的工具。

※

路德把最猛烈的攻击留给了教皇利奥十世本人。"那只野兽统治着东方，"他提出，"假先知则统治着西方。"[30]"野兽"与"假先知"的出现均预示着末日审判的到来。"在土耳其人到来之后，"路德认为，"最终审判将接踵而至。"[31]

对一个国家、一种宗教或是一个群体来说，外部敌人是永远存在的。挺身而出，与来自外部的迫害基督教的异教徒对抗，自然是必要而且值得褒扬的行为。但是，城门之内的敌人更加邪恶，因为他更加难以识别——他看起来像你一样，是你认识的人，也是与你拥有同样信仰的手足兄弟。因此，这个信誉破产的教皇其实是比苏丹危险得多的敌人。埃吉尔·格里斯利斯援引路德的话说："那个土耳其人是粗鄙而且易于察觉的'黑恶魔'，并不能在信仰或理性上欺骗基督徒，'是一个在外部迫害基督教的异教徒'。相比之下，那位教皇就是那个'难以察觉的、美丽而且伪善的恶魔。他身处基督教世界内部，掌管着《圣经》、洗礼、圣餐、司钥权、教理与婚姻。'"[32] 就像萨法维王朝之于奥斯曼帝国一样，最致命的敌人恰恰是同宗信仰的手足兄弟，他们的行为方式乃至礼拜方式都与你一样，但他们的信条却已经被罪恶和对世俗权力的欲望腐蚀。

路德认为，伪君子教皇利奥十世非但没有坚守信仰的正道与善良，反而纵容邪恶腐蚀教会。在梵蒂冈阴郁的厅堂中，天主教会的精英阶层在表面上假装虔诚纯洁，实际上却在犯下一桩桩可怖的罪行。在路德看来，教皇在精神上的堕落正是天主教国家在奥斯曼帝国面前疲弱不堪的根源。"那个土耳其人只能摧毁躯体，"他写道，"教皇却可以杀死灵魂。"[33] 路德把伊斯兰文明与强调躯体、因而转瞬即逝的现世联系在一起，[34] 继而再用伊斯兰文明"不道德的肉身追求"来批判天主教会的虚伪："粗鄙、肮脏的穆罕默德占有所有的女人，而无须娶妻；纯洁的教皇也没有娶妻，却拥有所有女人。"[35]

在路德热衷的另一个与伊斯兰有关的话题，即被奥斯曼人俘获的欧洲基督徒的命运中，这种身体与灵魂、肉欲与精神之间的二元对立也占据着至关重要的地位。路德以为奥斯曼人想要迫使所有基督徒皈依伊斯兰教，但正如我们所见，这并非事实。路德并不知道也不在乎的一个事实是，奥斯曼帝国直到1517年才变成一个以穆斯林人口为主的国家，而在此之前的两个多世纪里，基督徒人口一直在奥斯曼帝国占多数。对他来说，基督徒开心地甚至自愿地生活在穆斯林的统治下，这是完全无法理解的事情。因此，在他思考奥斯曼帝国境内的基督教群体时，他完全忽略了信奉基督教的奥斯曼帝国臣民——各种各样的东正教信徒、亚美尼亚人、迦勒底天主教徒*和其他生活在巴尔干或中东的基督徒。

路德主要挂念的是两类生活在奥斯曼帝国境内的欧洲基督徒。第一类是被从巴尔干地区掳走并被强迫改信伊斯兰教的基督徒男孩，他们后来会获得各种优待，并被培育成帝国武装中的上层梯队，即"德夫希尔梅"制度下的基督徒男孩。第二类是在战争或海盗活动中被掳走成为奴隶的基督徒，这些人从此丧失了自由，也没有任何特权，被视作一种现成的劳动力，通常在作为战舰的桨帆船中充当桨手。

一些欧洲人尤其对"德夫希尔梅"制度感到忧心忡忡，这一制度也给路德出了一道神学上的难题：倘若一名欧洲士兵杀死了一名出身于"德夫希尔梅"制度的奥斯曼士兵，那么他是不是相当于杀死了一名来自基督教世界的同胞？或许其中一些奥斯曼士兵是为了生存而在表面上装作穆斯林，但在灵魂深处依然把自己当作一名忠实的基督徒（有趣的是，在西班牙宗教裁判所，他们也怀着类似的猜测去看待皈依了基督教的犹太人和穆斯林）。为了减轻这一

---

* 迦勒底天主教徒（Chaldean），一些有亚述人血统的基督徒，目前留在中东故土的迦勒底天主教徒主要生活在伊拉克和土耳其。——译者注

担忧，路德坚持说，即便一名基督徒为了生存而在躯体层面皈依了伊斯兰教（在天主教的世界观里，这一说法本身的真实性就十分可疑），但当他拿起武器来与虔诚的基督徒作战时，就表明他的灵魂已经彻底堕落了，这位前基督徒也因此注定要堕入地狱。

路德主张，其他那些被奥斯曼人掳获的欧洲基督徒——在战争中被俘获的军人和平民，他们并不会皈依伊斯兰教，但会被迫从事繁重枯燥的劳作——应当将自己被奴役一事视作上帝对自己的惩罚，为了追求灵魂的进步，他们应当心甘情愿地接受这一惩罚。路德说，这些奴隶应当"尽可能忠实而勤勉地为购买了他们的主人服务，即便他们自己是基督徒，而他们的主子可能是一名异教徒或是土耳其人"。[36] 他们的奥斯曼主子大可以折磨这些奴隶的躯体，强奸他们，打断他们的骨头，但只要他们饱受折磨的身躯内的灵魂依旧纯洁、信实，奥斯曼恶魔就永远无法取胜。同样的道理也适用于奥斯曼帝国中另一大基督徒奴隶群体，即奥斯曼后宫中的欧洲女性。"如果已婚女性被带到了土耳其，被迫与其他男子同吃同住，"路德写道，"她们必须为了主基督而耐心地顺从、忍受，永远不要像遭到诅咒一样感到绝望。无论敌人对她们的躯体做了什么，她们的灵魂都对此无能为力。"[37] 而身体承受的痛苦，反过来却可以将信徒的灵魂洗刷干净。在路德的神学理论——这后来成了新教理论中的核心信条之一——之中，现世的贫苦可以换来在天国的富足。因此，在"德夫希尔梅"制度下皈依了伊斯兰教的前基督徒士兵，因为他们在现世中获得了相对的特权，而必将受到永恒的诅咒；而地位低下的基督徒奴隶桨手和失去了自由的女奴，则会由于虔诚地接受了自身的苦难而获得永生。

❈

在路德有关奥斯曼帝国和伊斯兰文明的大量叙述之中，人们可以看到他对于穆斯林更具洞见性的、不同于基督教世界一般认知的观点。[38]实际上，他在自己那不断发展的哲学观点和伊斯兰教之间，找到了许多相似之处。其中最重要的，可能就是他和伊斯兰教对破坏偶像的共同信念。提到穆斯林时，他写道："他们排斥一切形象与图画，只对神表达敬意。"[39]比起天主教对绘画与镀金装饰品的痴迷，以及神职人员中的精英阶层对奢华服饰的热爱，伊斯兰教对"唯一真主"与精神层面崇拜的单纯强调更让路德中意。

而在伊斯兰教与路德最终确立的新教之间，还有一个形式上的相似之处——它们都厌恶严格的神职人员等级制度。[40]路德深信，宗教官僚体系正是天主教会的种种弊端——贪财好利、贿赂公行和政治阴谋——的滋生之源。路德认为，更为可恶的是，天主教会坚称自己是信众与上帝之间的中间人。教会对上帝的旨意给出所谓官方解释，实际上是在阻止人们与神发展直接的联系，不让人们自己去了解神。路德相信，《圣经》的每一个读者或聆听者都有能力，甚至也有义务去亲自解读上帝的话语。他主张，没有任何人可以垄断对上帝旨意的解读权，因此也就没人可以在与神的精神交流这件事上拥有超越他人的权威。

在这一方面，路德对伊斯兰教颇为欣赏。[41]无论是基督新教还是伊斯兰教，都不存在教皇这样的角色或主教团这样的组织。对新教和伊斯兰教的宗教组织来说，它们存在的意义仅仅是帮助信徒虔诚地生活和祈祷，而不是对信徒指手画脚。在伊斯兰教中，虽然学者和受人景仰的神学家会就《古兰经》的内容给出一些指导，但每个人都有权根据《古兰经》的经文或其他权威文献来推导出自认为正确的结论。当然，并非所有解读都会被视作可以接受的经文解释，有些解读会被大多数穆斯林裁定是错误的或有罪的。不过，伊斯兰教还是像新教一样，坚持认为人们拥有自行解读经文的自由，也不允许任何宗教权威将对经文的不同解读裁定为非法。事实上，正是因为伊斯兰教准许甚至支持对教规的不同解读，有关伊斯兰传统的大量文献中才会充斥着异议和相互矛盾的观点。新教和伊斯兰教鼓励人们对教义做出自己的解读，而天主教则反对人们做出自己的解读。

路德对奥斯曼帝国和伊斯兰教的看法，无论是正面的还是负面的，都让他更坚定了一个看法：天主教会已经堕入了无法挽回的谬误之中，而宗教改革就是他的个人使命。即便奥斯曼人依然在掳掠、杀戮欧洲的基督徒或强迫欧洲的基督徒皈依，路德仍然将教皇制度视作基督教最大的敌人，他认为，正是这一隐秘的堕落之源，从源头上给了奥斯曼人为非作歹的机会。

※

奥斯曼帝国的统治者塞利姆也选择了一条与路德类似的道路，两路并进，一方面强调个人虔诚的重要性，另一方面着手改革本国的宗教体制。塞利姆在1516年和1517年完成的征服，不仅让他的帝国自开国以来首次成为一个穆斯林占主体的国家，同时也让奥斯曼帝国拥有了阿勒颇、大马士革、开罗、耶路撒冷、麦加和麦地那等拥有悠久而且光荣历史的穆斯林文化和学术名城。这些古老的城市承载着伊斯兰世界最负盛名的一些宗教场所，例如麦加和麦地那的多座清真寺、开罗的爱资哈尔建筑群（al-Azhar）、耶路撒冷的圆顶清真寺，等等。这就要求奥斯曼人必须表现出自己对宗教的虔诚。在此之前，奥斯曼帝国征服的大部分地区都是基督教世界的土地，帝国的行政体系内也充斥着后来皈依伊斯兰教的前基督徒。因此，尽管身为征服者，奥斯曼人还是必须证明自己的穆斯林身份，才能赢得这些新征服土地上居民（其中大部分是阿拉伯穆斯林）的忠心。

1517年，塞利姆几乎在一夜之间成了哈里发，这就让他面临一项艰巨的挑战——他必须成为伊斯兰信仰首要的捍卫者。为了承担这个新的重任，塞利姆立即行动起来，让自己的个人生活和行为具备越来越多的伊斯兰特征——从他的服饰风格，到他坚持将哈里发头衔与苏丹头衔并用，再到他对宗教机构的大力资助。与此同时，他还重塑了在伊斯兰世界影响范围最广的、最为中央集权化的宗教机构——伊斯兰法庭体系。这些伊斯兰法庭几乎遍布国内的每一座城市和小镇的主要区域，是十分高效而且易于被人们感知到的帝国派出机构，也是帝国与其子民之间最直接的交流场所。

与美国的司法体系有一点相似，伊斯兰世界的政治当局负责任命法官，并监督伊斯兰法庭的运转。至少在理论上，伊斯兰法治的基石是沙里亚法，即伊斯兰法律文献的集合，这些文献从先知穆罕默德在世时就已经出现，大部分在伊斯兰教诞生后的最初两个世纪成为伊斯兰世界的法典。由于沙里亚法是一套庞大且复杂的法律知识与实践的集合，这就给了法官们运用个人判断的灵活空间，他们的裁决往往只与沙里亚法保持着非常微弱的联系。因此，在1517年之前长达数个世纪的时间里，地方上的法官一直拥有很强的自治权和独立性，基本上不受国家权力的管辖，几乎完全依靠个人对沙里亚法的理解、传统做法和司法先例来裁决案子，有时甚至肆意妄为。

在1517年之后，塞利姆对司法体系进行了革命式的革新。他用一个更加正式的管理机构，将散布在帝国原有版图上的和刚刚从马穆鲁克帝国手中夺取的土地上的法庭统一管理起来。几十年之前，还在特拉布宗总督职位上的塞利姆曾经做过类似的事情，只不过涉及的范围要小得多。通过扩张法庭的管理权限和能力，塞利姆将法庭变成了国家权力强有力的派出机构，将它们从理论上的沙里亚法的执行者变成了世俗的治理机构，让它们负责处理范围更广的事务，其中许多事务几乎与伊斯兰教法毫无关系。就像路德改革天主教会的目标一样，塞利姆也想把伊斯兰教法法庭变成一个可以满足人们日常需求的社会组织。

塞利姆颁布了一部新的帝国法典，从而将法庭世俗化，让它们变得更易于打交道，也更加高效。现在，伊斯兰法庭具有多种功能，集合了地方公共档案室、警察局、公开羞辱平台和争端解决机构等数个角色。这些法庭被改造得仿佛是帝国派驻各个城区和乡下地方的大使馆，逐渐让新征服地区的人们看到，奥斯曼帝国政府的存在可以改善他们的物质生活和个人境遇，从而帮助帝国赢得了这些人口的忠诚。人们可以通过法庭来保护自己的财产，决定田产的归属，指控配偶私通，以及登记花在某个新的施工项目上的开销。更重要的是，塞利姆的改革让奥斯曼帝国的子民们在历史上第一次拥有了为当地社群活动留下受保护的永久性公共记录的权利，这可以方便他们在日后出现纠纷时或其他情况下查阅使用。就这样，法庭成了保存当地社群的历史和共同记忆的宝库。

与流行的看法和较早的一些作者，比如萨勒曼·鲁西迪

（Salman Rushdie）、托马斯·弗里德曼（Thomas Friedman）和阿亚安·哈尔西·阿里（Ayaan Hirsi Ali）（他们中的许多人是穆斯林或曾是穆斯林，这使得他们的看法似乎更可信）的论断[42]恰恰相反，伊斯兰教其实经历过一次宗教改革。塞利姆的伊斯兰宗教改革，为伊斯兰教和伊斯兰宗教组织提供了在一个不断变化的世界中发挥作用的新方式。由于塞利姆为自己争取到的独一无二的地位，他也成了唯一一位能够主导这样的改革计划的统治者。在所有的伊斯兰君主中，只有他能够对伊斯兰文明与宗教机构加以变通，使它们可以成为通行于一个帝国内部的普遍治理原则。在塞利姆的改革下，伊斯兰法庭体系得以服务于世俗统治，这正是伊斯兰历史上最具里程碑意义的行政体系改革，也让奥斯曼帝国在16世纪早期世界的全球性宗教改革运动中居于舞台中心的位置。

※

马丁·路德和苏丹塞利姆几乎同时对他们所在的宗教文化做了重大改革，这并不是什么巧合。这两项事业是对同样的全球局势的反应。更重要的是，他们两个人的所作所为，也影响到了对方的思想和行为，仿佛音乐上对位的两段旋律一般。奥斯曼帝国在军事上的成功揭露了基督教世界的虚弱及其在意识形态上的腐朽；反过来，在16世纪早期，敌对阵营之间高涨的末日决战热情也迫使奥斯曼人在1517年之后必须更主动、更直接地将自己标榜为捍卫全球伊斯兰文明的先锋。路德在自身信仰与伊斯兰信仰之间看到了相似之处。塞利姆及其继承者们看到基督教的宗教改革运动导致了欧洲的进一步分裂，决定要对这一机遇善加利用。随着新教与天主教之间的暴力冲突愈演愈烈，基督教世界陷入分裂，这就给了苏莱曼统治下的奥斯曼帝国大幅扩张版图，尤其是在欧洲东南部扩张版图的机会。因此，尽管路德的基督徒同胞与塞利姆的穆斯林子民公开将对方视作意识形态上的死敌，但他们最终却同时走向了各自的宗教改革，并十分留意着对方的一举一动。

塞利姆和路德一边试图将旧有的宗教组织改造成可以服务于信众个人需求和利益的具有实用价值的机构，同时还要在宗教内部打一场手足之战，不得不描绘并捍卫自己对于社会与世界的理想，并论证为什么自己的世界观要优于对手的世界观。在这场对世界主宰权的争夺中，所有野心勃勃的参与者——塞利姆、路德和他们各自的对手萨法维王朝和天主教会——都发展出了普世性的理念，宣称在末日决战之后，自己将是全世界独一无二的统治者。无论是逊尼派、什叶派，还是新教徒、天主教徒，他们都把宗教与政治联系在了一起，他们发动的战争不仅是争夺帝国版图的战争，也是争夺永恒领域支配权的战争。不过，在这几方之中，奥斯曼人是最突出的一方，因为正是他们发起了这场争夺世界统治权的政治与宗教之争。他们不断开疆拓土，迫使他们的敌人认定最终决战即将到来。他们证明了形形色色的统治者所谓神授君权的破产，挑战了其他人持有的"神站在我这一边"的信念。

今天，许多穆斯林并不知道或者有意忽略的一个事实是，苏丹塞利姆在大约500年之前就领导过一场伊斯兰世界的宗教改革。与之相类似，当世的新教徒们可能无法承认或接受的一个事实是，他们的历史和成功在很大程度上也受益于奥斯曼帝国。

25

美洲的塞利姆

约翰·史密斯的弗吉尼亚地图,上面画着他的个人徽记——三颗土耳其人人头

如果在考虑到奥斯曼帝国崛起这一因素的同时看待美洲的历史，我们就能看到一种不同于主流解读的叙事方式。在主流叙事中，伊斯兰文明在欧洲向新世界扩张的过程中并没有发挥任何作用。但我们已经看到，作为那个时代的产物，哥伦布和他的赞助人伊莎贝拉女王都满怀着十字军远征的狂热，而执迷于伊斯兰威胁的西班牙人，也把他们对伊斯兰文明的恐惧带到了新世界。从西班牙殖民时期开始一直到今天，对伊斯兰威胁的担忧——这种担忧通常是非理性的——始终贯穿着美洲的历史。在美洲的历史上，没有哪个群体被污名化的时间比穆斯林更长。

※

每个学童都学过，哥伦布扬帆起航的时候，心中的目标是印度。不过，很少有学童学习过哥伦布为什么要试图横渡大西洋——他希望可以与东方的大汗结盟，以夺回耶路撒冷并摧毁伊斯兰文明。此外，他还有一个更无趣的目标——找到另一条商路，摆脱奥斯曼帝国和马穆鲁克帝国对商路的垄断。西班牙刚刚取得对格拉纳达的伊斯兰王国的最终胜利，对此事记忆犹新的哥伦布在抵达美洲后到处都能看到，或者更准确地说是在幻想中看到穆斯林。西班牙征服者们将声称自己在墨西哥看到了清真寺、穿着"摩尔人"衣服跳"摩尔人"舞蹈的美洲印第安人、从太平洋入侵新西班牙的土耳其人，乃至试图让美洲原住民皈依伊斯兰教的西非奴隶。这些来到新世界的欧洲人用他们在与穆斯林作战过程中形成的观念来看待美洲的一切事物，在这里为古老的十字军运动开启了崭新的一章——一种新的天主教"圣战"。在那些跟随哥伦布航行到美洲的马塔莫罗（即"摩尔人杀手"）故去许久之后，伊斯兰文明依然在塑造着欧洲和新世界的历史，以及欧洲与新世界之间的关系。

在 1492 年这个无可争辩的历史分水岭的前后，伊斯兰始终都是最让欧洲人执迷的要素，也是欧洲人长久的对手和文化上主要的"他者"。他们既是欧洲人在战场上的敌人，也是引发欧洲历史性变革的因素。在整个 17 世纪乃至到了 18 世纪，欧洲人对奥斯曼帝国与伊斯兰文明的关注都要远远超过对大西洋彼岸的关注。实际上，当时的大部分欧洲人明显对美洲缺乏兴趣。例如，虽然查理五世是对西班牙帝国在新世界的迅速扩张贡献最大的统治者，但他的回忆录中对美洲却连一个字也没有提及。[1] 最让他无法释怀的还是奥斯曼人在欧洲的攻势，以及基督教世界在伊斯兰文明面前越发衰弱的态势。在 16 世纪的法国，与伊斯兰文明有关的书籍的数量是与美洲和非洲有关的书籍的两倍。总的来看，从 1480 年到 1609 年，欧洲出版的关于伊斯兰世界的著作是关于美洲的著作的四倍。[2] 这一差距在 17 世纪变得更大。

如同来自西班牙的先行者们一样，一个世纪之后的英国人在来到新世界之后，也开始利用自己在欧洲和地中海与穆斯林打交道的经验来理解美洲的印第安人。就拿英国人前往北美的典型个例——"五月花号"来说，这艘船在扬帆起航横渡大西洋之前，就曾经活跃在地中海上与穆斯林做生意。[3] 1607年创立了詹姆斯敦（Jamestown）殖民地的约翰·史密斯（John Smith）[4]，在横渡大西洋之前曾经有过长达数年的戎马生涯。他曾在匈牙利和瓦拉几亚（Wallachia，今天是罗马尼亚的一部分）帮助当地人击退过奥斯曼人，在1602年被奥斯曼人俘获，在被奴役了两年之后才得以逃脱。后来，当他成了新英格兰的舰队司令之后，史密斯把科德角（Cape Cod）附近的三座岛屿命名为"三颗土耳其人人头"，还把今天的安娜岬（Cape Ann）命名为"特拉加比格赞达角"（Cape Tragabigzanda），以纪念他在奴隶岁月中爱上的一位年轻女主人。[5] 史密斯的个人徽记与梅尔乔·德·卡斯特罗在1521年伊斯帕尼奥拉岛的沃洛夫人叛乱后所设计的徽记类似，上面画着三颗人头，据说代表了他在东欧作战时杀死的三名土耳其人。"凄然就戮的土耳其人发出的哀号，"他写道，"正是世间最动听的声音。"[6] 除了他写的地中海见闻的书籍与有关弗吉尼亚和新英格兰的著作之外，史密斯还绘制了第一张弗吉尼亚地图，并且骄傲地把个人徽记画在了地图的右下角。[7] 于是，就在皮里·雷斯绘制出第一张加上了美洲大陆的世界地图一个多世纪之后，奥斯曼人又出现在了北美洲最早的地图上，尽管出现的方式大不相同。在徽记上那三颗头颅的下方，史密斯还加上了他最喜欢的拉丁文格言：Vincere est vivere（为征服而活）。

　　史密斯的确去征服了。很快，他就会把数百颗印第安人的头颅也记在他从旧世界带来的可怖的功劳簿上。就像那些西班牙征服者一样，史密斯和难以计数的来到美洲作战的英国人也曾经在地中海与奥斯曼人战斗过或做过生意，抑或是以其他什么方式产生过联系。在来到詹姆斯敦之前几年，后来担任过弗吉尼亚殖民地秘书的威廉·斯特雷奇（William Strachey）曾经在伊斯坦布尔度过了一段时光，而后来出任过弗吉尼亚殖民地财政官的乔治·桑迪斯（George Sandys）曾经游历过奥斯曼帝国的许多地方——伊斯坦布尔、耶路撒冷、埃及，还写过一本十分畅销的游记。[8] 我们也许会因此推断他们应该对奥斯曼帝国有着更清楚的认知，但实际上，这些英国人依旧像一个世纪之前的西班牙人一样，认定穆斯林的触角已经伸到了大西洋彼岸。例如，他们也认为美洲原住民的舞蹈发源于旧世界的穆斯林舞蹈。[9] 他们在理解新世界事物的时候，也喜欢套用自己之前的个人经历。斯特雷奇拿印第安人穿的鹿皮裤子与"土耳其人的时尚"[10]做对比，而史密斯则写道："倘若有大人物光临一位酋长（Werowance）的住所，他们就会在地上铺上毯子，让他坐在上面，就像土耳其人会拿出地毯来一样。"[11]

奥斯曼帝国还通过其他方式对英国人的美洲殖民地施加了影响。17世纪，在成千上万远渡大洋来到美洲的英国新教徒中，有很多人会把自己离开英国的原因归结为两个：同宗的天主教信徒对他们的不公正对待与歧视，以及身为穆斯林的奥斯曼人带来的灾祸。1621年，"五月花号"的乘员罗伯特·库什曼（Robert Cushman）就曾写道，旧世界正在经历新教与天主教之间的三十年战争，而美洲可以成为人们的避难所："欧洲的基督徒冷酷，放纵，亵渎福音书，争执不休，而土耳其人的奴役或教皇的暴政（这也是上帝禁止的行径）或许是上帝惩罚他们的方式……但也有一条生路，就是生出翅膀，飞到这片荒野之中。"[12] 正如路德在发动宗教改革之初所做的那样，库什曼也同时提到了两大敌人：教皇和苏丹。在他看来，在教皇冠冕与苏丹头巾的双重压迫之下，自己可以在美洲得到救赎。

救赎之路并非坦途。殖民者面对着极其恶劣的生存条件、高企的死亡率和十分微薄的收益，在美洲建立永久定居点的希望似乎十分渺茫。一直到大约一个世纪之后，英国人才终于在美洲据有了很少的一点土地，有些人甚至在大西洋西海岸获得了一些利润。不难理解，美洲原住民通常对殖民者充满敌意，但事实最终证明，沟通并不是不可能的。如果有些东西通过沟通无法得到，他们就通过征服的手段来强夺——作为基督徒，他们认为自己高人一等，有权占有这些土地。尽管这些新生的殖民地进步缓慢，但到了17世纪末，当英国人依然在北非与奥斯曼帝国和巴巴里海盗[13]争斗不休的时候，他们在北美的事业已经开始出现大获成功的迹象了。[14]

在那个世纪，北非依然是英格兰在海外活动的主要舞台。[15]在17世纪，盛产黄金、奴隶和香料的名声让北非比北美吸引了更多的英格兰冒险家。其中一些人赚得盆满钵满，但更多的人却折戟于北非数不清的独立国家和海盗头目的强大实力面前。巴巴里海盗经常在大西洋东部和地中海劫掠英格兰船只（其中许多船只在往来美洲的路上），把船上的人掳为奴隶。实际上，在17世纪末，在北非当奴隶的英格兰人总数甚至超过了身在北美的自由英格兰人。[16]正如学者纳比勒·马塔尔（Nabil Matar）精妙地总结的那样："弗吉尼亚的征服者就是阿尔及尔的奴隶。"[17]

1699年，臭名昭著的清教徒牧师科顿·马瑟（Cotton Mather）曾经哀叹说，许多可能成为新英格兰殖民者的人在北非沦为了奴隶。"上帝把他的一些子民送入了非洲残暴怪兽的手中。追随穆罕默德的土耳其人和摩尔人，与魔鬼一道，正在压迫上帝的诸多子民，让他们沦为奴隶，教他们求死不能。"[18] 就这样，马瑟——他本人也是一名蓄奴者——把以他自己为代表的英格兰美洲殖民事业与地中海的穆斯林联系在了一起。就在他攻击北非奴隶制的同时，他却对在美洲和英格兰奴役非洲人（不管是穆斯林还是非穆斯林）并无异议，甚至持鼓励态度。[19] 他还主张，为了加速以色列王国在巴勒斯坦的复兴，为了为基督再次降临铺平道路，所有的基督徒都有义务为消灭奥斯曼帝国贡献力量。

到 18 世纪初，英国人在北美的征服事业成了英国殖民战争的最佳范本。英国人在他们的两个主要战场获得了截然不同的结果：他们在弗吉尼亚和新英格兰取得了成功，而他们在北非进行贸易和殖民活动的尝试基本失败。因此，他们很容易就做出了放弃北非的决定。不过，英国人将在 19 世纪早期返回中东，殖民这里的部分地区。当奥斯曼人在 1500 年左右将欧洲人逐渐挤出地中海时，他们全然不知欧洲人有朝一日将如何凶猛地卷土重来。

※

我们已经看到，发生在欧洲与伊斯兰文明之间、旧世界与新世界之间跨大西洋的战争、文化毁谤与殖民活动从 15 世纪和 16 世纪就已经开始。而即便到了美洲殖民地开始主张脱离英国独立的时代，幻想中的穆斯林阴影依然没有离开北美大陆。正如之前的西班牙人和英国人一样，美国的开国元勋们也在伊斯兰文明并不存在的地方看到了它的身影。在 18 世纪中叶的北美，最大的穆斯林群体其实是奴隶。尽管人们估算的结果不甚一致，但是在 16—18 世纪，穆斯林人口可能占到北美非裔奴隶总数的十分之一。[20] 然而，由于整体处于被奴役的状态,且分布得极为分散,他们显然无法对蓬勃发展中的美利坚合众国构成所谓的"伊斯兰威胁"。

尽管如此,在起草美国宪法的时候,穆斯林是否有权成为美国总统却十分诡异地成了人们争论的话题之一。[21] 由于穆斯林被视作"永恒的外部敌人"[22],国父们在探讨年轻的美国的公民权与宗教自由理想时,把穆斯林(而不是犹太人和天主教徒)视作法律上主要的极端情况之一。在1788年,一名"想象中的"穆斯林究竟是否可以成为美国总统这一问题在理论上得到了肯定(尽管不甚情愿)的答复。[23] 考虑到穆斯林在那一时期实际上并不能参与到美国的事务之中,美国宪法的起草者们竟然会思考穆斯林成为总统的问题,可见美国人也从他们的起源地——欧洲——继承了对伊斯兰威胁的担心。

哥伦布曾经把大洋彼岸的土地视作获取资金的来源,以便资助"重夺"耶路撒冷的末世之战。清教徒则把美洲视作新的耶路撒冷。到了19世纪,美国人把美国西部的荒野看成他们必须要挽回的伊甸园。由此可见,"圣地"一直存在于欧洲人和后来的美国人对新世界的理解之中。到了19世纪,随着越来越多的美国人真的来到耶路撒冷观光、做生意或从事宗教活动,他们那个在北美大陆存在一个美国伊甸园的理念在很大程度上影响了他们与奥斯曼帝国治下的巴勒斯坦的互动。

在美国内战结束之后,亚伯拉罕·林肯和他的妻子玛丽·托德(Mary Todd)曾经讨论过要进行一次远行,以忘掉战争带来的恐怖和悲剧。[24] 他们先是考虑前往"西部,一直走到加利福尼亚去,随后可能去欧洲";另一个选择则是"前往耶路撒冷的特别的朝圣之旅,因为林肯经常说他十分渴望亲眼看到耶路撒冷"。由于林肯遇刺，他们的计划终究成了泡影。不过，据说就在林肯去世前，他和玛丽已经决定选择耶路撒冷之旅。在林肯的脑海中，加利福尼亚和耶路撒冷是彼此相关的。对于美国人来说，它们既是精神上的归宿，又是地理上的旅行目标。这一理念源自当年促使哥伦布西行的同一个十字军神话——一个关于重夺应许之地的救赎之旅的神话。

而那些真的渡过大西洋来到中东的19世纪作家，不仅对耶路撒冷有着与林肯类似的看法，还公开把穆斯林与美洲原住民强行联系在了一起——这也是当时和后来的美国人理解东方的方式。哥伦布曾经试图用他对旧世界伊斯兰文明的理解去认知美洲的原住民，而19世纪的美国人则好似镜像一般，用他们关于美洲原住民的知识去理解他们在圣地看到的一切，尽管这种知识往往非常欠缺而充满贬损。因此，马克·吐温才会在1869年出版的《傻子出国记》(The Innocents Abroad)中这样描写从大马士革前往耶路撒冷之旅：他看到的那些"肤色黝黑的男人女人经常让我想起印第安人……他们安静地坐着，带着似乎无穷的耐心注视着我们的一举一动。他们的神情中透露出一种不怀好意又逆来顺受的粗鲁态度，这种神情与印第安人一模一样，让白人紧张不已、坐立不安，心中不禁生出要将他们的族群整个铲除的恶念"。[25] 他后来又说："我们周围的这些人还有其他一些特点，一些我曾经在高贵的红种人身上看到过的特点：他们身边围绕着毒虫，尘土覆盖在他们身上，让他们的皮肤看上去像树皮一样。"[26] 如果说，对于哥伦布而言，穆斯林曾扮演了用来理解世界上其他地方不同之处的"他者"角色的话，那么对马克·吐温而言，美洲原住民也扮演了相同的角色。

赫尔曼·梅尔维尔（Herman Melville）在他1876年出版的史诗级游记长诗《克拉瑞尔》(Clarel)中这样描述埃及尼罗河三角洲

的诸座金字塔：

> 三座印第安人的土丘
> 穿过了水平的地平线。[27]

而在提到于约旦河附近的道路上遭遇一伙阿拉伯强盗的经历时，他这样写道：

> 你们携着长矛和匕首而来！
> 凶恶胜过了我们西方的红种人
> 那些涂着泥土油彩的酋长悄悄迫近
> 又把战斧挥舞起来。[28]

最重要的是，无论是梅尔维尔还是马克·吐温，他们都完全无法将伊斯兰文明纳入他们自己的世界，而19世纪的美国作家华盛顿·欧文（Washington Irving）在这点上与他们不同，因为他曾经研究过西班牙伊斯兰时期的宗教和历史，并且参考阿拉伯文和西班牙文资料写过有关这些题材的书。[29] 因此，他向美国公众介绍伊斯兰世界的作品更有学术气息，也抱有更多的同情态度。而对于梅尔维尔和马克·吐温来说，伊斯兰文明永远是"他者"和唯一的敌人，是可以用在文学与修辞之中的素材，但不值得被认真、细致地对待。例如，在梅尔维尔看来，在基督的出生地伯利恒（Bethlehem）生活着信仰基督教的阿拉伯人，是让人十分困惑，甚至似乎让他有些恼火的事实：

阿拉伯天主教徒？别胡说了！
有些词语根本无法放在一起。[30]

而马克·吐温理解伊斯兰文明的方式，是将其融入他所了解的美国。在其名作[*]的续篇之一、于1894年出版的《汤姆·索亚在海外》(*Tom Sawyer Abroad*)中，汤姆告诉哈克，穆斯林"就是长老会之外的人"。哈克回答说："那我还真没意识到，原来在密苏里就有好多这样的人。"[31] 当然，这显然是一种讽刺，但这个笑话也揭示了一个历史事实：正如在哥伦布时代一样，即便到了19世纪，伊斯兰文明依然超出了美国人认知世界的范畴，是马克·吐温可以用来说明在密苏里州只有长老会教徒比较重要的极端案例。所有超出他们认知范畴的人，都可以被当作穆斯林。

到了20世纪，出现在艺术创作中的伊斯兰世界依旧延续了美国人一直以来的认知："未开化""邪恶的穆斯林""贪婪、放荡的阿拉伯人"。在新兴媒介——电影中，《月宫宝盒》[†]、《撒哈拉之子》(*A Son of the Sahara*, 1924)和《沙漠新娘》(*The Desert Bride*, 1928)之类的影片也将这些固有印象搬上银幕，播放给美国的观众。[32] 从20世纪早期一直到今天，暴虐、阴郁的阿拉伯恶棍形象一直是好莱坞的最爱。而在20世纪的美国文学中，对伊斯兰世界的夸张描绘也依然盛行。在"垮掉的一代"作家中，珍妮·鲍尔斯(Jane Bowles)、保罗·鲍尔斯(Paul Bowles)、威廉·巴勒

---

[*] 这里指《汤姆·索亚历险记》。——译者注
[†] 《月宫宝盒》(*The Thief of Bagdad*, 1924)，片名直译为"巴格达之贼"。——译者注

《月宫宝盒》(1924年)海报

斯（William Burroughs）和艾伦·金斯伯格（Allen Ginsberg）都曾经于 20 世纪五六十年代在摩洛哥生活过一段时间。[33] 无论是在他们的作品中，还是在他们的个人生活中，这些嬉皮士反主流文化运动的标志性人物都经常对摩洛哥人持种族主义态度。他们的这种态度，与其说与他们通常主张的精神自由的未来有什么共同之处，还不如说更接近于他们身边行将就木的殖民主义旧秩序的种族主义态度。对于这些美国文学史上的重要人物来说，摩洛哥是一个可以享受性与大麻、充满帝国与怀旧情绪的自由边疆，而生活在这里的人民至多不过是背景幕布，在最坏的情况下，他们甚至只是用来压榨的性对象。

※

　　美国开始越来越多地直接与真正的穆斯林打交道。一方面，美国从 19 世纪和 20 世纪之交开始接受移民，从而在美国本土与真正的穆斯林产生了联系；另一方面，在中东和其他地方，海外旅行、基督教传教活动、海外移居、外交活动和战争（这一原因越发重要）等也让美国人与真正的穆斯林产生了联系。与此同时，有着漫长的历史但时常纯属臆想的对穆斯林和伊斯兰文明的恐惧也保留了下来。在过去的半个世纪中，有一种形象主宰了这种恐惧——恐怖分子。在许多人看来，美国人在黎巴嫩、索马里、伊拉克、也门和阿富汗等地死于非命的事件证实了伊斯兰的邪恶，而"9·11"恐怖袭击更是把毁灭带到了美国本土。这些太过真实的"穆斯林杀戮美国人"的例子，为存在了数个世纪之久的"穆斯林威胁美国"的想法注入了新的生命力。在 21 世纪早期的今天，人们对穆斯林的想象——冷酷无情、热衷暴力、充满仇恨——替代了穆斯林在美国的真实身份——公民、为人父母、选民、美国人。正是由于对伊斯兰威胁的担忧由来已久——在我看来，这种担忧从欧洲人第一次踏上美洲大陆时就开始了——当代社会对伊斯兰文明的恐惧和妖魔化也就轻而易举地产生了。

我无意否认穆斯林曾经袭击美国的事实，他们的确做过这样的事情。然而，不容置疑的现实是，穆斯林并非当代美国境内最主要的恐怖分子——这一殊荣属于白人民族主义者。自从"9·11"事件发生后，白人民族主义者——他们几乎都自称是基督徒——发动的恐怖袭击的次数超过了美国境内的其他任何族群。[34] 然而，美国境内的穆斯林却依然被当作最可能对美国人采取暴力活动的潜在凶手，也因此时常成为美国歧视性立法和仇恨犯罪的目标。[35]

当代美国对穆斯林威胁的非理性幻想有多种表现形式。例如，在 2010 年到 2018 年之间，有 43 个州颁布了 201 个旨在禁止沙里亚法的法令，因为它们将沙里亚法视作对西方的潜在威胁。[36] 显然，他们从未探讨过塞利姆在 1517 年之后对沙里亚法庭的改革。否则，这些州立法机关或许就会意识到，在这些沙里亚法庭数个世纪间对上百万起案件做出的判决之中，绝大部分判决几乎与沙里亚法——无论是沙里亚法本身还是对它的解读——无关。他们或许还能意识到，伊斯兰法庭曾经同时服务于穆斯林和非穆斯林，而基督徒和犹太人往往宁愿选择伊斯兰法庭，而不选择他们本族群的法庭。如果与欧洲的基督教法庭加以比较的话，他们也许会发现，塞利姆时代的沙里亚法庭赋予宗教少数群体的权利更多，尤其在家庭法领域给予了女性更多的权利。当然，在如此具有话题性的讨论当中，历史事实通常是不被人们重视的。

与"美国本土的伊斯兰威胁"这一论调有关的例子不胜枚举。例如,美国的许多右翼人士声称贝拉克·奥巴马总统是穆斯林(甚至更糟,是一名秘密的穆斯林),这直接呼应了美国开国元勋们关于穆斯林是否能够成为总统的辩论。而一度在选战中领先的共和党候选人,后来成了唐纳德·特朗普政府的住房和城市发展部长的本·卡森(Ben Carson)在2016年总统选举中发表的一段声明就不只是呼应前人那么简单了:"我不会建议让一名穆斯林来主宰这个国家,我绝不会同意这种做法。"[37] 在21世纪早期的今天,生活在美国的穆斯林人口已经比18世纪时多了数百万。因此,在2016年,"穆斯林能否成为总统"这个话题就不再仅仅是一个理论层面的法律问题,也是一个会对现实世界产生巨大影响的问题。选战结束后,美国政府试图禁止穆斯林进入美国的事件就让我们痛苦而清楚地看到了这一点。

在2016年大选之后,关于美国南部边境的移民问题(移民路线会穿过包括马塔莫罗斯在内的城镇),一个更极端的主张出现了,声称穆斯林构成了对美国的"入侵"的一部分。一位"边境农场主"声称在自己的地界上发现了一些"祷告毯",唐纳德·特朗普总统则在推特上表态支持此人。[38] 事实证明,所谓穆斯林恐怖分子(在此案例中,则是所谓中美洲罪犯和毒贩团伙)从墨西哥进入美国的指控往往只是天方夜谭,但人们总是只相信自己的幻想,而罔顾事实。在1492年,人们想象在美洲有摩尔人的存在,而到了今天,人们又想象有穆斯林恐怖分子越境而来。别忘了,在过去30年中,是美国曾数次入侵伊斯兰国家,而不是伊斯兰国家入侵美国。即便到了2020年,美国依然在阿富汗、伊拉克、叙利亚、也门和其他地方与伊斯兰世界交战,甚至美国在阿富汗的战事有可能是它曾经参与的历时最长的一场战争。在这些战争中，美军驾驶着"阿帕奇"（Apache）和"基奥瓦"（Kiowa）直升机飞过伊斯兰城镇，对着下方的目标发射"战斧"（Tomahawk）导弹。在"杰罗尼莫行动"（Operation Geronimo）中，美国海军海豹突击队乘坐着"黑鹰"（Black Hawk）直升机趁夜发动突袭，在巴基斯坦打死了奥萨马·本·拉登。从这些词汇中可以看出，美国人数个世纪以来一直把针对美洲原住民的暴力活动和针对伊斯兰世界的暴力活动在理念上联系在一起。*

实际上，"伊斯兰是美洲的心腹大患"是新世界最古老的文化桥段之一，与欧洲的殖民活动和欧洲人带到美洲的疾病一样古老。因此，要理解美洲的历史，就必须了解这一想法。我们已经看到，在1492年之后，欧洲殖民主义把美洲糅进了欧洲人与伊斯兰世界漫长的关系史中。只有认识到这一点，我们才能更全面地理解美国的过去。

美国历史的起点并不是普利茅斯岩和感恩节。欧洲人在后来成为美国的大陆上的第一个落脚点并不是詹姆斯敦，而是西班牙天主教徒在佛罗里达建立的一个据点。[39] 显然，美利坚民族的起源必须包括加勒比和美洲的原住民的历史，以及西非人，还有隶属于欧洲大陆政治实体的犹太人和天主教徒的历史。除此之外，美利坚民族的历史还应当包括穆斯林，既包括非洲奴隶，也包括塞利姆的奥斯曼人，因为伊斯兰文明不仅塑造了在美洲的欧洲人对种族与民族的看法，还塑造了西半球的战争史。

---

* "阿帕奇"和"基奥瓦"是印第安部落的名称，"战斧"（Tomahawk）一词指的是印第安人的战斧，"杰罗尼莫"和"黑鹰"是印第安部族领袖的名字。——译者注

到 2070 年，伊斯兰教可能会取代基督教，成为世界上最大的宗教。[40] 因此，理解伊斯兰教在世界历史上的复杂作用，就成了日益紧迫的任务。我们不能满足于西方的崛起这样简化了的、脱离了历史背景的叙事，也不能止步于肤浅的文明冲突理论。只有理解了奥斯曼帝国在过去 500 年历史中扮演的角色，我们才有可能理解过去和今天的世界。在 1492 年，奥斯曼人站在已知世界的中心。奥斯曼帝国塑造了我们今天所知的世界。

尾 声

笼罩土耳其之影

"冷酷者"苏丹塞利姆大桥

自从苏莱曼将父亲迁葬到他的永恒居所，将近五个世纪过去了。现在，又一位国家元首成了塞利姆陵寝的常客，他就是雷杰普·塔伊普·埃尔多安，土耳其现任总统和前总理。土耳其的这位领袖对塞利姆表现出的极大兴趣，远超过对奥斯曼帝国历史上其他任何人物的兴趣，他还不惜动用大量的资源，花费大量的精力去弘扬这位苏丹的遗产。

2013年5月29日，埃尔多安和他伊斯兰主义的正义与发展党（Justice and Development Party，土耳其语缩写为 AKP）同僚们在博斯普鲁斯海峡的西侧无比清晰地展现了他们对塞利姆的向往与崇敬。他们与其他政要、官员、商界领袖、工程师和国内外媒体齐聚此地，参加了横跨这条著名水道的第三座大桥的破土动工仪式。在这一天到来之前，这座新桥的名称始终保密。"5月29日"在土耳其有着非同寻常的含义，它是1453年穆罕默德二世征服君士坦丁堡的纪念日，而此前修建的横跨博斯普鲁斯海峡的两座大桥中，就有一座以穆罕默德的名字命名（另外一座，也是第一座横跨博斯普鲁斯海峡的大桥，只是被简单命名为博斯普鲁斯大桥而已）。在穆罕默德征服伟业560周年纪念日这天，第三座大桥被宣布将以穆罕默德的孙子的名字命名——冷酷者苏丹塞利姆大桥（Yavuz Sultan Selim Köprüsü）。

用塞利姆的名字来命名这座新的洲际大桥，是为了服务于埃尔多安的政治目标。他和他的伊斯兰主义政党的同僚们时常将自己描述为奥斯曼人的"子孙"，这在现代土耳其的领袖人物中可谓独树一帜。从在第一次世界大战之后的1923年创立了土耳其共和国的穆斯塔法·凯末尔·阿塔图尔克（Mustafa Kemal Atatürk）开始，土耳其的政治精英们一直将帝国与共和国明确分开来。事实上，共和国之所以建立，就是为了纠正导致帝国最终灭亡的错误。现代土耳其用世俗主义取代了伊斯兰教，用议会取代了苏丹，用拉丁字母取代了奥斯曼字母，用土耳其认同取代了奥斯曼认同。

土耳其共和主义的拥护者声称，土耳其民族主义可以将所有在帝国漫长历史中发挥负面作用的"虚弱的脓肿"——亚美尼亚人、库尔德人、阿拉伯人、希腊人和其他"孱弱的非土耳其人"——从土耳其的政治躯体内清除出去。因此，土耳其的领袖们明确拒绝了奥斯曼帝国长久以来的统治理念，即在帝国境内允许不同民族与文化群体自治，以换取他们对奥斯曼帝国统治权的承认。如同在其他地方一样，土耳其的民族主义运动也充满了争议和暴力。即便现代土耳其的统治者愿意承认曾经使用过一些暴力，他们也辩解称这些暴力行为是为了"纠正"帝国的"错误"而不得已为之，而帝国的所谓错误就是它的多语言、多宗教和多元文化的特质。凯末尔以来的土耳其领袖更热衷于强调土耳其的共和主义，而不是谈及土耳其与奥斯曼帝国在历史上的联系，直到埃尔多安上台。

埃尔多安与以往领导人的不同之处，有一部分体现在他颇有心机地拥抱了奥斯曼帝国的部分遗产。他将自己塑造成土耳其的新一类政治家，不再拒绝土耳其的奥斯曼传承，而是对其加以弘扬。他还（至少在象征意义上）拥抱了奥斯曼帝国的苏丹制传统。通过诸如此类的种种方式，埃尔多安试图将共和国与帝国融为一体，服务于他的政治目标。他在这一过程中动用的主要工具之一就是宗教。埃尔多安时而称自己是一名伊斯兰的世俗主义者，时而称自己是一名世俗的伊斯兰主义者，但不管怎么说，他都在土耳其的公共生活中增加了可见的伊斯兰元素。他将伊斯兰教视作跨越时间与空间的共同文化习俗，从而可以将他与奥斯曼帝国的传统以及土耳其国境之外的穆斯林（虽然只是一部分穆斯林）联系在一起。因此，塞利姆就成了关键的一环，因为是塞利姆将奥斯曼帝国变成了一个以穆斯林为多数人口的国家，是塞利姆赢得了哈里发的称号，并先发制人袭击任何阻挡奥斯曼帝国野心的势力。

在埃尔多安看来，塞利姆在政治上的扩张主义和对正统逊尼派教义的支持是十分值得赞颂和效仿的。对于埃尔多安及其热情的支持者而言，塞利姆最重要的身份就是奥斯曼帝国——因此也就是土耳其国家——利益的坚定的捍卫者，而他们也想要咄咄逼人地建立属于他们自己的土耳其伊斯兰强权。在世界舞台上，塞利姆当年的奥斯曼帝国要远远强于今日的土耳其，而埃尔多安想要恢复昔日的全球影响力。在他看来，共和国在 20 世纪失去强大影响力的原因之一就是其坚定的世俗主义。在埃尔多安及其支持者看来，伊斯兰教是文化和政治上的力量源泉，是奥斯曼帝国往日荣光的关键组成部分，而他们要在当代土耳其身上重现帝国的荣光。

从这个视角出发，我们就可以解释埃尔多安的许多行为和想法。他曾经发表过一个让人大跌眼镜的观点：是穆斯林发现了美洲，而不是基督徒。[1] 他的这一看法源自我在前文中谈到的一些文献，其中提到了新世界的清真寺和摩尔人。埃尔多安十分热切地主张是穆斯林发现了美洲，将其视作又一个被西方掩盖起来的穆斯林的重大历史成就——这一方面是因为他并没有正确解读这些文献出现的历史背景，另一方面也更可能是因为这一说法可以服务于他更大的政治目的。他像煞有介事地向世俗的土耳其共和主义者们发问，今天的穆斯林为什么要放弃他们的宗教认同，将自己与这样光荣的历史传承割裂开来？他们难道就这样深地对欧洲和美国着迷并甘愿被它们愚弄欺骗吗？对于埃尔多安来说，塞利姆就是这面（往往纯属想象的）穆斯林传统大旗的绝佳旗手，而埃尔多安本人就是这面旗帜的主要继承者和捍卫者。

塞利姆用骆驼和火炮从马穆鲁克王朝手中夺取了中东，埃尔多安则试图利用土耳其的军事实力和政治上的伊斯兰主义来掌控这一地区。塞利姆控制了欧亚贸易，借以确立奥斯曼帝国的全球经济霸权，埃尔多安则支持伊斯兰主义者控制的公司蓬勃发展，并将土耳其发展成了世界第十七大经济体。[2] 塞利姆夺取了麦加和麦地那，将帝国变成了一个正统的逊尼派国家，埃尔多安则满怀逊尼派宗教热忱，把伊斯兰教置于土耳其国内事务的核心位置，并用它在中东对抗伊朗什叶派的影响力和来自沙特阿拉伯的逊尼派兄弟的竞争。就像塞利姆一样，埃尔多安也希望可以在不久的将来让伊斯坦布尔的逊尼派信仰征服世界。塞利姆无情地消灭了他在国内外的敌人，埃尔多安也选择了相似的路线来对付国内的阿列维派信徒（Alevi，土耳其的什叶派群体）、库尔德人、知识分子、民选官员、警察、基督徒、沙特阿拉伯、记者、叙利亚的"伊斯兰国"势力、左翼分子，乃至在美国华盛顿特区的和平示威者。

因此，借着用塞利姆来命名博斯普鲁斯海峡上的第三座桥梁，埃尔多安十分明确地拥抱了塞利姆和奥斯曼帝国的一部分遗产，这部分遗产也恰好便于他批评凯末尔的共和派世俗主义。如同埃尔多安诸多激进的伊斯兰主义政策一样，此举也在土耳其国内外激起了猛烈批评。其中最大的一些批评声音来自土耳其国内的阿列维派信徒，他们中的许多人是安纳托利亚什叶派信徒的后裔，而塞利姆曾经数次屠杀安纳托利亚的什叶派信徒。因此，冷酷者苏丹塞利姆大桥让许多人回忆起了跨越时代的伤痛、屈辱和暴力，正如非裔美国人和其他许多美国人在面对南方邦联纪念物时的感受一样。而就像南方邦联纪念物的支持者一样，埃尔多安通过命名这座大桥的举动向土耳其国内最主要的少数族群之一传达了一个信息——谁才是"真正的土耳其人"。

埃尔多安此举还意在对土耳其境外的什叶派对手释放信号。他揭晓大桥名称之时，恰逢"阿拉伯之春"。当时，中东地区有数个政府倒台，留下了暂时的权力真空。在那几年，伊朗利用自己的核计划来展示肌肉，希望可以使自己的影响力进一步深入到逊尼派的阿拉伯世界中。为了反制，埃尔多安在受到"阿拉伯之春"影响的国家里支持了形形色色的逊尼派伊斯兰主义政党。埃尔多安为大桥命名的做法虽然只具有象征意义，但他仍然借此释放了一个清晰的信号：像几个世纪前塞利姆的奥斯曼帝国一样，今日的土耳其也将是中东逊尼派的坚定捍卫者，甚至还会在必要的时间和地点使用武力支持逊尼派对抗什叶派势力，与被他视作土耳其的敌人的势力作战。

※

塞利姆还以另一种方式为埃尔多安所用。16世纪20年代，苏莱曼用塞利姆生前穿过的长袍和戴过的冠冕来装饰他为塞利姆兴建的陵寝。在 2005 年，有人窃取了这套长袍和冠冕。[3] 几个月之后，伊斯坦布尔阿塔图尔克国际机场的安检机在两名男子的行李中发现了这些东西。这两个人声称，他们原本打算把东西带出土耳其，送到法图拉·居伦（Fethullah Gülen）在美国的总部去。居伦领导着土耳其一个名为"服务"（Hizmet）的伊斯兰组织，这个组织是埃尔多安所属政党的死敌。居伦与埃尔多安曾经是盟友，但后来在一次权力斗争中关系恶化，很快成了一对死对头。考虑到个人安全，居伦于 1999 年逃离土耳其，最终定居在美国的宾夕法尼亚州，并在这里竭尽全力筹划反对埃尔多安的活动。有人说，居伦得到了美国安全部门一些成员的支持。居伦的一些追随者慢慢渗透进了土耳其的军警部门，他们后来被指控为 2016 年夏天失败政变的幕后黑手。塞利姆的长袍和冠冕象征着哈里发的身份，因此，谁拥有它们，谁就可以在象征意义上成为塞利姆的继承者——既是苏丹，也是哈里发。如果居伦真的把塞利姆的长袍和冠冕弄到自己的手中，那么就相当于告诉埃尔多安和全世界，居伦，而不是埃尔多安，才是塞利姆的合法继承者，是土耳其真正的政治和精神领袖。当这些皇室器物在机场被发现之后，它们并没有被立刻送回塞利姆的陵寝，而是暂时被政府保管了起来——据说是因为某些安全因素。

2017 年，埃尔多安赢得了一次修宪公投，去除了对他的大部分权力制衡，极大扩张了他的权力（不过，由于他所在的政党在 2019 年选举中受挫，且土耳其国内经济形势不稳定，他在 2017 年取得的一些成果后来又丢掉了）。这次公投极具争议，充斥着对腐败、操纵选举、暴力干预投票和其他种种不正规行为的指控。尽管过程不甚完美，但自命不凡的埃尔多安在赢得 2017 年公投之后的第一个举动就是将失窃的塞利姆的衣冠送回了这位已故苏丹的陵寝。在摄像机和闪光灯前，埃尔多安开始了预先安排好的且极具戏剧性的表演。他从暗处拿出极具象征意义的长袍与冠冕，把它们带到塞利姆的清真寺，并亲自放到华丽的棺椁上。

埃尔多安最大限度地利用了这一事件。在赢得了赋予他几乎无限权力的公投之后，他的第一个举动就用意如此明显，其影响力一直波及居伦在宾夕法尼亚的总部。塞利姆是第一位身兼奥斯曼帝国苏丹和哈里发双重身份的领袖，而在世人面前亲自手持塞利姆的长袍与冠冕的埃尔多安，则成了第一个公开表明自己是这双重身份的继承者的共和国领袖。实际上，公投结果的确让埃尔多安成了土耳其共和国历史上最接近于苏丹的领袖。像塞利姆一样，埃尔多安也

土耳其总统雷杰普·塔伊普·埃尔多安在塞利姆陵寝前

把自己的新身份当作武器，向国内外的对手发出强硬威胁。从某些意义上讲，尽管听起来有些荒诞不经，但 2017 年与 1517 年也没有那么不同。

❈

这座以塞利姆的名字命名、跻身世界上最大最宽悬索桥前列的大桥于 2016 年通车。它是仅有的三座连接东西方和欧亚两洲的大桥之一。埃尔多安在大桥的揭幕仪式上说："人有终时，但会在身后留下丰碑。"[4] 埃尔多安把塞利姆视作改变世界、连接世界的伟大人物，让塞利姆得以仅排在其祖父之后，得到了以其名字来命名又一座跨越博斯普鲁斯海峡的桥梁的荣耀。在这一点上，对历史人物十分挑剔的埃尔多安倒并没有看走眼。

如今，大桥在海峡的碧水上投下的灰色影子正连接着欧亚两洲，并随着太阳的起落而不停移动。真主的影子也永远投在了世界之上。

致　谢

几年以来，我克服着日常琐事的种种纷扰，一直努力写作，思考，稳步前行，现在终于写到了这本书的结尾。这种感受既神奇，又让人害怕；既让我感到备受鼓舞，也让我有些畏缩担忧。现在，我应该再做些什么呢？幸运的是，终结，同时也是机遇。

我最亏欠的是我的编辑鲍勃·韦尔（Bob Weil），他的热情、能力与智慧无与伦比。鲍勃逐字逐句地审阅了本书——这是编辑们本该做到但又经常做不到的——有些部分甚至读了三四遍。他在塑造本书的过程中厥功至伟，总是在督促我写得更好、更多。多年以来，我们在午餐和晚餐时，电话和邮件上做了数不清的沟通。对我而言，鲍勃不仅仅是一位杰出的编辑，更幸运的是，他还是一位友人、对话伙伴和某种类型的顾问。

我能够结识鲍勃，必须要感谢我出色的经纪人温迪·施特罗特曼（Wendy Strothman）。她敦促我写出与众不同的作品，确保这本书不辱使命。与她一同写作、构思本书的过程，不亚于接受一次在文学类型、读者受众和文学风格方面知识的深造。她和劳伦·麦克劳德（Lauren MacLeod）组成了一支令人肃然起敬的团队，我要对他们致以谢意。

如果没有耶鲁大学给予我的信任与支持，我绝对无法完成此书。我以耶鲁为我的学术家园，已经有10年之久了。耶鲁给了我很多，相应地，它也要求我很多。我要感谢艺术与科学学院院长塔马·亨德勒（Tamar Gendler）和人文学院前院长埃米·亨格福德（Amy Hungerford）为我投下的信任票。惠特尼和贝蒂·麦克米伦国际和地区研究中心（Whitney and Betty MacMillan Center for International and Area Studies）提供的支持让我有机会研究和写作本书，我也要为此感谢它的现任及前任主管——史蒂文·威尔金森（Steven Wilkinson）和伊恩·夏皮罗（Ian Shapiro）。

比慷慨的物质支持更重要的是耶鲁大学还为我提供了"谈笑有鸿儒"的出色环境。我要感谢历史系的内奥米·拉摩洛克斯（Naomi Lamoreaux）、保罗·弗里德曼（Paul Freedman）、乔安妮·迈耶罗维茨（Joanne Meyerowitz）、卡罗琳·迪安（Carolyn Dean）、丹·马加齐纳（Dan Magaziner）、安妮·埃勒（Anne Eller）、达尼·波特斯曼（Dani Botsman）和安德斯·温罗特（Anders Winroth）。我还有幸在校园的其他地方结识了诺琳·赫瓦贾（Noreen Khawaja）和杰基·戈兹比（Jackie Goldsby）。身兼思想家、友人和院长多个身份的凯蒂·洛夫顿（Katie Lofton）在个人生活和职业领域中都给予了我深沉和充满关切的支持。她阅读了本书的多个章节，并给出了她独有的认真而且锐利的见解。斯图尔特·施瓦茨（Stuart Schwartz）也阅读了本书关于美洲的章节。我要感谢这两位了不起的学者，是他们帮助我跨越了大西洋。

在写作本书期间，我成了所在科系的主任。耶鲁大学的历史系是世界上最大的历史系之一。是莉莎·乔伊纳（Liza Joyner）和耶鲁大学历史系的全体教工，尤其是达娜·李（Dana Lee）让我有机会平衡好写作和管理工作。

我要感谢我的研究生们，感激他们对学术的投入与慷慨的集体思考。我感谢他们对我的督促。我尤其要感谢伊恩·哈撒韦（Ian Hathaway）为我阅读意大利语文献。

我在耶鲁大学最亲密的同事之一是弗朗西丝卡·特里韦拉托（Francesca Trivellato），可惜她现在住在南方几小时路程之外的地方。她是我认识的最聪明的人之一，与她一同教学和交谈，以及阅读她的作品并向她学习，是我的学术生涯中最具积极意义的事情之一。

我的老师、交流对象、友人、共进晚餐的伙伴莱斯利·皮尔斯（Leslie Peirce）新近出版了一本杰作《东方的皇后》（*Empress of the East*）。我们对奥斯曼帝国的历史有着共同的兴趣，在过去几年中我们也在市中心一起享用了许多次美餐，这一切都对我意义匪浅。

在五年的时间里，贝丝·皮亚托特（Beth Piatote）给予我和本书的支持超过了任何人。她是一位敏锐的读者、才华横溢的作者和机智的思想家，她阅读了本书手稿的早期版本，帮我梳理逻辑，为我指点迷津。我将永远感谢、尊敬她。

我十分高兴而且感激地向亚历山大·冯·洪堡基金会的安内利泽·迈尔研究奖（Anneliese Maier Research Award of the Alexander von Humboldt Foundation）表示谢意，感谢他们为我提供的物质支持——其意义不亚于天赐的神力，这项赐予让许多事情成为可能。我能够得到这笔款项，要感谢科尔内尔·茨维莱因（Cornel Zwierlein）。我要感谢他对我的提名，以及在过去数年充满能量与激情的合作。

一些远离我的圈子的同人，完全出于友善之心而对我十分慷慨，我为此而深怀感激。简·兰德斯（Jane Landers）与我分享了她尚未出版的作品，让我获得了全新的方向。苏珊·费伯（Susan Ferber）和亚历克斯·斯塔尔（Alex Star）对我最初的一些想法给出了见解。乌萨马·马克迪西（Ussama Makdisi）在我起步之初给予了各种帮助。我还要感谢珍妮弗·L.德尔（Jennifer L. Derr）、安吉·许（Angie Heo）、南希·哈利克（Nancy Khalek）和尼克海特·瓦尔里克（Nükhet Varlık）给我的慷慨帮助。我要感谢汤姆·拉克尔（Tom Laqueur）的示范作用。研究奥斯曼帝国和中东史的同事们一直为我敞开大门，也愿意聆听我略显离经叛道的想法。我既要把这本书献给他们，也希望本书不会干扰到他们各自的研究。

我在密歇根大学、麦吉尔大学和纽约大学阐述了本书中的一些观点，尤其是关于哥伦布的观点。在亚历山大·冯·洪堡基金会的支持下，我在有记载以来最热的一个夏天壮游德国，与许多人进行了交流。我要感谢我在这些场合中遇到的听众，他们提出了许多尖锐的问题，慷慨地为本书做出了贡献。

我有幸与历史学家、作家和我的朋友伊迪丝·谢费尔（Edith Sheffer）保持经常联络，已经有 10 年之久。她在我最低落和最高光的时刻都在我身边，并且每天和我交流墙的另一边的事情。我要感谢她给我的友谊，以及让我深受感染的对世界的敏感。普瑞蒂·乔普拉（Preeti Chopra）已经是我近 20 年的好友，而今仍然是我生命中一个重要的人。

对一位作者而言，利夫莱特（Liveright）和 W.W. 诺顿（W. W. Norton）的出版团队是梦寐以求的。盖布·卡查克（Gabe Kachuck）优雅而且耐心地料理着我无穷无尽的诉求，为我找出解决方案与方向。安娜·奥莱（Anna Oler）、彼得·米勒（Peter Miller）、科迪莉亚·卡尔弗特（Cordelia Calvert）、史蒂夫·阿塔尔多（Steve Attardo）、达西·赛德尔（Dassi Zeidel）、玛丽·潘托简（Marie Pantojan）和难以计数的其他人都为本书做出了贡献。我有幸能与凯西·布兰德斯（Kathy Brandes）和阿利格拉·休斯顿（Allegra Huston）共同处理本书的文字部分，也有幸与萨拉·埃弗森（Sarah Evertson）一起为它配图。戴维·林德罗特（David Lindroth）制作了本书中的地图，希瑟·达布尼克（Heather Dubnick）则完成了索引。

我在土耳其的老友梅尔韦·恰克（Merve Çakır）帮助我从托普卡珀宫博物馆取得了图片版权。我要向她和埃斯拉·米耶塞尔奥卢（Esra Müyesseroğlu）致以谢意。

我的父母一直支持着我。对于给予了我一切的他们，我不知从何说起。

年　表

塞利姆及他的世界

塞利姆出生前（1470年之前）

1071	塞尔柱人在安纳托利亚东部的曼齐刻尔特击败拜占庭军队。
1187	阿尤布王朝开国者萨拉丁夺取耶路撒冷。
1202—1204	第四次十字军东征洗劫君士坦丁堡。
1258	蒙古人攻破阿拔斯王朝的哈里发国首都巴格达。
1302	奥斯曼一世在安纳托利亚西部击败拜占庭军队。
1352	奥斯曼人进入色雷斯。
	奥尔汗加齐与热那亚签订和约。
1369	奥斯曼人夺取阿德里安堡，将其更名为埃迪尔内。
1389	科索沃之战，奥斯曼人击败塞尔维亚人。
1394—1402	奥斯曼人第一次围攻君士坦丁堡。
1402	安卡拉之战，帖木儿击败奥斯曼人。
1402—1413	奥斯曼帝国大空位时期：巴耶济德一世诸子内战。
1447	**塞利姆**的父亲巴耶济德二世出生。
约1453	**塞利姆**的母亲居尔巴哈出生在阿尔巴尼亚。

15世纪50年代	可能在也门的苏非派居所，人们第一次饮用咖啡。
1451	克里斯托弗·哥伦布出生在热那亚。
1453	**塞利姆**的祖父穆罕默德二世征服君士坦丁堡，并将其更名为伊斯坦布尔。
1459	**塞利姆**的叔父杰姆出生。
	奥斯曼人征服塞尔维亚和摩里亚（即伯罗奔尼撒）。
1461	奥斯曼人占领特拉布宗。
1463	奥斯曼人占领波斯尼亚和黑塞哥维那。
1463—1479	奥斯曼人与威尼斯开战。
1466	**塞利姆**的同父异母兄长艾哈迈德出生于阿马西亚。
1467	**塞利姆**的同父异母兄长科尔库特出生于阿马西亚。

少年时期（1470—1487）

1470	10月10日，**塞利姆**出生于阿马西亚。
1472	哥伦布穿过地中海，抵达突尼斯。
1474或1475	哥伦布扬帆驶向希俄斯岛。
1475	奥斯曼人夺取热那亚殖民地卡法。
1476	哥伦布首次从地中海出发，驶入北大西洋。
1477	《马可·波罗游记》首印。
1478	克里米亚鞑靼人接受奥斯曼帝国苏丹为宗主。
1479	**塞利姆**的割礼庆典在伊斯坦布尔举行，这也是他第一次来到这座城市。
	奥斯曼帝国与威尼斯签订《君士坦丁堡和约》。

	哥伦布在里斯本与菲莉帕·莫尼斯结婚。
1480	奥斯曼人夺取奥特朗托（意大利南部）。
1481	**塞利姆**的祖父穆罕默德二世驾崩。
	塞利姆的父亲巴耶济德二世继位成为苏丹，举家迁往伊斯坦布尔的托普卡珀宫。
	奥斯曼人从奥特朗托撤退。
	塞利姆的叔父杰姆逃离安纳托利亚，前往马穆鲁克王朝治下的开罗。
	杰姆前往圣地朝觐，成为唯一一个完成朝觐的奥斯曼帝国皇室成员。
1482	哥伦布驶往圣豪尔赫达米纳（西非）。
1485—1491	奥斯曼帝国与马穆鲁克帝国交战。
1486	卡斯蒂利亚女王伊莎贝拉一世在科尔多瓦接见哥伦布。

总督时期（1487—1512）

1487	**塞利姆**前往安纳托利亚东部出任特拉布宗总督。
	萨法维王朝的未来领袖伊斯玛仪出生于阿尔达比勒（伊朗）。
1487 以后	奥斯曼船只出没于科西嘉岛、比萨、巴利阿里群岛、阿尔梅里亚和马拉加。
1487 或 1488	奥斯曼私掠者（后来成为海军将领）凯末尔·雷斯领命前往西地中海。
1488	苏丹巴耶济德二世进攻马耳他。
1490	白羊王朝领袖雅库布去世，引发继承权危机。

1490—1495	凯末尔·雷斯沿北非海岸劫掠。
1492	西班牙人夺取格拉纳达，终结了伊斯兰势力在伊比利亚半岛长达七个世纪的统治，并驱逐了所有犹太人。
	巴耶济德二世欢迎西班牙犹太人前来奥斯曼帝国。
	哥伦布在巴哈马群岛的瓜纳哈尼岛登陆，两周后，他抵达古巴北岸。
1493	哥伦布船队返回欧洲，留下一艘船在美洲；八个月后，哥伦布再度横跨大西洋。
	伊斯坦布尔出现希伯来文印刷厂。
1494	11月6日，**塞利姆**之子苏莱曼出生于特拉布宗。
1495	杰姆在那不勒斯去世。
1497	瓦斯科·达·伽马绕过好望角，并于1498年抵达卡利卡特。
1498	哥伦布开始第三次横渡大西洋的航行。
1499—1501	格拉纳达及周边地区爆发穆斯林起义（阿尔普哈拉起义）。
1499—1503	第二次奥斯曼—威尼斯战争。
1501	萨法维教团夺取大不里士，萨法维帝国建立，伊斯玛仪成为帝国第一任沙阿。
	奥斯曼帝国驱散境内什叶派人口。
	凯末尔·雷斯在巴伦西亚外海劫掠，可能在此期间从被俘获的水手身上得到了哥伦布在横渡大西洋的航程中绘制的地图。

	西班牙人将第一批非洲奴隶运往新世界。
1502	哥伦布开始第四次也是最后一次横渡大西洋的航行。
1503	西班牙人担心非洲奴隶正在向伊斯帕尼奥拉岛上的印第安人传播伊斯兰教。
1504	伊莎贝拉女王驾崩。
	葡萄牙人封锁红海出口。
1505	**塞利姆**在特拉布宗及其周边击退萨法维军队的袭击。
1506	哥伦布在西班牙巴利亚多利德去世。
1508	**塞利姆**入侵格鲁吉亚。
1509	伊斯坦布尔大地震,1506年建成的巴耶济德二世清真寺严重损坏。
1510	**塞利姆**在埃尔津詹打退萨法维军队。
1511	沙库鲁叛乱。
	苏莱曼成为凯费总督。
1512	**塞利姆**从克里米亚出发,向伊斯坦布尔进军。

苏丹时期(1512—1520)

1512	苏丹巴耶济德二世退位,一个月后死于前往迪梅托卡途中。
	苏丹塞利姆一世登基。
1513	**塞利姆**杀死同父异母兄长艾哈迈德和科尔库特。
1514	春季,**塞利姆**在安纳托利亚东部屠杀4万名奥斯曼帝国境内的什叶派信徒。

	8月，**塞利姆**在决定性的查尔迪兰战役中击败萨法维军队，夺取大不里士。
1515	**塞利姆**返回伊斯坦布尔。
	葡萄牙人占领霍尔木兹岛。
1516	阿拉贡国王斐迪南二世驾崩。
	春季，巴巴罗萨兄弟为奥斯曼帝国夺取阿尔及尔。
	7月，**塞利姆**抵达安纳托利亚南部的埃尔比斯坦。
	8月，**塞利姆**高奏凯歌进入阿勒颇。
	12月，**塞利姆**进入耶路撒冷。
1517	欧洲向中国派出第一支官方外交使团。
	2月，**塞利姆**进入开罗，马穆鲁克帝国灭亡。
	弗朗西斯科·埃尔南德斯·德·科尔多瓦成为第一个来到墨西哥的欧洲人，并将所到的玛雅城市命名为"大开罗"（即后来的卡托切角）。
	春季，**塞利姆**自称哈里发，皮里·雷斯献上世界地图。9月，**塞利姆**起程返回伊斯坦布尔，途中耗时10个月。
	10月，马丁·路德写下《九十五条论纲》。
	年底，奥斯曼军队第一次从特莱姆森出发向西袭击摩洛哥。
1518	7月，从开罗出发的**塞利姆**，经长途跋涉后抵达伊斯坦布尔。
	秋季，**塞利姆**准备对萨法维王朝及他们在奥斯曼

	帝国境内的什叶派支持者发动战争。
	塞利姆下令在红海建造 50 艘船只，抑制葡萄牙人的影响力。
	年底，**塞利姆**离开伊斯坦布尔，前往埃迪尔内躲避瘟疫。
1519	2 月，**塞利姆**派遣 30 艘船只前往印度西海岸与葡萄牙人交战，并命令 6 万名奥斯曼士兵前往尼科波利斯（希腊西部），准备乘船前往北非。
	西班牙人在奥通巴战役中击败阿兹特克人。
	塞利姆延长了与波兰之间的和约。
	7 月，**塞利姆**与匈牙利缔结新的和约。
1520	5 月，**塞利姆**获得新的世界地图。
	9 月 22 日，**塞利姆**在埃迪尔内附近的乔尔卢（东色雷斯）驾崩。

塞利姆去世后（1520 年之后）

1520	**塞利姆**的独子苏莱曼成为奥斯曼帝国第十位苏丹。
1521	圣诞节，伊斯帕尼奥拉岛上爆发沃洛夫人起义——美洲的第一次奴隶起义。
1522	奥斯曼军队征服罗得岛。
1528	苏莱曼将**塞利姆**的遗体由伊斯坦布尔的法提赫清真寺迁往塞利姆一世清真寺（冷酷者塞利姆清真寺）。
1529	奥斯曼帝国第一次围攻维也纳。

1534	3月19日,**塞利姆**的妃子、苏莱曼的母亲哈芙莎去世,葬于**塞利姆**的墓旁。
1535	奥斯曼帝国在也门建立起行政管理机构。
16世纪40年代	伊斯坦布尔出现第一批咖啡馆。
1546	巴士拉(今属伊拉克)并入奥斯曼帝国。
1553—1555	奥斯曼帝国与萨法维王朝爆发战争,以签订《阿马西亚和约》告终。
1565	奥斯曼帝国围攻马耳他。
1566	9月6日,苏丹苏莱曼突然在匈牙利驾崩。

注 释

为了让尽可能多的读者了解本书所用资料的来源，我在可能的情况下，引用了原始史料的英译本，并参考了用英语写作的二手文献。

引言

1 Edward Gibbon, *The History of the Decline and Fall of the Roman Empire*, 6 vols. (London: J. Murray, 1846).
2 Abbas Hamdani, "Ottoman Response to the Discovery of America and the New Route to India," *Journal of the American Oriental Society* 101 (1981): 330.
3 可参阅：Carter Vaughn Findley, *The Turks in World History* (Oxford: Oxford University Press, 2005), 21–92。
4 Franz Babinger, *Mehmed the Conqueror and His Time*, trans. Ralph Manheim, ed. William C. Hickman (Princeton: Princeton University Press, 1978), 85–98.
5 这个短语被用于教皇庇护二世，他的本名是埃内亚·西尔维奥·皮科洛米尼（Enea Silvio Piccolomini）。Kate Fleet, "Italian Perceptions of the Turks in the Fourteenth and Fifteenth Centuries," *Journal of Mediterranean Studies* 5 (1995): 161。
6 描述塞利姆生活的权威土耳其语和英语作品有：Feridun M. Emecen, *Zamanın İskenderi, Şarkın Fatihi: Yavuz Sultan Selim* (Istanbul: Yitik Hazine Yayınları, 2010); Selâhattin Tansel, *Yavuz Sultan Selim* (Ankara: Türk Tarih Kurumu, 2016); Yılmaz Öztuna, *Yavuz Sultan Selim* (Istanbul: Babıali Kültür Yayıncılığı, 2006); Çağatay Uluçay, "Yavuz Sultan Selim Nasıl Padişah Oldu?," *Tarih Dergisi* 6 (1954): 53–90;

Çağatay Uluçay, "Yavuz Sultan Selim Nasıl Padişah Oldu?," *Tarih Dergisi* 7 (1954): 117–42; Çağatay Uluçay, "Yavuz Sultan Selim Nasıl Padişah Oldu?," *Tarih Dergisi* 8 (1956): 185–200; Fuad Gücüyener, *Yavuz Sultan Selim* (Istanbul: Anadolu Türk Kitap Deposu, 1945); Ahmet Uğur, *Yavuz Sultan Selim* (Kayseri: Erciyes Üniversitesi Sosyal Bilimler Enstitüsü Müdürlüğü Yayınları, 1989); Ahmet Uğur, *The Reign of Sultan Selīm I in the Light of the Selīm-nāme Literature* (Berlin: Klaus Schwarz Verlag, 1985); H. Erdem Çıpa, *The Making of Selim: Succession, Legitimacy, and Memory in the Early Modern Ottoman World* (Bloomington: Indiana University Press, 2017); Fatih Akçe, *Sultan Selim I: The Conqueror of the East* (Clifton, NJ: Blue Dome Press, 2016)。

7 之前唯一一次发生在 1402 年至 1413 年的内战期间，即奥斯曼帝国的大空位时代，当时巴耶济德一世的儿子们互相死斗，巴耶济德的第四个儿子穆罕默德幸存下来，继承了苏丹宝座。然而，这一例外总是被解释为一个警示故事，告诫人们皇位继承中固有的危险，以及承认长子为合法继承人的必要性。甚至在成为苏丹后，穆罕默德还被称作"年轻的主人"。Dimitris J. Kastritsis, *The Sons of Bayezid: Empire Building and Representation in the Ottoman Civil War of 1402–1413* (Leiden: Brill, 2007); Caroline Finkel, *Osman's Dream: The Story of the Ottoman Empire, 1300–1923* (New York: Basic Books, 2006), 22–47; *Encyclopaedia of Islam*, 2nd ed. (Leiden: Brill Online, 2012), s.v. "Mehemmed I" (Halil İnalcık).

8 Stanley Lane-Poole, assisted by E. J. W. Gibb and Arthur Gilman, *The Story of Turkey* (New York: G. P. Putnam's Sons, 1893), 152. Also cited in Çıpa, *Making of Selim*, 132.

9 Çıpa, *Making of Selim*, 2.

10 Andrea Gritti, *Relazione a Bajezid II*, serie 3, vol. 3 of *Relazioni degli Ambasciatori Veneti al Senato*, ed. Eugenio Albèri, 1–43 (Florence: Società Editrice Fiorentina, 1855), 23–24, cited in Çıpa, *Making of Selim*, 62–63.

11 Celia J. Kerslake, "A Critical Edition and Translation of the Introductory Sections and the First Thirteen Chapters of the 'Selīmnāme' of Celālzāde Mustafā Çelebi" (D. Phil. thesis, University of Oxford, 1975).

12 Çıpa, *Making of Selim*, 140–52.

1　世界之芳

1. Celia J. Kerslake, "A Critical Edition and Translation of the Introductory Sections and the First Thirteen Chapters of the 'Selīmnāme' of Celālzāde Mustafā Çelebi" (D. Phil. thesis, University of Oxford, 1975), 31a.
2. Franz Babinger, *Mehmed the Conqueror and His Time*, trans. Ralph Manheim, ed. William C. Hickman (Princeton: Princeton University Press, 1978), 405.
3. Gábor Ágoston and Bruce Masters, eds., *Encyclopedia of the Ottoman Empire* (New York: Facts on File, 2009), s.v. "Bayezid II" (Gábor Ágoston).
4. 关于15、16世纪阿马西亚的研究，参见: Hasan Karatas, "The City as a Historical Actor: The Urbanization and Ottomanization of the Halvetiye Sufi Order by the City of Amasya in the Fifteenth and Sixteenth Centuries" (Ph.D. diss., University of California, Berkeley, 2011)。
5. 在最初的几年里，这座宫殿被简单地称为"新宫"，以区别于穆罕默德二世进入这座城市时最初用作住所的旧建筑。Gülru Necipoğlu, *Architecture, Ceremonial, and Power: The Topkapı in the Fifteenth and Sixteenth Centuries* (New York: Architectural History Foundation; Cambridge: MIT Press, 1991), 4–13。
6. John Freely, *Jem Sultan: The Adventures of a Captive Turkish Prince in Renaissance Europe* (London: Harper Perennial, 2005), 25.
7. Andrea Gritti, *Relazione a Bajezid II*, serie 3, vol. 3 of *Relazioni degli Ambasciatori Veneti al Senato*, ed. Eugenio Albèri, 1–43 (Florence: Società Editrice Fiorentina, 1855), 23–24, cited in H. Erdem Çıpa, *The Making of Selim: Succession, Legitimacy, and Memory in the Early Modern Ottoman World* (Bloomington: Indiana University Press, 2017), 62–63.
8. Quoted in Çıpa, *Making of Selim*, 285, n. 7.
9. Fatih Akçe, *Sultan Selim I: The Conqueror of the East* (Clifton, NJ: Blue Dome Press, 2016), 8.
10. 关于穆罕默德之死，参见: Babinger, *Mehmed the Conqueror*, 403–04。
11. Quoted in Freely, *Jem Sultan*, 37–38.
12. Quoted in Babinger, *Mehmed the Conqueror*, 408.

2　帝室手足

1　Quoted in V. J. Parry, "Bayezid II, Ottoman Sultan," *Encyclopædia Britannica*, https://www.britannica.com/biography/Bayezid-II (accessed February 23, 2019).
2　John Freely, *Jem Sultan: The Adventures of a Captive Turkish Prince in Renaissance Europe* (London: Harper Perennial, 2005), 27.
3　*Wikipedia*, s.v. "Konya," https://en.wikipedia.org/wiki/Konya (accessed February 8, 2019).
4　Niccolò Machiavelli, *The Prince*, trans. Harvey C. Mansfield, 2nd ed. (Chicago: University of Chicago Press, 1998), 17–19, 81–82.
5　Caroline Finkel, *Osman's Dream: The Story of the Ottoman Empire, 1300–1923* (New York: Basic Books, 2006), 82.
6　Freely, *Jem Sultan*, 43.
7　Freely, *Jem Sultan*, 46.
8　Freely, *Jem Sultan*, 53–56.
9　Freely, *Jem Sultan*, 58.
10　Freely, *Jem Sultan*, 60.
11　盖特贝伊的图片请参阅：*Wikipedia*, s.v. "Qaitbay," https://en.wikipedia.org/wiki/Qaitbay (accessed February 8, 2019)。
12　Freely, *Jem Sultan*, 61–62.
13　这次诗文互换记载在：Freely, *Jem Sultan*, 62。
14　Freely, *Jem Sultan*, 25, 63.

3　一个流亡海外的奥斯曼人

1　Nicolas Vatin, *Sultan Djem, Un prince ottoman dans l'Europe du XVe siècle d'après deux sources contemporaines:* Vâkı'ât-ı Sultân Cem, Œuvres *de Guillaume Caoursin* (Ankara: Imprimerie de la Société Turque d'Histoire, 1997), 18.
2　John Freely, *Jem Sultan: The Adventures of a Captive Turkish Prince in Renaissance Europe* (London: Harper Perennial, 2005), 67–68.
3　Vatin, *Sultan Djem*, 142.

4　Freely, *Jem Sultan*, 25.
5　Freely, *Jem Sultan*, 72.
6　Quoted in Freely, *Jem Sultan*, 76.
7　Quoted in Freely, *Jem Sultan*, 30–32.
8　Vatin, *Sultan Djem*, 144, 146; Freely, *Jem Sultan*, 81.
9　这些引用出自科尔辛记载的英译本，参见：Freely, *Jem Sultan*, 81。
10　Freely, *Jem Sultan*, 82. 阿尔梅达的名字没有出现在科尔辛的记载里。
11　*Encyclopaedia of Islam*, 2nd ed. (Leiden: Brill Online, 2012), s.v. "Djem" (Halil İnalcık).
12　*Encyclopaedia of Islam*, s.v. "Djem" (İnalcık).
13　Vatin, *Sultan Djem*, 19.
14　关于杰姆的年龄，参见：Freely, *Jem Sultan*, 80。
15　这些法语资料收录在：Freely, *Jem Sultan*, 94。
16　Quoted in Freely, *Jem Sultan*, 95. 关于杰姆在尼斯的性生活，参见：Freely, *Jem Sultan*, 93–95; Vatin, *Sultan Djem*, 156。
17　Quoted in Freely, *Jem Sultan*, 95.
18　Quoted in *Encyclopaedia of Islam*, s.v. "Djem" (İnalcık).
19　*Encyclopaedia of Islam*, s.v. "Djem" (İnalcık).
20　James Hankins, "Renaissance Crusaders: Humanist Crusade Literature in the Age of Mehmed II," *Dumbarton Oaks Papers* 49 (1995): 112. 我要感谢弗朗西丝卡·特里韦拉托让我注意到这段话。
21　这个建议参见：Vatin, *Sultan Djem*, 156, n. 408。
22　关于教皇英诺森的形象，参见："Pope Innocent VIII Died in a Rejuvenation Attempt in 1492," *Alamy*, https://www.researchgate.net/figure/Pope-Innocent-VIII-died-in-a-rejuvenation-attempt-in-1492-Alamy_fig5_269710719 (accessed February 9, 2019)。
23　*Encyclopaedia of Islam*, s.v. "Djem" (İnalcık).
24　Quoted in Caroline Finkel, *Osman's Dream: The Story of the Ottoman Empire, 1300–1923* (New York: Basic Books, 2006), 87.
25　Letter from Matteo Bosso, cited in Freely, *Jem Sultan*, 172.
26　*Encyclopaedia of Islam*, s.v. "Djem" (İnalcık).
27　*Encyclopaedia of Islam*, s.v. "Djem" (İnalcık); Eamon Duffy, *Saints and Sinners: A History of the Popes*, 3rd ed. (New Haven: Yale University Press, 2006), 196;

Freely, *Jem Sultan*, 162–63.
28 Freely, *Jem Sultan*, 205–06.
29 Vatin, *Sultan Djem*, 23.
30 Freely, *Jem Sultan*, 271–73.
31 这段中的所有引语均来自：Freely, *Jem Sultan*, 272。
32 关于杰姆之死，参见：Vatin, *Sultan Djem*, 65–69。

4 学习家族事业

1 "Black Sea Dolphins," *Black Sea*, http://blacksea-education.ru/dolphins.shtml (accessed February 11, 2019).
2 关于这些城市和其他一些城市的奥斯曼化，参见：Ronald C. Jennings, "Urban Population in Anatolia in the Sixteenth Century: A Study of Kayseri, Karaman, Amasya, Trabzon, and Erzurum," *International Journal of Middle East Studies* 7 (1976): 21–57。
3 Franz Babinger, *Mehmed the Conqueror and His Time*, trans. Ralph Manheim, ed. William C. Hickman (Princeton: Princeton University Press, 1978), 190–97.
4 Jennings, "Urban Population in Anatolia," 43–46.
5 Heath W. Lowry, *The Islamization and Turkification of the City of Trabzon (Trebizond), 1461–1583* (Istanbul: Isis Press, 2009), 5–37.
6 Lowry, *Islamization and Turkification*, 36; Jennings, "Urban Population in Anatolia," 43.
7 在这一时期，威尼斯人和热那亚人约占城市人口的4%。Lowry, *Islamization and Turkification*, 36.
8 Halil İnalcık, "The Ottoman State: Economy and Society, 1300–1600," in *An Economic and Social History of the Ottoman Empire*, ed. Halil İnalcık with Donald Quataert, 2 vols. (Cambridge, UK: Cambridge University Press, 1994), 1: 235–36.
9 İnalcık, "The Ottoman State," 1: 222–23.
10 Leslie P. Peirce, *The Imperial Harem: Women and Sovereignty in the Ottoman Empire* (Oxford: Oxford Univer-sity Press, 1993), 42–45.
11 Linda T. Darling, *A History of Social Justice and Political Power in the Middle*

East: The Circle of Justice from Mesopotamia to Globalization (New York: Routledge, 2013), 2.
12 关于特拉布宗的榛子，参见：İnalcık, "The Ottoman State," 1: 187。
13 *Wikipedia*, s.v. "Trabzon," https://en.wikipedia.org/wiki/Trabzon (accessed February 8, 2019).
14 关于奥斯曼的土地所有制，参见：Colin Imber, *The Ottoman Empire, 1300–1650: The Structure of Power*, 2nd ed. (New York: Palgrave Macmillan, 2009), 164–203, 239–42, 253–61。
15 Lowry, *Islamization and Turkification*.
16 Ronald C. Jennings, "Pious Foundations in the Society and Economy of Ottoman Trabzon, 1565–1640: A Study Based on the Judicial Registers (*Şer'i Mahkeme Sicilleri*) of Trabzon," *Journal of the Economic and Social History of the Orient* 33 (1990): 271–336.
17 Jennings, "Pious Foundations," 289–90, n. 22; 330.
18 Jennings, "Pious Foundations," 289–90, n. 22; Lowry, *Islamization and Turkification*.
19 Peirce, *Imperial Harem*, 84–85.
20 Gábor Ágoston and Bruce Masters, eds., *Encyclopedia of the Ottoman Empire* (New York: Facts on File, 2009), s.v. "Süleyman I ('the Magnificent'; Kanuni, or 'the Lawgiver')" (Gábor Ágoston).
21 *Wikipedia*, s.v. "Hafsa Sultan (wife of Selim I)," https://en.wikipedia.org/wiki/Hafsa_Sultan_(wife_of_Selim_I)#/media/File:BustOfAyseHafsaSultan_ManisaTurkey.jpg (accessed February 9, 2019).
22 Peirce, *Imperial Harem*, 57–112.

5　边疆掌权

1　Celia J. Kerslake, "A Critical Edition and Translation of the Introductory Sections and the First Thirteen Chapters of the 'Selīmnāme' of Celālzāde Mustafā Çelebi" (D. Phil. thesis, University of Oxford, 1975), 39a.
2　关于这些任命，参见：H. Erdem Çıpa, *The Making of Selim: Succession, Legitimacy, and Memory in the Early Modern Ottoman World* (Bloomington:

Indiana University Press, 2017), 32–37。

3 关于这项措施在特拉布宗的实践,参见: Lowry, *Islamization and Turkification*, 28–29。

4 Çıpa, *Making of Selim*, 7–8.

5 Hakkı Erdem Çıpa, "The Centrality of the Periphery: The Rise to Power of Selīm I, 1487–1512" (Ph.D. diss., Harvard University, 2007), 226–31.

6 Çıpa, "Centrality of the Periphery," 220–31. See also Çıpa, *Making of Selim*, 78–106.

7 *Encyclopaedia of Islam*, 2nd ed. (Leiden: Brill Online, 2012), s.v. "Ak koyunlu" (V. Minorsky).

8 Kerslake, " 'Selīmnāme,' " 40a.

9 Kerslake, " 'Selīmnāme,' " 39b.

10 Roger Savory, *Iran under the Safavids* (Cambridge, UK: Cambridge University Press, 1980), 20–26.

6 哥伦布与伊斯兰

1 Carol Delaney, *Columbus and the Quest for Jerusalem: How Religion Drove the Voyages that Led to America* (New York: Free Press, 2011), 25–26; Silvio A. Bedini, ed., *The Christopher Columbus Encyclopedia* (New York: Simon and Schuster, 1992), s.v. "Columbus, Christopher: Early Maritime Experience" (Helen Nader).

2 *Christopher Columbus Encyclopedia*, s.v. "Columbus, Christopher: Early Maritime Experience" (Nader).

3 Quoted in Abbas Hamdani, "Columbus and the Recovery of Jerusalem," *Journal of the American Oriental Society* 99 (1979): 42.

4 Hamdani, "Columbus and the Recovery of Jerusalem," 42–43.

5 Peter Manseau, *One Nation, Under Gods: A New American History* (New York: Little, Brown, 2015), 32–33. 德莱尼对哥伦布信仰七城表示怀疑: Delaney, *Columbus and the Quest for Jerusalem*, 77–78。

6 William H. Babcock, "The Island of the Seven Cities," *Geographical Review* 17 (1919): 98.

7   *Christopher Columbus Encyclopedia*, s.v. "Columbus, Christopher: Early Maritime Experience" (Nader).
8   Delaney, *Columbus and the Quest for Jerusalem*, 33.
9   Charles Elton, *The Career of Columbus* (New York: Cassell, 1892), 55–56.
10 Delaney, *Columbus and the Quest for Jerusalem*, 33–34; Stuart B. Schwartz, *The Iberian Mediterranean and Atlantic Traditions in the Formation of Columbus as a Colonizer* (Minneapolis: University of Minnesota, the Associates of the James Ford Bell Library, 1986), 2.
11 Schwartz, *Iberian Mediterranean and Atlantic Traditions*, 4.
12 *Christopher Columbus Encyclopedia*, s.v. "Columbus, Christopher: Early Maritime Experience" (Nader).
13 *Christopher Columbus Encyclopedia*, s.v. "Columbus, Christopher: Early Maritime Experience" (Nader).
14 这一段和下一段内容均参考了：Roy Porter, *London: A Social History* (Cambridge, MA: Harvard University Press, 1994), 11–33。
15 Quoted in David B. Quinn, "Columbus and the North: England, Iceland, and Ireland," *William and Mary Quarterly* 49 (1992): 284.
16 Jack D. Forbes, *Africans and Native Americans: The Language of Race and the Evolution of Red-Black Peoples*, 2nd ed. (Urbana: University of Illinois Press, 1993), 6–25.

7 哥伦布的十字军远征

1   Abbas Hamdani, "Ottoman Response to the Discovery of America and the New Route to India," *Journal of the American Oriental Society* 101 (1981): 323–24.
2   Silvio A. Bedini, ed., *The Christopher Columbus Encyclopedia* (New York: Simon & Schuster, 1992), s.v. "Columbus, Christopher: Columbus in Portugal" (Rebecca Catz). 关于菲莉帕外貌的任何信息都没有保存下来。
3   Kirstin Downey, *Isabella: The Warrior Queen* (New York: Nan A. Talese/Doubleday, 2014), 234–35.
4   *Christopher Columbus Encyclopedia*, s.v. "Henry the Navigator" (Glenn J. Ames).
5   Carol Delaney, *Columbus and the Quest for Jerusalem: How Religion Drove the*

Voyages that Led to America (New York: Free Press, 2011), 43–44.
6 Quoted in Delaney, *Columbus and the Quest for Jerusalem*, 324.
7 Michael A. Gomez, *African Dominion: A New History of Empire in Early and Medieval West Africa* (Princeton: Princeton University Press, 2018), 61–165.
8 Peter Manseau, *One Nation, Under Gods: A New American History* (New York: Little, Brown, 2015), 29–56.
9 Delaney, *Columbus and the Quest for Jerusalem*, 45–47. *Christopher Columbus Encyclopedia*, s.v. "Columbus, Christopher: Early Maritime Experience" (Nader). *Wikipedia*, s.v. "Elmina Castle," https://en.wikipedia.org/wiki/Elmina_Castle (accessed February 9, 2019).
10 *Wikipedia*, s.v. "Elmina," https://en.wikipedia.org/wiki/Elmina (accessed February 9, 2019).
11 关于斐迪南的外貌，参见：Downey, *Isabella*, 78。关于伊莎贝拉的外貌，参见：Downey, *Isabella*, 71。关于他们的家庭关系，参见：Downey, *Isabella*, 41。
12 Quoted in Downey, *Isabella*, 178.
13 *Wikipedia*, s.v. "List of Ottoman conquests, sieges and landings," https://en.wikipedia.org/wiki/List_of_Ottoman_conquests,_sieges_and_landings (accessed February 9, 2019).
14 Andrew C. Hess, *The Forgotten Frontier: A History of the Sixteenth-Century Ibero-African Frontier* (Chicago: University of Chicago Press, 1978), 60.
15 Hess, *Forgotten Frontier*, 60.
16 Delaney, *Columbus and the Quest for Jerusalem*, 56–58.
17 Downey, *Isabella*, 234.
18 Downey, *Isabella*, 238–39.
19 *Christopher Columbus Encyclopedia*, s.v. "Iconography: Early European Portraits" (Carla Rahn Phillips); s.v. "Columbus, Christopher: Columbus in Portugal" (Catz).
20 Robert Hume, *Christopher Columbus and the European Discovery of America* (Leominster, UK: Gracewing, 1992), 10–11.
21 Delaney, *Columbus and the Quest for Jerusalem*, 59.
22 Quoted in Karine V. Walther, *Sacred Interests: The United States and the Islamic World, 1821–1921* (Chapel Hill: University of North Carolina Press, 2015), 10.
23 Delaney, *Columbus and the Quest for Jerusalem*, 62–63.

24 Downey, *Isabella*, 198.
25 Washington Irving, *The Life and Voyages of Christopher Columbus* (New York: James B. Millar, 1884), 137–38.
26 Irving, *Life and Voyages*, 69–70.
27 Delaney, *Columbus and the Quest for Jerusalem*, 65.
28 Delaney, *Columbus and the Quest for Jerusalem*, 65.
29 Felipe Fernández-Armesto, *1492: The Year the World Began* (New York: HarperCollins, 2009), 29.
30 *Wikipedia*, s.v. "Alhambra," https://en.wikipedia.org/wiki/Alhambra (accessed February 9, 2019).
31 关于斐迪南，参见：Downey, *Isabella*, 78。关于伊莎贝拉，参见：Downey, *Isabella*, 71。
32 Downey, *Isabella*, 201–02.
33 所有引用来自：Downey, *Isabella*, 38。
34 Downey, *Isabella*, 38.
35 Quoted in Downey, *Isabella*, 203–04.
36 Fernández-Armesto, *1492*, 44.
37 Quoted in Irving, *Life and Voyages*, 77.

8 新世界的伊斯兰

1 关于巴耶济德在那个夏天的行动，参见：Colin Imber, *The Ottoman Empire, 1300–1650: The Structure of Power*, 2nd ed. (New York: Palgrave Macmillan, 2009), 35。
2 Christopher Columbus, *The Four Voyages of Christopher Columbus: Being his own Log-Book, Letters, and Dispatches with Connecting Narrative drawn from the Life of the Admiral by his Son Hernando Colon and Other Contemporary Historians*, ed. and trans. J. M. Cohen (London: Penguin, 1969), 37.
3 杰拉尔德·F. 德克斯在其作品中提到，马丁·阿隆索·平松（Martin Alonso Pinzon）和比森特·亚涅斯·平松（Vicente Yanez Pinzon）两兄弟分别作为"平塔号"和"尼尼亚号"的船长，于1492年随哥伦布出航，而这两兄弟生于一个来自马林王朝的穆斯林家庭。他们的另一个兄弟，弗朗西斯科·马丁·平松（Francisco Martin Pinzon）则是"尼尼亚号"的领航员。Jerald F. Dirks, *Muslims in American History: A Forgotten Legacy* (Beltsville, MD: Amana, 2006), 62–63.

4 J. H. Parry, *The Establishment of the European Hegemony, 1415–1715: Trade and Exploration in the Age of the Renaissance*, 3rd ed. (New York: Harper and Row, 1966), 19–24; Abbas Hamdani, "Ottoman Response to the Discovery of America and the New Route to India," *Journal of the American Oriental Society* 101 (1981): 324–25, n. 8.

5 Parry, *Establishment of European Hegemony*, 23.

6 Parry, *Establishment of European Hegemony*, 21.

7 Silvio A. Bedini, ed., *The Christopher Columbus Encyclopedia* (New York: Simon & Schuster, 1992), s.v. "Voyages of Columbus" (William Lemos). 该资料还描述了船员在航行中的行为。

8 Columbus, *Four Voyages*, 53.

9 关于泰诺人的历史和文化，参见：Sven Lovén, *Origins of the Tainan Culture, West Indies* (Tuscaloosa: University of Alabama Press, 2010); Antonio M. Stevens-Arroyo, *Cave of the Jagua: The Mythological World of the Tainos* (Albuquerque: University of New Mexico Press, 1988); Samuel M. Wilson, *Hispaniola: Caribbean Chiefdoms in the Age of Columbus* (Tuscaloosa: University of Alabama Press, 1990); Lesley-Gail Atkinson, ed., *The Earliest Inhabitants: The Dynamics of the Jamaican Taino* (Kingston: University of the West Indies Press, 2006); Irving Rouse, *The Tainos: Rise and Decline of the People Who Greeted Columbus* (New Haven: Yale University Press, 1992)。

10 Columbus, *Four Voyages*, 55.

11 Quoted in *Christopher Columbus Encyclopedia*, s.v. "Voyages of Columbus" (Lemos).

12 Columbus, *Four Voyages*, 55.

13 Columbus, *Four Voyages*, 56.

14 *Christopher Columbus Encyclopedia*, s.v. "Voyages of Columbus" (Lemos).

15 Columbus, *Four Voyages*, 56.

16 Rouse, *Tainos*, 142–43. 哥伦布在返回西班牙的航程中也带着这六名被俘的泰诺人。这六人在西班牙受洗，国王、王后和他们的孩子担任这六人的教父母。这六人中的一人留在了西班牙，两年后死在了那里。其余五人在哥伦布第二次远航时随他回到了加勒比，他们中的一人还担任了他的翻译 (145)。

17 Quoted in *Christopher Columbus Encyclopedia*, s.v. "Voyages of Columbus" (Lemos).
18 Quoted in *Christopher Columbus Encyclopedia*, s.v. "Voyages of Columbus" (Lemos).
19 Quoted in *Christopher Columbus Encyclopedia*, s.v. "Voyages of Columbus" (Lemos).
20 *The Christopher Columbus Encyclopedia*, s.v. "Settlements: La Navidad" (Kathleen Deagan).
21 Bernal Díaz, *The Conquest of New Spain*, trans. J. M. Cohen (London: Penguin, 1963), 17.
22 Mercedes García-Arenal, "Moriscos e Indios: Para un Estudio Comparado de Métodos de Conquista y Evangelización," *Chronica Nova* 20 (1992): 153–75.
23 Columbus, *Four Voyages*, 55.
24 Vanita Seth, *Europe's Indians: Producing Racial Difference, 1500–1900* (Durham, NC: Duke University Press, 2010), 48.
25 Seth, *Europe's Indians*, 48.
26 Quoted in *Christopher Columbus Encyclopedia*, s.v. "Voyages of Columbus" (Lemos).
27 J. H. Elliott, "Cortés, Velázquez and Charles V," introductory essay in *Hernán Cortés: Letters from Mexico*, ed. and trans. Anthony Pagden (New Haven: Yale University Press, 1986), lxii.
28 *Cortés: Letters from Mexico*, 112.
29 *Cortés: Letters from Mexico*, 110; Elliott, "Cortés," lxii.
30 Elliott, "Cortés," lxii.
31 Serge Gruzinski, *What Time Is It There?: America and Islam at the Dawn of Modern Times*, trans. Jean Birrell (Cambridge, UK: Polity Press, 2010), 131–32. 关于奇奇梅克人，还可参见：also Amber Brian, "Shifting Identities: Mestizo Historiography and the Representation of Chichimecs," in *To Be Indio in Colonial Spanish America*, ed. Mónica Díaz (Albuquerque: University of New Mexico Press, 2017), 143–66。
32 Russell M. Magnaghi, "Plains Indians in New Mexico: The Genízaro Experience,"

Great Plains Quarterly 10 (1990), 92, n. 2; Ramón A. Gutiérrez, *When Jesus Came, the Corn Mothers Went Away: Marriage, Sexuality, and Power in New Mexico, 1500–1846* (Stanford, CA: Stanford University Press, 1991), 151.

33 Peter Manseau, *One Nation, Under Gods: A New American History* (New York: Little, Brown, 2015), 43–44. See also David Sanchez Cano, "Dances for the Royal Festivities in Madrid in the Sixteenth and Seventeenth Centuries," *Dance Research* 23 (2008): 123–52. 关于赞布拉舞及人们想象出来的它与新世界的关系，参见: Karoline P. Cook, *Forbidden Passages: Muslims and Moriscos in Colonial Spanish America* (Philadelphia: University of Pennsylvania Press, 2016), 10–21。

34 All quotes from Karoline P. Cook, "Muslims and Chichimeca in New Spain: The Debates over Just War and Slavery," *Anuario de Estudios Americanos* 70 (2013): 16–18.

35 Quoted in Cook, "Muslims and Chichimeca," 18.

36 Quoted in Barbara Fuchs, *Mimesis and Empire: The New World, Islam, and European Identities* (Cambridge, UK: Cambridge University Press, 2001), 7.

37 Manseau, *One Nation, Under Gods*, 45.

38 Gruzinski, *What Time Is It There?*, 132–33.

39 "The Transference of 'Reconquista' Iconography to the New World: From Santiago Matamoros to Santiago Mataindios," *Ballandalus*, https://ballandalus.wordpress.com/2014/02/11/the-transference-of-reconquista-iconography-to-the-new-world-from-santiago-matamoros-to-santiago-mataindios/ (accessed February 9, 2019).

9 基督教"圣战"

1 Quoted in Silvio A. Bedini, ed., *The Christopher Columbus Encyclopedia* (New York: Simon & Schuster, 1992), s.v. "Voyages of Columbus" (William Lemos).

2 Quoted in *Christopher Columbus Encyclopedia*, s.v. "Encomienda" (Paul E. Hoffman).

3 *Christopher Columbus Encyclopedia*, s.v. "Voyages of Columbus" (Lemos).

4 Abbas Hamdani, "Columbus and the Recovery of Jerusalem," *Journal of the*

American Oriental Society 99 (1979): 44.
5   Quoted in Christopher Columbus Encyclopedia, s.v. "Voyages of Columbus" (Lemos).
6   William D. Phillips, Jr., and Carla Rahn Phillips, The Worlds of Christopher Columbus (Cambridge, UK: Cambridge University Press, 1992), 238–40; Christopher Columbus Encyclopedia, s.v. "Columbus, Christopher: The Final Years, Illness, and Death" (Helen Nader).
7   Christopher Columbus Encyclopedia, s.v. "Columbus, Christopher: Columbus in Portugal" (Rebecca Catz).
8   我引用的版本出自 Patricia Seed, Ceremonies of Possession in Europe's Conquest of the New World, 1492–1640 (Cambridge, UK: Cambridge University Press, 1995), 69。
9   Seed, Ceremonies of Possession, 71.
10 Seed, Ceremonies of Possession, 72.
11 Seed, Ceremonies of Possession, 76.
12 Seed, Ceremonies of Possession, 78.
13 Seed, Ceremonies of Possession, 70.
14 Quoted in Seed, Ceremonies of Possession, 92–93.
15 Seed, Ceremonies of Possession, 94.
16 Quoted in Tzvetan Todorov, The Conquest of America: The Question of the Other, trans. Richard Howard (Norman: University of Oklahoma Press, 1999), 166.
17 Seed, Ceremonies of Possession, 82.
18 Seed, Ceremonies of Possession, 87.
19 Albert Hourani, "How Should We Write the History of the Middle East?," International Journal of Middle East Studies 23 (1991): 130.
20 关于西班牙人在征服美洲时如何利用罗马帝国的遗产，参见：David A. Lupher, Romans in a New World: Classical Models in Sixteenth-Century Spanish America (Ann Arbor: University of Michigan Press, 2003)。
21 Bernal Díaz, The Conquest of New Spain, trans. J. M. Cohen (London: Penguin, 1963), 159. See also J. H. Elliott, "The Mental World of Hernán Cortés," Transactions of the Royal Historical Society 17 (1967): 45.
22 关于蒙特祖玛的外表，参见：Díaz, Conquest of New Spain, 224。
23 Elliott, "Mental World of Cortés," 52–53; J. H. Elliott, "Cortés, Velázquez and

Charles V," introductory essay in *Hernán Cortés: Letters from Mexico*, ed. and trans. Anthony Pagden (New Haven: Yale University Press, 1986), lxvii–lxviii.
24 Elliott, "Cortés," lxvii–lxviii.
25 Quoted in Elliott, "Mental World of Cortés," 55.

10 伊斯帕尼奥拉的泰诺人穆斯林

1 Ariel Salzmann, "Migrants in Chains: On the Enslavement of Muslims in Renaissance and Enlightenment Europe," *Religions* 4 (2013): 396.
2 Sylviane A. Diouf, *Servants of Allah: African Muslims Enslaved in the Americas*, 2nd ed. (New York: New York University Press, 2013), 33–37.
3 Jane Landers, "The Great Wolof Scare of 1521"（未发表手稿），1. 非常感谢兰德斯教授允许我阅读并引用她的作品。
4 William D. Phillips, Jr., *Slavery in Medieval and Early Modern Iberia* (Philadelphia: University of Pennsylvania Press, 2013), 66–67.
5 关于摩洛哥的奴隶制和种族问题的有益的研究，参见: Chouki El Hamel, *Black Morocco: A History of Slavery, Race, and Islam* (Cambridge, UK: Cambridge University Press, 2013)。
6 Michael A. Gomez, *Black Crescent: The Experience and Legacy of African Muslims in the Americas* (Cambridge, UK: Cambridge University Press, 2005), 9–12.
7 Martin A. Klein, "Slavery and the Early State in Africa," *Social Evolution and History* 8 (2009): 177.
8 Quoted in Diouf, *Servants of Allah*, 36.
9 Gomez, *Black Crescent*, 15.
10 Quoted in Landers, "Wolof Scare," 2, and Erin Woodruff Stone, "America's First Slave Revolt: Indians and African Slaves in Española, 1500–1534," *Ethnohistory* 60 (2013): 203.
11 William D. Phillips, Jr., "Old World Precedents: Sugar and Slavery in the Mediterranean," in *The Caribbean: A History of the Region and Its Peoples*, ed. Stephan Palmié and Francisco A. Scarano (Chicago: University of Chicago Press, 2011), 70–71, 77–79.

12 Genaro Rodríguez Morel, "The Sugar Economy of Española in the Sixteenth Century," in *Tropical Babylons: Sugar and the Making of the Atlantic World, 1450–1680*, ed. Stuart B. Schwartz (Chapel Hill: University of North Carolina Press, 2004), 86–87.
13 William D. Phillips, Jr., "Sugar in Iberia," in *Tropical Babylons*, 34–35.
14 Quoted in Landers, "Wolof Scare," 12.
15 Ida Altman, "The Revolt of Enriquillo and the Historiography of Early Spanish America," *The Americas* 63 (2007): 611.
16 Quoted in Landers, "Wolof Scare," 1, 6. See also Stone, "America's First Slave Revolt," 195–217; Gomez, *Black Crescent*, 3–5.
17 Quoted in Gomez, *Black Crescent*, 3.
18 Quoted in Landers, "Wolof Scare," 8–9.
19 Quoted in Landers, "Wolof Scare," 9.
20 Quoted in Altman, "The Revolt of Enriquillo," 595.
21 Altman, "The Revolt of Enriquillo," 598.
22 关于加勒比印第安人的跨岛迁徙，参见：Karen F. Anderson-Córdova, *Surviving Spanish Conquest: Indian Fight, Flight, and Cultural Transformation in Hispaniola and Puerto Rico* (Tuscaloosa: University of Alabama Press, 2017)。
23 Altman, "The Revolt of Enriquillo," 599.
24 Quoted in Altman, "The Revolt of Enriquillo," 599.
25 Quoted in Stone, "America's First Slave Revolt," 204–10.
26 Stone, "America's First Slave Revolt."
27 Stone, "America's First Slave Revolt," 217, n. 70. 1523年10月这个时间出现在该书第209页。
28 Stone, "America's First Slave Revolt," 204–10.
29 Quoted in Landers, "Wolof Scare," 11.
30 Quoted in Altman, "The Revolt of Enriquillo," 611.
31 Diouf, *Servants of Allah*, 38.
32 今天加勒比地区乃至整个拉丁美洲的穆斯林人口主要是近期来自中东和东南亚的移民。See María del Mar Logroño, Paulo G. Pinto, and John Tofik Karam, eds., *Crescent over Another Horizon: Islam in Latin America, the Caribbean, and Latino USA* (Austin: University of Texas Press, 2015).
33 Diouf, *Servants of Allah*, 70.

34 Quoted in Diouf, *Servants of Allah*, 38.
35 Diouf, *Servants of Allah*, 212–13; Gomez, *Black Crescent*, 18.
36 David Wheat, "Mediterranean Slavery, New World Transformations: Galley Slaves in the Spanish Caribbean, 1578–1635," *Slavery and Abolition* 31 (2010): 327–44.
37 Quoted in Wheat, "Mediterranean Slavery," 330.
38 Gomez, *Black Crescent*, 31–33.
39 Joseph Conrad, *Heart of Darkness* (New York: Penguin, 2017), 7.
40 Landers, "Wolof Scare," 8.

11 在奥斯曼帝国寻找耶路撒冷

1 Christopher Columbus, *The Four Voyages of Christopher Columbus: Being his own Log-Book, Letters, and Dispatches with Connecting Narrative drawn from the Life of the Admiral by his Son Hernando Colon and Other Contemporary Historians*, ed. and trans. J. M. Cohen (London: Penguin, 1969), 37–38.
2 Silvio A. Bedini, ed., *The Christopher Columbus Encyclopedia* (New York: Simon & Schuster, 1992), s.v. "Jews: Expulsion from Spain" (Angel Alcalá).
3 *Christopher Columbus Encyclopedia* s.v. "Jews: Expulsion from Spain" (Alcalá).
4 Quoted in Jane S. Gerber, *The Jews of Spain: A History of the Sephardic Experience* (New York: Free Press, 1992), 286–88.
5 Gerber, *Jews of Spain*, 140.
6 Quoted in Gerber, *Jews of Spain*, 138.
7 Quoted in Gerber, *Jews of Spain*, 140.
8 Gerber, *Jews of Spain*, 139.
9 Quoted in Gerber, *Jews of Spain*, 141.
10 Quoted in Gerber, *Jews of Spain*, 149. See also 139.
11 *Wikipedia*, s.v. "History of the Jews in Sicily," https://en.wikipedia.org/wiki/History_of_the_Jews_in_Sicily (accessed February 10, 2019).
12 Gerber, *Jews of Spain*, 150.
13 Quoted in Gerber, *Jews of Spain*, 150.
14 Franz Babinger, *Mehmed the Conqueror and His Time*, trans. Ralph Manheim, ed.

William C. Hickman (Princeton: Princeton University Press, 1978), 106.
15 Babinger, *Mehmed the Conqueror*, 107.
16 Quoted in Gerber, *Jews of Spain*, 151.
17 奥斯曼人在16世纪也提出了类似的论点，以支持帝国的许多亚美尼亚商人家庭。
18 Daniel Goffman, "Jews in Early Modern Ottoman Commerce," in *Jews, Turks, Ottomans: A Shared History, Fifteenth through the Twentieth Century*, ed. Avigdor Levy (Syracuse, NY: Syracuse University Press, 2002), 18–19.
19 Quoted in Gerber, *Jews of Spain*, 151.
20 Quoted in Gerber, *Jews of Spain*, 164–65.
21 *Encyclopedia of Jews in the Islamic World* (Leiden: Brill Online, 2010), s.v. "Hamon Family" (Cengiz Sisman).
22 Gerber, *Jews of Spain*, 158–60.
23 Yaron Ben Na'eh, "Hebrew Printing Houses in the Ottoman Empire," in *Jewish Journalism and Printing Houses in the Ottoman Empire and Modern Turkey*, ed. Gad Nassi (Istanbul: Isis Press, 2001), 75.
24 Gerber, *Jews of Spain*, 153–58.
25 Quoted in Gerber, *Jews of Spain*, 154.
26 Gerber, *Jews of Spain*, 157.
27 Gerber, *Jews of Spain*, 157.
28 Gerber, *Jews of Spain*, 153.
29 Gerber, *Jews of Spain*, 172.
30 Ronald C. Jennings, "Urban Population in Anatolia in the Sixteenth Century: A Study of Kayseri, Karaman, Amasya, Trabzon, and Erzurum," *International Journal of Middle East Studies* 7 (1976): 42–47.
31 Jennings, "Urban Population in Anatolia," 42–47; Lowry, *Islamization and Turkification*.
32 关于特拉布宗的总人口，参见：Jennings, "Urban Population in Anatolia," 43。关于特拉布宗少量的犹太人口，参见：Rhoads Murphey, "Jewish Contributions to Ottoman Medicine, 1450–1800" in *Jews, Turks, Ottomans*, 61; Goffman, "Jews in Early Modern Ottoman Commerce," 19。
33 Quoted in Robert Dankoff, *An Ottoman Mentality: The World of Evliya Çelebi* (Leiden: Brill, 2004), 68–69. 这部分的所有引用，以及两个年轻的穆斯林兄

弟的故事，都来自 17 世纪多产的学者和旅行者爱维亚·瑟勒比（Evliya Çelebi）的著作。

12 东方异端

1. 关于萨法维王朝的崛起，参见：Roger Savory, *Iran under the Safavids* (Cambridge, UK: Cambridge University Press, 1980), 1–49; Andrew J. Newman, *Safavid Iran: Rebirth of a Persian Empire* (London: I. B. Tauris, 2009), 13–25; Stephen Frederic Dale, *The Muslim Empires of the Ottomans, Safavids, and Mughals* (Cambridge, UK: Cambridge University Press, 2010), 63–70; Abbas Amanat, *Iran: A Modern History* (New Haven: Yale University Press, 2017), 31–75。
2. Sholeh A. Quinn, "The Dreams of Shaykh Safi al-Din and Safavid Historical writing," *Iranian Studies* 29 (1996): 127–47; N. Hanif, *Biographical Encyclopaedia of Sufis (Central Asia and Middle East)* (New Delhi: Sarup and Sons, 2002), s.v. "Safi Al-Din Ardabili (1252–1334)" (F. Babinger and R. M. Savory).
3. Quinn, "Dreams of Safi."
4. Quoted in Savory, *Iran under the Safavids*, 8.
5. *Encyclopaedia Iranica* (online edition, 2012), s.v. "Esmāʿīl I Safawī: Biography" (Roger M. Savory); Wall text, "Şah İsmayıl—Commander and King," exhibition from April to December 2016, Azerbaijan National Academy of Sciences, Azerbaijan Historical Museum, Baku, Azerbaijan.
6. Wall text, "Şah İsmayıl," exhibition, Azerbaijan National Academy of Sciences.
7. Quoted in Dale, *Muslim Empires*, 68.
8. Quoted in Savory, *Iran under the Safavids*, 23.
9. Savory, *Iran under the Safavids*, 23. See also "Letters from Selîm and Ismâ'îl," in *The Islamic World*, ed. William H. McNeill and Marilyn Robinson Waldman (Chicago: University of Chicago Press, 1973), 338–44.

13　宇内之敌

1　Halil İnalcık, "The Ottoman State: Economy and Society, 1300–1600," in *An Economic and Social History of the Ottoman Empire*, ed. Halil İnalcık with Donald Quataert, 2 vols. (Cambridge, UK: Cambridge University Press, 1994), 1:283.
2　塞利姆的战争号召、对格鲁吉亚的突袭，以及塞利姆向军队发表的演讲，来自：Celia J. Kerslake, "A Critical Edition and Translation of the Introductory Sections and the First Thirteen Chapters of the 'Selīmnāme' of Celālzāde Mustafā Çelebi" (D. Phil. thesis, University of Oxford, 1975), 49a–52a。
3　H. Erdem Çıpa, *The Making of Selim: Succession, Legitimacy, and Memory in the Early Modern Ottoman World* (Bloomington: Indiana University Press, 2017), 36.
4　Çıpa, *Making of Selim*, 43–48; Caroline Finkel, *Osman's Dream: The Story of the Ottoman Empire, 1300–1923* (New York: Basic Books, 2006), 98–104.
5　Finkel, *Osman's Dream*, 98.
6　Çıpa, *Making of Selim*, 44.
7　Quoted in Çıpa, *Making of Selim*, 35.
8　Finkel, *Osman's Dream*, 98.
9　Çıpa, *Making of Selim*, 45.
10　Finkel, *Osman's Dream*, 99.
11　Quoted in Finkel, *Osman's Dream*, 99.
12　Finkel, *Osman's Dream*, 99.
13　Çıpa, *Making of Selim*, 45.
14　Çıpa, *Making of Selim*, 45–46.
15　Çıpa, *Making of Selim*, 46.
16　Finkel, *Osman's Dream*, 100.
17　Çıpa, *Making of Selim*, 46.
18　Çıpa, *Making of Selim*, 46–48.
19　Çıpa, *Making of Selim*, 47–48.
20　Çıpa, *Making of Selim*, 47.
21　Finkel, *Osman's Dream*, 103–04.

14 克里米亚之夏

1. Celia J. Kerslake, "A Critical Edition and Translation of the Introductory Sections and the First Thirteen Chapters of the 'Selīmnāme' of Celālzāde Mustafā Çelebi" (D. Phil. thesis, University of Oxford, 1975), 53a.
2. H. Erdem Çıpa, *The Making of Selim: Succession, Legitimacy, and Memory in the Early Modern Ottoman World* (Bloomington: Indiana University Press, 2017), 34.
3. Kerslake, " 'Selīmnāme,' " 54a.
4. *Wikipedia*, s.v. "Bakhchisaray Palace," https://en.wikipedia.org/wiki/Bakhchisaray_Palace (accessed February 11, 2019).
5. 关于明里及其子穆罕默德，参见：*Wikipedia*, s.v. "Mehmed I Giray," https://en.wikipedia.org/wiki/Mehmed_I_Giray#/media/File:Mengli_bayezid.jpg (accessed February 11, 2019)。
6. Orest Subtelny, *Ukraine: A History*, 3rd ed. (Toronto: University of Toronto Press, 2000), 106.
7. Leslie Peirce, *Empress of the East: How a European Slave Girl Became Queen of the Ottoman Empire* (New York: Basic Books, 2017), 21.
8. Peirce, *Empress of the East*, 20.
9. Kerslake, " 'Selīmnāme,' " 54b.
10. 塞利姆访问明里宫廷的记载来自：Kerslake, " 'Selīmnāme,' " 54b–59b。
11. Çıpa, *Making of Selim*, 38–39.
12. Hakkı Erdem Çipa, "The Centrality of the Periphery: The Rise to Power of Selīm I, 1487–1512" (Ph.D. diss., Harvard University, 2007), 42.
13. Kerslake, " 'Selīmnāme,' " 58a.
14. 这段对话来自：Kerslake, " 'Selīmnāme,' " 59a。

15 目标：伊斯坦布尔

1. H. Erdem Çıpa, *The Making of Selim: Succession, Legitimacy, and Memory in the Early Modern Ottoman World* (Bloomington: Indiana University Press, 2017), 40–41.
2. Çıpa, *Making of Selim*, 41.

3　Çıpa, *Making of Selim*, 41–42.
4　Çıpa, *Making of Selim*, 42.
5　Çıpa, *Making of Selim*, 42.
6　Celia J. Kerslake, "A Critical Edition and Translation of the Introductory Sections and the First Thirteen Chapters of the 'Selīmnāme' of Celālzāde Mustafā Çelebi" (D. Phil. thesis, University of Oxford, 1975), 72a.
7　Çıpa, *Making of Selim*, 50.
8　Kerslake, " 'Selīmnāme,' " 73b.
9　Kerslake, " 'Selīmnāme,' " 73b.
10　Çıpa, *Making of Selim*, 51.
11　Kerslake, " 'Selīmnāme,' " 74a–74b.
12　Kerslake, " 'Selīmnāme,' " 74b.
13　Çıpa, *Making of Selim*, 52–54.
14　Çıpa, *Making of Selim*, 52.
15　Kerslake, " 'Selīmnāme,' " 77a.
16　Kerslake, " 'Selīmnāme,' " 77b–78b.
17　Kerslake, " 'Selīmnāme,' " 78a.
18　Kerslake, " 'Selīmnāme,' " 78a.
19　Çıpa, *Making of Selim*, 53.
20　Kerslake, " 'Selīmnāme,' " 78a.
21　Kerslake, " 'Selīmnāme,' " 79a–79b.
22　Kerslake, " 'Selīmnāme,' " 79b.
23　Çıpa, *Making of Selim*, 54.
24　Kerslake, " 'Selīmnāme,' " 80b.

16　独一无二的苏丹

1　Franz Babinger, *Mehmed the Conqueror and His Time*, trans. Ralph Manheim, ed. William C. Hickman (Princeton: Princeton University Press, 1978), 80–94.
2　Celia J. Kerslake, "A Critical Edition and Translation of the Introductory Sections and the First Thirteen Chapters of the 'Selīmnāme' of Celālzāde Mustafā Çelebi" (D. Phil. thesis, University of Oxford, 1975), 82b.

3 Kerslake, " 'Selīmnāme,' " 82b.
4 塞利姆和巴耶济德会面的记载来自：Kerslake, " 'Selīmnāme,' " 82b–83b。
5 H. Erdem Çıpa, *The Making of Selim: Succession, Legitimacy, and Memory in the Early Modern Ottoman World* (Bloomington: Indiana University Press, 2017), 55.
6 Kerslake, " 'Selīmnāme,' " 84a.
7 Kerslake, " 'Selīmnāme,' " 84a.
8 Çıpa, *Making of Selim*, 56–58.
9 Kerslake, " 'Selīmnāme,' " 84a–84b.
10 Kerslake, " 'Selīmnāme,' " 84b.
11 Kerslake, " 'Selīmnāme,' " 84b; Fatih Akçe, *Sultan Selim I: The Conqueror of the East* (Clifton, NJ: Blue Dome Press, 2016), 36–37.
12 Kerslake, " 'Selīmnāme,' " 85a.
13 Çıpa, *Making of Selim*, 56–58.
14 Kerslake, " 'Selīmnāme,' " 85b.
15 Kerslake, " 'Selīmnāme,' " 86a.
16 Caroline Finkel, *Osman's Dream: The Story of the Ottoman Empire, 1300–1923* (New York: Basic Books, 2006), 103.
17 Finkel, *Osman's Dream*, 103.
18 Çıpa, *Making of Selim*, 58.
19 Çıpa, *Making of Selim*, 58–59.
20 Çıpa, *Making of Selim*, 59; Finkel, *Osman's Dream*, 102.
21 Çıpa, *Making of Selim*, 59.
22 Finkel, *Osman's Dream*, 103.
23 Finkel, *Osman's Dream*, 103.
24 Finkel, *Osman's Dream*, 103; Çıpa, *Making of Selim*, 60.
25 Çıpa, *Making of Selim*, 59–60; Finkel, *Osman's Dream*, 103.
26 Giuseppe Marcocci, "Machiavelli, the Iberian Explorations and the Islamic Empire: Tropical Readers from Brazil to India (Sixteenth and Seventeenth Centuries)," in *Machiavelli, Islam and the East: Reorienting the Foundations of Modern Political Thought*, ed. Lucio Biasiori and Giuseppe Marcocci (Cham, Switzerland: Palgrave Macmillan, 2018), 136.

17 "他们的归宿是火狱"

1. Naimur Rahman Farooqi, "Mughal–Ottoman Relations: A Study of Political and Diplomatic Relations between Mughal India and the Ottoman Empire, 1556–1748" (Ph.D. diss., University of Wisconsin, Madison, 1986), 22–25.
2. Quoted in *Encyclopaedia Iranica* (online edition, 2012), s.v. "Esmāʿīl I Safawī: Biography" (Roger M. Savory).
3. See for example "Şah İsmayıl—Commander and King," Exhibition from April to December 2016, Azerbaijan National Academy of Sciences, Azerbaijan Historical Museum, Baku, Azerbaijan, images 7 and 8.
4. Quoted in *Encyclopaedia Iranica*, s.v. "Esmāʿīl I Safawī: Biography" (Savory).
5. *Encyclopaedia Iranica*, s.v. "Esmāʿīl I Safawī: His Poetry" (Roger M. Savory and Ahmet T. Karamustafa).
6. Adel Allouche, *The Origins and Development of the Ottoman–Safavid Conflict (906–962 / 1500–1555)* (Berlin: Klaus Schwarz Verlag, 1983), 107.
7. *Encyclopaedia Iranica*, s.v. "Isfahan: Geography of the Oasis" (Xavier de Planhol).
8. Allouche, *Origins and Development*, 109–10.
9. Allouche, *Origins and Development*, 106–10.
10. Allouche, *Origins and Development*, 110–12.
11. Reproduced in M. C. Şehabeddin Tekindağ, "Yeni Kaynak ve Vesîkaların Işığı Altında: Yavuz Sultan Selim'in İran Seferi," *Tarih Dergisi* 17 (1967): 53–55.
12. Tekindağ, "Yavuz Sultan Selim'in İran Seferi," 53–55; M. Sait Özervarlı, "Between Tension and Rapprochement: Sunni–Shiʿite Relations in the Pre-Modern Ottoman Period, with a Focus on the Eighteenth Century," *Historical Research* 90 (2017): 541.
13. Allouche, *Origins and Development*, 112.
14. Roger Savory, *Iran under the Safavids* (Cambridge, UK: Cambridge University Press, 1980), 40.
15. Allouche, *Origins and Development*, 113.
16. Allouche, *Origins and Development*, 116.
17. Rudolph P. Matthee, *The Politics of Trade in Safavid Iran: Silk for Silver, 1600–1730* (Cambridge, UK: Cambridge University Press, 2006), 15–32; Edmund M.

Her-zig, "The Volume of Iranian Raw Silk Exports in the Safavid Period," *Iranian Studies* 25 (1992): 61–79.

18 Allouche, *Origins and Development*, 114. 关于塞利姆与高里的通信，参见：Celia J. Kerslake, "The Correspondence between Selīm I and Kānsūh al-Ġawrī," *Prilozi za Orijentalnu Filologiju* 30 (1980): 219–34。

19 Abbas Hamdani, "Ottoman Response to the Discovery of America and the New Route to India," *Journal of the American Oriental Society* 101 (1981): 326.

20 Allouche, *Origins and Development*, 115; *Encyclopaedia Iranica*, s.v. "Ottoman–Persian Relations: Under Sultan Selim I and Shah Esmā'il I" (Osman G. Özgüdenli).

21 关于塞利姆军队的规模，参见：*Encyclopaedia Iranica*, s.v. "Ottoman–Persian Relations" (Özgüdenli)。

22 "Letters from Selîm and Ismâ'îl," in *The Islamic World*, ed. William H. McNeill and Marilyn Robinson Waldman (Chicago: University of Chicago Press, 1973), 338–42.

23 Quoted in Tekindağ, "Yavuz Sultan Selim'in İran Seferi," 56. See also Caroline Finkel, *Osman's Dream: The Story of the Ottoman Empire, 1300–1923* (New York: Basic Books, 2006), 105.

24 Savory, *Iran under the Safavids*, 41.

25 Allouche, *Origins and Development*, 118–19.

26 "Letters from Selîm and Ismâ'îl," 342–44.

27 Allouche, *Origins and Development*, 118.

28 Elizabeth Fortunato Crider, "The Foreign Relations of the Ottoman Empire under Selim I, 1512–1520" (M.A. thesis, Ohio State University, 1969), 20.

29 *Encyclopaedia Iranica*, s.v. "Ottoman–Persian Relations" (Özgüdenli).

30 Allouche, *Origins and Development*, 118.

31 Finkel, *Osman's Dream*, 105.

32 *Encyclopaedia Iranica*, s.v. "Ottoman–Persian Relations" (Özgüdenli); Fatih Akçe, *Sultan Selim I: The Conqueror of the East* (Clifton, NJ: Blue Dome Press, 2016), 59.

33 Akçe, *Sultan Selim*, 67; "Total Solar Eclipse of 1514 August 20," NASA Goddard Space Flight Center Eclipse website: https://eclipse.gsfc.nasa.gov/SEsearch/SEsearchmap.php?Ecl=15140820 (accessed February 13, 2019).

34 George Saliba, *Islamic Science and the Making of the European Renaissance* (Cambridge, MA: MIT Press, 2007).
35 Allouche, *Origins and Development*, 119; Savory, *Iran under the Safavids*, 41.
36 Allouche, *Origins and Development*, 119–20; Savory, *Iran under the Safavids*, 41–42.
37 Akçe, *Sultan Selim*, 76.
38 Savory, *Iran under the Safavids*, 41–42; Abbas Amanat, *Iran: A Modern History* (New Haven: Yale University Press, 2017), 55–57. 关于奥斯曼鼓手，参见：Akçe, *Sultan Selim*, 76。
39 Wall text, "Şah İsmayıl—Commander and King," exhibition from April to December 2016, Azerbaijan National Academy of Sciences, Azerbaijan Historical Museum, Baku, Azerbaijan.
40 Quoted in Savory, *Iran under the Safavids*, 43.
41 Savory, *Iran under the Safavids*, 42; Amanat, *Iran*, 57.
42 Akçe, *Sultan Selim*, 90.
43 Finkel, *Osman's Dream*, 108.
44 Crider, "Foreign Relations," 22; *Encyclopaedia Iranica*, s.v. "Ottoman–Persian Relations" (Özgüdenli).
45 Allouche, *Origins and Development*, 120.
46 Akçe, *Sultan Selim*, 93.
47 Crider, "Foreign Relations," 22.
48 Wall text, "Şah İsmayıl," exhibition, Azerbaijan National Academy of Sciences.
49 *Encyclopaedia of Islam*, 2nd ed. (Leiden: Brill Online, 2012), s.v. "Selīm I" (Halil İnalcık).
50 Leslie P. Peirce, *The Imperial Harem: Women and Sovereignty in the Ottoman Empire* (Oxford: Oxford University Press, 1993), 37; Allouche, *Origins and Development*, 120–21. 有资料称，被抓获的是伊斯玛仪的另一位姬妾，参见：Peirce, *Imperial Harem*, 297, n. 42。
51 Crider, "Foreign Relations," 23.
52 Allouche, *Origins and Development*, 121; Savory, *Iran under the Safavids*, 42.
53 关于1514年前后奥斯曼与萨法维的关系，参见：Allouche, *Origins and Development*; Jean-Louis Bacqué-Grammont, *Les Ottomans, les Safavides et leurs voisins: contribution à l'histoire des relations internationales dans l'Orient*

islamique de 1514 à 1524 (Istanbul: Nederlands Historisch-Archaeologisch Instituut te Istanbul, 1987); İzzettin Çopur, *Yavuz Sultan Selim'in Çaldıran Meydan Muharebesi ve Mısır Seferi* (Ankara: Hipokrat Kitabevi, 2017)。

54　Giovan Maria Angiolello, "A Short Narrative of the Life and Acts of the King Ussun Cassano," in *A Narrative of Italian Travels in Persia in the Fifteenth and Sixteenth Centuries*, ed. and trans. Charles Grey (London: Hakluyt Society, 1873), 122.

55　Allouche, *Origins and Development*, 121–23.

56　Savory, *Iran under the Safavids*, 45–47.

57　Quoted in Savory, *Iran under the Safavids*, 46.

58　Quoted in Rudi Matthee, *The Pursuit of Pleasure: Drugs and Stimulants in Iranian History, 1500–1900* (Princeton: Princeton University Press, 2005), 77.

59　Allouche, *Origins and Development*, 122.

18　兄弟之国

1　Tijana Krstić, *Contested Conversions to Islam: Narratives of Religious Change in the Early Modern Ottoman Empire* (Stanford: Stanford University Press, 2011).

2　本段和下一段的说法均来自：Elias I. Muhanna, "The Sultan's New Clothes: Ottoman–Mamluk Gift Exchange in the Fifteenth Century," *Muqarnas* 27 (2010): 199–200。

3　Quoted in Muhanna, "The Sultan's New Clothes," 200.

4　关于奥斯曼与马穆鲁克的关系，参见：Cihan Yüksel Muslu, *The Ottomans and the Mamluks: Imperial Diplomacy and Warfare in the Islamic World* (London: I. B. Tauris, 2014)。See also Timothy Jude Fitzgerald, "Ottoman Methods of Conquest: Legal Imperialism and the City of Aleppo, 1480–1570" (Ph.D. diss., Harvard University, 2009), 172–76.

5　Muslu, *Ottomans and Mamluks*.

6　Muslu, *Ottomans and Mamluks*, 100.

7　关于艾哈迈德的儿子苏莱曼在埃及的经历，参见：Hakkı Erdem Çipa, "The Centrality of the Periphery: The Rise to Power of Selīm I, 1487–1512" (Ph.D. diss., Harvard University, 2007), 235。

8　Muslu, *Ottomans and Mamluks*, 110–17.
9　Muslu, *Ottomans and Mamluks*, 124–29.
10　Muslu, *Ottomans and Mamluks*, 128; "Zamantı Fortress, Turkiye Kayseri," *Heritage of the Great Seljuks*, http://www.selcuklumirasi.com/architecture-detail/zamanti-fortress?lng=en (accessed February 13, 2019).
11　Muslu, *Ottomans and Mamluks*, 141–49.
12　Elizabeth Fortunato Crider, "The Foreign Relations of the Ottoman Empire under Selim I, 1512–1520" (M.A. thesis, Ohio State University, 1969), 23.
13　Muslu, *Ottomans and Mamluks*, 160–62.
14　关于近代的阿勒颇城，参见：Abraham Marcus, *The Middle East on the Eve of Modernity: Aleppo in the Eighteenth Century* (New York: Columbia University Press, 1989); Fitzgerald, "Ottoman Methods of Conquest"。
15　Muslu, *Ottomans and Mamluks*, 258.
16　Muslu, *Ottomans and Mamluks*, 160–61.
17　Muslu, *Ottomans and Mamluks*, 161.
18　Adel Allouche, *The Origins and Development of the Ottoman–Safavid Conflict (906–962 / 1500–1555)* (Berlin: Klaus Schwarz Verlag, 1983), 124, n. 83.
19　Quoted in Leslie Peirce, *Empress of the East: How a European Slave Girl Became Queen of the Ottoman Empire* (New York: Basic Books, 2017), 82.
20　Crider, "Foreign Relations," 20.
21　Allouche, *Origins and Development*, 124–25; Muslu, *Ottomans and Mamluks*, 177–78.
22　Allouche, *Origins and Development*, 125–26.
23　George William Frederick Stripling, *The Ottoman Turks and the Arabs, 1511–1574* (Philadelphia: Porcupine Press, 1977), 40–51.

19　征服"肚脐"

1　Amnon Cohen and Bernard Lewis, *Population and Revenue in the Towns of Palestine in the Sixteenth Century* (Princeton: Princeton University Press, 1978), 94.
2　Ibn Iyās, *An Account of the Ottoman Conquest of Egypt in the year A.H. 922 (A.D.*

1516), *Translated from the Third Volume of the Arabic Chronicle of Muhammed ibn Ahmed ibn Iyās, an Eye-Witness of the Scenes he Describes*, trans. W. H. Salmon (London: Royal Asiatic Society, 1921), 104. Ibn Iyās's original Arabic text is titled *Badā'i' al-Zuhūr fī Waqā'i' al-Duhūr*.

3   George William Frederick Stripling, *The Ottoman Turks and the Arabs, 1511–1574* (Philadelphia: Porcupine Press, 1977), 41.
4   Stripling, *Ottoman Turks and Arabs,* 41; William Muir, *The Mameluke or Slave Dynasty of Egypt, 1260–1517 A. D.* (London: Smith, Elder, 1896), 197.
5   Cohen and Lewis, *Population and Revenue*, 20.
6   Stripling, *Ottoman Turks and Arabs*, 41.
7   Stripling, *Ottoman Turks and Arabs*, 41.
8   Stripling, *Ottoman Turks and Arabs*, 45.
9   Muir, *Mameluke Dynasty*, 198.
10 Stripling, *Ottoman Turks and Arabs*, 43.
11 Stripling, *Ottoman Turks and Arabs*, 45.
12 Stripling, *Ottoman Turks and Arabs*, 44; Muir, *Mameluke Dynasty*, 198–99.
13 Stripling, *Ottoman Turks and Arabs*, 45–46.
14 Stripling, *Ottoman Turks and Arabs*, 46.
15 关于双方军队的规模，参见：Stripling, *Ottoman Turks and Arabs*, 46; Fatih Akçe, *Sultan Selim I: The Conqueror of the East* (Clifton, NJ: Blue Dome Press, 2016), 145–46; Michael Winter, "The Ottoman Occupation," in *Islamic Egypt, 640–1517*, vol. 1 of *The Cambridge History of Egypt*, ed. Carl F. Petry (Cambridge, UK: Cambridge University Press, 1998), 498。
16 Stripling, *Ottoman Turks and Arabs*, 47–48.
17 Stripling, *Ottoman Turks and Arabs*, 47.
18 Quoted in *Wikipedia*, s.v. "Battle of Marj Dabiq," https://en.wikipedia.org/wiki/Battle_of_Marj_Dabiq (accessed February 13, 2019).
19 Quoted in *Wikipedia*, s.v. "Battle of Marj Dabiq." 以下作品提到了疝气：Stripling, *Ottoman Turks and Arabs*, 47。我们对这场战争的了解大多来自当时的马穆鲁克历史学家，比如伊本·伊亚斯在开罗撰写的编年史。
20 Stripling, *Ottoman Turks and Arabs*, 48.
21 Stripling, *Ottoman Turks and Arabs*, 49.
22 Stripling, *Ottoman Turks and Arabs*, 49; Muir, *Mameluke Dynasty*, 200.

23 关于阿勒颇城堡，参见：Julia Gonnella, *The Citadel of Aleppo: Description, History, Site Plan and Visitor Tour*, 2nd ed. (Geneva: Aga Khan Trust for Culture; Damascus: Syrian Directorate General of Antiquities and Museums, 2008)。
24 Stripling, *Ottoman Turks and Arabs*, 49.
25 Stripling, *Ottoman Turks and Arabs*, 49.
26 Stripling, *Ottoman Turks and Arabs*, 50.
27 Stripling, *Ottoman Turks and Arabs*, 50.
28 关于这方面，参见：Leslie Peirce, *Morality Tales: Law and Gender in the Ottoman Court of Aintab* (Berkeley: University of California Press, 2003), 47–48。
29 H. Erdem Çıpa, *The Making of Selim: Succession, Legitimacy, and Memory in the Early Modern Ottoman World* (Bloomington: Indiana University Press, 2017), 232.
30 Ahmed Zildzic, "Friend *and* Foe: The Early Ottoman Reception of Ibn 'Arabī" (Ph. D. diss., University of California, Berkeley, 2012), 92–93.
31 Akçe, *Sultan Selim*, 157–59.
32 Akçe, *Sultan Selim*, 158.
33 Akçe, *Sultan Selim*, 171–72.
34 Akçe, *Sultan Selim*, 164.
35 Başbakanlık Osmanlı Arşivi, Kâmil Kepeci Tasnifi, Evâmir-i Maliye Kalemine Tabi Piskopos Mukataası Kalemi, no. 2539, sh. 2 (1517). 感谢 Sever Koray Er 提供的帮助。
36 Stripling, *Ottoman Turks and Arabs*, 51.
37 Akçe, *Sultan Selim*, 178–79.
38 *Encyclopaedia of Islam*, 2nd ed. (Leiden: Brill Online, 2012), s.v. "Selīm I" (Halil İnalcık).
39 Akçe, *Sultan Selim*, 172.
40 Ibn Iyās, *Ottoman Conquest*, 106–07; *Encyclopaedia of Islam*, s.v. "Selīm I" (İnalcık).
41 *Encyclopaedia of Islam*, s.v. "Selīm I" (İnalcık).
42 Akçe, *Sultan Selim*, 182.
43 关于图曼贝伊的形象，参见："Tuman bay II," Getty Images, http://www.getty-images.co.uk/detail/news-photo/tuman-bay-ii-last-mamluk-sultan-of-egypt-news-

photo/526581572#tuman-bay-ii-last-mamluk-sultan-of-egypt-picture-id526581572 (accessed February 13, 2019); *Wikipedia*, s.v. "Tuman bay II," https://en.wikipedia.org/wiki/Tuman_bay_II#/media/File:Tumanbay_II_(cropped).jpg (accessed February 13, 2019)。

44　Stripling, *Ottoman Turks and Arabs*, 52–53.
45　Ibn Iyās, *Ottoman Conquest*, 105.
46　Ibn Iyās, *Ottoman Conquest*, 105.
47　Stripling, *Ottoman Turks and Arabs*, 53.
48　Ibn Iyās, *Ottoman Conquest*, 107–08.
49　Ibn Iyās, *Ottoman Conquest*, 106.
50　Ibn Iyās, *Ottoman Conquest*, 106, 108–09.
51　Ibn Iyās, *Ottoman Conquest*, 109–10; *Encyclopaedia of Islam*, s.v. "Selīm I" (İnalcık).

20　征服世界

1　*Encyclopaedia of Islam*, 2nd ed. (Leiden: Brill Online, 2012), s.v. "Selīm I" (Halil İnalcık); Ibn Iyās, *An Account of the Ottoman Conquest of Egypt in the year A.H. 922 (A.D. 1516), Translated from the Third Volume of the Arabic Chronicle of Muhammed ibn Ahmed ibn Iyās, an Eye-Witness of the Scenes he Describes*, trans. W. H. Salmon (London: Royal Asiatic Society, 1921), 111–12.
2　George William Frederick Stripling, *The Ottoman Turks and the Arabs, 1511–1574* (Philadelphia: Porcupine Press, 1977), 53.
3　Stanford J. Shaw, *Empire of the Gazis: The Rise and Decline of the Ottoman Empire, 1280–1808*, vol. 1 of *History of the Ottoman Empire and Modern Turkey* (Cambridge, UK: Cambridge University Press, 1976), 84.
4　Fatih Akçe, *Sultan Selim I: The Conqueror of the East* (Clifton, NJ: Blue Dome Press, 2016), 195.
5　关于奥斯曼这次胜利带来的一些影响，参见：Benjamin Lellouch and Nicolas Michel, eds., *Conquête ottomane de l'Égypte (1517): Arrière-plan, impact, échos* (Leiden: Brill, 2013)。
6　Shaw, *Empire of the Gazis*, 84; *Encyclopaedia of Islam*, 2nd ed. (Leiden: Brill

Online, 2012), s.v. "Selīm I" (Halil İnalcık); Stripling, *Ottoman Turks and Arabs*, 55–56.

7   Ibn Iyās, *Ottoman Conquest*, 112–14.
8   H. Erdem Çıpa, *The Making of Selim: Succession, Legitimacy, and Memory in the Early Modern Ottoman World* (Bloomington: Indiana University Press, 2017), 202–05.
9   William Muir, *The Mameluke or Slave Dynasty of Egypt, 1260–1517 A. D.* (London: Smith, Elder, 1896), 206–07.
10 Stripling, *Ottoman Turks and Arabs*, 55–56; Muir, *Mameluke Dynasty*, 209.
11 Ibn Iyās, *Ottoman Conquest*, 114; *Encyclopaedia of Islam*, s.v. "Selīm I" (İnalcık).
12 Ibn Iyās, *Ottoman Conquest*, 114.
13 Ibn Iyās, *Ottoman Conquest*, 115.
14 *Encyclopaedia of Islam*, s.v. "Selīm I" (İnalcık).
15 Shaw, *Empire of the Gazis*, 84.
16 Michael Winter, "The Ottoman Occupation," in *Islamic Egypt, 640–1517*, vol. 1 of *The Cambridge History of Egypt*, ed. Carl F. Petry (Cambridge, UK: Cambridge University Press, 1998), 496–513.
17 Stanford J. Shaw, *The Financial and Administrative Organization and Development of Ottoman Egypt, 1517–1798* (Princeton: Princeton University Press, 1962).
18 Alan Mikhail, *Nature and Empire in Ottoman Egypt: An Environmental History* (Cambridge, UK: Cambridge University Press, 2011), 82–123.
19 Winter, "Ottoman Occupation," 507.
20 Muir, *Mameluke Dynasty*, 205; Akçe, *Sultan Selim*, 223–25.
21 Muir, *Mameluke Dynasty*, 205.
22 Ibn Iyās, *Ottoman Conquest*, 115.
23 人们围绕塞利姆采用哈里发头衔这一事实存在争议，有历史学家认为，塞利姆一生从未用过这一头衔，他就任哈里发是后世的发明。可参见：*Encyclopaedia of Islam*, s.v. "Selīm I" (İnalcık); Caroline Finkel, *Osman's Dream: The Story of the Ottoman Empire, 1300–1923* (New York: Basic Books, 2006), 111; Stripling, *Ottoman Turks and Arabs*, 56。然而证据是明确的：他早在1518年就使用了这个头衔。参见：Giancarlo Casale, *The Ottoman Age of Exploration* (Oxford: Oxford University Press, 2010), 30–31。而且，其他政治

领导人，甚至是他的敌人萨法维王朝都承认他是哈里发。在信件中，萨法维王朝称塞利姆为"哈里发宝座上的沙阿"和"真主和先知穆罕默德的哈里发"，引自：Çıpa, *Making of Selim*, 236。

24 Pınar Emiralioğlu, *Geographical Knowledge and Imperial Culture in the Early Modern Ottoman Empire* (Farnham, UK: Ashgate, 2014), 1–2; *Encyclopaedia of Islam*, s.v. "Pīrī Re'īs" (S. Soucek).

25 *Encyclopaedia of Islam*, s.v. "Pīrī Re'īs" (Soucek).

26 Abbas Hamdani, "Ottoman Response to the Discovery of America and the New Route to India," *Journal of the American Oriental Society* 101 (1981): 327. 对地图的详细描述，参见：Gregory C. McIntosh, *The Piri Reis Map of 1513* (Athens, GA: University of Georgia Press, 2000)。

27 McIntosh, *Piri Reis Map*, 141–53.

28 McIntosh, *Piri Reis Map*, 70, 72–73.

29 Michel M. Mazzaoui, "Global Policies of Sultan Selim, 1512–1520," in *Essays on Islamic Civilization: Presented to Niyazi Berkes*, ed. Donald P. Little (Leiden: Brill, 1976), 240; McIntosh, *Piri Reis Map*, 72–73.

30 McIntosh, *Piri Reis Map*, 72–73, 114.

31 *Wikipedia*, s.v. "Kemal Reis," https://en.wikipedia.org/wiki/Kemal_Reis (accessed February 15, 2019); Julia McClure, *The Franciscan Invention of the New World* (Cham, Switzerland: Palgrave Macmillan, 2017), 90.

32 Casale, *Ottoman Age of Exploration*, 25.

33 A. Afetinan, *Life and Works of Pirî Reis: The Oldest Map of America*, trans. Leman Yolaç and Engin Uzmen (Ankara: Turkish Historical Association, 1975), 27, 30; Hamdani, "Ottoman Response," 328. 关于皮里用过的所有地图的清单，参见：McIntosh, *Piri Reis Map*, 141–53。

34 Quoted in Casale, *Ottoman Age of Exploration*, 25.

35 关于皮里对新世界的描述，参见：McIntosh, *Piri Reis Map*, 35–121; Afetinan, *Life and Works of Pirî Reis*, 26–42。

36 Quoted in Afetinan, *Life and Works of Pirî Reis*, 29.

37 Afetinan, *Life and Works of Pirî Reis*, 31; McIntosh, *Piri Reis Map*, 70–71.

38 Afetinan, *Life and Works of Pirî Reis*, 30.

39 Quoted in Afetinan, *Life and Works of Pirî Reis*, 32, 34.

40 Hamdani, "Ottoman Response," 328.

41 Casale, *Ottoman Age of Exploration*, 22; Pınar Emiralioğlu, "Relocating the Center of the Universe: China and the Ottoman Imperial Project in the Sixteenth Century," *Journal of Ottoman Studies* 39 (2012): 161–87.

42 Afetinan, *Life and Works of Pirî Reis*, 29; Hamdani, "Ottoman Response," 329. 关于皮里对美洲大陆的标记，参见：McIntosh, *Piri Reis Map*, 116。关于人们对安提利亚不同含义的争论，参见：G. R. Crone, "The Origin of the Name Antillia," *Geographical Journal* 91 (1938): 260–62。

43 See the discussion in Casale, *Ottoman Age of Exploration*, 23–25; *Encyclopaedia of Islam*, s.v. "Pīrī Re'īs" (Soucek).

44 关于达·伽马和圣地亚哥骑士团，参见：Sanjay Subrahmanyam, *The Career and Legend of Vasco da Gama* (Cambridge, UK: Cambridge University Press, 1997), 60–61。关于奥斯曼、葡萄牙和马穆鲁克在红海的竞争，参见：Jean-Louis Bacqué-Grammont and Anne Kroell, *Mamlouks, ottomans et portugais en Mer Rouge: l'affaire de Djedda en 1517* (Cairo: Institut français d'archéologie orientale, 1988)。

45 Hamdani, "Ottoman Response," 326.

46 Hamdani, "Ottoman Response," 326.

47 Andreu Martínez d'Alòs-Moner, "Conquistadores, Mercenaries, and Missionaries: The Failed Portuguese Dominion of the Red Sea," *Northeast African Studies* 12 (2012): 8.

48 *Wikipedia*, s.v. "Socotra," https://en.wikipedia.org/wiki/Socotra (accessed February 16, 2019).

49 Martínez d'AlòsMoner, "Conquistadores," 4–5, 8.

50 *Encyclopædia Britannica*, s.v. "Afonso de Albuquerque, Portuguese Conqueror" (Harold V. Livermore), https://www.britannica.com/biography/Afonso-de-Albuquerque (accessed February 24, 2019).

51 Casale, *Ottoman Age of Exploration*, 39; Halil İnalcık, "The Ottoman State: Economy and Society, 1300–1600," in *An Economic and Social History of the Ottoman Empire*, ed. Halil İnalcık with Donald Quataert, 2 vols. (Cambridge, UK: Cambridge University Press, 1994), 1: 321–25.

52 Quoted in Casale, *Ottoman Age of Exploration*, 42–43.

53 Quoted in Casale, *Ottoman Age of Exploration*, 28.

54 Quoted in Casale, *Ottoman Age of Explora-tion*, 43.

55 Casale, *Ottoman Age of Exploration*, 44.

56 Elizabeth Horodowich, *A Brief History of Venice: A New History of the City and Its People* (London: Robinson, 2009), 164.

57 世界上最早的咖啡馆出现在16世纪30年代的叙利亚和16世纪40年代的伊斯坦布尔。Alan Mikhail, "The Heart's Desire: Gender, Urban Space and the Ottoman Coffee House," in *Ottoman Tulips, Ottoman Coffee: Leisure and Life-style in the Eighteenth Century*, ed. Dana Sajdi (London: I. B. Tauris, 2007), 137–38. 1650年，一位黎巴嫩犹太人在牛津开设了欧洲第一家咖啡馆。咖啡在1669年随奥斯曼帝国大使来到巴黎。1700年，2 000家咖啡馆在伦敦蓬勃发展。1683年，也就是奥斯曼帝国军队将咖啡带到维也纳城门的那一年，威尼斯开设了第一家咖啡馆。几年后，1689年，美洲第一家咖啡馆在波士顿开业。Mark Pendergrast, *Uncommon Grounds: The History of Coffee and How it Transformed Our World*, rev. ed. (New York: Basic Books, 2010), 8–14.

58 对早期现代咖啡市场的有益思考，参见：Pendergrast, *Uncommon Grounds*, 21–49。

59 Michel Tuchscherer, "Coffee in the Red Sea Area from the Sixteenth to the Nineteenth Century," in *The Global Coffee Economy in Africa, Asia and Latin America, 1500–1989*, ed. William Gervase Clarence-Smith and Steven Topik (Cambridge, UK: Cambridge University Press, 2003), 55.

60 Steven Topik, "The Integration of the World Coffee Market," in *The Global Coffee Economy*, 28.

61 Topik, "Integration of the World Coffee Market," 28.

62 Topik, "Integration of the World Coffee Market," 29; Tuchscherer, "Coffee in the Red Sea Area," 55.

63 Topik, "Integration of the World Coffee Market," 29.

64 Steven Topik and William Gervase Clarence-Smith, "Coffee and Global Development," in *The Global Coffee Economy*, 2.

21 普天之下，莫非王土

1 Stanford J. Shaw, *Empire of the Gazis: The Rise and Decline of the Ottoman Empire, 1280–1808*, vol. 1 of *History of the Ottoman Empire and Modern Turkey*

(Cambridge, UK: Cambridge University Press, 1976), 84–85.
2. *Encyclopaedia of Islam*, 2nd ed. (Leiden: Brill Online, 2012), s.v. "Selīm I" (Halil İnalcık).
3. Michael Winter, "The Ottoman Occupation," in *Islamic Egypt, 640–1517*, vol. 1 of *The Cambridge History of Egypt*, ed. Carl F. Petry (Cambridge, UK: Cambridge University Press, 1998), 504.
4. *Encyclopaedia of Islam*, s.v. "Selīm I" (İnalcık); Shaw, *Empire of the Gazis*, 85.
5. William Muir, *The Mameluke or Slave Dynasty of Egypt, 1260–1517 A. D.* (London: Smith, Elder, 1896), 212; Caroline Finkel, *Osman's Dream: The Story of the Ottoman Empire, 1300–1923* (New York: Basic Books, 2006), 111.
6. Fatih Akçe, *Sultan Selim I: The Conqueror of the East* (Clifton, NJ: Blue Dome Press, 2016), 225.
7. *Encyclopaedia of Islam*, s.v. "Selīm I" (İnalcık).
8. Akçe, *Sultan Selim*, 229.
9. Marino Sanudo, *I Diarii di Marino Sanuto (MCCCCXCVI-MDXXXIII) Dall'autografo Marciano Ital. Cl. VII Codd. CDXIX-CDLXXVII*, ed. Rinaldo Fulin, Federico Stefani, Nicolò Barozzi, Guglielmo Berchet, Marco Allegri, and la R. Deputazione Veneta di Storia Patria, 59 vols. (Venice: F.Visentini, 1879–1903), 26:134.
10. Sanudo, *Diarii*, 27:280, 305. 关于奥斯曼人的狩猎，参见：Alan Mikhail, *The Animal in Ottoman Egypt* (Oxford: Oxford University Press, 2014), 130–36。
11. Sanudo, *Diarii*, 27:280.
12. Sanudo, *Diarii*, 27:305.
13. Sanudo, *Diarii*, 28:232.
14. Sanudo, *Diarii*, 26:188.
15. Sanudo, *Diarii*, 27:40, 79.
16. Sanudo, *Diarii*, 26:238, 247.
17. Finkel, *Osman's Dream*, 111.
18. Quoted in Giancarlo Casale, *The Ottoman Age of Exploration* (Oxford: Oxford University Press, 2010), 28.
19. Quoted in Casale, *Ottoman Age of Exploration*, 28.
20. Sanudo, *Diarii*, 26:163.
21. Sanudo, *Diarii*, 27:141.

22 Sanudo, *Diarii*, 26:163; 27:513.
23 Sanudo, *Diarii*, 28:151.
24 Sanudo, *Diarii*, 27:513.
25 Finkel, *Osman's Dream*, 113.
26 Finkel, *Osman's Dream*, 113.
27 Finkel, *Osman's Dream*, 113.
28 Sanudo, *Diarii*, 26:238; 27:79, 305, 357, 474.
29 Finkel, *Osman's Dream*, 113.
30 Sanudo, *Diarii*, 26:95.
31 关于威尼斯人对森林的管理，参见：Karl Appuhn, *A Forest on the Sea: Environmental Expertise in Renaissance Venice* (Baltimore: Johns Hopkins University Press, 2009)。
32 Sanudo, *Diarii*, 26:22, 95.
33 Sanudo, *Diarii*, 27:357.
34 Sanudo, *Diarii*, 27:474.
35 Sanudo, *Diarii*, 26:15; 27:79, 141.
36 Sanudo, *Diarii*, 26:344.
37 Sanudo, *Diarii*, 26:344.
38 Sanudo, *Diarii*, 26:344.
39 Sanudo, *Diarii*, 26:188.
40 Sanudo, *Diarii*, 26:344.
41 Sanudo, *Diarii*, 27:33.
42 Sanudo, *Diarii*, 26:359, 371.
43 Sanudo, *Diarii*, 27:305.
44 Sanudo, *Diarii*, 27:151.
45 Sanudo, *Diarii*, 27:379.
46 Sanudo, *Diarii*, 27:601.
47 Sanudo, *Diarii*, 27:600–01.
48 Sanudo, *Diarii*, 27:619.
49 Sanudo, *Diarii*, 27:621.
50 Sanudo, *Diarii*, 27:619–20, 664.
51 Sanudo, *Diarii*, 27:619.
52 Sanudo, *Diarii*, 27:619, 664.

53 Sanudo, *Diarii*, 27:619.
54 Sanudo, *Diarii*, 28:596.
55 Finkel, *Osman's Dream*, 114.
56 Sanudo, *Diarii*, 27:620–21.
57 Sanudo, *Diarii*, 27:664–65.
58 Sanudo, *Diarii*, 28:661.
59 Sanudo, *Diarii*, 28:409.
60 Quoted in Finkel, *Osman's Dream*, 113–14.

22　大西洋之柱

1 Andrew C. Hess, *The Forgotten Frontier: A History of the Sixteenth-Century Ibero-African Frontier* (Chicago: University of Chicago Press, 1978), 36–44.
2 Hess, *Forgotten Frontier*, 37.
3 Hess, *Forgotten Frontier*, 37; Henry Kamen, *Empire: How Spain Became a World Power, 1492–1763* (New York: HarperCollins, 2003), 30.
4 Hess, *Forgotten Frontier*, 37–38.
5 Hess, *Forgotten Frontier*, 37–38; L. P. Harvey, *Muslims in Spain, 1500–1614* (Chicago: University of Chicago Press, 2005), 35–37.
6 Jane Landers, "The Great Wolof Scare of 1521" (unpublished manuscript), 10.
7 Kirstin Downey, *Isabella: The Warrior Queen* (New York: Nan A. Talese/Doubleday, 2014), 403–11.
8 Quoted in Downey, *Isabella*, 406.
9 Downey, *Isabella*, 427.
10 Bartolomé de Las Casas, *A Short Account of the Destruction of the Indies*, ed. and trans. Nigel Griffin (London: Penguin, 1992), 25.
11 Downey, *Isabella*, 409.
12 Downey, *Isabella*, 408.
13 Downey, *Isabella*, 409–11.
14 Hess, *Forgotten Frontier*, 38.
15 Hess, *Forgotten Frontier*, 38.
16 Hess, *Forgotten Frontier*, 39–42. 关于这次远征的规模，参见：Kamen, *Empire*,

32。

17 Hess, *Forgotten Frontier*, 60.

18 葡萄牙人在北非取得了和西班牙人一样的成绩：1458 年夺取塞吉尔堡（al-Qasr as-Seghir），1469 年夺取安菲亚（Anfia），1471 年夺取丹吉尔（Tangiers）和阿尔吉拉（Arzila），1488 年夺取穆萨特（Mussat），1505 年夺取阿加迪尔（Agadir），1508 年夺取萨菲（Safi），1513 年夺取阿泽莫尔（Azemour），1514 年夺取马扎甘（Mazagan），1515 年夺取马拉喀什（Marrakesh）。Abbas Hamdani, "Ottoman Response to the Discovery of America and the New Route to India," *Journal of the American Oriental Society* 101 (1981): 329.

19 Hamdani, "Ottoman Response," 329; Hess, *Forgotten Frontier*, 75–76; Kamen, *Empire*, 31–32.

20 Harvey, *Muslims in Spain*; Brian A. Catlos, *Kingdoms of Faith: A New History of Islamic Spain* (New York: Basic Books, 2018), 393–97.

21 Hess, *Forgotten Frontier*, 42; Hamdani, "Ottoman Response," 329.

22 Hess, *Forgotten Frontier*, 43.

23 Hess, *Forgotten Frontier*, 43.

24 Hess, *Forgotten Frontier*, 61; Caroline Finkel, *Osman's Dream: The Story of the Ottoman Empire, 1300–1923* (New York: Basic Books, 2006), 125; *Encyclopaedia of Islam*, 2nd ed. (Leiden: Brill Online, 2012), s.v. "Khayr al-Dīn (Khidir) Pasha" (A. Galotta).

25 Hess, *Forgotten Frontier*, 61; *Encyclopaedia of Islam*, s.v. "Khayr al-Dīn (Khidir) Pasha" (Galotta).

26 Hess, *Forgotten Frontier*, 61; *Encyclopaedia of Islam*, s.v. "Khayr al-Dīn (Khidir) Pasha" (Galotta).

27 Hess, *Forgotten Frontier*, 61.

28 关于教皇利奥十世的祝福，参见：Marino Sanudo, *I Diarii di Marino Sanuto (MCCCCXCVI-MDXXXIII) Dall'autografo Marciano Ital. Cl. VII Codd. CDXIX-CDLXXVII*, ed. Rinaldo Fulin, Federico Stefani, Nicolò Barozzi, Guglielmo Berchet, Marco Allegri, and la R. Deputazione Veneta di Storia Patria, 59 vols. (Venice: F. Visentini, 1879–1903), 25:465。

29 Hess, *Forgotten Frontier*, 62.

30 Hess, *Forgotten Frontier*, 62.

31 Quoted in Hess, *Forgotten Frontier*, 228, n. 65.

32 Emrah Safa Gürkan, "The Centre and the Frontier: Ottoman Cooperation with the North African Corsairs in the Sixteenth Century," *Turkish Historical Review* 1 (2010): 143.
33 Hess, *Forgotten Frontier*, 63.
34 Hess, *Forgotten Frontier*, 63.
35 Hess, *Forgotten Frontier*, 63; *Encyclopaedia of Islam*, s.v. "Khayr al-Dīn (Khidir) Pasha" (Galotta).
36 Hess, *Forgotten Frontier*, 65–66.
37 Hess, *Forgotten Frontier*, 43–44.
38 Downey, *Isabella*, 407–08.
39 Downey, *Isabella*, 405, 431.
40 *Encyclopaedia of Islam*, s.v. "Khayr al-Dīn (Khidir) Pasha" (Galotta).
41 *Encyclopaedia of Islam*, s.v. "Khayr al-Dīn (Khidir) Pasha" (Galotta).
42 "Chapters of Turkish History: Barbarossa of Algiers," *Blackwood's Edinburgh Magazine* 52 (1842): 192.
43 关于海雷丁在摩洛哥的经历，参见：Hess, *Forgotten Frontier*, 65–66。
44 Hess, *Forgotten Frontier*, 50–58.
45 Hess, *Forgotten Frontier*, 51, 55.al-A'raj 的意思是"跛子"，他之所以得到这个名字是因为他的一条腿有问题。
46 Hess, *Forgotten Frontier*, 55.
47 关于塞利姆计划入侵摩洛哥，参见：Hess, *Forgotten Frontier*, 55–69。
48 Hess, *Forgotten Frontier*, 64–66.
49 Hess, *Forgotten Frontier*, 74.
50 Sanudo, *Diarii*, 26:54–55, 93.
51 北非国家无数次请求西班牙和法国给它们提供军事上的支援，以对抗奥斯曼人，其中一些请求可参见：Sanudo, *Diarii*, 24:683; 26:371。
52 Sanudo, *Diarii*, 26:419, 424.
53 Sanudo, *Diarii*, 27:177–78, 217.
54 Sanudo, *Diarii*, 27:453.
55 Sanudo, *Diarii*, 28:171.
56 Sanudo, *Diarii*, 28:310.
57 Sanudo, *Diarii*, 28:380–81.
58 Sanudo, *Diarii*, 27:141, 186.

59 Sanudo, *Diarii*, 27:280.
60 Sanudo, *Diarii*, 28:630. 以下作品提到了翻译阿里贝伊：E. Natalie Rothman, *Brokering Empire: Trans-Imperial Subjects between Venice and Istanbul* (Ithaca, NY: Cornell University Press, 2012), 168–69。
61 Hamdani, "Ottoman Response," 329.

23 永恒

1 Fatih Akçe, *Sultan Selim I: The Conqueror of the East* (Clifton, NJ: Blue Dome Press, 2016), 241.
2 关于塞利姆可能患了什么病，参见：H. Erdem Çıpa, *The Making of Selim: Succession, Legitimacy, and Memory in the Early Modern Ottoman World* (Bloomington: Indiana University Press, 2017), 257, n. 1。
3 Akçe, *Sultan Selim*, 241.
4 Marino Sanudo, *I Diarii di Marino Sanuto (MCCCCXCVI-MDXXXIII) Dall'autografo Marciano Ital. Cl. VII Codd. CDXIX-CDLXXVII*, ed. Rinaldo Fulin, Federico Stefani, Nicolò Barozzi, Guglielmo Berchet, Marco Allegri, and la R. Deputazione Veneta di Storia Patria, 59 vols. (Venice: F.Visentini, 1879–1903), 26:109, 231, 262–64; 27:149.
5 Sanudo, *Diarii*, 26:109.
6 关于伊斯坦布尔这几个月的鼠疫，参见：Sanudo, *Diarii*, 26:134; 28:232; Nükhet Varlık, *Plague and Empire in the Early Modern Mediterranean World: The Ottoman Experience, 1347–1600* (Cambridge, UK: Cambridge University Press, 2015), 164–65。
7 关于塞利姆最后患病和死亡的情况，参见：Akçe, *Sultan Selim*, 242–45。
8 Akçe, *Sultan Selim*, 243; Varlık, *Plague and Empire*, 164–65; Çıpa, *Making of Selim*, 1; 257, n. 1.
9 Akçe, *Sultan Selim*, 244–45.
10 Akçe, *Sultan Selim*, 245.
11 Quoted in Alan Fisher, "The Life and Family of Süleymân I," in *Süleymân the Second and His Time*, ed. Halil İnalcık and Cemal Kafadar (Istanbul: Isis Press, 1993), 2.

12 Leslie Peirce, *Empress of the East: How a European Slave Girl Became Queen of the Ottoman Empire* (New York: Basic Books, 2017), 67.
13 Peirce, *Empress of the East*, 66.
14 Quoted in Natalie Zemon Davis, *Trickster Travels: A Sixteenth-Century Muslim Between Worlds* (New York: Hill and Wang, 2006), 74.
15 Çıpa, *Making of Selim*, 1–2.
16 Akçe, *Sultan Selim*, 245.
17 Akçe, *Sultan Selim*, 245.
18 Akçe, *Sultan Selim*, 246; Peirce, *Empress of the East*, 67.
19 Akçe, *Sultan Selim*, 246.
20 Peirce, *Empress of the East*, 67. 关于建筑群的描述和图片，参见："Sultan Selim Külliyesi," Archnet, https://archnet.org/sites/2027 (accessed February 16, 2019)。
21 该段的所有引用出自：Peirce, *Empress of the East*, 113。
22 Caroline Finkel, *Osman's Dream: The Story of the Ottoman Empire, 1300–1923* (New York: Basic Books, 2006), 115–16.
23 Quoted in Peirce, *Empress of the East*, 68.
24 Quoted in Peirce, *Empress of the East*, 68.
25 Quoted in Davis, *Trickster Travels*, 74.
26 Peirce, *Empress of the East*, 67.

24 塞利姆的宗教改革

1 Tijana Krstić, *Contested Conversions to Islam: Narratives of Religious Change in the Early Modern Ottoman Empire* (Stanford: Stanford University Press, 2011).
2 Carlos M. N. Eire, *Reformations: The Early Modern World, 1450–1650* (New Haven: Yale University Press, 2016), 133–34.
3 Egil Grislis, "Luther and the Turks, Part II," *The Muslim World* 64 (1974): 285.
4 C. Umhau Wolf, "Luther and Mohammedanism," *The Moslem World* 31 (1941): 161–62.
5 Wolf, "Luther and Mohammedanism," 167–68; David D. Grafton, "Martin Luther's Sources on the Turk and Islam in the Midst of the Fear of Ottoman

Imperialism," *The Muslim World* 107 (2017): 680. 他从未做过翻译。
6 Grafton, "Martin Luther's Sources," 665.
7 Chiara Palazzo, "The Venetian News Network in the Early Sixteenth Century: The Battle of Chaldiran," in *News Networks in Early Modern Europe*, ed. Joad Raymond and Noah Moxham (Leiden: Brill, 2016), 849–69.
8 Caroline Finkel, *Osman's Dream: The Story of the Ottoman Empire, 1300–1923* (New York: Basic Books, 2006), 59.
9 James Hankins, "Renaissance Crusaders: Humanist Crusade Literature in the Age of Mehmed II," *Dumbarton Oaks Papers* 49 (1995): 112.
10 Natalie Zemon Davis, *Trickster Travels: A Sixteenth-Century Muslim Between Worlds* (New York: Hill and Wang, 2006), 61.
11 Kenneth M. Setton, "Pope Leo X and the Turkish Peril," *Proceedings of the American Philosophical Society* 113 (1969): 392.
12 Davis, *Trickster Travels*, 60.
13 Setton, "Pope Leo and the Turkish Peril," 397.
14 Finkel, *Osman's Dream*, 112–13.
15 Davis, *Trickster Travels*, 60.
16 Quoted in Setton, "Pope Leo and the Turkish Peril," 410.
17 Quoted in Davis, *Trickster Travels*, 60.
18 Quoted in Grislis, "Luther and the Turks, Part II," 284.
19 Eire, *Reformations*, 146. On Tetzel, see 146–53.
20 Quoted in Eire, *Reformations*, 149.
21 Ane L. Bysted, *The Crusade Indulgence: Spiritual Rewards and the Theology of the Crusades, c. 1095–1216* (Leiden: Brill, 2015).
22 Eire, *Reformations*, 150.
23 Eire, *Reformations*, 149–50.
24 Egil Grislis, "Luther and the Turks, Part I," *The Muslim World* 64 (1974): 186.
25 Martin Luther, "On War against the Turk," trans. Charles M. Jacobs, in *Luther: Selected Political Writings*, ed. J. M. Porter (Philadelphia: Fortress Press, 1974), 123.
26 Quoted in Grislis, "Luther and the Turks, Part I," 181.
27 Quoted in Grislis, "Luther and the Turks, Part I," 184.
28 Quoted in Grislis, "Luther and the Turks, Part I," 185.

29 Quoted in Grislis, "Luther and the Turks, Part I," 185.
30 Quoted in Grislis, "Luther and the Turks, Part II," 275.
31 Quoted in Wolf, "Luther and Mohammedanism," 163.
32 Grislis, "Luther and the Turks, Part II," 275.
33 Quoted in Grislis, "Luther and the Turks, Part II," 276.
34 Quoted in Grislis, "Luther and the Turks, Part II," 279.
35 Quoted in Grislis, "Luther and the Turks, Part II," 276.
36 Quoted in Grislis, "Luther and the Turks, Part II," 278.
37 Quoted in Grislis, "Luther and the Turks, Part II," 278.
38 Wolf, "Luther and Mohammedanism," 161–77.
39 Quoted in Wolf, "Luther and Mohammedanism," 168.
40 Wolf, "Luther and Mohammedanism," 163–64.
41 Grislis, "Luther and the Turks, Part II," 282–83.
42 阿亚安·哈尔西·阿里就是这一派的典型代表，参见：*Heretic: Why Islam Needs a Reformation Now* (New York: HarperCollins, 2015)。

25　美洲的塞利姆

1 Vanita Seth, *Europe's Indians: Producing Racial Difference, 1500–1900* (Durham, NC: Duke University Press, 2010), 38.
2 Seth, *Europe's Indians*, 38.
3 Nabil Matar, *Turks, Moors and Englishmen in the Age of Discovery* (New York: Columbia University Press, 1999), 98.
4 Karen Ordahl Kupperman, *The Jamestown Project* (Cambridge, MA: Harvard University Press, 2007), 51–60.
5 Quoted in Matar, *Turks, Moors and Englishmen*, 97. 关于特拉加比格赞达，参见：Kupperman, *Jamestown Project*, 57。
6 Quoted in Karine V. Walther, *Sacred Interests: The United States and the Islamic World, 1821–1921* (Chapel Hill: University of North Carolina Press, 2015), 11.
7 Kupperman, *Jamestown Project*, 55–57.
8 Kupperman, *Jamestown Project*, 64–71; Jill Lepore, *These Truths: A History of the United States* (New York: W. W. Norton, 2018), 36.

9 Matar, *Turks, Moors and Englishmen*, 101.
10 Quoted in Kupperman, *Jamestown Project*, 132.
11 Quoted in Kupperman, *Jamestown Project*, 132.
12 Quoted in Kupperman, *Jamestown Project*, 14. See also Matar, *Turks, Moors and Englishmen*, 93–94.
13 关于巴巴里海盗和早期美洲，参见：Paul Baepler, "The Barbary Captivity Narrative in Early America," *Early American Literature* 30 (1995): 95–120; Paul Baepler, "The Barbary Captivity Narrative in American Culture," *Early American Literature* 39 (2004): 217–46。
14 Matar, *Turks, Moors and Englishmen*, 83–107.
15 Matar, *Turks, Moors and Englishmen*, 43–82.
16 Matar, *Turks, Moors and Englishmen*, 92, 96.
17 Matar, *Turks, Moors and Englishmen*, 15–16.
18 Quoted in Walther, *Sacred Interests*, 14.
19 Walther, *Sacred Interests*, 12.
20 Michael A. Gomez, "Muslims in Early America," *Journal of Southern History* 60 (1994): 682.
21 Denise A. Spellberg, "Could a Muslim Be President? An Eighteenth-Century Constitutional Debate," *Eighteenth-Century Studies* 39 (2006): 485–506.
22 Spellberg, "Could a Muslim Be President?," 485–86.
23 Spellberg, "Could a Muslim Be President?," 487.
24 本段的所有引用出自：Hilton Obenzinger, *American Palestine: Melville, Twain, and the Holy Land Mania* (Princeton: Princeton University Press, 1999), 161。
25 Quoted in Obenzinger, *American Palestine*, 190.
26 Quoted in Obenzinger, *American Palestine*, 194.
27 Quoted in Obenzinger, *American Palestine*, 97.
28 Quoted in Obenzinger, *American Palestine*, 109.
29 Zubeda Jalalzai, ed., *Washington Irving and Islam: Critical Essays* (Lanham, MD: Lexington, 2018).
30 Quoted in Obenzinger, *American Palestine*, 109.
31 Quoted in Obenzinger, *American Palestine*, 258.
32 Jack G. Shaheen, *Reel Bad Arabs: How Hollywood Vilifies a People* (Northampton, MA: Olive Branch Press, 2009).

33 Brian T. Edwards, *Morocco Bound: Disorienting America's Maghreb, from Casablanca to the Marrakech Express* (Durham, NC: Duke University Press, 2005).
34 Janet Reitman, "U.S. Law Enforcement Failed to See the Threat of White Nationalism. Now They Don't Know How to Stop It," *New York Times Magazine*, November 3, 2018, https://www.nytimes.com/2018/11/03/magazine/FBI-charlottesville-white-nationalism-far-right.html (accessed February 17, 2019).
35 Tanvi Misra, "United States of Anti-Muslim Hate," *CityLab*, March 9, 2018, https://www.citylab.com/equity/2018/03/anti-muslim-hate-crime-map/555134/ (accessed February 17, 2019).
36 Swathi Shanmugasundaram, "Anti-Sharia Law Bills in the United States," *Southern Poverty Law Center: Hatewatch* (February 5, 2018), https://www.splcenter.org/hatewatch/2018/02/05/anti-sharia-law-bills-united-states (accessed February 17, 2019); Michael Broyde, "Sharia in America," *Washington Post*, June 30, 2017, https://www.washingtonpost.com/news/volokh-conspiracy/wp/2017/06/30/sharia-in-america/?noredirect=on&utm_term=.e076f3b95241 (accessed February 17, 2019).
37 Quoted in Nick Gass, "Ben Carson: America's President Can't be Muslim," *Politico*, September 20, 2015, https://www.politico.com/story/2015/09/ben-carson-muslim-president-213851 (accessed February 17, 2019).
38 Aaron Rupar, "Trump's Unfounded Tweet Stoking Fears about Muslim 'Prayer Rugs,' Explained," *Vox*, January 18, 2019, https://www.vox.com/2019/1/18/18188476/trump-muslim-prayer-rugs-tweet-border (accessed February 17, 2019).
39 Michael V. Gannon, *The Cross in the Sand: The Early Catholic Church in Florida, 1513–1870* (Gainesville: University of Florida Press, 1965).
40 Pew Research Center, "The Future of World Religions: Population Growth Projections, 2010–2050," April 2, 2015, http://www.pewforum.org/2015/04/02/religious-projections-2010-2050/ (accessed February 16, 2019).

尾声

1. Associated Press in Istanbul, "Muslims Discovered America, says Turkish President," *Guardian*, November 16, 2014, https://www.theguardian.com/world/2014/nov/16/muslims-discovered-america-erdogan-christopher-columbus (accessed February 16, 2019).
2. Prableen Bajpai, "The World's Top 20 Economies," *Investopedia*, January 10, 2019, https://www.investopedia.com/insights/worlds-top-economies/ (accessed February 16, 2019).
3. Ömer Erbil, "Kaftan 12 Yıl Sonra Yeniden Türbede," *Hürriyet*, April 20, 2017, http://www.hurriyet.com.tr/gundem/kaftan-12-yil-sonra-yeniden-turbede-40432514 (accessed February 24, 2019); "Ardūghān Yu'īd "Qaftān al-Khilāfa" ilā Makānihi al-Aslī ba'da Muhāwalat Tahrībihi min Qibali Tanzīm Ghūlen al-Irhābī," *Daily Sabah*, April 18, 2017, https://www.dailysabah.com/arabic/history/2017/04/18/rdogan-returns-the-caftan-of-succession-to-his-original-place-after-an-attempt-to-smuggle-it-by-gulen-terrorist-organization (accessed February 24, 2019).
4. Quoted in Keely Lockhart, "Turkey Opens 'World's Widest' Suspension Bridge Linking Asia to Europe," *Telegraph*, August 27, 2016, https://www.telegraph.co.uk/news/2016/08/27/turkey-opens-worlds-widest-suspension-bridge-linking-asia-to-eur/ (accessed February 16, 2019).